高等院校"十三五"系列规划教材

建设工程项目管理
jian she gong cheng xiang mu guan li

（第 2 版）

主　编　朱祥亮　漆玲玲
副主编　付立彬
参　编　（以拼音为序）
　　　　顾广娟　李　芸　刘心萍
　　　　余　佳　左　杰

东南大学出版社
·南京·

内 容 提 要

本书按照高等教育建筑类专业对本课程的有关要求,以国家现行建设工程标准规范、规程为依据,根据编者多年工作经验和教学实践,在自编教材的基础上修改、补充编纂而成。本书对建筑工程项目管理的理论、方法、要求等做了详细的阐述,坚持以就业为导向,突出实用性和实践性。全书共分为八章,包括建设工程项目管理概论、建设工程项目的组织与管理、建设工程项目施工成本管理、建设工程项目进度控制、建设工程项目质量管理、建设工程职业健康安全与环境管理、建设工程合同与合同管理、建设工程项目信息管理等内容。

本书具有较强的针对性、实用性和通用性,可作为高等院校工程造价、建筑管理、建筑工程监理、房地产营销、建筑经济、建筑安装等专业的教学用书,也可供建设单位经济管理工作者、建筑安装施工企业工程造价管理人员学习参考。

图书在版编目(CIP)数据

建设工程项目管理/朱祥亮,漆玲玲主编. —2版.
—南京:东南大学出版社,2019.2
 ISBN 978-7-5641-6617-5

Ⅰ. ①建… Ⅱ. ①朱…②漆… Ⅲ. ①基本建设项目
—项目管理—高等学校—教材 Ⅳ. ①F284

中国版本图书馆 CIP 数据核字(2016)第 155469 号

建设工程项目管理(第 2 版)

出版发行:东南大学出版社
社　　址:南京市四牌楼 2 号　邮编:210096
出 版 人:江建中
责任编辑:史建农　戴坚敏
网　　址:http://www.seupress.com
经　　销:全国各地新华书店
印　　刷:大丰市科星印刷有限责任公司
开　　本:787mm×1092mm　1/16
印　　张:18.75
字　　数:468 千字
版　　次:2019 年 2 月第 2 版
印　　次:2019 年 2 月第 1 次印刷
书　　号:ISBN 978-7-5641-6617-5
印　　数:1—2000 册
定　　价:49.00 元

本社图书若有印装质量问题,请直接与读者服务部联系。电话:025-83791830

土建系列规划教材编审委员会

顾　问	陈万年
主　任	成　虎
副主任	（以拼音为序）

　　　　　方达宪　胡朝斌　庞金昌　史建农
　　　　　汤　鸿　杨建华　余培明　张珂峰

秘书长	戴坚敏
委　员	（以拼音为序）

　　　　　戴望炎　党玲博　董丽君　付立彬
　　　　　龚新亚　顾玉萍　李红霞　李　芸
　　　　　刘　颖　马　贻　漆玲玲　祁丛林
　　　　　王凤波　王宏俊　王　辉　吴冰琪
　　　　　吴龙生　吴志红　夏正兵　项　林
　　　　　徐士云　徐玉芬　于　丽　张成国
　　　　　张小娜　张晓岩　朱祥亮　朱学佳
　　　　　左　杰

前　言

本书是根据国务院、教育部《面向 21 世纪教育振兴行动计划》等文件要求，以培养高质量的高等工程技术应用型人才为目标，根据高等教育工程造价专业指导性教学计划及教学大纲，以国家现行建设工程标准、规范、规程为依据，根据编者多年工作经验和教学实践，在自编教材的基础上修改、补充编纂而成。本书可作为高等院校工程造价、建筑管理、建筑经济、建筑安装等专业的教学用书，也可供建设单位经济工作者和建筑安装施工企业工程造价管理人员学习参考。

建设工程项目管理是一门实践性很强的课程，为此，本书始终以"素质为本、能力为主、需要为准、够用为度"的原则进行编写。本书内容包括建设工程项目管理概论、建设工程项目的组织与管理、建设工程项目施工成本管理、建设工程项目进度控制、建设工程项目质量管理、建设工程职业健康安全与环境管理、建设工程合同与合同管理、建设工程项目信息管理等内容。在编写过程中，我们努力体现高等教育培养应用型人才的教学特点，并结合现行建筑工程施工项目管理特点精选内容，以贯彻理论联系实际、注重实践能力的整体要求，突出针对性和实用性，便于学生学习。同时，我们还适当照顾了不同地区的特点和要求，力求反映施工组织与管理的先进经验和技术手段。

本书由南京交通职业技术学院朱祥亮、三江学院漆玲玲主编，参加本书编写的还有南京交通职业技术学院刘心萍、黄河科技学院付立彬、三江学院李芸、硅湖职业技术学院左杰、安徽新华学院顾广娟和紫琅职业技术学院余佳。

本书引用了有关专业文献和资料，未在书中一一注明出处，在此向有关文献的作者表示感谢。由于编者水平有限，加之时间仓促，书中难免有错误和不足之处，诚恳地希望读者及同行批评指正。

编者
2019 年 1 月

目 录

1 建设工程项目管理概论 …………………………………………………… (1)
   1.1 项目与建设工程项目 ………………………………………………… (1)
   1.2 建设工程项目管理的基本概念与内容 ……………………………… (5)

2 建设工程项目的组织与管理 ……………………………………………… (12)
   2.1 建设工程项目管理的目标和任务 …………………………………… (12)
   2.2 建设工程项目的组织 ………………………………………………… (19)
   2.3 建设工程项目综合管理 ……………………………………………… (27)
   2.4 建设工程项目物资管理 ……………………………………………… (30)
   2.5 建设工程项目管理规划的内容和编制方法 ………………………… (33)
   2.6 建设工程项目目标的动态控制 ……………………………………… (34)
   2.7 施工组织设计的内容和编制方法 …………………………………… (36)
   2.8 风险管理 ……………………………………………………………… (39)
   2.9 建设工程监理的工作性质、任务和工作方法 ……………………… (51)

3 建设工程项目施工成本管理 ……………………………………………… (56)
   3.1 成本管理的任务与措施 ……………………………………………… (56)
   3.2 施工成本计划 ………………………………………………………… (60)
   3.3 工程变更价款 ………………………………………………………… (64)
   3.4 施工成本控制 ………………………………………………………… (70)
   3.5 施工成本分析与质量成本分析 ……………………………………… (75)
   3.6 建筑安装工程费用的结算 …………………………………………… (83)

4 建设工程项目进度控制 …………………………………………………… (89)
   4.1 工程项目进度管理概述 ……………………………………………… (89)
   4.2 施工进度计划 ………………………………………………………… (98)
   4.3 工程实际进度与计划进度的比较 …………………………………… (128)
   4.4 工程项目的进度控制 ………………………………………………… (135)

5 建设工程项目质量管理 …………………………………………………… (142)
   5.1 质量管理基本概念 …………………………………………………… (142)
   5.2 建设工程项目质量控制的概念和原理 ……………………………… (146)
   5.3 建设工程项目质量控制系统的建立和运行 ………………………… (149)
   5.4 建设工程项目施工质量控制和验收的方法 ………………………… (151)
   5.5 建设工程项目质量的政府监督 ……………………………………… (157)
   5.6 常见的工程质量统计分析方法的应用 ……………………………… (158)
   5.7 GB/T 19000—ISO 9000(2000 版)质量管理体系标准 …………… (163)
   5.8 建设工程项目设计质量控制的内容和方法 ………………………… (167)

6 建设工程职业健康安全与环境管理 …………………………………………………… (169)
6.1 建设工程职业健康安全与环境管理的目的、任务和特点 ……………………… (169)
6.2 建设工程施工安全控制的特点、程序和基本要求 ………………………………… (172)
6.3 建设工程施工安全控制的方法 …………………………………………………… (174)
6.4 建设工程职业健康安全事故的分类和处理 ……………………………………… (181)
6.5 文明施工和环境保护的要求 ……………………………………………………… (184)
6.6 职业健康安全管理体系与环境管理体系的结构、模式和内容 ………………… (191)
6.7 职业健康安全管理体系与环境管理体系的建立与运行 ………………………… (203)

7 建设工程合同与合同管理 ……………………………………………………………… (208)
7.1 建设工程的招标与投标 …………………………………………………………… (208)
7.2 建设工程合同的内容与计价方式 ………………………………………………… (224)
7.3 建设工程合同的总包与分包管理 ………………………………………………… (235)
7.4 建设工程担保 ……………………………………………………………………… (238)
7.5 建设工程施工合同实施 …………………………………………………………… (240)
7.6 建设工程索赔 ……………………………………………………………………… (250)
7.7 国际建设工程承包合同 …………………………………………………………… (259)

8 建设工程项目信息管理 ………………………………………………………………… (282)
8.1 建设工程项目信息管理的含义、目的和任务 …………………………………… (282)
8.2 建设工程项目信息的分类、信息编码的方法和信息处理的方法 ……………… (283)
8.3 项目管理信息系统的意义和功能 ………………………………………………… (285)
8.4 工程管理信息化的内涵和意义 …………………………………………………… (286)

参考文献 …………………………………………………………………………………… (289)

1　建设工程项目管理概论

职业能力目标：通过本章的学习，学生应达到施工项目管理的初步要求，具备对建筑工程进行施工组织管理的认识能力。

学习任务：通过本章的学习，学生应了解建筑工程项目管理的基本概念、项目管理的生产与发展；掌握项目管理的基本内容；重点掌握建筑工程施工项目管理分类。

项目管理作为一门新兴的管理科学，最早出现于20世纪50年代后期，它一出现就很快在社会、经济生活的诸多领域和各个层次得到广泛的应用。20世纪70年代，著名的"阿波罗"登月计划采用项目管理的方法，取得了卓有成效的业绩。20世纪80年代，我国大型水利工程鲁布革水电站首先引进采用项目管理的模式，并取得了巨大的成功。

项目管理是现代工程技术、管理理论和项目建设实践相结合的产物，经过几十年的发展和完善已日益成熟，并以经济上的明显效益而在各发达的工业国家得到广泛应用。

项目管理是国际上进行工程建设的惯例。近些年来，我国在工程建设领域大力推行项目管理，进行了大量的创新，积累了丰富的经验，形成了成熟的管理理论和行之有效的科学方法，并已取得明显的经济效益。

为了提高建设工程施工项目管理水平，促进施工项目管理的科学化、规范化、法制化，适应市场经济发展的需要，与国际惯例接轨，我国逐步建立健全了一些与项目管理相关的法律、法规、部门规章和标准（规范、规程）等，其中《建设工程项目管理规范》（GB/T 50326—2006）（以下简称《项目管理规范》）已由建设部和国家质量监督检验检疫总局联合颁发，2006年6月21日发布，2006年12月1日实施，它适用于新建、扩建、改建等建设工程的施工项目管理。

1.1　项目与建设工程项目

1.1.1　项目的概念

有建设就有项目，有项目就有项目管理，项目管理是一项古老的人类实践活动。当时，由于项目管理实践的需要，人们便把成功的管理理论和方法引进项目管理之中，作为动力，使项目管理越来越具有科学性，终于使项目管理作为一门学科迅速发展起来了，现在它与计算机结合，更使这门年轻学科出现了勃勃生机。

实践证明，实行项目管理的工程，在投资控制、质量控制和进度控制方面可以收到良好的效果。也就是说，综合效益均得到显著提高。本节将介绍项目管理的有关基本概念和特征等内容。

项目的含义：在一定的约束条件下（主要是限定的资源、限定的时间）具有专门组织、具有特定目标的一次性任务。

任务：包括活动的过程和成果。

1.1.2 项目的特征

(1) 项目的一次性(单件性)

项目的一次性是项目的最主要特征，也可称为单件性，指的是没有与此完全相同的另一项任务，其不同点表现在任务本身和最终成果上。只有认识项目的一次性，才能有针对性地根据项目的特殊情况和要求进行管理。

(2) 项目具有一定的约束条件

项目的目标有成果性目标和约束性目标。成果性目标是指项目的功能性要求，约束性目标是指限制条件，凡是项目都有自己的约束条件，项目只有满足约束条件才能成功。限定的时间、限定的投资、限定的质量，通常称这三个约束条件为项目的三大目标，它是项目目标完成的前提。

(3) 项目作为管理对象的整体性

一个项目，是一个整体管理对象，在按其需要配置生产要素时，必须以总体效益的提高为标准，做到数量、质量、结构的总体优化。由于内外环境是变化的，所以管理和生产要素的配置是动态的。项目中的一切活动都是相关的，构成一个整体。

(4) 项目的不可逆性

项目按一定的程序进行，其过程不可逆转，必须一次成功，失败了便不可挽回，因而项目的风险很大，与批量生产过程(重复的过程)有着本质的区别。

(5) 项目具有独特的生命周期

项目过程的一次性决定了每个项目具有自己的生命周期，任何项目都有其产生时间、发展时间和结束时间，在不同时期有不同的任务、程序和工作内容。如我国的基本建设程序包括项目建议书、可行性研究、设计工作、建设准备、建设实施、竣工验收与交付使用；而施工项目的生命周期包括投标与签约、施工准备、施工、竣工验收、保修。成功的项目管理是将项目作为一个整体系统，进行全过程的管理和控制，是对整个项目生命周期的系统管理。图1-1为国外工程项目生命周期及阶段划分。

项目里程碑说明：
① 项目建议书提出
② 可行性研究报告提出
③ 计划任务书下达
④ 图纸交付、开工命令下达
⑤ 项目配套竣工
⑥ 试生产验收合格

(1) 项目管理只包括Ⅱ、Ⅲ、Ⅳ三个阶段，并可以进一步详细划分；
(2) 为保证项目决策的科学性、客观性，阶段Ⅰ的工作应另委托相关单位独立进行；
(3) 项目运行不属于项目管理范畴

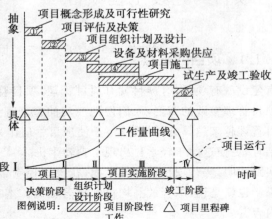

图1-1 国外工程项目生命周期及阶段划分

1.1.3 建设项目的概念

建设项目也称为基本建设项目,是项目中最重要的一类,指按一个总体设计进行建设的各个单项工程所构成的总体。

建设项目形成周期可分为立项阶段、决策阶段、实施阶段和建成后使用阶段,一般是确定建设单位的依据。在我国,通常以建设一个企业事业单位或一个独立工程作为建设项目。凡属于一个总体设计中分期分批进行建设的主体工程和附属配套工程、综合利用工程、供水供电工程都作为一个建设项目;不能把不属于一个总体设计的工程,按各种方式归属于一个建设项目,也不能把同一总体设计的工程,按地区或施工单位分为几个建设项目。建设项目除了具备一般项目特征外,还具有以下特征:

(1) 投资额巨大,生产周期长。

(2) 在一个总体设计或初步设计范围内,由一个或若干个可以形成生产能力或使用价值的单项工程所组成。

(3) 一般在行政上实行统一管理,在经济上实行统一核算。

建设项目一般可以进一步划分为单项工程、单位工程、分部工程和分项工程。

1.1.4 建设项目分类

为了加强基本建设项目管理,正确反映建设项目的内容和规模,建设项目可按不同标准分类。

1) 按建设性质分类

建设项目按其建设性质不同,可划分成基本建设项目和更新改造项目两大类。

(1) 基本建设项目

基本建设项目是投资建设用于进行以扩大生产能力或增加工程效益为主要目的的新建、扩建工程及有关工作。基本建设项目有下列四类:

① 新建项目。它是根据国民经济和社会发展的近远期规划,从无到有的建设项目。现有企业、事业和行政单位一般不应有新建项目,若新增的固定资产价值超过原有全部固定资产价值三倍以上时才可算是新建项目。

② 扩建项目。指现有企业为扩大生产能力或新增效益而增建的生产车间或工程项目,以及事业、行政单位增建业务用房等。

③ 迁建项目。指现有企事业单位为改变生产布局或出于环境保护等其他特殊要求,搬迁到其他地点的建设项目。

④ 恢复项目。指原固定资产因自然灾害或人为灾害等原因已全部或部分报废,又投资重新建设的项目。

(2) 更新改造项目

更新改造项目是指建设资金对于企事业单位原有设施进行技术改造或固定资产更新,以及相应配套的辅助性生产、生活福利等工程和有关工作。

更新改造项目包括挖潜工程、节能工程、安全工程、环境工程。更新改造措施应按照专款专用、少搞土建、不搞外延的原则进行。

2) 按投资作用分类

基本建设项目按其投资在国民经济各部门中的作用,分为生产性建设项目和非生产性建设项目。

(1) 生产性建设项目

生产性建设项目是指直接用于物质生产或直接为物质生产服务的建设项目,主要包括以下四个方面:

① 工业建设。包括工业国防和能源建设。

② 农业建设。包括农、林、牧、渔、水利建设。

③ 基础设施。包括交通、邮电、通信建设,地质普查、勘探建设,建筑业建设等。

④ 商业建设。包括商业、饮食、营销、仓储、综合技术服务事业的建设。

(2) 非生产性建设项目

非生产性建设项目包括用于满足人民物质和文化福利需要的建设和非物质生产部门的建设,主要包括以下几个方面:

① 办公用房。各级党政机关、社会团体、企业管理机关的办公用房。

② 居住建筑。住宅、公寓、别墅。

③ 公共建筑。科教文卫、广播电视、体育、社会福利事业、公用事业、咨询服务、宗教、金融、保险等建设。

④ 其他建设。不属于以上各类的其他非生产性建设。

3) 按项目规模分类

按照国家规定的标准,基本建设项目划分为大型、中型、小型三类;更新改造项目划分为限额以上和限额以下两类。不同等级标准的建设项目,国家规定的审批机关和报建程序也不尽相同。

(1) 划分项目等级的原则

① 按批准的可行性研究报告(或初步设计)所确定的总设计能力或投资总额的大小,依国家颁布的《基本建设项目大中小型划分标准》进行分类。

② 凡生产单一产品的项目,一般以产品的设计生产能力划分;生产多种产品的项目,一般按其主要产品的设计生产能力划分;产品分类较多,不易分清主次,难以按产品的设计能力划分时,可按投资额划分。

③ 对国民经济和社会发展具有特殊意义的某些项目,虽然设计能力或全部投资不够大、中型项目标准,经国家批准已列入大、中型计划或国家重点建设工程的项目也按大、中型项目管理。

④ 更新改造项目一般只按投资额分为限额以上和限额以下项目,不再按生产能力或其他标准划分。

(2) 基本建设项目规模划分标准

基本建设项目根据上级批准的建设总规模或计划总投资,按工业建设项目和非工业建设项目分别划分为大、中、小型。

1.2　建设工程项目管理的基本概念与内容

1.2.1　建设工程项目管理的概念和特点

1) 项目管理

（1）项目管理的概念

项目管理是指在一定的约束条件下,为达到项目的目标对项目所实施的计划、组织、指挥、协调和控制的过程。因此,项目管理的对象是项目。项目管理的职能同所有管理的职能相同。需要特别指出的是,项目的一次性,要求项目管理的程序性和全面性,也需要科学性,主要是用系统工程的观念、理论和方法进行管理。

（2）项目管理的特征

① 每个项目管理都有自己特定的管理程序和步骤。项目管理的特点决定了每个项目都有自己特定的目标,项目管理的内容和方法要针对项目目标而定,因此每个项目也有所不同。

② 项目管理是以项目经理为中心的管理。由于项目管理具有较大的责任和风险,其管理涉及生产要素的诸多方面和多元化关系,为了更好地进行项目计划、组织、指挥、控制和协调,必须实施以项目经理为中心的管理体制。在项目管理过程中应授予项目经理充分的权力,以便处理各种可能遇到的实际问题。

③ 项目管理应使用现代的管理方法和手段。现代项目大多数是先进科学的产物或是一种涉及多学科、多领域的系统工程,要使项目圆满地完成就必须综合运用科学技术和现代化管理方法,如预测技术、决策技术、网络技术、行为科学、价值工程和系统理论等。

④ 项目管理应实施动态控制。为了确保项目目标的实现,在项目实施过程中要进行动态控制,即阶段性地检查实际值和计划目标值的差异,采取措施纠偏,制订新的计划目标值,使项目最终目标得以实现。

2) 项目管理与企业管理的区别

（1）管理对象不同

项目管理：项目的管理主要内容为对该项目的全过程进行科学系统地管理。

企业管理：企业管理的主体为施工单位,所以其管理的对象主要是在施工阶段进行的管理。

（2）管理时间不同

项目管理：项目管理是针对该项目进行的管理,所以在某一段时间进行项目管理。

企业管理：企业管理的目的是整个企业的长久发展,所以从时间上来看是长久时间的管理。

（3）管理方式不同

项目管理：由业主、设计方、施工方、监理方共同参与的综合性管理。

企业管理：涉及的单位一般为企业本身,表现为自我经营的管理。

1.2.2　建设工程项目管理

1) 建设工程项目管理

建设工程项目管理是项目管理的一类,其管理对象是建设项目,是在建设项目的生命周期内,用系统工程的理论、观点和方法对建设项目进行计划、组织、指挥、控制和协调的管理活动,从而按项目既定的质量要求、动用时间、投资总额、资源限制和环境条件,圆满地实现建设项目目标。

建设工程项目的管理者应由建设活动的参与各方组成,包括业主单位、设计单位和施工单位,一般由业主单位进行工程项目的总管理。工程全过程项目管理包括从编制项目建议书至项目竣工验收交付使用的全过程。由设计单位进行的建设项目管理一般限于设计阶段,称为设计项目管理;由施工单位进行的项目管理一般为建设项目的施工阶段,称为施工项目管理;由业主单位进行的建设项目管理,如委托给监理单位进行监督管理则称为工程项目建设监理。

2)施工项目管理

施工项目管理是建筑业企业运用系统的观点、理论和方法对施工项目进行的计划、组织、指挥、控制、协调等全过程、全面的管理。它主要有以下特点:

(1)以建筑业企业为管理主体。
(2)仅以施工项目为管理对象。
(3)由于施工项目分阶段进行,则其管理具体内容不同。
(4)由于项目的一次性和复杂性,其组织协调工作显得十分重要和复杂。
(5)施工项目管理不同于建设项目管理。施工项目管理的内容涉及从投标开始到交工为止的全部生产组织与管理及维修,而建设项目管理的内容涉及投资周转和建设的全过程的管理。

1.2.3 建设工程项目管理产生的背景和原因

20世纪50年代末,一些工业发达国家开始重视建筑工程项目管理和控制的研究,而后成立了许多建筑工程项目管理研究的学会和进行建筑工程项目管理的咨询机构,在高等学校里也开设了建筑工程项目管理的课程,多年来有关理论研究和实践应用的结果,使工程项目管理学成为管理科学的一门分支学科。

1)工程项目规模日趋扩大,技术日趋复杂

自20世纪50年代末60年代初以来,随着科学技术的发展、工业和国防建设以及人民生活水平不断提高的要求,需要建设很多大型、巨型工程,如航天工程、大型水利工程、核电站、大型钢铁企业、石油化工企业和新型城市开发等。这些工程技术复杂、规模大,对项目建设的组织与管理就提出更高的要求。对于这些大型工程,投资者和建设者都难以承担由于项目组织和管理的失误而造成的损失。竞争激烈的社会环境,迫使人们重视项目的管理。

2)人们认识到工程项目总目标控制的重要性

投资者对一个工程项目的建设,往往有许多目标:建设地点、建筑形式、结构形式、功能、使用者的满意程度、经济性、时间等。这些目标形成了一个目标系统,此目标系统如何控制,其核心的问题是如何确保其总目标的实现。

一个工程项目的总目标可以归纳为:投资/成本、工期和质量。

3)人们认识到工程项目协调的重要性

一个大、中型工程项目在运行中会涉及很多方面的关系,诸如建设单位、设计单位、施工单位、供应单位、监理单位、运输单位、政府部门、金融机构、司法部门、服务部门以及科研单位等等。

所谓工程项目的协调,指的是以上单位之间的协调,以及各有关单位内部的协调。协调的方面包括技术、经济、组织、质量和进度等。

大量工程实践表明,以上各种关系、各个方面的协调直接影响着工程项目总目标的实现。人们逐渐认识到协调也是一项专门的技术,它被称为协调技术。

4) 人们认识到工程项目信息管理的重要性

一个工程项目从投资决策至项目建成、交付使用,其间需要多方面和多种形式的信息,如可行性研究资料、设计任务书、设计文件、委托设计和施工的合同、概预算文件、施工文件、来往信件、会议记录、谈话记录、情况汇报和各种统计表等。对以上这些有关的信息进行收集、存储、加工和整理,称为信息管理。

长期建设的实践,使项目决策者和参加者认识到,在工程项目进展过程中由于缺乏信息、难以及时获取信息、所得到的信息不准确或信息的综合程度不满足项目管理的要求等,造成项目控制、决策的困难,以致影响项目总目标的实现。使人们越发意识到工程项目信息管理的重要性。而电子计算机是高效信息处理的工具,因此应考虑使用计算机辅助项目管理。

1.2.4 建设工程项目管理在我国的发展

1) 项目管理的引进

我国进行工程项目管理的实践活动至今有2 000多年的历史。我国许多伟大的工程,如都江堰水利工程、宋朝丁渭修复皇宫工程、北京故宫工程等等,都是名垂史册的项目管理实践活动。其中许多工程运用了科学的思想和组织方法,反映了我国古代工程项目管理的水平和成就。新中国成立后,我国工程项目管理的实践活动得到了很大发展,创造了许多项目管理的经验,并进行了总结,只是没有系统上升为学科理论。

改革开放以来,我国首先从德国和日本引进了项目管理理论,之后美国和世界银行的项目管理理论和实践经验随着文化交流和项目建设陆续传入我国。招投标承包制的推广过程就是项目管理理论的应用和发展过程。1987年开始推广的鲁布革经验,使我国项目管理的实践和理论研究跨上了一个新台阶。1988年开始试行的建设监理和施工项目管理至今已取得很大成就,转入推广阶段。

2) 我国为什么要进行建设工程项目管理

(1) 项目管理是国民经济基础管理的重要内容。

新中国成立以来,建筑行业飞速发展,进行了大量的工程项目管理实践活动,远的如"一五"时期搞的156项重点建设项目,它奠定了中华人民共和国的工业基础和国民经济基础。从管理来讲,我们有成功的经验,也有失败的教训,有的教训还是很深刻的,比如在那个年代搞的"三小"工程,有些工程至今是废铜烂铁一堆。从好的方面来说,宝钢工程、葛洲坝工程、京—津—塘高速公路以及南浦大桥等,这些工程对我国国民经济的发展起了重要的作用。所以,项目管理的好坏直接影响到国家、地区的经济效益和社会效益。

(2) 项目管理是建筑业企业成为支柱产业的支柱。

企业经营是目的,项目管理是手段。振兴建筑业,光凭人多不行,我们必须依靠"质量兴业"。而提高工程质量,关键靠加强管理,提高项目管理水平。

(3) 项目管理是工程建设和建筑业改革的出发点、立足性和着眼点。

建筑业已经进行和正在进行的各项改革,包括进行股份制投资,实行总承包方式,采用 FIDIC 合同条件,采用 ISO9000—87 系列标准进行质量保证和管理,安全方面执行国际劳工组织 167 号公约,推行工程建设监理、造价改革等,都要落实到项目上。如果一项改革不利于工程项目管理,不能提高工程项目的效益,那么这项改革是无效的。

(4) 项目管理是建筑业企业能量和竞争实力的体现。

(5) 项目管理是一门科学,进行项目管理意味着进行科学的管理。

(6) 加强项目管理已成为各级建设主管部门、建筑市场各主体单位当前突出紧迫的任务。

我国进行项目管理的进程推广如下:

1982 年,丁士昭教授从西德引进项目管理理论并发表《建筑工程项目管理》一书,取得了轰动性效果;

1984 年以后,我国逐渐有了项目管理实践;

1986 年,鲁布革经验;

1988 年,项目法施工试点;

1993 年,建设监理试点结束;

1996 年,在全国推广建设;

1998 年,产业化、规模化。

1.2.5 建设工程项目管理的指导思想及其在我国的特点

1) 建设工程项目管理的指导思想

(1) 市场观念

我国正在建立社会主义市场经济,市场经济是用市场关系管理经济的体制。工程项目是产品,也是商品,它的生产和销售都离不开市场。我们推行的工程项目管理,是市场经济的产物,市场是工程项目管理的环境和条件。没有市场经济,也就没有工程项目管理。因此,进行工程项目管理,应尊重市场经济条件的竞争规律、价值规律和市场运行规则等,让管理领域和管理活动与市场接轨,靠市场取得工程项目管理效益。

(2) 用户观念

市场是由实行交换的供需双方构成的,企业是市场的主体,必须以战略的眼光把握产品的未来和市场的未来,通过市场竞争(投标)获取工程项目,从市场上取得生产要素并进行优化配置,认真履约经营,以质量好、工期合理、造价经济取胜,实施名牌战略,搏击市场风浪。而用户是构成市场的主要一方,建筑业企业要树立一切为了用户的观念,全心全意地为用户服务,把对国家的责任建立在对用户负责的基础上。

(3) 效益观念

社会主义企业的效益观念是经济效益与社会效益相统一的综合观念。在经济效益上要注意微观经济效益服从宏观经济效益,而盈利能力是企业生存和发展的重要标志。工程项目是建筑业企业生产经营的主战场、各种生产要素配置的集结地、企业管理工作的基点、获取经济效益的源头,因此,建筑业企业要摆脱长期以来效益低、积累少、资金紧张的困扰,必须切实转变观念,强化成本意识,建立健全项目责任成本集约化管理体系。

(4) 时间观念

即把握好决策战机,加快资金周转,讲求资金的时间价值,讲究工作效率和管理效率,从而赢得时间、赢得效益。

(5) 人才观念

在新的经济时期,知识日益成为决定企业生存和发展的重要资源。人作为知识的主人、作为企业知识资源的驾驭者,人的主动性、积极性和创造性调动和发挥的程度将最终决定着企业的命运。"入世"后,我国建筑业企业面临着来自境外企业更加强劲的挑战。人才是企业的生命,企业的竞争从根本上说是人才的竞争。企业管理人才的素质是关系企业管理效率的关键因素。对于建筑业企业来说,这里的人才不仅指那些懂建筑市场经营、施工技术、熟悉国际建筑条款的优秀人才,而且也包括那些熟悉建筑成本核算、施工现场管理甚至思想政治方面的人才。一个有竞争力的、可持续发展的企业必须拥有各种类型的高素质人才。因此,建筑业企业要建立起一整套有利于人才培养和使用的激励机制,知人善任,任人唯贤,给人才提供一个充分展示自己的舞台,营造有利于人才发挥作用、优秀人才脱颖而出的内部环境,高度重视对工人、技术工人的培训,夯实技术进步基础,提供人才学习和成长的机会,从而提高企业的凝聚力,增强企业的竞争实力。

(6) 诚信观念

诚信是市场经济制度下的一项内功,在以往的发展历程中,我国企业这方面的建设还存在一定的偏差。今后在全球化信息社会里,诚信是作为社会细胞的人和作为社会组织的企业的生存之道,需要着力打造,谁不守诚信,谁就将无立足之地。建筑业企业在市场经济条件下,要勇于承认自己是承包人,从"完成任务的工具"向承包商转变,不断提高商业信誉,这是企业的无形资产,没有诚信就不能在市场竞争中取胜。因此,建筑业企业要把产品质量和服务水平、把良好的企业形象和信誉视为企业在激烈竞争中求得生存、赢得优势的关键,具体体现在对合同、建筑质量、工期和伙伴关系的重视。

(7) 创新观念

没有不变的项目管理模式,要根据工程和环境的变化进行调整和变革,故要讲预测,有对策。赢得竞争胜利的关键在于创新,广泛采用新工艺、新技术、新材料、新设备以及新的管理组织、方法和手段。

2) 我国实行项目管理的特点

(1) 我国推行项目管理是在政府的领导和推动下进行的,有法规、有制度、有规划、有步骤,这与国外所进行的自发性和民间性的项目管理有着本质上的区别。

(2) 推行项目管理与我国改革开放是同步的,改革的内容是多方面的,都和项目紧密相关。

(3) 按照国际惯例,结合国情发展我国的项目管理,为世界项目管理学科的发展作出贡献。

(4) 我国产生了一大批项目管理典型工程,如北京国际贸易工程、京津塘高速公路工程等,并得到推广。

(5) 项目管理的两个分支即工程建设监理和施工项目管理得到迅猛发展,推动了项目管理理论的发展。

1.2.6 建设工程项目管理的全过程

工程项目作为管理过程,按照工程项目的进程(时间顺序)可以划分为:

(1) 工程项目的决策阶段(立项)

从技术经济的角度,对必要性、可能性进行讨论、比较,报批后,下达计划任务书。

(2) 工程项目组织计划、设计阶段

工程项目战略性决策阶段,主要工作内容如下:

① 工程项目初步设计。
② 项目经理的选配和项目经理班子的组织。
③ 工程项目招标、投标及承包商的选定。
④ 工程项目合同的签订。
⑤ 工程项目总体计划的制订。
⑥ 工程项目征地及建设准备。

(3) 工程项目实施阶段

工程项目实施阶段的主要任务是通过建设施工,在规定工期、质量、造价范围内按设计要求高效率地实现项目目标。

(4) 工程项目竣工及试生产阶段

工程项目竣工及试生产阶段应完成项目的竣工验收及项目联动试车。试生产正常并经业主认可,工程项目即告完成。

1.2.7 建设工程项目的分解体系

1) 单项工程

工程项目有时也称为单项工程,是建设项目的组成部分,一般是指具有独立的设计文件,在竣工投产后可以独立发挥效益或生产设计能力的产品车间(联合企业的分厂)生产线或独立工程等。

一个建设项目可以包括若干个单项工程,如一个新建工厂的建设项目,其中的各个生产车间、辅助车间、仓库、住宅等工程都是单项工程。有些比较简单的建设项目本身就是一个单项工程,如只有一个车间的小型工厂、一条森林铁路等。一个建设项目在全部建成投产以前,往往陆续建成若干个单项工程,所以单项工程是考核投产计划完成情况和新增生产能力的基础。

单项工程由若干个单位工程组成。

2) 单位工程

单位工程是建筑业企业的产品,是指具有独立设计,可以独立施工,但完成后不能独立发挥效益的工程。民用建筑物或构筑物的土建工程连同安装工程一起称为一个单位工程,工业建筑物或构筑物的土建工程是一个单位工程,而安装工程又是一个单位工程。

只有建设项目、单项工程、单位工程才能称为项目,因为它们都具有项目的特性,如单件性、一次性、生命周期、约束条件,而建筑工程的分部、分项工程就不能称为项目。

3) 分部工程

由于组成单位工程的各部分是由不同工人用不同材料和工具完成的,因此可以进一步把单位工程分解为分部工程。土建工程的分部工程按建筑工程的主要部位划分,如基础工程、主体工程、地面工程、装饰工程等;安装工程的分部工程是按工程的种类划分的,如管道工程、电气工程、通风工程以及设备安装工程等。

4) 分项工程

按照不同的施工方法、构造及规格可以把分部工程进一步划分为分项工程。分项工程是用较简单的施工过程就能生产出来的,可以用适当的计量单位计算并便于测定或计算的工程基本构成要素。土建工程的分项工程是按建筑工程的主要工种工程划分的,如土方工程、钢筋工程、抹灰工程等;安装工程的分项工程是按用途或输送不同介质、物料以及设备组别划分的,如给水工程、排水工程、通风工程和制冷工程等等。

复习思考题

1. 简述项目的含义。
2. 项目有哪些特征?
3. 建设项目是什么?
4. 建设项目有哪些分类?
5. 项目管理的特征是什么?
6. 建设工程项目管理和施工项目管理的区别是什么?
7. 解释什么是单项工程、单位工程、分部工程、分项工程。

2 建设工程项目的组织与管理

职业能力目标：通过本章的学习，学生应达到初步掌握建设工程项目管理的目标和组织形式，编制项目规划、项目管理目标的动态控制，编制施工组织设计文件的要求。具备对建筑工程综合及物资管理的能力。

学习任务：通过本章的学习，学生应了解建设工程项目管理的目标和任务及建设工程监理的性质、任务与工作方法；掌握建设工程项目的综合管理及物资管理、建设工程项目管理规划的编制方法、工程风险管理的方法；重点掌握施工项目管理组织形式的优缺点。

2.1 建设工程项目管理的目标和任务

2.1.1 建设工程项目管理的类型

每个建设项目都需要投入巨大的人力、物力和财力等社会资源进行建设，并经历着项目的策划、决策立项、场址选择、勘察设计、建设准备和施工安装活动等环节，最后才能提供生产或使用，也就是说它有自身的产生、形成和发展过程。这个构成的各个环节相互联系、相互制约，受到建设条件的影响。

建设工程项目管理的内涵是：自项目开始至实施期；"项目策划"指的是目标控制前的一系列筹划和准备工作；"费用目标"对业主而言是投资目标，对施工方而言是成本目标。项目决策期管理工作的主要任务是确定项目的定义，而项目实施期管理的主要任务是通过管理使往日的目标得以实现。

按建设工程生产组织的特点，一个项目往往由许多参与单位承担不同的建设任务，而各参与单位的工作性质、工作任务和利益不同，因此就形成了不同类型的项目管理。由于业主方是建设工程项目生产过程的总集成者——人力资源、物质资源和知识的集成，业主方也是建设工程项目生产过程的总组织者，因此对于一个建设工程项目而言，虽然有代表不同利益方的项目管理，但是，业主方的项目管理是管理的核心。

1) 按管理层次划分

按项目管理层次可分为宏观项目管理和微观项目管理。

宏观项目管理是指政府（中央政府和地方政府）作为主体对项目活动进行的管理。这种管理一般不是以某一具体的项目为对象，而是以某一类开发或某一地区的项目为对象；其目标也不是项目的微观效益，而是国家或地区的整体综合效益。项目宏观管理的手段是行政、法律、经济手段并存，主要包括：项目相关产业法规政策的制定，项目的财、税、金融法规政策，项目资源要素市场的调控，项目程序及规范的制定与实施，项目过程的监督检查等。微观项目管理是指项目业主或其他参与主体对项目活动的管理。项目的参与主体，一般主要包括：业主,作为项目的发起人、投资人和风险责任人；项目任务的承接主体,指通过承包或其他责任形式承接项目全部或部分任务的主体；项目物资供应主体,指为项目提供各种资源（如资金、材料设备、劳务等）的主体。

微观项目管理,是项目参与者为了各自的利益而以某一具体项目为对象进行的管理,其手段主要是各种微观的法律机制和项目管理技术。一般意义上的项目管理,即指微观项目管理。

2) 按管理范围和内涵不同划分

按工程项目管理范围和内涵不同分为广义项目管理和狭义项目管理。

广义项目管理包括从项目投资意向到项目建议书、可行性研究、建设准备、设计、施工、竣工验收、项目后评估全过程的管理。

狭义项目管理指从项目正式立项开始,即从项目可行性研究报告批准后到项目竣工验收、项目后评估全过程的管理。

3) 按管理主体不同划分

一项工程的建设,涉及不同管理主体,如项目业主、项目使用者、科研单位、设计单位、施工单位、生产厂商、监理单位等。从管理立体看,各实施单位在各阶段的任务、目的、内容不同,也就构成了项目管理的不同类型,概括起来大致有以下几种项目管理。

(1) 业主方项目管理。业主方项目管理是指由项目业主或委托人对项目建设全过程的监督与管理。按项目法人责任制的规定,新上项目的项目建议书被批准后,由投资方派代表,组建项目法人筹备组,具体负责项目法人的筹建工作,待项目可行性研究报告批准后,正式成立项目法人,由项目法人对项目的策划、资金筹措、建设实施生产经营、债务偿还、资产的增值保值,实行全过程负责,依照国家有关规定对建设项目的建设资金、建设工期、工程质量、生产安全等进行严格管理。

项目法人可聘任项目总经理或其他高级管理人员,由项目总经理组织编制项目初步设计文件,组织设计、施工、材料设备采购的招标工作,组织工程建设实施,负责控制工程投资、工期和质量,对项目建设各参与单位的业务进行监督和管理。项目总经理可由项目董事会成员兼任或由董事会聘任。

项目总经理及其管理班子具有丰富的项目管理经验,具备承担所任职工作的条件。从性质上讲是代替项目法人,履行项目管理职权的。因此,项目法人和项目经理对项目建设活动组织管理构成了建设单位的项目管理,这是一种习惯称谓。其实项目投资也可能是合资。

项目业主是由投资方派代表组成的,从项目筹建到生产经营并承担投资风险的项目管理班子。

项目法人的提出是国家经过几年改革实践的总结,1996年国家计划委员会从国有企业转换经营机制,建立现代企业制度的需要,根据《公司法》精神,将原来的项目业主责任制改为法人责任制。法人责任制是依据《公司法》制定的,在投资责任约束机制方面比项目业主责任制更进一步加强,项目法人的责、权、利也更加明确。更重要的是项目管理制度全面纳入法制化、规范化的轨道。

值得一提的是,目前习惯将建设单位的项目管理简称建设项目管理。这里的建设项目既包括传统意义上的建设项目(即在一个主体设计范围内,经济上独立核算、行政上具有独立组织形式的建设单位），也包括原有建设单位新建的单项工程。

（2）监理方的项目管理。较长时间以来，我国工程建设项目组织方式一直采用工程指挥部制或建设单位自营自管制。由于工程项目的一次性特征，这种管理组织方式往往有很大的局限性，首先在技术和管理方面缺乏配套的力量和项目管理经验，即使配套了项目管理班子，在无连续建设任务时，也是不经济的。因此，结合我国国情并参照国外工程项目管理方式，在全国范围，提出工程项目建设监理制。从1988年7月开始进行建设监理试点，现已全面纳入法制化轨道。社会监理单位是依法成立的、独立的、智力密集型经济实体，接受业主的委托，采取经济、技术、组织、合同等措施，对项目建设过程及参与各方的行为进行监督、协调的控制，以保证项目按规定的工期、投资、质量目标顺利建成。社会监理是对工程项目建设过程实施的监督管理，类似于国外CM项目管理模式，属咨询监理方的项目管理。

（3）承包方项目管理。作为承包方，采用的承包方式不同，项目管理的含义也不同。施工总承包方和分包方的项目管理都属于施工方的项目管理。建设项目总承包有多种形式，如设计和施工任务综合的承包，设计、采购和施工任务综合的承包（简称EPC承包）等，它们的项目管理都属于建设项目总承包方的项目管理。

2.1.2 业主方项目管理的目标和任务

业主方项目管理是站在投资主体的立场上对工程建设项目进行综合性管理，以实现投资者的目标。项目管理的主体是业主，管理的客体是项目从提出设想到项目竣工、交付使用全过程所涉及的全部工作，管理的目标是采用一定的组织形式，采取各种措施和方法，对工程建设项目所涉及的所有工作进行计划、组织、协调、控制，以达到工程建设项目的质量要求，以及工期和费用要求，尽量提高投资效益。

业主方的项目管理工作涉及项目实施阶段的全过程，即在设计前的准备阶段、设计阶段、施工阶段、动用前准备阶段和保修期，各阶段的工作任务包括安全管理、投资控制、进度控制、质量控制、合同管理、信息管理、组织和协调，如表2-1所示。

表2-1 业主方项目管理的任务

	设计前准备阶段	设计阶段	施工阶段	动用前准备阶段	保修期
安全管理					
投资控制					
进度控制					
质量控制					
合同管理					
信息管理					
组织协调					

表2-1有7行和5列，构成业主方35分块项目管理的任务。

业主方项目管理服务于业主的利益,其项目管理的目标包括项目的投资目标、进度目标和质量目标。其中投资目标指的是项目的总投资目标。进度目标指的是项目动用的时间目标,也即项目交付使用的时间目标,如工厂建成可以投入生产、道路建成可以通车、旅馆可以开业的时间目标等。项目的质量目标不仅涉及施工的质量,还包括设计质量、材料质量、设备质量和影响项目运行或运营的环境质量等。质量目标包括满足相应的技术规范和技术标准的规定,以及满足业主方相应的质量要求。

业主要与不同的参与方分别签订相应的经济合同,要负责从可行性研究开始,直到工程竣工交付使用的全过程管理,是整个工程建设项目管理的中心。因此,必须运用系统工程的观念、理论和方法进行管理。业主在实施阶段的主要任务是组织协调、合同管理、投资控制、质量控制、进度控制、信息管理。为了保证管理目标的实现,业主对工程建设项目的管理应包括以下职能:

(1)决策职能。由于工程建设项目的建设过程是一个系统工程,因此每一建设阶段的启动都要依靠决策。

(2)计划职能。围绕工程建设项目建设的全过程和总目标,将实施过程的全部活动都纳入计划轨道,用动态的计划系统协调和控制整个工程建设项目,保证建设活动协调有序地实现预期目标。只有执行计划职能,才能使各项工作可以预见和能够控制。

(3)组织职能。业主的组织职能既包括在内部建立工程建设项目管理的组织机构,又包括在外部选择可靠的设计单位与承包单位,实施工程建设项目不同阶段、不同内容的建设任务。

(4)协调职能。由于工程建设项目实施的各个阶段在相关的层次、相关的部门之间,存在大量的结合部,构成了复杂的关系和矛盾,应通过协调职能进行沟通,排除不必要的干扰,确保系统的正常运行。

(5)控制职能。工程建设项目主要目标的实现是以控制职能为主要手段,不断通过决策、计划、协调、信息反馈等手段,采用科学的管理方法确保目标的实现。目标有总体目标,也有分项目标,各分项目标组成一个体系。因此,对目标的控制也必须是系统的、连续的。业主对工程建设项目管理的主要任务就是要对投资、进度和质量进行控制。

项目的投资目标、进度目标和质量目标之间既有矛盾的一面,也有统一的一面,它们之间的关系是对立统一的关系。要加快进度往往需要增加投资,要提高质量往往也需要增加投资,过度缩短进度会影响质量目标的实现,这都表现了目标之间关系矛盾的一面。但通过有效的管理,在不增加投资的前提下,也可缩短工期和提高工程质量,这反映了关系统一的一面。

建设工程项目的全寿命周期包括项目的决策阶段、实施阶段和使用阶段。项目的实施阶段包括设计前的准备阶段、设计阶段、施工阶段、动用前准备阶段和保修阶段,如图2-1所示。招投标工作分散在设计前的准备阶段、设计阶段和施工阶段中进行,因此可以不单独列为招投标阶段。

业主方项目管理服务于业主的利益,其项目管理的目标包括项目的投资目标和进度。

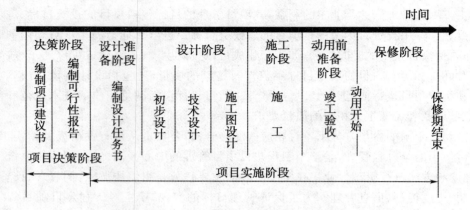

图 2-1 建设工程项目的阶段划分

2.1.3 设计方项目管理的目标和任务

设计单位受业主委托承担工程项目的设计任务,以设计合同所界定的工作目标及其责任义务作为该项工程设计管理的对象、内容和条件,通常简称设计项目管理。设计项目管理的工作内容是履行工程设计合同和实现设计单位经营方针目标。

设计方项目管理是由设计单位对自身参与的工程项目设计阶段的工作进行管理。因此,项目管理的主体是设计单位,管理的客体是工程设计项目的范围。大多数情况下是在项目的设计阶段。但业主根据自身的需要可以将工程设计项目的范围往前、后延伸,如延伸到前期的可行性研究阶段或后期的施工阶段,甚至竣工、交付使用阶段。一般来说,工程设计项目管理包括以下工作:设计投标、签订设计合同、开展设计工作、施工阶段的设计协调工作等。工程设计项目的管理职能同样是进行质量控制、进度控制和费用控制,按合同的要求完成设计任务,并获得相应报酬。

设计方作为项目建设的一个参与方,其项目管理主要服务于项目的整体利益和设计方本身的利益。其项目管理的目标包括设计的成本目标、设计的进度目标和设计质量目标,以及项目的投资目标。项目的投资目标能否实现与设计工作密切相关。

设计方的项目管理工作主要在设计阶段进行,但它也涉及设计前的准备阶段、施工阶段、动用前准备阶段和保修期。

设计方项目管理的任务包括:
(1)与设计工作有关的安全管理。
(2)设计成本控制以及与设计工作有关的工程造价控制。
(3)设计进度控制。
(4)设计质量控制。
(5)设计合同管理。
(6)设计信息管理。
(7)与设计工作有关的组织和协调。

2.1.4 施工方项目管理的目标和任务

施工方对工程承包项目的管理在其承包的范围内进行。此时,承包商处于供应者的地位(向业主提供)。其管理的覆盖面通常是在工程建设项目的招投标、施工、竣工验收和交付使用阶段。施工方项目管理的总目标是实现企业的经营目标和履行施工合同,具体的目标是施工质量、成本、进度、施工安全和现场标准化。这一目标体系既是企业经营目标的体现,也和工程项目的总目标密切联系。施工方作为项目建设的一个参与方,其项目管理主要服务于项目的整体利益和施工方本身的利益。其项目管理的目标包括施工的成本目标、施工的进度目标和施工质量目标。

施工方的项目管理工作主要在施工阶段进行,但它也涉及设计准备阶段、设计阶段、动用前准备阶段和保修期。在工程初期,设计阶段和施工阶段往往是交叉的,因此施工方的项目管理工作也涉及设计阶段。

1) 施工方项目管理的任务

(1) 施工安全管理。
(2) 施工成本控制。
(3) 施工质量控制。
(4) 施工合同管理。
(5) 施工进度控制。
(6) 施工信息管理。
(7) 与施工有关的组织与协调。

施工项目管理的主体是以施工项目经理为首的项目经理部,客体是具体的施工对象、施工活动以及相关的生产要素。

2) 工程承包项目管理的主要内容

(1) 建立承包项目经理部。

① 选聘工程承包项目经理部。
② 以适当的组织形式,组建工程承包项目管理机构,明确责任、权限和义务。
③ 按照工程承包项目管理的要求,制定工程承包项目管理制度。

(2) 制订工程承包项目管理计划。工程项目管理计划是对该项目管理组织内容、方法、步骤、重点进行预测和决策等作出的具体安排。工程承包项目管理计划的主要内容有:

① 进行项目分解,以便确定阶段性控制目标,从局部到整体进行工程项目承包活动和进行工程承包项目管理。
② 建立工程承包项目管理工作体系,绘制工程承包项目管理工作结构图和相应管理信息流程图。
③ 绘制工程承包项目管理计划,确定管理点,形成文件,以利执行。

(3) 进行工程承包项目的目标控制。主要包括进度、质量、成本、安全施工现场等目标控制。

(4) 对施工项目的生产要素进行优化配置和动态管理。施工项目的生产要素是工程承包项目目标得以实现的保证,主要包括劳动力、材料、设备、资金和技术。

生产要素管理的内容包括:

① 分析各项生产要素的特点。
② 按照一定原则、方法对施工活动生产要素进行优化配置,并对配置状况进行评价。

③ 对施工项目的各项生产要素进行动态管理。

(5) 工程承包项目的合同管理。由于工程承包项目管理是在市场条件下进行的特殊交易活动的管理,这种交易从招投标开始,持续于管理的全过程,因此必须签订合同,进行履约经营。合同管理的好坏直接涉及工程承包项目管理以及工程承包项目的技术经济效果和目标实现。

(6) 工程承包项目的信息管理。工程承包项目管理是一项复杂的现代化管理活动,要依靠大量的信息及对大量信息进行管理。

2.1.5 供货方项目管理的目标和任务

从建设项目管理的系统分析角度看,建设物资供应工作也是工程项目实施的一个子系统,它有明确的任务和目标、明确的制约条件,与项目实施子系统有着内在联系。因此制造厂、供应商同样可以将加工生产制造和供应合同所界定的任务,作为项目进行目标管理和控制,以适应建设项目总目标控制的要求。

供货方作为项目建设的一个参与方,其项目管理主要服务于项目的整体利益和供货方本身的利益。其项目管理的目标包括供货的成本目标、供货的进度目标和供货的质量目标。

供货方的项目管理工作主要在施工阶段进行,但它也涉及设计准备阶段、设计阶段、动用前准备阶段和保修期。

供货方项目管理的任务包括:
(1) 供货的安全管理。
(2) 供货的成本控制。
(3) 供货的进度控制。
(4) 供货的质量控制。
(5) 供货合同管理。
(6) 供货信息管理。
(7) 与供货有关的组织与协调。

2.1.6 建设工程项目总承包方项目管理的目标和任务

工程总承包方的项目管理是指当工程项目采用设计—施工一体化承包模式时,由工程总承包公司根据承包合同的工作范围和要求对工程的设计、施工阶段进行一体化管理。因此,总承包方的项目管理是贯穿于项目实施全过程的全面管理,既包括设计阶段,也包括施工安装阶段。其性质和目的是合同履行工程总承包合同,以实现企业承建工程的经营方针和目标,取得预期经营效益为动力而进行的工程项目自主管理。

建设工程项目总承包方作为项目建设的一个参与方,其项目管理主要服务于项目的整体利益和建设项目总承包方本身的利益。其项目管理的目标包括项目的总投资目标和总承包方的成本目标、项目的进度目标和项目的质量目标。

建设工程项目总承包方项目管理工作涉及项目实施阶段的全过程,即设计前的准备阶段、设计阶段、施工阶段、动用前准备阶段和保修期。

工程总承包的项目管理在性质上和设计方、施工方的项目管理相同,但是总承包可以凭借自身的技术和管理优势,通过对设计和施工方案的一体化优化以及实施中的整体化管理来实施项目管理。显然,总承包方项目管理的任务是在合同条件的约束下,依靠自身的技术和管理优势或实力,通过优化设计及施工方案,在规定的时间内,保质保量地全面完成工程项目的承建任务。从交易的角度看,项目业主是买方,总承包单位是卖方,因此两者的地位和利益追求是不同的。

建设工程项目总承包方项目管理的任务包括:
(1) 安全管理。
(2) 投资控制和总承包方的成本控制。
(3) 进度控制。
(4) 质量控制。
(5) 合同管理。
(6) 信息管理。
(7) 与建设工程项目总承包方有关的组织和协调。

2.2 建设工程项目的组织

2.2.1 传统的项目组织机构的基本形式(20 世纪 50 年代以前)

1) 直线式项目组织机构

特点:没有职能部门,企业最高领导层的决策和指令通过中层、基层领导纵向一根直线式地传达给第一线的职工,每个人只接受其上级的指令,并对其上级负责。

缺点:所有业务集于各级主管人员,领导者负担过重,同时其权力也过大,易产生官僚主义。

某工程项目的施工项目部和监理部的结构如图 2-2 所示。

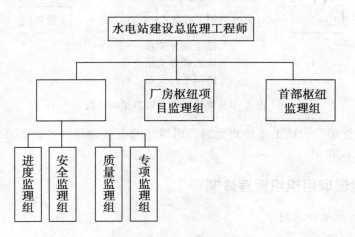

图 2-2 直线式项目组织机构

2) 职能式项目组织机构

职能式项目组织机构是专业分工发展的结果,最早由泰勒提出。

特点:强调职能专业化的作用,经理与现场没有直接关系,而是由各职能部门的负责人或专家去指挥现场与职工。

缺点:过于分散权力,有碍于命令的统一性,容易形成多头领导,也易产生职能的重复或遗漏。如图2-3所示。

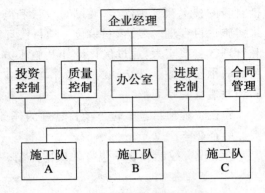

图 2-3 职能式项目组织结构

3) 直线职能式项目组织机构

直线职能式项目组织机构力图取以上二者的优点,避开以上二者的缺点。既能保持直线式命令系统的统一性和一贯性,又能采纳职能式专业分工的优点。如图2-4所示。

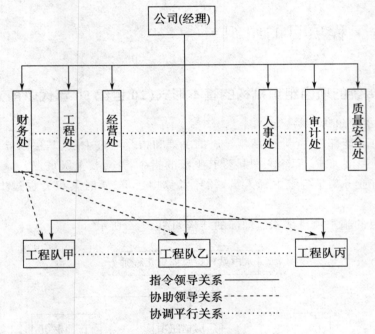

图 2-4 直线职能式项目组织机构

特点:各职能部门与施工现场均受到公司领导的直接领导。各职能部门对各施工现场起指导、监督、参谋作用。

2.2.2 建设项目组织管理体制

1) 传统的组织管理体制

(1) 建设单位自管方式

即基建部门负责制(基建科)——中、小项目。

建设单位自管方式是我国多年来常用的建设方式,它是由建设单位自己设置基建机构,负责支配建设资金,办理规划手续及准备场地、委托设计、采购器材、招标施工、验收工程等全部工作,有的还自己组织设计、施工队伍,直接进行设计施工。其结构如图2-5所示。

(2) 工程指挥部管理方式

即企业指挥部负责制——各方人员组成,适合大、中型项目。

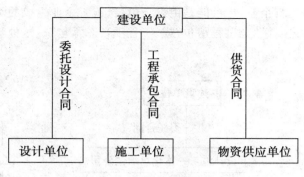

图2-5 建设单位自管方式

在计划经济体制下,我国过去一些大型工程项目和重点工程项目多采用这种方式。指挥部通常由政府主管部门指令各有关方面派代表组成。近几年在进入社会主义市场经济的条件下,这种方式已不多见。如图2-6所示。

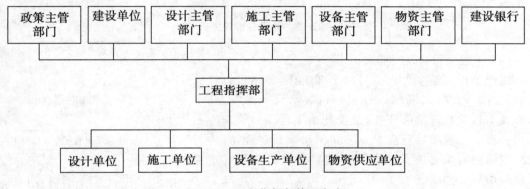

图2-6 工程指挥部管理方式

2) 改革的必然性及趋势

(1) 改革的必然性

① 是工程项目建设社会化、大生产化和专业化的客观要求。

② 是市场经济发展的必然产物。

③ 是适应经济管理体制改革的需要。

(2) 改革的趋势

① 在工程项目管理机构上,要求其必须形成一个相对独立的经济实体,并且有法人资格。

② 在管理机制上,要以经济手段为主,行政手段为辅,以竞争机制和法律机制为工程项目各方提供充分的动力和法律保证。

③ 使工程项目有责、权、利相统一的主管责任制。

④ 甲、乙双方项目经理实施沟通。

⑤ 人员素质的知识结构合理,专业知识和管理知识并存。

3) 科学地建立项目组织管理体系

(1) 总承包管理方式

总承包管理方式,是业主将建设项目的全部设计和施工任务发包给一家具有总承包资质的承包商。这类承包商可能是具备很强的设计、采购、施工、科研等综合服务能力的综合建筑企业,也可能是由设计单位、施工企业组成的工程承包联合体。我国把这种管理组织形式叫做"全过程承包"或"工程项目总承包"。这种管理组织形式如图2-7所示。

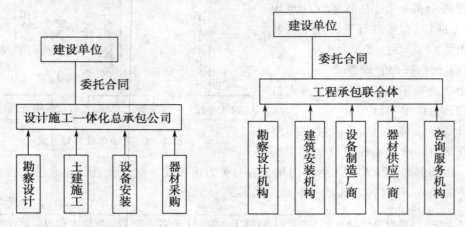

图2-7 总承包管理方式

(2) 工程项目管理承包方式

建设单位将整个工程项目的全部工作,包括可行性研究、场地准备、规划、勘察设计、材料供应、设备采购、施工监理及工程验收等全部任务,都委托给工程项目管理专业公司去做。工程项目管理专业公司派出项目经理,再进行招标或组织有关专业公司共同完成整个建设项目。这种管理组织形式如图2-8所示。

(3) 三角管理方式

这是常用的一种建设管理方式,是把业主、承包商和工程师三者相互制约、互相依赖的关系形象地用三角形关系来表述。其中,由建设单位分别与承包单位和咨询公司签订合同,由咨询公司代表建设单位对承包单位进行管理。如图2-9所示。

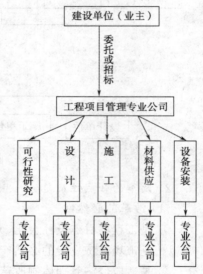

图2-8 工程项目管理承包方式

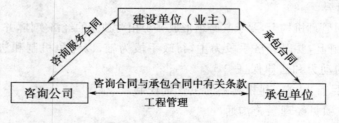

图2-9 三角管理方式

(4) BOT方式

BOT方式是Build-Operate-Transfer的缩写,可直称"建设—经营—转让方式",或称为投资方式,有时也被称为"公共工程特许权"。

BOT 方式是 20 世纪 80 年代中期由已故土耳其总理奥扎尔提出的，其初衷是通过公共工程项目私有化解决政府资金不足问题，取得了成功。随之形成以投资方式特殊为特征的 BOT 方式。通常所说的 BOT 至少包括以下三种方式：

① 标准 BOT，即建设—经营—转让方式。私人财团或国外财团愿意自己融资，建设某项基础设施，并在东道国政府授予的特许经营期内经营该公共设施，以经营收入抵偿建设投资，并取得一定收益，经营期满后将该设施转让给东道国政府。

② BOOT，即建设—拥有—经营—转让方式。BOT 与 BOOT 的区别在于：BOOT 在特许期内既拥有经营权也拥有所有权，此外，BOOT 的特许期比 BOT 长一些。

③ BOO，即建设—拥有—经营方式。该方式特许承建商根据政府的特许权，建设并拥有某项公共基础设施，但不将该设施移交给东道国政府。

以上三种方式可统称为 BOT 方式，也可称为广义的 BOT 方式。BOT 方式对政府、承包商、财团均有好处，近年来在发展中国家得到广泛应用，我国已在 1993 年决定采用，以引进外资用于能源、交通运输基础设施建设。BOT 方式说明，投资方式的改变，带动了项目管理方式的改变。BOT 方式是一种从开发管理到物业管理的全过程的项目管理。

2.2.3 施工项目管理组织形式

1) 组织形式

组织结构的类型，是指一个组织以什么样的结构方式去处理管理层次、管理跨度、部门设置和上下级关系。项目组织机构形式是管理层次、管理跨度、管理部门和管理职责的不同结合。项目组织的形式应根据工程项目的特点、工程项目承包模式、业主委托的任务以及单位自身情况而定。常用的组织形式一般有以下四种：工作队制、部门控制式、矩阵制、事业部制。

(1) 我国推行的施工项目管理与国际惯例通称的项目管理一致：

① 项目的责任人履行合同。

② 实行两层优化的结合方式。

③ 项目进行独立的经济核算。

但必须进行企业管理体制和配套改革。

【例 2-1】 1985 年，鲁布革工程厂房工地开始试行外国先进的管理方法。工程师黎汉皋被邀请担此重任。

经理问："你凭什么干好？"回答："凭中国知识分子的良心。"反问："你给我什么保证？"经理："实行承包合同制，经济独立核算，人员由你组阁。""那行！"黎汉皋走马上任了。

厂房建设指挥所成立了。从原来负责这项工程的三公司 1 500 人中抽出 429 人，组成施工队伍，实行所长—主任—工长—班长—工人五级串联式管理。不设副职，党群团干部全部兼职，工人实行一专多能。指挥所成立以来，培训了 21 个工种，平均 6 人中就有一人取得了驾驶执照。一个过去需要 40 多人的班组，现在五六个人就够了。所长黎汉皋一抓工时利用率，二抓空间利用，三抓定额管理。指挥所成立 40 天，完成产值等于 1984 年全年的总和，到 1986 年底，13 个月中，不仅把工程原来拖后的 3 个月时间抢了回来，还提前四个半月结束了开挖工程，安装间混凝土提前半年完成。1986 年 11 月，赵紫阳总理和李鹏副总理视察工地时说："看来同大成的差距，原因不在工人，而在于管理，中国工人可以出高效率。"

虽然成绩是显著的,但是实际困难也是很大的。27 km长的黄泥河上,有五种工资制度。报酬最高的是日本大成公司的劳务工人,其次是承包日本川琦重工斜井钢管安装的安装公司,再次是实行工资含量包干加效益分成的厂房指挥所,第四是实行工资含量包干的职工,最后是一般工人。

心理不平衡的负面作用是惊人的。外国人承包的,不好左右。但厂房指挥所能独立吗?员工吃饭得进食堂,看病得上医院,有娃娃得上学……这么多服务人员,有的得了奖金有的得不到,这不可避免会生出事端来,于是就出现了这种情况:工人去领水泵,不给,拿资金来;到修配厂加工一个螺丝,不干,拿奖金来……

其实,就连日本人,"分配"这条指挥棒在工地也有点失灵。标书规定,日方可以决定中国劳务工人的工资,可真要施行是很难行得通的。当时在中国降工资等级可是件大事,将来没法做工作。无奈,日方让步,只升不降,提出了38人的晋级名单。中方一审核,认为不妥,如果只提这些人,会引起工龄长、资历深的人不满,于是中方提出了103人名单,两个名单一对照,重合部分只有4人,日方表示难以接受。双方就此终究未能形成一致意见。

(2) 对施工项目组织形式的选择要求做到以下几个方面:

① 适应施工项目的一次性特点,使项目的资源配置需求可以进行动态的优化组合,能够连续、均衡地施工。

② 有利于施工项目管理依据企业的正确战略决策及决策的实施能力,适应环境,提高综合效益。

③ 有利于强化对内、对外的合同管理。

④ 组织形式要为项目经理的指挥和项目经理部的管理创造条件。

⑤ 根据项目规模、项目与企业本部距离及项目经理的管理能力确定组织形式,使层次简化、分权明确、指挥灵便。

2) 工作队制

(1) 工作队制的特征

① 项目组织成员与原部门脱离。

② 职能人员由项目经理指挥,独立性大。

③ 原部门不能随意干预其工作或调回人员。

④ 项目管理组织与项目同寿命。

适用范围:大型项目、工期要求紧迫的项目,要求多工种、多部门密切配合的项目。

要求:项目经理素质高,指挥能力强。

(2) 工作队制的优点

① 有利于培养一专多能的人才并充分发挥其作用。

② 各专业人员集中在现场办公,办事效率高,解决问题快。

③ 项目经理权力集中,决策及时,指挥灵便。

④ 项目与企业的结合部关系弱化,易于协调关系。

(3) 工作队制的缺点

① 配合不熟悉,难免配合不力。

② 忙闲不均,可能影响积极性的发挥,同时人才浪费现象严重。

其结构形式如图2-10所示。

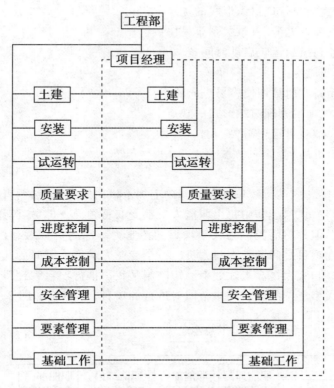

图 2-10　工作队制项目管理组织形式

3）部门控制式

部门控制式项目管理组织形式是按照职能原则建立的项目组织。

特征：不打乱企业现行的建制，由被委托的部门（施工队）领导。其结构形式如图 2-11 所示。

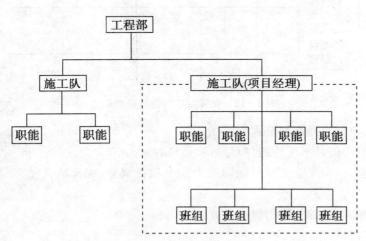

图 2-11　部门控制式项目管理组织形式

适用范围：适用于小型的、专业性较强的不需涉及众多部门的施工项目。

(1) 部门控制式项目管理组织形式的优点
① 人才作用发挥较充分,人事关系容易协调。
② 从接受任务到组织运转启动时间短。
③ 职责明确,职能专一,关系简单。
④ 项目经理无需专门培训便容易进入状态。
(2) 部门控制式项目管理组织形式的缺点
① 不能适应大型项目管理需要。
② 不利于精简机构。

4) 矩阵制

矩阵制组织是在传统的直线职能制的基础上加上横向领导系统,两者构成矩阵结构,项目经理对施工全过程负责,矩阵中每个职能人员都受双重领导。即"矩阵组织,动态管理,目标控制,节点考核",但部门的控制力大于项目的控制力。部门负责人有权根据不同项目的需要和忙闲程度,在项目之间调配部门人员。一个专业人员可能同时为几个项目服务,特殊人才可充分发挥作用,大大提高人才效率。矩阵制是我国推行项目管理最理想、最典型的组织形式,它适用于大型复杂的项目或多个同时进行的项目。其结构如图2-12所示。

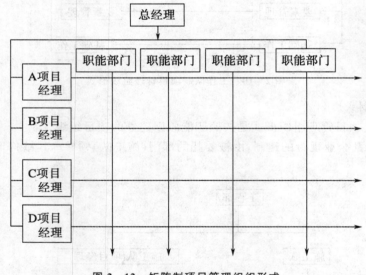

图2-12 矩阵制项目管理组织形式

(1) 矩阵制项目管理组织形式的特征
① 专业职能部门是永久性的,项目组织是临时性的。
② 双重领导,一个专业人员可能同时为几个项目服务,提高人才效率,精简人员,组织弹性大。
③ 项目经理有权控制、使用职能人员。
④ 没有人员包袱。
(2) 矩阵制项目管理组织形式的优缺点
① 优点:一个专业人员可能同时为几个项目服务,特殊人才可充分发挥作用,大大提高人才效率。

② 缺点：配合生疏，结合松散；难以优化工作顺序。
(3) 矩阵制项目管理组织形式的适用范围
一个企业同时承担多个需要进行项目管理工程的企业；适用于大型、复杂的施工项目。
5) 事业部制
事业部制是直线职能制高度发展的产物，最早为一战后的一家美国汽车工厂和二战后的日本松下电器公司所采用。目前，已在欧、美、日等国广泛采用，事业部制可分为按产品划分的事业部制和按地区划分的事业部制。其结构形式如图 2-13 所示。

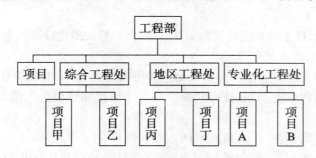

图 2-13 事业部制项目管理组织形式

(1) 事业部制项目管理组织形式的特征
① 各事业部具有自己特有的产品或市场。根据企业的经营方针和基本决策进行管理，对企业承担经济责任，而对其他部门是独立的。
② 各事业部有一切必要的权限，是独立的分权组织，实行独立核算。主要思想是集中决策，分散经营，所以事业部制又称为"分权的联邦制"。
(2) 事业部制项目管理组织形式的优缺点
① 优点：当企业向大型化、智能化发展并实行作业层和经营管理层分离时，事业部制组织可以提高项目应变能力，积极调动各方积极性。
② 缺点：事业部组织相对来说比较分散，协调难度较大，应通过制度加以约束。
(3) 事业部制项目管理组织形式的适用范围
企业承揽工程类型多或工程任务所在地区分散或经营范围多样化时，有利于提高管理效率。需要注意的是，一个地区只有一个项目，没有后续工程时，不宜设立事业部。事业部与地区市场同寿命，地区没有项目时，该事业部应当撤销。

2.3 建设工程项目综合管理

2.3.1 建设工程项目综合管理的内容

1) 文件管理的主要工作内容
(1) 项目经理部文件管理工作的责任部门为办公室。
(2) 文件包括：本项目管理文件和资料；相关各级、各部门发放的文件；项目经理部内部制定的各项规章制度；发至各作业队的管理文件、工程会议纪要等。

(3) 填制文件收发登记、借阅登记等台账,对文件的签收、发放、交办等程序进行控制,及时做好文件与资料的归档管理。

(4) 对收到的外来文件按规定进行签收登记后,及时送领导批示并负责送交有关人员、部门办理。

(5) 文件如需转发、复印和上报各类资料、文件,必须经领导同意,同时做好文件复印、发放记录并存档,由责任部门确定发放范围。

(6) 文件需外借时,应经项目经理书面批准后填写文件借阅登记,方可借阅,并在规定期限内归还。

(7) 对涉及经济、技术等方面的机密文件、资料要严格按照建设公司有关保密规定执行。

2) 印鉴管理的主要工作内容

(1) 项目经理部行政章管理工作责任部门为办公室,财务章管理责任部门为计财部。

(2) 项目经理部印章的刻制、使用及收管必须严格按照建设公司的规定执行,由项目经理负责领取和交回。

(3) 必须指定原则性强、认真负责的同志专人管理。

(4) 严格用印审批程序,用印时必须先填制《项目经理部用印审批单》,报项目经理批准后方可用印。

(5) 作业队对外进行联系如使用项目经理部的介绍信、证明等,须持有作业队介绍信并留底,注明事宜,经项目经理批准后,方可使用项目经理部印章。

(6) 须对用印进行登记,建立用印登记台账,台账应包括用印事由、时间、批准人、经办人等内容。

(7) 项目经理部解体时,项目经理应同时将项目经理部印章交建设公司办公室封存。

3) 档案资料管理的主要工作内容

(1) 项目经理部档案资料管理工作的责任部门为办公室。

(2) 工程档案资料收集管理的内容

① 工程竣工图。

② 随机技术资料:设备的出厂合格证、装箱单、开箱记录、说明书、设备图纸等。

③ 监理及业主(总包方)资料:监理实施细则;监理所发文件、指令、信函、通知、会议纪要;工程计量单和工程款支付证书;监理月报;索赔文件资料;竣工结算审核意见书;项目施工阶段各类专题报告;业主(总包方)发出的相关文件资料。

④ 工程建设过程中形成的全部技术文字资料

A. 一类文字资料:图纸会审纪要;业务联系单及除代替图、新增图以外的附图;变更通知单及除代替图、新增图以外的附图;材料代用单;设备处理委托单;其他形式的变更资料。

B. 二类文字材料:交工验收资料清单;交工验收证书、实物交接清单、随机技术资料清单;施工委托书及其补充材料;工程合同(协议书);技术交底,经审定的施工组织设计或施工方案;开工报告、竣工报告、工程质量评定证书;工程地质资料;水文及气象资料;土、岩试验及基础处理、回填压实、验收、打桩、场地平整等记录;施工、安装记录及施工大事记、质量检查评定资料和质量事故处理方案、报告;各种建筑材料及构件等合格证、配合比、质量鉴定及试验报告;各种功能测试、校核试验的试验记录;工程的预、决算资料。

C. 三类文字材料:地形及施工控制测量记录;构筑物测量记录;各种工程的测量记录。

(3) 项目经理部移交到建设公司档案科的竣工资料内容：中标通知、工程承包合同、开工报告、施工组织设计、施工技术总结、交工竣工验收资料、质量评定等级证书、项目安全评价资料、项目预决算资料、审计报告、工程回访、用户意见。

(4) 项目经理部向建设公司档案科移交竣工资料的时间为工程项目结束后，项目绩效考核前。

(5) 项目经理部按照建设公司档案科的要求内容装订成册后交一套完整的资料。

(6) 项目经理部的会计凭证、账簿、报表专项交建设公司档案科保存。

(7) 项目经理部应随时做好资料的收集和归档工作，专人负责，建立登记台账，如需转发、借阅、复印时，应经项目经理同意后方可办理，并做好记录。

4) 人事管理的主要工作内容

(1) 项目经理部人事管理工作责任部门为办公室。

(2) 项目经理部原则上职能部门设立"三部一室"，即计财部、工程部、物资部、办公室。组织机构设立与各部门人员的情况应上报项目管理处备案。

(3) 项目经理部成立后，项目经理根据项目施工管理需要严格按照以下要求定编人员，提出项目经理部管理人员配备意见，填写《项目经理部机构设置和项目管理人员配备申请表》，根据配备表中的人员名单填写《项目经理部调入工作人员资格审定表》，并上报建设公司人力资源部，经审批后按照建设公司有关规定办理相关手续。

按工程项目类别确定项目经理部人员编制，根据工程实际需要实行人员动态管理：

A 类项目经理部定员 25 人以下（含 25 人，下同）；

B 类项目经理部定员 15 人以下；

C 类项目经理部定员 12 人以下；

D 类项目经理部定员 10 人以下；

E 类项目经理部定员 10 人以下；

F 类项目经理部定员 10 人以下。

(4) 项目经理部的各类管理人员均实行岗位聘用制，除项目副经理、总工程师、财务负责人由公司聘任之外，其他人员均由项目经理聘用，聘期原则上以工程项目的工期为限，项目结束后解聘。

(5) 由项目经理聘用的管理人员，根据工作需要，项目经理有权解聘或退回不能胜任本岗位工作的管理人员。如出现部门负责人或重要岗位上人员变动，应及时将情况向项目管理处上报。

(6) 工程中期与工程结束时（或 1 年），由项目经理牵头、项目经理部办公室组织各作业队以及相关人员对项目经理部工作人员的德、能、勤、绩进行考评，根据考评结果填写《项目经理部工作人员能力鉴定表》，并上报建设公司人力资源部和项目管理处备案。

(7) 项目经理部管理岗位外聘人员管理

① 项目经理部根据需要和被聘人条件，填写《项目经理部管理岗位外聘人员聘用审批表》，上报建设公司人力资源部审核批准后，由项目经理部为其办理聘用手续，并签订《项目经理部管理岗位外聘人员聘用协议》。

② 外聘人员聘用协议书应包括下列内容：聘用的岗位、责任及工作内容；聘用的期限；聘用期间的待遇；双方认为需要规定的其他事项。

5) 办公用品管理

(1) 项目经理部办公用品管理工作的责任部门为办公室。

(2) 项目经理部购进纳入固定资产管理的办公用品(如计算机、复印机、摄像机、照相机、手机等)时,必须先向建设公司书面请示,经领导签字同意后方可购买。

(3) 建立物品使用台账,对办公用品进行专人使用,专人管理,确保办公用品的使用年限,编制《项目经理部办公用品清单表》,对办公用品进行使用登记,对损坏、丢失办公用品的须按比例或全价赔偿。

(4) 项目经理部购置办公桌椅等设施时,应严格控制采购价格和标准,禁止购买超标准或非办公用品、器械。

(5) 项目经理部解体时应将所购办公用品进行清理、鉴定,填写《项目经理部资产实物交接清单表》,向建设公司有关部门办理交接。

6) 施工现场水电管理的主要工作内容

(1) 项目经理部应有专人负责施工用水、用电的线路布置、管理、维护。

(2) 各作业队用水、用电需搭接分管和二次线时,必须向项目经理部提出申请,经批准后方可接线,装表计量、损耗分摊、按月结算。

(3) 作业队的用电线路、配电设施要符合规范和质量要求,管线的架设和走向要服从现场施工总体规划的要求,防止随意性。

(4) 作业队和个人不得私接电炉,注意用电安全。

(5) 加强现场施工用水的管理,严禁长流水、长明灯,减少浪费。

7) 职工社会保险管理的主要工作内容

(1) 项目经理部必须根据建设公司社会保障部的要求按时足额上交由企业缴纳部分的职工社会保险费用,不得滞后或拖欠。

(2) 社会保险费用系指建设公司现行缴纳的养老保险金、失业保险金、医疗保险金、工伤保险金。

(3) 社会保险费用缴纳的具体办法按建设公司相关文件执行。

2.4 建设工程项目物资管理

2.4.1 建设工程项目物资管理的基本要求

物资供应管理即计划、采购、储存、供应、消耗定额管理、现场材料管理、余料处理和材料核销工作,项目经理部要建立健全材料供应管理体系。项目经理部物资部应做到采购有计划,努力降低采购成本,领用消耗有定额,保证物流、信息流畅通。项目经理部应组织有关人员依据合同、施工图纸、详图等编制材料用量预算计划。工程中需用的主材(如钢材、水泥、电缆等)及其他需求量大的材料采购均应实行招标或邀请招标(即议标)采购。由项目经理任组长,材料、造价、财务、技术负责人组成材料采购竞价招标领导小组,物资部负责实施。主材、辅材的采购业务由物资部负责实施。采购过程中必须坚持比质、比价、比服务,公开、公平、公正原则。参与招标或邀标的供应商必须三家以上。业主(总包方)采购的工程设备进场组织协调由物资部负责。物资部应对业务工作各环节的基础资料进行统计分析,改进管理。严格按照《中华人民共和国招投标法》、《经济合同法》、《国有工业企业物资采购管理暂行规定》执行。

物资验收及保管的内容如下:

(1) 材料的验收。材料进场必须履行交接验收手续,材料员以到货资料为依据进行材料的验收。验收的内容与订购合同(协议)相一致,包括验品种、验规格、验质量、验数量的"四验"制度及提供合格证明文件等。

资料验证应与到货产品同步进行,验证资料应包括生产厂家的材质证明(包括厂名、品种、出厂日期、出厂编号、试验数据)和出厂合格证,无验证资料不得进行验收。要求复检的材料要有取样送检证明报告。新材料未经试验鉴定,不得用于工程中。

直达现场的材料由项目经理部材料员牵头作业队材料员或保管员进行验收,并填好《物资验收入库单》。在材料验收中发现短缺、残次、损坏、变质及无合格证的材料,不得接收,同时要及时通知厂家或供应商妥善处理。散装地材的计量应以过磅为准,如没有过磅条件,由材料员组织保管员共同确定车型,测量容积,确定实物量。

(2) 材料的保管。材料验收入库后,应及时填写入库单(填写内容有名称、来源、规格、材质、计量单位、数量、单价、金额、运输车号等),由材料员、保管员共同签字确认。

(3) 建立和登记《材料收发存台账》,并做好标识,注明来源、规格型号、材质、数量,必须做到账与物相一致。

(4) 材料采购后交由作业队负责管理。作业队材料的管理应有利于材料的进出和存放,符合防火、防雨、防盗、防风、防变质的要求。易燃易爆的材料应专门存放、专人负责保管,并有严格的防火、防爆措施。

(5) 材料要做到日清、月结、定期盘点,盘点要有记录,盈亏有报告,做到账物相符并按月编制《(   )月材料供应情况统计表》。项目经理部材料账目调整必须按权限规定经过审批,不得擅自涂改。

(6) 物资盘库方法

① 定期盘点:每年年末或工程竣工后,对库房和现场材料进行全面彻底盘点,做到有账有物,把数量、规格、质量、主要用途搞清楚。

② 统一安排检查的项目和范围,防止重查和漏查。

③ 统一盘点表格、用具,确定盘点截止日期、报表日期。

④ 安排盘点人员,检查出入库材料手续和日期。

2.4.2 材料使用及现场的管理

1) 材料使用管理

为加强作业队材料使用的管理,达到降低消耗的目的,项目部供应的材料都要实行限额领料。

(1) 限额领料依据的主要方法

① 通用的材料定额。

② 预算部门提供的材料预算。

③ 施工单位提供的施工任务书和工程量。

④ 技术部门提供技术措施及各种配料表。

(2) 限额领料单的签发

① 材料员根据施工部门编制的施工任务书和施工图纸,按单位工程或分部工程签发《限额领料单》。作业队分次领用时,做好分次领用记录并签字,但总量不得超过限额量。

② 在材料领发过程中,双方办理领发料(出库)手续,填写《领料单》,注明用料单位,材料名称、规格、数量及领用日期,双方需签字认证。

③ 建立材料使用台账,记录使用和节约(超耗)状况。单项工程完工后如有材料节超,须由作业队、造价员、材料员共同分析原因,写出文字性说明并由项目经理部存档。

④ 如遇工程变更或调整作业队工作量,须调整限额领料单时,应由作业队以书面形式上报项目经理部,由项目经理部预算员填写补充限额领料单,材料员再根据补充限额领料单发料。

限额领料单一式三份,要注明工程部位、领用作业队、材料名称、规格、材质、数量、单位、金额等,作业队与材料员各一份,一份留底。单项工程结束后,作业队应办理剩余材料退料手续。

2) 材料现场管理

项目经理部要在施工现场设立现场仓库和材料堆场,可指定作业队负责材料保管和值班保卫工作。要严格材料发料手续。现场材料的供应,要按工程用料计划、持有审批的领料单进行,无领料单或白条子不得发料。直发现场的材料物资也必须办理入库手续和领料手续。现场材料码放要整齐、安全并做好标识。材料员对质量记录的填写必须内容真实、完整、准确,便于识别、查询。

3) 材料核销与余料处理

材料消耗核算,必须以实际消耗为准,计财部在计算采购入库量和限额领用量之后,根据实物盘点库存量,进行实际消耗核销。工程结束后,项目经理部必须进行预算材料消耗量与实际材料耗用量对比分析,找出节约(超耗)原因,并对施工作业队材料使用情况进行书面说明。材料消耗量严格按照定额规定进行核销。项目经理部要加强现场管理,杜绝材料的损失、浪费。工程结束后,各作业队对现场的余料、废旧材边角料进行处理时应填报《物资处理审批表》,经项目经理认可签字后方可处理。不得将材料成品直接作价处理。材料员要经常组织有关人员把可二次利用的边角余料清理出来,不准作为废钢铁出售,力求达到物尽其用。材料供应完毕后,项目经理部必须填报《合格供方名单确认表》上报设备物资分公司、项目管理处。

2.4.3 业主(总包方)提供设备的管理

物资部设备员负责业主(总包方)提供设备的协调管理。参与合同评审、施工图会审,掌握设备供货情况,负责与业主(总包方)协商设备供应方面的工作,根据施工进度网络计划,编排或确认分包单位编制的设备进场计划。参加接受现场发出的设计修改通知单,及时向有关部门转交,并对其中的设备问题解决情况进行跟踪检查,督促落实。参加工程例会及有关专题会议,沟通信息,掌握工程进展情况、设备安装要求、设备进场时间、设备质量问题等,协同运输部门安排重大设备出、入库计划,协助对大型设备出库沿线道路及现场卸车、存放条件的查看落实。组织、监督、指导、协调分包单位对业主设备的验证工作,负责与业主(总包方)联系,商定在设备验证过程中发现的缺陷、缺件、不合格等问题的处理方案。监督并定期检查作业队设备到货验证后是否按有关规定进行标识、储存和防护,对设备的验证资料、移交清单等技术资料是否按要求整理、归档。划分作业队之间的设备分交、设备费用、出库费、缺陷处理费的收取、结算,工程设备的统计、汇总、归档。

2.5 建设工程项目管理规划的内容和编制方法

2.5.1 建设工程项目管理规划的概念

(1)建设工程项目管理规划(国际上常用的术语为:Project Brief,Project Implementation Plan,Project Management Plan)是指导项目管理工作的纲领性文件,它从总体上和宏观上对如下几个方面进行分析和描述:

为什么要进行项目管理(Why);

项目管理需要做什么工作(What);

怎样进行项目管理(How);

谁做项目管理的哪方面的工作(Who);

什么时候做哪些项目管理工作(When);

项目的总投资(Cost);

项目的总进度(Time)。

(2)建设工程项目管理规划涉及项目整个实施阶段,它属于业主方项目管理的范畴。如果采用建设项目总承包的模式,业主方也可以委托建设项目总承包方编制建设工程项目管理规划,因为建设项目总承包的工作涉及项目整个实施阶段。

(3)建设项目的其他参与单位,如设计单位、施工单位和供货单位等,为进行其项目管理也需要编制项目管理规划,但它只涉及项目实施的一个方面,并体现一个方面的利益,可称为设计方项目管理规划、施工方项目管理规划和供货方项目管理规划。

2.5.2 建设工程项目管理规划的内容

(1)建设工程项目管理规划一般包括如下内容:项目概述;项目的目标分析和论证;项目管理的组织;项目采购和合同结构分析;投资控制的方法和手段;进度控制的方法和手段;质量控制的方法和手段;安全、健康与环境管理的策略;信息管理的方法和手段;技术路线和关键技术的分析;设计过程的管理;施工过程的管理;风险管理的策略等。

(2)建设工程项目管理规划内容涉及的范围和深度,在理论上和工程实践中并没有统一的规定,应视项目的特点而定。

2.5.3 建设工程项目管理规划的编制方法

(1)建设工程项目管理规划的编制应由项目经理负责,并邀请项目管理班子的主要人员参加。

(2)由于项目实施过程中主客观条件的变化是绝对的,不变则是相对的;在项目进展过程中平衡是暂时的,不平衡则是永恒的。因此,建设工程项目管理规划必须随着情况的变化而进行动态调整。

2.6 建设工程项目目标的动态控制

2.6.1 项目目标控制的动态控制原理

(1) 由于项目实施过程中主客观条件的变化是绝对的,不变则是相对的;在项目进展过程中平衡是暂时的,不平衡则是永恒的。因此,在项目实施过程中必须随着情况的变化进行项目目标的动态控制。项目目标的动态控制是项目管理最基本的方法论。

(2) 项目目标动态控制的工作程序(图2-14)如下:

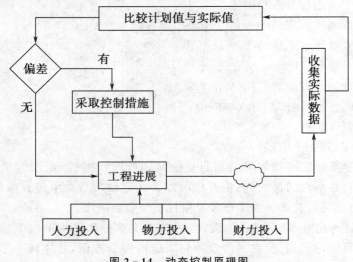

图2-14 动态控制原理图

第一步,项目目标动态控制的准备工作:将项目的目标进行分解,以确定用于目标控制的计划值。

第二步,在项目实施过程中项目目标的动态控制:收集项目目标的实际值,如实际投资、实际进度等;定期(如每两周或每月)进行项目目标的计划值和实际值的比较;通过项目目标的计划值和实际值的比较,如有偏差,则采取纠偏措施进行纠偏。

第三步,如有必要,则进行项目目标的调整,目标调整后再回到第一步。

(3) 由于在项目目标动态控制时要进行大量的数据处理,当项目的规模比较大,数据处理的量就相当可观,采用计算机辅助的手段有助于项目目标动态控制的数据处理。

(4) 项目目标动态控制的纠偏措施主要包括组织措施、管理措施、经济措施、技术措施等。

2.6.2 应用动态控制原理控制进度的方法

(1) 项目进度目标的分解

从项目开始到项目实施过程中,逐步地由宏观到微观、由粗到细编制深度不同的总进度纲要、总进度规划、总进度计划、各子系统和各子项目进度计划等。

通过总进度纲要和总进度规划的编制,分析和论证项目进度目标实现的可能性,并对项目进度目标进行分解,确定里程碑事件的进度目标。里程碑事件的进度目标可作为进度控制的重要依据。

（2）进度的计划值和实际值的比较

以里程碑事件的进度目标值或再细化的进度目标值作为进度的计划值。进度的实际值指的是相对于里程碑事件或再细化的分项工作的实际进度。进度的计划值和实际值的比较是定量的数据比较。

（3）进度纠偏的措施

① 组织措施,如：调整项目组织结构、任务分工、管理职能分工、工作流程组织和项目管理班子人员等。

② 管理措施,如：分析由于管理的原因而影响进度的问题,并采取相应的措施；调整进度管理的方法和手段,改变施工管理和强化合同管理等。

③ 经济措施,如：及时解决工程款支付和落实加快工程进度所需的资金等。

④ 技术措施,如：改进施工方法和改变施工机具等。

2.6.3 应用动态控制原理控制投资的方法

（1）项目投资目标的分解

通过编制投资规划、工程概算和预算,分析和论证项目投资目标实现的可能性,并对项目投资目标进行分解。

（2）投资的计划值和实际值的比较

投资控制包括设计过程的投资控制和施工过程的投资控制,其中前者更为重要。

在设计过程中投资的计划值和实际值的比较,即工程概算与投资规划的比较,以及工程预算与概算的比较。

在施工过程中投资的计划值和实际值的比较包括：

① 工程合同价与工程概算的比较。

② 工程合同价与工程预算的比较。

③ 工程款支付与工程概算的比较。

④ 工程款支付与工程预算的比较。

⑤ 工程款支付与工程合同价的比较。

⑥ 工程决算与工程概算、工程预算和工程合同价的比较。

由上可知,投资的计划值和实际值是相对的,如：相对于工程预算而言,工程概算是投资的计划值；相对于工程合同价,则工程概算和工程预算都可作为投资的计划值等。

（3）投资控制的纠偏措施

① 组织措施,如：调整项目组织结构、任务分工、管理职能分工、工作流程组织和项目管理班子人员等。

② 管理措施,如：采取限额设计的方法,调整投资控制的方法和手段,采用价值工程的方法等。

③ 经济措施,如：制定节约投资的奖励措施等。

④ 技术措施,如:调整或修改设计,优化施工方法等。

2.7 施工组织设计的内容和编制方法

2.7.1 施工组织设计的性质与任务

1) 施工组织设计的性质

施工组织设计是规划和指导拟建工程从施工准备到竣工验收全过程的一个综合性的技术经济文件,它应根据建筑工程的设计和功能要求,既要符合建筑施工的客观规律,又要统筹规划,科学地组织施工,采用先进成熟的施工技术和工艺,以最短的工期,最少的劳力、物力,取得最佳的经济效果。

2) 施工组织设计的任务

(1) 根据建设单位对建筑工程的工期要求、工程特点,选择经济合理的施工方案,确定合理的施工顺序。

(2) 确定科学合理的施工进度,保证施工能连续、均衡地进行。

(3) 制订合理的劳动力、材料、机械设备等的需要量计划。

(4) 制订技术上先进、经济上合理的技术组织保证措施。

(5) 制订文明施工安全生产的保证措施。

(6) 制订环境保护、防止污染及噪音的保证措施。

2.7.2 施工组织设计的作用

(1) 施工组织设计作为投标文件的内容和合同文件的一部分可用于指导工程投标与签订工程承包合同。

(2) 施工组织设计是工程设计与施工之间的纽带,既要体现建筑工程的设计和使用要求,又要符合建筑施工的客观规律,衡量设计方案施工的可能性和经济合理性。

(3) 科学地组织建筑施工活动,保证各分部分项工程的施工准备工作及时进行,建立合理的施工程序,有计划、有目的的开展各项施工过程。

(4) 抓住影响工期进度的关键性施工过程,及时调整施工中的薄弱环节,实现工期、质量、成本、文明、安全等各项生产要素管理的目标及技术组织保证措施,提高建筑企业综合效益。

(5) 协调各施工单位、各工种、各种资源、资金、时间等在施工流程、施工现场布置和施工工艺等方面的合理关系。

2.7.3 施工组织设计的分类

1) 根据编制对象划分

施工组织设计根据编制对象的不同可分为三类,即施工组织总设计、单位工程施工组织设计和分部分项工程施工组织设计。

(1) 施工组织总设计

施工组织总设计是以一个建设项目或建筑群为编制对象,用以指导其建设全过程各项施工活动的技术、经济、组织、协调和控制的综合性文件。它是指导整个建设项目施工的战略性文件,内容全面概括,涉及范围广泛。一般是在初步设计或技术设计批准后,由总承包单位会同建设、设计和各分包单位共同编制的,是施工单位编制年度施工计划和单位工程施工组织设计、进行施工准备的依据。

(2) 单位工程施工组织设计

单位工程施工组织设计是以一个单位工程为编制对象,用来指导其施工全过程各项活动的技术经济、组织、协调和控制的局部性、指导性文件。它是施工单位施工组织总设计和年度施工计划的具体化,是单位工程编制季度、月计划和分部分项工程施工设计的依据。

单位工程施工组织设计依据建筑工程规模、施工条件、技术复杂程度不同,在编制内容的广度和深度上一般可划分为两种类型:单位工程施工组织设计和简单的单位工程施工组织设计(或施工方案)。

单位工程施工组织设计:编制内容全面,一般用于重点的、规模大、技术复杂或采用新技术的建设项目。

简单的单位工程施工组织设计(或施工方案):编制内容较简单,通常只包括"一案一图一表",即编制施工方案、施工现场平面布置图、施工进度表。

(3) 分部分项工程施工组织设计

以技术复杂、施工难度大且规模较大的分部分项工程为编制对象,用来指导其施工过程各项活动的技术经济、组织、协调的具体化文件。一般由项目专业技术负责人编制,内容上包括施工方案、各施工工序的进度计划及质量保证措施。它是直接指导专业工程现场施工和编制月、旬作业计划的依据。

对于一些大型工业厂房或公共建筑物,在编制单位工程施工组织设计之后,常需编制某些主要分部分项工程施工组织设计。如土建中复杂的地基基础工程、钢结构或预制构件的吊装工程、高级装修工程等。

2) 根据阶段的不同划分

施工组织设计根据阶段的不同,可分为两类:一类是投标前编制的施工组织设计(简称标前设计);另一类是签订工程承包合同后编制的施工组织设计(简称标后设计)。

(1) 标前设计:在建筑工程投标前由经营管理层编制的用于指导工程投标与签订施工合同的规划性的控制性技术经济文件,以确保建筑工程中标、追求企业经济效益为目标。

(2) 标后设计:在建筑工程签订施工合同后由项目技术负责人编制的用于指导施工全过程各项活动的技术经济、组织、协调和控制的指导性文件,以实现质量、工期、成本三大目标,追求企业经济效益最大化为目标。

2.7.4 施工组织设计的内容

1) 工程概况

主要包括建筑工程的工程性质、规模、地点、工程特点、工期、施工条件、自然环境、地质水文等情况。

2) 施工方案

主要包括各分部分项工程的施工顺序、主要的施工方法、新工艺新方法的运用、质量保证措施等内容。

3）施工进度计划

主要包括各分部分项工程根据工期目标制订的横道图计划或网络图计划。在有限的资源和施工条件下，如何通过计划调整来实现工期最小化、利润最大化的目标。是制订各项资源需要量计划的依据。

4）施工平面图

主要包括机械、材料、加工场、道路、临时设施、水源电源在施工现场的布置情况。是施工组织设计在空间上的安排。确保科学合理地安全文明施工。

5）施工准备工作及各项资源需要量计划

主要包括施工准备计划、劳动力、机械设备、主要材料、主要构件和半成品构件的需要量计划。

6）主要技术经济指标

主要包括工期指标、质量指标、安全文明指标、降低成本指标、实物量消耗指标等。用以评价施工的组织管理及技术经济水平。

2.7.5 施工组织设计的编制方法与要求

1）施工组织设计的编制方法

（1）熟悉施工图纸，进行现场踏勘，搜集有关资料。

（2）根据施工图纸计算工程量，进行工料分析。

（3）选择施工方案和施工方法，确定质量保证措施。

（4）编制施工进度计划。

（5）编制资源需要量计划。

（6）确定临时设施和临时管线，绘制施工现场平面图。

（7）技术经济指标的对比分析。

2）施工组织设计的编制要求

（1）根据工期目标要求，统筹安排，抓住重点。重点工程项目和一般工程项目统筹兼顾，优先安排重点工程的人力、物力和财力，保证工程按时或提前交工。

（2）合理安排施工流程。施工流程的安排既要考虑空间顺序，又要考虑工种顺序。空间顺序解决施工流向问题，工种顺序解决时间上的搭接问题。在遵循施工客观规律的要求下，必须合理地安排施工和顺序，避免不必要的重复工作，加快施工速度，缩短工期。

（3）科学合理地安排施工方案，尽量采用国内外先进施工技术。编制施工方案时，结合工程特点和施工水平，使施工技术的先进性、实用性和经济性相结合，提高劳动生产率，保证施工质量，提高施工速度，降低工程成本。

（4）科学安排施工进度，尽量采用流水施工和网络计划或横道图计划。编制施工进度计划时，结合工程特点和施工技术水平，采用流水施工组织施工，采用网络计划或横道图计划安排进度计划，保证施工连续均衡地进行。

（5）合理布置施工现场平面图，节约施工用地。尽量利用原有建筑物作为临时设施，减少占用施工用地。合理安排运输道路和场地，减少二次搬运，提高施工现场的利用率。

（6）坚持质量和安全同时抓的原则。贯彻质量第一的方针，严格执行施工验收规范和质量检验评定标准，同时建立健全安全文明生产的管理制度，保证安全施工。

2.7.6 施工组织设计的贯彻、检查与调整

施工组织设计贯彻的实质,就是以动态的眼光实施施工组织设计,即在各种因素不断变化的施工过程中,不断检查、调整、完善施工组织设计,保证质量、进度、成本三大目标的实现。

施工组织设计检查与调整的内容:
(1) 各施工过程的施工顺序和流水施工的组织方法是否正确。
(2) 进度计划的计划工期是否满足合同工期的要求。
(3) 劳动力的组织是否连续、均衡。
(4) 主要材料、设备、机械的供应是否连续、均衡,是否满足施工的需要。

施工组织设计的调整可以通过压缩某些施工过程的持续时间或改变施工方法来实现。

2.8 风险管理

2.8.1 风险管理概述

1) 风险的定义与相关概念
(1) 风险的定义
所谓风险,是指某一事件的发生所产生损失后果的不确定性。
① 内涵
定义一:风险就是与出现损失有关的不确定性。
定义二:风险就是在给定情况下和特定的时间内,可能出现结果之间的差异。
由上述风险定义可知,风险具备两个条件:一是不确定性,二是产生损失后果,否则就不能称为风险。因此,肯定发生损失后果的事件不是风险,没有损失后果的不确定性事件也不是风险,必须与人们的行为相联系,否则就不是风险,而是危险。
② 特征
A. 风险存在的客观性和普遍性。
B. 单一具体风险发生的偶然性和大量风险发生的必然性。
C. 风险的多样性和多层次性。
D. 风险的可变性。
(2) 相关概念
① 风险因素:产生或增加损失概率和损失程度的条件或因素。
② 风险事件:造成损失的偶发事件,是损失的载体。
③ 损失:非故意、非计划、非预期的经济价值的减少。
④ 损失机会:指损失出现的概率。
A. 客观概率:是某事物在长时间发生的频率。
B. 主观概率:是人们对某事件发生的可能性的一种判断或估计(主观概率随意性大,受个人的经验、学识、专业乃至兴趣、好恶的影响)。

(3) 风险与损失概率之间的关系

损失概率是风险事件出现的频率或可能性,而风险则是风险事件出现后的损失大小。

(4) 风险因素、风险事件、损失与风险之间的关系

风险因素引起风险事件,风险事件导致风险损失,风险损失大于预期的损失部分就是风险。

2) 风险分类

风险可以根据不同角度进行分类,常见的风险分类方式有:

(1) 按风险的后果分类

① 纯风险。只会造成损失而绝无收益的可能的风险。例如,自然灾害一旦发生将会导致重大损失,甚至人员伤亡;如果不发生,只是不造成损失而已,但不会带来额外的收益。此外,政治、社会方面的风险一般都表现为纯风险(出现的概率大,长期存在并有一定的规律性)。

② 投机风险。可能带来损失,也可能带来收益的风险。例如,一项重大投资活动可能因为决策错误或因遇到不测事件而使投资者蒙受灾难性的损失;但如果决策正确,经营有方或赶上大好机遇,则会给投资人带来巨大收益。投机风险具有巨大的诱惑力,如博彩(出现的概率小,规律性差)。

(2) 按风险产生的原因分类

按风险产生的原因分政治风险、社会风险、经济风险、自然风险、技术风险等。其中经济风险界定可能有一定差异,例如,有人把金融风险作为独立的异类风险来考虑。

(3) 按风险的影响范围分类

按风险影响范围的大小可将风险分为基本风险和特殊风险。

① 基本风险。即作用于整个社会、大多数人群的风险,具有普遍性。如战争、自然灾害、通货膨胀等。其特点是影响的范围大,且后果严重。

② 特殊风险。是指作用于某特定单体或人群(如企业、个人)的风险,不具有普遍性,例如偷盗、房屋失火、交通事故等,其特点是影响范围小,对整个社会的影响小。

3) 建设工程风险与风险管理

(1) 建设工程风险的概念

所谓建设工程风险就是在建设工程中存在的不确定因素以及可能导致结果出现差异的可能性。

(2) 建设工程风险的特点

对建设工程风险的认识主要是以下三点:

① 建设工程风险大。一般将建设工程风险因素分为政治、社会、经济、自然和技术等。明确这一点,就要从思想上重视建设工程风险的概率大、范围广,采取有力措施进行主动的预防和控制。

② 参与工程建设的各方均有风险,但是各方的风险不尽相同。例如,发生通货膨胀风险事件,在可以调价合同条件下,对业主来说是相当大的风险,而对承包方来说则风险较小;但如果是固定总价合同条件下,对业主就不是风险,对承包商来说就是相当大的风险。因此,要对各种风险进行有效的预测,分析各种风险发生的可能性。

③ 建设工程风险在决策阶段主要表现为投机风险,而实施阶段则主要表现为纯风险。

在一项建设工程任务中,投资的资金是极大的(包含土地的使用资金),建设工程参与的部门有设计、施工、监理、设备与材料供应部门,还有政府的管理部门。从四川的彩虹桥事件到韩国的三丰百货大楼倒塌等都反映了建筑工程风险的长久存在。本章主要考虑的是建设工程施工阶段的风险以及相应的风险管理问题。

(3) 风险管理过程

风险管理就是一个识别、确定和度量风险,并指定、选择和实施风险处理方案的过程。风险管理是一个系统的完整的过程,一般也是一个循环过程。

风险管理过程包括风险识别、风险评价、风险决策、决策的实施、实施情况的检查五个方面的内容。

① 风险识别。即通过一定的方式,系统而全面地分辨出影响目标实现的风险事件,并进行归类处理的过程,必要时还需对风险事件的后果作定性分析和估计。

② 风险评价。风险评价是将建设工程风险事件发生的可能性和损失后果进行定量化的过程。风险评价的结果主要在于确定各种风险事件发生的概率及其对建设工程目标的严重影响程度,如投资增加的数额、工期延误的时间等。

③ 风险决策。是选择确定建设工程风险事件最佳对策组合的过程。通常有风险回避、损失控制、风险自留和风险转移四种措施。

④ 决策的实施。即制订计划并付诸实施的过程。例如,制订预防计划、灾难计划、应急计划等;又如,在决定购买工程保险时,要选择保险公司,确定恰当的保险范围、赔额、保险费等等。这些都是实施风险对策决策的重要内容。

⑤ 检查。即跟踪了解风险决策的执行情况,根据变化的情况及时调整对策并评价各项风险对策的执行效果。除此之外,还需要检查是否有被遗漏的工程风险或者发现了新的工程风险,也就是进行新一轮的风险识别,开始新的风险管理过程。

(4) 风险管理的目标

风险管理是一项有目的的管理活动,只有目标明确,才能有计划的进行过程管理。否则,风险管理就会流于形式,没有实际意义,同时也不能评定其效果。

① 确定风险管理目标的基本要求

A. 一致性:即要符合管理主体的总目标。

B. 现实性:即确定的目标要考虑目标实现的可能性。

C. 明确性:即目标要明确,可执行、可检查、可评价。

D. 层次性:即从总体目标出发,要分清目标的主次,分清轻重缓急,提高风险管理的综合效果。

② 工程建设的风险管理目标

A. 实际投资不超过计划投资(投资风险)。

B. 实际工期不超过计划工期(进度风险)。

C. 实际质量满足设计预期的质量要求(质量风险)。

D. 工程安全可靠,工地平安,无安全事故(安全风险)。

E. 对社会、对生态具有积极的影响(可持续性风险)。

(5) 建设工程项目管理与风险管理的关系

风险管理是项目管理理论体系的一部分。在项目管理理论体系中,风险管理是与投资控制、进度控制、质量控制、合同管理、信息管理、组织协调六个方面和风险有关的内容综合而成的一个独立的部分。

① 两者的目标一致,都是为一项建设工程任务服务。

② 风险管理是项目管理的一个组成部分,是与投资、进度、质量、安全、合同、信息管理以及组织协调相关联的,有其独立性。

③ 风险管理是项目管理实现目标的保障。

④ 风险管理更注重主动控制,以预防为主。

2.8.2 建设工程风险识别

1) 风险识别的特点和原则

(1) 风险识别的特点

风险识别有以下几个特点:

① 个别性。任何风险都有与其他风险不同之处,没有两个风险是完全一致的。不同类型建设工程的风险多不相同,而同一建设工程如果建造地点不同,其风险也不同;即使是建造地点确定的建设工程,如果由不同的承包商建造,其风险也不同。因此,虽然不同建设工程风险有不少共同之处,但一定存在不同之处,在风险识别时尤其要注意这些不同之处,突出其风险识别的个别性。

② 主观性。风险识别都是由人来完成的,由于个人的专业知识水平(包括风险管理方面的知识)、实践经验等方面的差异,同一风险由不同的人识别的结果就会有较大的差异。风险本身是客观存在的,但风险识别是主观行为。在风险识别时,要尽可能减少主观性对风险识别结果的影响。要做到这一点,关键在于提高风险识别的水平。

③ 复杂性。建设工程所涉及的风险因素和风险事件均很多,而且关系复杂、相互影响,使风险识别具有很强的复杂性。因此,建设工程风险识别对风险管理人员要求很高,并且需要准确、详细的依据,尤其是定量分析的资料和数据。

④ 不确定性。这一特点可以说是主观性和复杂性的结果。在实践中,可能因为风险识别的结果与实际不符而造成损失,这往往是由于风险识别结论错误导致风险对策决策错误而造成的。由风险的定义可知,风险识别本身也是风险。因而避免和减少风险识别的风险也是风险管理的内容。

(2) 风险识别的原则

在风险识别过程中应遵循以下原则:

① 由粗及细,由细及粗。由粗及细是指对风险因素进行全面分析,并通过多种途径对工程风险进行分解,逐渐细化,以获得对工程风险的广泛认识,从而得到工程初始风险清单。而由细及粗是指从工程初始风险清单的众多风险中,根据同类建设工程的经验以及工程风险,作为主要风险,即作为风险评价以及风险对策决策的主要对象。

② 严格界定风险内涵并考虑风险因素之间的相关性。对各种风险的内涵要严格加以界定,不要出现重复和交叉现象。另外,还要尽可能考虑各种风险因素之间的相关性,如主次关系、因果关系、互斥关系、负相关关系等。应当说,在风险识别阶段考虑风险因素之间的相关性有一定的难度,但至少要做到严格界定风险内涵。

③ 先怀疑,后排除。对于所遇到的问题都要考虑其是否存在不确定性,不要轻易否定

可排除某些风险,要通过认真的分析进行确认或排除。

④ 排除与确认并重。对于肯定可以排除和肯定可以确认的风险应尽早予以排除和确认。对于一时既不能排除又不能确认的风险再做进一步的分析,予以排除或确认。最后,对于肯定不能排除但又不能肯定予以确认的风险按确认考虑。

⑤ 必要时,可做实验论证。对于某些按常规方式难以判定其是否存在,也难以确定其对建设工程目标影响程度的风险,尤其是技术方面的风险,必要时可做实验论证,如抗震实验、风洞实验等。这样做的结论可靠,但要以付出费用为代价。对于证据不足风险的分析,可以采用试验辅助的方法。

2) 风险识别过程

建设工程自身及其外部环境的复杂性,给人们全面、系统地识别工程风险带来了许多具体的困难,同时也要求明确建设工程风险识别的过程。

由于建设工程风险识别的方法与风险管理理论中提出的一般的风险识别方法有所不同,因而其风险识别的过程也有所不同。建设工程的风险识别往往是通过对经验数据的分析、风险调查、专家咨询以及实验论证等方式,在对建设工程风险进行多维分解的过程中,认识工程风险,建立工程风险清单。

建设工程风险识别的过程如图 2-15 所示。风险识别的结果是建立建设工程风险清单。在建设工程风险识别过程中,核心工作是"建设工程风险分解"和"识别建设工程风险因素、风险事件及后果"。

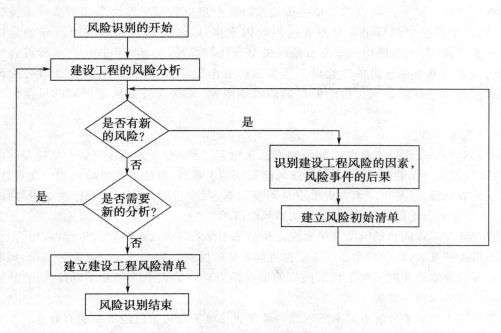

图 2-15 建设工程风险识别过程

3) 风险识别的方法

除了采用风险管理理论中风险识别的基本方法外,对建设工程风险的识别,还可以根据其自身特点,采用相应的方法。综合起来,建设工程风险识别的方法有:专家调查法、财务报表法、流程图法、初始清单法、经验数据法和风险调查法。以下简要介绍风险识别的一般方法。

(1) 专家调查法

这种方法又有两种方式：一种是召集有关专家开会，让专家各抒己见，起到集思广益的作用；另一种是采用问卷式调查。采用专家调查法时，所提出的问题应具有指导性和代表性，并具有一定的深度，还应尽可能具体。专家所涉及的面应尽可能广泛些，有一定的代表性。对专家发表的意见要由风险管理人员加以归纳分类、整理分析，有时可能要排除个别专家的个别意见。

(2) 财务报表法

财务报表有助于确定一个特定企业或特定的建设工程可能遭受哪些损失以及在何种情况下遭受这些损失。通过分析资产负债表、现金流量表、营业报表及有关补充资料，可以识别企业当前的所有资产、责任及人身损失风险。将这些报表与财务预测、预算结合起来，可以发现企业或建设工程未来的风险。

采用财务报表法进行风险识别，要对财务报表中所列的各项会计科目作深入的分析研究，并提出分析研究报告，以确定可能产生的损失，还应通过一些实地调查以及其他信息资料来补充财务记录。由于工程财务报表与企业财务报表不尽相同，因而需要结合工程财务报表的特点来识别建设工程风险。

(3) 流程图法

将一项特定的生产或经营活动按步骤或阶段顺序以若干个模块形式组成一个流程图系列，在每个模块中都标出各种潜在的风险因素事件，从而给决策者一个清晰的总体印象。一般来说，对流程图中各步骤或阶段的划分比较容易，关键在于找出各步骤或各阶段不同的风险因素或风险事件。建设工程实施的各个阶段是确定的，关键在于对各阶段风险因素或风险事件的识别。由于流程图的篇幅限制，采用这种方法所得到的风险识别结果较粗。

(4) 初始清单法

如果对每一个建设工程风险的识别都从头做起，至少有三方面缺陷：一是耗费时间和精力，风险识别工作的效率低；二是由于风险识别的主观性，可能导致风险识别的随意性，其结果缺乏规范性；三是风险识别成果资料不便积累，对今后的风险识别工作缺乏指导作用。因此，为了避免以上缺陷，有必要建立初始风险清单。

建立建设工程的初始风险清单常规途径是采用保险公司或风险管理学会（或协会）公布的潜在损失一览表，即任何企业或工程都可能发生的所有损失一览表。以此为基础，风险管理人员再结合本企业或某项工程所面临的潜在损失对一览表中的损失予以具体化，从而建立特定工程的风险一览表。

通过适当的风险分解方式来识别风险是建立建设工程初始风险清单的有效途径。对于大型、复杂的建设工程，首先将其按单项工程、单位工程分解，再对各单项工程、单位工程分别从时间维、目标维和因素维进行分解，可以较容易地识别出建设工程主要的、常见的建设工程风险。表 2-2 为建设工程初始风险清单示例表。

表 2-2　建设工程初始风险清单

风险因素	典型风险事件
设计	设计内容不全、错误、应用规范不恰当,未考虑地质条件,未考虑施工操作的可能性
施工	施工工艺落后,事故技术方案不合理,事故安全措施不当,应用新技术方案失败,未考虑事故现场情况等
其他	工艺设计未达到先进性指标,工艺流程不合理,工艺实施未考虑操作的安全性等
自然与环境	洪水、地震、火灾、台风、雷电等不可抗拒的自然力,不明的水文气象条件,复杂的地质条件、恶劣的气候和施工环境等
政治法律	法律制度及规章的变换、战争和动乱、工人罢工、学潮、经济制裁和禁止活动等
经济	通货膨胀和紧缩,银行汇率的变动,商品市场的动荡,社会的各种摊派和征费的变化,建设资金的不到位,资金短缺等
组织协调	业主和上级主管部门的协调,业主与设计方、施工方以及监理方的协调、业主内部的组织协调
合同	合同条款的遗漏、表达有误,合同类型选择不当,承发包模式选择不当,索赔管理不力,合同纠纷等等
人员	业主人员、设计人员、监理人员、一般员工、技术人员、管理人员的素质(能力、效率、责任心、品德)不高
材料设备	原材料、半成品、成品或设备供货不足或拖延,数量误差、质量规格问题、特殊材料及新材料的使用问题,损耗与浪费;设备供应不足,类型不配套,安装失误或故障,选型不当等

建设工程初始风险清单只是为了便于人们比较全面地认识风险的存在,分清各种风险的来源,便于风险管理,而不至于遗漏重要的工程风险。但这并不是风险识别的最终结论。在初始风险清单建立后,还需要结合特定建设工程具体情况进一步识别风险,从而对初始风险清单做一些必要的补充和修正。为此,需要参照同类建设工程风险的经验数据或针对具体建设工程的特点进行风险调查,使风险识别的依据更加全面。

(5) 经验数据法

经验数据法也称为统计资料法,即根据已建各类建设工程与风险有关的统计资料来识别拟建建设工程的风险。不同的风险管理主体都应有自己关于建设工程风险的经验数据或统计资料。在工程建设领域,可能有工程风险经验数据或统计资料的风险管理主体包括咨询公司(含设计单位)、承包商以及长期有工程项目的业主(如房地产开发商)。由于这些不同的风险管理主体角度不同、数据或资料来源不同,其各自的初始风险清单一般多少有些差异。但是,建设工程风险本身是客观事实,有客观的规律性,当经验数据或统计资料足够多时,这种差异性就会大大减小。风险识别只是对建设工程风险的初步认识,是一种定性分析,因此,这种基于经验数据或统计资料的初始风险清单可以满足对建设工程风险识别的需要。

(6) 风险调查法

由风险识别的个别性可知,两个不同建设工程不可能有完全一致的工程风险。因此,在建设工程风险识别的过程中,花费人力、物力、财力进行风险调查是必不可少的,这既是一项非常重要的工作,也是建设工程风险识别的重要方法。

风险调查应当从分析具体建设工程的特点入手,一方面对通过其他方法已识别出的风险(如初始风险清单所列出的风险)进行鉴别和确认;另一方面,通过风险调查有可能发现此前尚未识别出的重要的工程风险。

通常,风险调查可以从组织、技术、自然及环境、经济、合同等方面,分析拟建建设工程的特点以及相应的潜在风险。

风险调查并不是一次性的。由于风险管理是一个系统的、完整的循环过程,因而风险调查也应该在建设工程实施全过程中不断地进行,这样才能了解不断变化的条件对工程风险状态的影响。当然,随着工程实施的进展,不确定性因素越来越少,风险调查的内容亦将相应减少,风险调查的重点有可能不同。

建设工程风险的识别一般综合采用两种或多种风险识别方法。不论采用何种风险识别方法组合,都必须包含风险调查法。从某种意义上讲,前五种风险识别方法的主要作用在于建立初始风险清单,而风险调查法的作用则在于建立最终的风险清单。

2.8.3 建设工程风险评价

系统而全面地识别建设工程风险只是风险管理的第一步,对认识到的工程风险还要作进一步的分析,也就是风险评价。风险评价可以采用定性和定量两大类方法。定性风险评价方法有专家打分法、层次分析法等,其作用在于区分出不同风险的相对严重程度以及根据预先确定的可接受的风险水平(风险度)作出相应的决策。从广义上讲,定量风险评价方法也有许多种,如敏感性分析、盈亏平衡分析、决策树、随机网络等。但是,这些方法大多有较为确定的适用范围,如敏感性分析用于项目财务评价,随机网络用于进度计划。

1) 风险评价的作用

(1) 更准确地认识风险

风险识别的作用仅仅在于找出建设工程可能面临的风险因素和风险事件,其对风险的认识还是相当肤浅的。通过定量方法进行风险评价,可以定量地确定建设工程各种风险因素和风险事件发生的概率大小或概率分布,及其发生后对建设工程目标影响的严重度或损失严重程度。其中,损失严重程度又可以从两个不同的方面来反映:一方面是不同风险的相对严重程度,据此可以区分主要风险和次要风险;另一方面是各种风险的绝对严重程度,据此可以了解各种风险所造成的损失后果。

(2) 保证目标规划的合理性和计划的可行性

建设工程数据库中的数据都是历史数据,是包含了各种风险作用于建设工程实施全过程的实际结果。但是,建设工程数据库中通常没有具体反映工程风险的信息,充其量只有关于重大工程风险的简单说明。也就是说,建设工程数据库只能反映各种风险综合作用的后果,而不能反映各种风险各自作用的后果。由于建设工程风险的个别性,只有对特定建设工程的风险进行定量评价,才能正确反映各种风险对建设工程目标的不同影响,才能使目标规划的结果更合理、更可靠,使在此基础上制定的计划具有现实可行性。

(3) 合理选择风险对策,形成最佳风险对策组合

如前所述,不同风险对策的适用对象各不相同。风险对策的适用性需从效果和代价两个方面考虑。风险对策的效果表现在降低风险发生概率和降低损失严重程度的幅度,有些

风险对策(如损失控制)在这一点上较难准确量度。风险对策一般都要付出一定的代价,如采取损失控制时的措施费,投保工程险时的保险费等,这些代价一般都可准确量度。而定量风险评价的结果是各种风险的发生概率及其损失严重程度。因此,在选择风险对策时,应将不同风险对策的适用性与不同风险的后果结合起来考虑,对不同的风险选择最适宜的风险对策,从而形成最佳的风险对策组合。

2) 风险损失的衡量

风险损失的衡量就是定量确定风险损失值的大小。建设工程风险损失包括以下方面:

(1) 投资风险

投资风险导致的损失可以直接用货币形式来表现,即法规、价格、汇率和利率等的变化或资金使用安排不当等风险事件引起的实际投资超出计划投资的数额。

(2) 进度风险

进度风险导致的损失由以下部分组成:

① 货币的时间价值。进度风险的发生可能会对现金流动造成影响,引起经济损失。

② 为赶进度所需的额外费用。包括加班的人工费、机械使用费和管理费等一切因追赶进度所发生的非计划费用。

③ 延期投入使用的收入损失。这方面损失的计算相当复杂,不仅仅是延误期间内的收入损失,还可能由于产品投入市场过迟而失去商机,从而大大降低市场份额,因而这方面的损失有时是相当巨大的。

(3) 质量风险

质量风险导致的损失包括事故引起的直接经济损失,以及修复和补救等措施发生的费用以及第三者责任损失等,可分为以下几个方面:

① 建筑物、构筑物或其他结构倒塌所造成的直接经济损失。

② 复位纠偏、加固补强等补救措施和返工的费用。

③ 造成的工期延误的损失。

④ 永久性缺陷对于建设工程使用造成的损失。

⑤ 第三者责任的损失。

(4) 安全风险

安全风险导致的损失包括:

① 受伤人员的医疗费用和补偿费。

② 财产损失,包括材料、设备等财产的损毁或被盗。

③ 因引起工期延误带来的损失。

④ 为恢复建设工程正常实施所发生的费用。

⑤ 第三者责任损失。在此,第三者责任损失为建设工程实施期间,因意外事故可能导致的第三者的人身伤亡和财产损失所作的经济赔偿以及必须承担的法律责任。

由以上四方面风险的内容可知,投资增加可以直接用货币来衡量;进度的拖延则属于时间范畴,同时也会导致经济损失;而质量事故和安全事故既会产生经济影响又可能导致工期延误和第三者责任,显得更加复杂。而第三者责任除了法律责任之外,一般都是以经济赔偿的形式来实现的。因此,这四方面的风险最终都可以归纳为经济损失。

3）风险概率的衡量

衡量建设工程风险概率有两种方法：相对比较法和概率分布法。一般而言，相对比较法主要是依据主观概率，而概率分布法的结果则接近于客观概率。

(1) 相对比较法

采用四级评判，即：

① "几乎是0"：这种风险事件可认为不会发生。

② "很小的"：这种风险事件虽有可能发生，但现在没有发生并且将来发生的可能性也不大。

③ "中等的"：即这种风险事件偶尔会发生，并且能预期将来有时会发生。

④ "一定的"：即这种风险事件一直在有规律地发生，并且能够预期未来也是有规律地发生。在这种情况下，可以认为风险事件发生的概率较大。

在采用相对比较法时，建设工程风险导致的损失相应划分成重大损失、中等损失和轻度损失，从而在风险坐标上对建设工程风险定位，反映出风险量的大小。

也可将风险损失分为三级：重大损失；中等损失；轻度损失。

相对比较法是一种以主观概率为主的衡量方法。

(2) 概率分布法

这是一种基于历史数据和客观资料统计分析出的概率。利用统计数据，通过（损失值和风险概率）直方图描述和曲线啮合，得到该项目的风险概率曲线。有了概率曲线，就可以方便地知道某种潜在损失出现的概率。

概率分布法是一种以客观概率为主的衡量方法。常见的表现形式是建立概率分布表。为此，需参考外界资料和本企业历史资料。外界资料主要是保险公司、行业协会、统计部门等的资料。但是，这些资料通常反映的是平均数字，且综合了众多企业或众多建设工程的损失经历，因而在许多方面不一定与本企业或本建设工程的情况相吻合，运用时需作客观分析。本企业的历史资料虽然更有针对性，更能反映建设工程风险的个别性，但往往数量不够多，有时还缺乏连续性，不能满足概率分析的基本要求。另外，即使本企业历史资料的数量、连续性均满足要求，但其反映的也只是本企业的平均水平，在运用时还应当充分考虑资料的背景和拟建建设工程的特点。由此可见，概率分布表中的数字是因工程而异的。

4）风险评价

在风险衡量过程中，建设工程风险被量化为关于风险发生概率和损失严重性的函数，但在选择对策之前，还需要对建设工程风险量作出相对比较，以确定建设工程风险的相对严重性。

2.8.4 建设工程风险对策

1）风险回避

就是在考虑到某项目的风险及其所致损失都很大时，主动放弃或终止该项目，以避免与该项目相联系的风险及其所致损失的一种处置风险的方式。风险回避是一种最彻底的风险处置技术，在某些情况下，风险回避是最佳对策。

在采用风险回避对策时需要注意以下问题：

(1) 回避一种风险可能产生另一种新的风险。在建设工程实施过程中，绝对没有风险的情况几乎不存在。就技术风险而言,即使是相当成熟的技术也存在一定的风险。

(2) 回避风险的同时也失去了从风险中获益的可能性。由投机风险的特征可知,它具有损失和获益的两重性。

(3) 回避风险可能不实际或不可能。建设工程的每一个活动几乎都存在大小不一的风险,过多地回避风险就等于不采取行动,而这可能是最大的风险所在。

风险回避是一种消极的风险处置方法,因为在回避风险的同时也放弃了实施项目可能带来的收益,如果处处回避,事事回避,其结果只能是停止发展,直至停止生存。

2) 风险控制

风险控制是一种主动、积极的风险对策。就是为了最大限度地降低风险事故发生的概率和减小损失幅度而采取的风险处置技术。

制定风险控制措施必须以风险定量评价的结果为依据,才能确保风险控制措施具有针对性,取得预期的控制效果。要特别注意间接损失和隐蔽损失。同时,还必须考虑其付出的代价,包括费用和时间两方面的代价,而时间方面的代价往往还会引起费用方面的代价。风险控制措施的最终确定,需要综合考虑风险控制措施的效果及其相应的代价。

风险控制一般应由预防计划、灾难计划和应急计划三部分组成。

(1) 预防计划

预防计划的目的在于有针对性地预防损失的发生,其主要作用是降低损失发生的概率,在许多情况下也能在一定程度上降低损失的严重性。

(2) 灾难计划

灾难计划是一组事先编制好的、目的明确的工作程序和具体措施,为现场人员提供明确的行动指南,使其在各种严重的、恶性的紧急事件发生后不至于惊慌失措,也不需要临时讨论研究应对措施,可以做到从容不迫、及时、妥善地处理,从而减少人员伤亡以及财产和经济损失。

(3) 应急计划(灾后恢复建设计划)

应急计划是在风险损失基本确定后的处理计划,其宗旨是使因严重风险事件而中断的工程实施过程尽快全面恢复,并减少进一步的损失,使其影响程度减至最小。应急计划不仅要制定所要采取的相应措施,而且要规定不同工作部门相应的职责。

风险控制不仅能有效地减少项目由于风险事故所造成的损失,而且能使全社会的物质财富少受损失。因此,风险控制的方法是最积极、最有效的一种处置方式。

3) 风险自留

风险自留就是将风险留给自己承担,是从企业内部财务的角度应对风险。风险自留与其他风险对策的根本区别在于它不改变建设工程风险的客观性质,即既不改变工程风险的发生概率,也不改变工程风险潜在损失的严重性。

(1) 风险自留的条件

计划性风险自留至少要符合以下条件之一才予以考虑:

① 别无选择。有些风险既不能回避,又不能预防,且没有转移的可能性,这是一种无奈的选择。

② 期望损失不严重。风险管理人员对期望损失的估计低于保险公司的估计,风险管理人员确信自己的估计正确。

③ 损失可准确预测。

④ 企业有短期内承受最大潜在损失的能力。

⑤ 投资机会很好（或机会成本很大）。如果市场投资前景很好，则保险费的机会成本就显得很大，不如采取风险自留，将保险费作为投资，以取得较多的投资回报。即使今后自留风险事件发生，也足以弥补其造成的损失。

(2) 风险自留的类型

风险自留可分为计划性风险自留（主动）和非计划性风险（被动）自留两种类型。

① 计划性风险自留。计划性风险自留是主动的、有意识的、有计划的选择，是风险管理人员在经过正确的风险识别和风险评价后作出的风险对策决策，是整个建设工程风险对策计划的一个组成部分。主要体现在风险自留水平和损失支付方式两个方面。所谓风险自留水平，是指选择哪些风险事件作为风险自留的对象。确定风险自留水平可以从风险量数值大小的角度考虑，一般应选择风险量小或较小的风险事件作为风险自留的对象。计划性风险自留还应从费用、期望损失、机会成本、服务质量和税收等方面与工程保险比较后才能得出结论。

② 非计划性风险自留。由于风险管理人员没有意识到建设工程某些风险的存在，或者不曾有意识地采取有效措施，以致风险发生后只好由自己承担。这样的风险自留就是非计划性的和被动的。导致非计划性风险自留的主要原因是缺乏风险意识、风险识别失误、风险评价失误、风险决策延误、风险决策实施延误。

风险管理人员应当尽量减少风险识别和风险评价的失误，要及时作出风险对策决策，并及时实施决策，从而避免被迫承担重大和较大的工程风险。总之，非计划性风险自留不可能不用，风险管理者应该力求避免或少用。

(3) 损失支付方式

① 从现金净收入中支出。采用这种方式时，在财务上并不对风险作特别的安排，在损失发生后从现金净收入中支出，或将损失费用记入当期成本。

② 建立非基金储备。

③ 自我保险。这种方式是设立一项专项基金（亦称为自我基金），专门用于自留风险所造成的损失。该基金的设立不是一次性的，而是每期支出，相当于定期支付保险费，因而称为自我保险。

④ 母公司保险。这种方式只适用于存在总公司与子公司关系的集团公司，往往是在难以投保或自保较为有利的情况下运用。

4) 风险转移

风险转移是建设工程风险管理中非常重要的、广泛应用的一项对策，分为非保险转移和保险转移两种形式。对损失大、概率小的风险，可通过保险或合同条款将责任转移，将损失的一部分或全部转移到有相互经济利益关系的另一方。风险转移有两种方式：

(1) 非保险转移

非保险转移又称为合同转移，非保险风险转移方式主要有担保合同、租赁合同、委托合同、分包合同、无责任约定、合资经营、实行股份制。建设工程风险最常见的非保险转移有以下三种情况：

① 业主将合同责任和风险转移给对方当事人。在这种情况下，被转移者多数是承包

商。例如,在合同条款中规定,业主对场地条件不承担责任;又如,采用固定总价合同将涨价风险转移给承包商。

② 承包商进行合同转让或工程分包。承包商中标承接某工程后,可能由于资源安排出现困难而将合同转让给其他承包商,以避免由于自己无力按合同规定时间建成工程而遭受违约罚款;或将该工程中专业技术要求很强而自己缺乏相应技术的工程内容分包给专业分包商,从而更好地保证施工进度和工程质量。

③ 第三方担保。合同当事人的一方要求另一方为其履约行为提供第三方担保,担保方所承担的风险仅限于合同责任,即由于委托方不履行或不适当履行合同以及违约所产生的责任。第三方担保的主要表现是业主要求承包商提供履约保证和预付款保证。从国际承包市场的发展来看,20世纪末出现了要求业主向承包商提供付款保证的新趋向,但尚未得到广泛应用。我国施工合同(示范文本)也有发包人和承包商互相提供履约担保的规定。

非保险转移的优点主要体现在:一是可以转移某些不能投保的潜在损失,如物价上涨、法规变化、设计变更等引起的投资增加;二是被转移者往往能较好的进行损失控制,如承包商相对于业主能更好的把握施工技术风险,专业分包商相对于总包商能更好的完成专业性强的工程内容。

(2) 保险转移

保险转移通常称为工程保险,是一种建设工程风险的转嫁方式,即指通过购买保险的办法将风险转移给保险公司或保险机构。建设工程业主或承包商作为投保人将本应由自己承担的工程风险(包括第三方责任)转移给保险公司,从而使自己免受风险损失。免赔额的数额或比例要由投保人自己确定。工程保险并不能转移建设工程的所有风险,一方面是因为存在不可保风险(如不可抗力),另一方面则是因为有些风险不宜保险。通过转嫁方式处置风险,风险本身并没有减少,只是风险承担者发生了变化。因此,转移风险原则是让最有能力的承受者分担,否则就有可能给项目带来意外的损失。保险和担保是风险转移的最有效、也是最常用的方法,在建设工程风险管理中将积极推广。

2.9 建设工程监理的工作性质、任务和工作方法

2.9.1 建设工程监理的性质

1) 建设工程监理的服务性

建设工程监理具有服务性,是由它所从事的业务活动的性质决定的。建设工程监理主要采用规划、控制、协调方法控制建设工程的投资、进度和质量,协助建设单位达到在计划的目标内将建设工程建成投入使用的目的。

工程监理企业既不直接进行设计和施工等建设活动,也不向建设单位承包造价,更不参与承包商的利益分成。在工程建设中,监理单位是利用自己的知识、技能和经验、信息以及必要的试验、检测手段,为建设单位提供高智能的技术及管理服务,以实现建设目标。

工程监理活动不能完全取代建设单位的管理活动,它不具有工程建设重大问题的决策权,只能在授权范围内代表建设单位进行管理。

建设工程监理的服务对象是建设单位。监理服务是按照委托监理合同的规定,代表建设单位进行的,受有关法律的约束和保护。

2）建设工程监理的科学性

科学性是由建设工程监理要完成的任务和实现的目标决定的。建设工程监理的任务是协助建设单位实现其投资目的,力求按照计划实现建成工程、投入使用的目标。面对日趋庞大的建设工程规模和日益复杂的建设环境,工程项目的功能、标准要求越来越高,新技术、新工艺、新材料、新设备不断涌现,参加建设工程监理的单位越来越多,市场竞争日益激烈,风险日渐增加的情况,只有树立科学的理念,应用科学的理论、方法、手段和措施,才能驾御工程建设,对工程实施有效的监理。

科学性主要表现在：工程监理单位要具有组织管理能力强、工程建设经验丰富的领导者；有足够数量的、有丰富管理经验和应变能力的监理工程师组成的骨干队伍；要有健全的、科学的管理制度；要掌握先进的管理理论和方法；要有现代化的管理手段；要积累足够的技术、经济资料和数据；要有科学的工作态度和严谨的工作作风,实事求是、创造性地开展工程监理工作。科学性也是监理企业赖以生存的基础。

3）建设工程监理的独立性

《建筑法》明确指出,工程监理企业应当根据建设单位的委托,客观、公正地执行监理任务。《建设工程监理规范》要求监理单位应公正、独立、自主地开展监理工作,维护建设单位和承包单位的合法权益。

工程监理的独立性,要求工程监理单位应当严格按照相关法律、法规、规章、工程建设文件、工程建设技术标准、建设工程委托监理合同、有关的建设工程合同等的规定实施监理；在委托监理的工程中,与工程监理单位、被监理工程的承包单位以及建筑材料、建筑构配件和设备供应单位不得有隶属关系或者其他利害关系；在开展工程监理的过程中,必须建立自己的监理组织机构,按照自己的工作计划、程序、流程、方法、手段,根据自己的判断,独立地开展工作。

4）建设工程监理的公正性

公正性是全社会公认的道德行为准则,也是监理行业能够长期生存和发展的基本职业道德准则。在建设工程监理过程中,工程监理单位应当排除各种干扰,客观、公正地对待监理的委托单位和承建单位。特别是当双方发生利益冲突或者争议时,工程监理单位要以事实为依据,以法律和有关合同为准绳,在维护建设单位的合法权益时,不损害承建单位的合法权益。例如,在调解建设单位和承建单位之间的争议,处理工程索赔和工程延期,进行工程款支付控制以及竣工结算时,应当客观、公正地对待建设单位和承建单位,行使工程监理的职能。

2.9.2 建设工程监理的任务

我国工程监理的任务概括地说,就是接受建设单位的委托和授权,对其项目实施"三控制"、"三管理"、"一沟通一协调"。

"三控制"：投资控制、工程质量控制和建设工期控制。

"三管理"：合同管理、安全管理和风险管理。

"一沟通一协调"：信息沟通与组织协调。

《建筑法》规定：建设工程监理应当依照法律、行政法规及有关的技术标准、设计文件和建筑工程承包合同，对承包单位在施工质量、建设工期和建设资金使用等方面，代表建设单位实施监督。《建设工程质量管理条例》规定：工程监理单位应当依照法律、法规以及有关技术标准、设计文件和建设工程承包合同，代表建设单位对施工质量实施监理，并对施工质量承担监理责任。《建设工程安全生产管理条例》中规定，工程监理单位应当审查施工组织设计中的安全技术措施或者专项施工方案是否符合工程建设强制性标准。工程监理单位和监理工程师应当按照法律、法规和工程建设强制性标准实施监理，并对建设工程安全生产承担监理责任。

建设工程是一个极其复杂的事物，涉及的因素很多，要达成建设目标和实现监理工作目标，就必须处理好各方面的关系，做好信息交流、沟通工作和组织协调工作。因此，信息沟通和组织协调是工程监理的一项重要任务。

具体来讲，建设工程目标控制的主要任务是：通过收集类似的建设工程资料，协助建设单位制定建设工程投资目标规划、建设工程总进度计划、建设工程质量目标规划；招投标控制工作；控制投资的使用和工程进度计划的实施，控制施工工艺、施工方法和施工要素，保证工程质量，最终完成建设工程项目。

2.9.3 建设工程监理的工作方法和措施

为了实现有效控制，必须从多方面采取适当方法和措施实施控制。实现有效控制的方法主要是由目标规划、动态控制、组织协调、信息管理、合同管理构成的有机的方法体系。

（1）目标规划法

目标规划是指围绕工程项目投资、进度和质量目标进行研究确定、分解综合、计划安排、制定措施等项工作的集合。目标规划是目标控制的基础和前提，只有做好目标规划工作才能有效地实施目标控制。工程项目目标规划过程是一个由粗而细的过程，它随着工程的进展，分阶段的根据可能获得的工程信息对前一阶段的规划进行细化、补充和修正，它和目标控制之间是一种交替出现的循环链式关系。具体可采用目标分解法、滚动计划法等。

（2）动态控制

动态控制是在完成工程项目过程中，通过对过程、目标和活动的动态跟踪，全面、及时、准确地掌握工程信息，定期地将实际目标值与计划目标值进行对比，如果发现或预测实际目标偏离计划目标，就采取措施加以纠正，以保证计划总目标的实现。动态控制贯穿于整个监理过程，与工程项目的动态性相一致。工程在不同的阶段进行，控制就要在不同的阶段开展；工程在不同的空间展开，控制就要针对不同的空间来实施；计划伴随着工程的变化而调整，控制就要不断地适应计划的调整；随着工程的内部因素和外部环境的变化，要不断地改变控制措施。监理工程只有把握工程项目的动态性，才能做好目标的动态控制工作。

（3）组织协调

协调就是连接、联合、调和所有的活动及力量。组织协调就是把监理组织作为一个整体来研究和处理，对所有的活动及力量进行连接、联合、调和的工作。在工程建设监理过程中，要不断进行组织协调，它是实现项目目标不可缺少的方法和手段。主要包括人际关系的协调、组织关系的协调、供求关系的协调、配合关系的协调和约束关系的协调等内容。

(4) 信息管理

信息管理是指监理人员对所需要的信息进行收集、整理、处理、存储、传递、应用等一系列工作的总和。信息是控制的基础,没有信息监理就不能实施目标控制。在开展监理工作时要不断地预测或发现问题,要不断地进行规划、决策、执行和检查,而做好每一项工作都离不开相应的信息。为了获得全面、准确、及时的工程信息,需要组成专门机构,确定专门的人员从事这项工作。

(5) 合同管理

监理单位在监理过程中的合同管理主要是根据监理合同的要求对工程建设合同的签订、履行、变更和解除进行监督、检查,对合同双方的争议进行调解和处理,以保证合同的全面履行。合同管理对于监理单位完成监理任务是必不可少的。工程合同对参与建设项目的各方建设行为起到控制作用,同时又具体指导工程如何操作完成。合同管理起着控制整个项目实施的作用。

(6) 风险管理

风险管理就是贯穿在设计、采购、施工及竣工验收等各个阶段、各个环节中的风险识别、风险评估、风险管理策略、风险处理和风险监控等一系列管理活动。风险贯穿于工程的全过程,监理单位在监理过程中必须利用风险管理手段,主动"攻击"风险,不断识别、评估、处理和监控工程项目中的各种风险,进行有效的风险管理,避免和减少风险,使风险损失降到最低点,从而完成工程建设项目。

采取的措施通常包括组织措施、技术措施、经济措施和合同措施四个方面。

(1) 组织措施

所谓组织措施是指从目标控制的组织管理方面采取的措施,如落实目标控制的组织机构和人员,明确目标控制的任务和职能分工,制定目标控制责任制、目标控制的工作流程等。组织措施是其他各项措施的前提和保障。

(2) 技术措施

所谓技术措施是指通过技术手段解决实现目标控制过程中出现的目标偏差问题,如投资、工期、质量难以实现目标要求,从改进施工方案、施工方法、施工工艺、施工材料等方面采取措施,以保证三大目标的实现。技术措施不仅是解决建设工程实施过程中遇到的技术问题所不可缺少的,而且对于纠正目标偏差有决定性作用。采取的任何措施都需要技术手段的支持,采取不同的技术方案,产生的控制结果是不同的,甚至是相反的。

因此,运用技术措施纠偏的关键,一是要能提出多个不同的技术方案,二是要对不同的技术方案进行技术经济分析,三是要避免仅仅从技术角度选定技术方案,而忽视对其经济效果的分析论证。

(3) 经济措施

所谓经济措施是指采用经济方法保证目标控制的实现,如奖励与惩罚手段等。经济措施是最容易为人们接受和采用的措施。经济措施的采用需要从全局性、总体性上加以考虑,可以取得事半功倍的效果。另外,经济措施还具有挖掘潜能的功能。它可以调动人的主观能动性,在工程建设中进行创新,节约工程投资,缩短工期,提高工程质量。

(4) 合同措施

所谓合同措施是指在目标控制中,利用合同实施控制。在工程项目建设过程中,一切工作都是以合同为依据进行的。投资控制、进度控制和质量控制均要以合同为依据。合同措施包括拟订合同条款,参加合同谈判,处理合同执行过程中产生的问题,防止和处理索赔,协助业主确定对目标控制有利的建设工程组织管理模式和合同结构,分析不同合同之间的相互联系和影响,对每一个合同作总体和具体分析等。这些合同措施对目标控制具有全局性的影响,其作用很大。在采取合同措施时要特别注意合同中所规定的业主和监理单位的权利和义务。

复习思考题

1. 业主方的项目管理工作的内容是什么?
2. 对于一个工程承包项目来说,其管理的主要内容包括哪些?
3. 简述传统的组织管理体制的缺点及改革的趋势。
4. 简述工作队式项目管理组织形式的优缺点。
5. 矩阵制项目管理组织形式有哪些特征?
6. 简述建设工程文件管理工作的内容。
7. 材料使用及现场管理的主要内容是什么?
8. 简述项目目标动态控制的原理。
9. 简述施工组织设计的内容。
10. 风险管理过程包括哪些?
11. 风险识别的基本方法有哪些?
12. 建设工程风险对策有哪几种?
13. 我国工程监理的任务主要有哪些内容?

3 建设工程项目施工成本管理

职业能力目标：通过本章的学习，学生应达到施工项目成本管理的初步要求，具备对建筑工程进行施工项目成本控制的能力。

学习任务：通过本章的学习，学生应了解施工项目成本管理的内容；掌握施工项目成本控制的方法；重点掌握降低施工项目成本的途径。

3.1 成本管理的任务与措施

3.1.1 施工成本管理的任务

施工成本是指在建设工程项目的施工过程中所发生的全部生产费用的总和，包括消耗的原材料、辅助材料、构配件等费用，周转材料的摊销费或租赁费，施工机械的使用费或租赁费，支付给生产工人的工资、奖金、工资性质的津贴等，以及进行施工组织与管理所发生的全部费用支出。建设工程项目施工成本由直接成本和间接成本组成。

直接成本是指施工过程中耗费的构成工程实体或有助于工程实体形成的各项费用支出，是可以直接计入工程对象的费用，包括人工费、材料费、施工机械使用费和施工措施费等。

间接成本是指为施工准备、组织和管理施工生产的全部费用的支出，是非直接用于也无法直接计入工程对象，但为进行工程施工必须发生的费用，包括管理人员工资、办公费、差旅交通费等。

施工成本管理就是要在保证工期和质量满足要求的情况下，采取包括组织措施、经济措施、技术措施、合同措施等相应的管理措施，把成本控制在计划范围内，并进一步寻求最大限度的成本节约。

施工成本管理的任务和环节主要包括：施工成本预测、施工成本计划、施工成本控制、施工成本核算、施工成本分析、施工成本考核。

1) 施工成本预测

施工成本预测就是根据成本信息和施工项目的具体情况，运用一定的专门方法，对未来的成本水平及其可能的发展趋势作出科学的估计。成本预测是在工程施工以前对成本进行的估算。通过成本预测，可以在满足项目业主和本企业要求的前提下，选择成本低、效益好的最佳成本方案，并能够在施工项目成本形成过程中，针对薄弱环节，加强成本控制，克服盲目性，提高预见性。因此，施工成本预测是施工项目成本决策与计划的依据。

施工成本预测，通常是对施工项目计划工期内影响其成本变化的各个因素进行分析，比照近期已完工施工项目或将完工施工项目的成本（单位成本），预测这些因素对工程成本中有关项目(成本项目)的影响程度,预测出工程的单位成本或总成本。

2) 施工成本计划

施工成本计划是以货币形式编制施工项目在计划期内的生产费用、成本水平、成本降低率以及为降低成本所采取的主要措施和规划的书面方案,它是建立施工项目成本管理责任制、开展成本控制和核算的基础,是该项目降低成本的指导文件,是设立目标成本的依据。可以说,成本计划是目标成本的一种形式。

成本计划应在项目实施方案确定和不断优化的前提下进行编制,因为不同的实施方案将导致直接工程费、措施费和企业管理费的差异。成本计划的编制是施工成本预控的重要手段。因此,应在工程开工前编制完成,以便将计划成本目标分解落实,为各项成本的执行提供明确的目标、控制手段和管理措施。

3) 施工成本控制

施工成本控制是指在施工过程中,对影响施工成本的各种因素加强管理,并采取各种有效措施,将施工中实际发生的各种消耗和支出严格控制在成本计划范围内,随时揭示并及时反馈,严格审查各项费用是否符合标准,计算实际成本和计划成本之间的差异并进行分析,进而采取多种措施,消除施工中的浪费现象。

建设工程项目施工成本控制应贯穿于项目从投标阶段开始直至竣工验收的全过程,它是企业全面成本管理的重要环节。施工成本控制可分为事先控制、事中控制(过程控制)和事后控制。在项目的施工过程中,需按动态控制原理对实际施工成本的发生过程进行有效控制。

合同文件和成本计划是成本控制的目标,进度报告和工程变更与索赔资料是成本控制过程中的动态资料。

成本控制的程序体现了动态跟踪控制的原理。成本控制报告可以单独编制,也可以根据需要与进度、质量、安全和其他进展报告结合,提出综合进展报告。

4) 施工成本核算

施工成本核算包括两个基本环节:一是按照规定的成本开支范围对施工费用进行归集和分配,计算出施工费用的实际发生额;二是根据成本核算对象,采用适当的方法,计算出该施工项目的总成本和单位成本。

施工成本管理需要正确及时地核算施工过程中发生的各项费用,计算施工项目的实际成本。施工项目成本核算所提供的各种成本信息,是成本预测、成本计划、成本控制、成本分析和成本考核等各个环节的依据。

施工成本一般以单位工程为成本核算对象,但也可以按照承包工程项目的规模、工期、结构类型、施工组织和施工现场等情况,结合成本管理要求,灵活划分成本核算对象。

施工成本核算制是明确施工成本核算的原则、范围、程序、方法、内容、责任及要求的制度。项目管理必须实行施工成本核算制,它和项目经理责任制等共同构成了项目管理的运行机制。组织管理层与项目管理层的经济关系、管理责任关系、管理权限关系,以及项目管理组织所承担的责任成本核算的范围、核算业务流程和要求等,都应以制度的形式作出明确的规定。

项目经理部要建立一系列项目业务核算台账和施工成本会计账户,实施全过程的成本核算,具体可分为定期的成本核算和竣工工程成本核算,如每天、每周、每月的成本核算。定期的成本核算是竣工工程全面成本核算的基础。

形象进度、产值统计、实际成本归集三同步,即三者的取值范围应是一致的。形象进度表达的工程量、统计施工产值的工程量和实际成本归集所依据的工程量均应是相同的数值。对竣工工程的成本核算,应区分为竣工工程现场成本和竣工工程完全成本,分别由项目经理部和企业财务部门进行核算分析,其目的在于分别考核项目管理绩效和企业经营效益。

施工成本核算一般包括人工费核算、材料费核算、周转材料费核算、结构件费核算、机械使用费核算、措施费核算、分包工程成本核算、间接费核算、项目月度施工成本报告编制等内容。

5) 施工成本分析

施工成本分析是在施工成本核算的基础上,对成本的形成过程和影响成本升降的因素进行分析,以寻求进一步降低成本的途径,包括有利偏差的挖掘和不利偏差的纠正。施工成本分析贯穿于施工成本管理的全过程,是在成本的形成过程中,主要利用施工项目的成本核算资料(成本信息),与目标成本、预算成本以及类似的施工项目的实际成本等进行比较,了解成本的变动情况,同时也要分析主要技术经济指标对成本的影响,系统地研究成本变动的因素,检查成本计划的合理性,并通过成本分析,深入揭示成本变动的规律,寻找降低施工项目成本的途径,以便有效地进行成本控制。成本偏差的控制,分析是关键,纠偏是核心,要针对分析得出的偏差发生原因采取切实措施加以纠正。

成本偏差分为局部成本偏差和累计成本偏差。局部成本偏差包括项目的月度(或周、天等)核算成本偏差、专业核算成本偏差以及分部分项作业成本偏差等;累计成本偏差是指已完工程在某一时间点上实际总成本与相应的计划总成本的差异。分析成本偏差的原因,应采取定性和定量相结合的方法。

6) 施工成本考核

施工成本考核是指在施工项目完成后,对施工项目成本形成中的各责任者,按施工项目成本目标责任制的有关规定,将成本的实际指标与计划、定额、预算进行对比和考核,评定施工项目成本计划的完成情况和各责任者的业绩,并给予相应的奖励和处罚。通过成本考核,做到有奖有惩、赏罚分明,才能有效地调动每一位员工在各自施工岗位上努力完成目标成本的积极性,为降低施工项目成本和增加企业的积累作出自己的贡献。

施工成本考核是衡量成本降低的实际成果,也是对成本指标完成情况的总结和评价。成本考核制度包括考核的目的、时间、范围、对象、方式、依据、指标、组织领导、评价与奖惩原则等内容。

以施工成本降低额和施工成本降低率作为成本考核的主要指标,要加强组织管理层对项目管理部的指导,并充分依靠技术人员、管理人员和作业人员的经验和智慧,防止项目管理在企业内部异化为靠少数人承担风险的以包代管模式。成本考核也可分别考核组织管理层和项目经理部。

项目管理组织对项目经理部进行考核与奖惩时,既要防止虚赢实亏,也要避免实际成本归集差错等的影响,使施工成本考核真正做到公平、公正、公开,在此基础上兑现施工成本管理责任制的奖惩或激励措施。

施工成本管理的每一个环节都是相互联系和相互作用的。成本预测是成本决策的前提,成本计划是成本决策所确定目标的具体化。成本计划控制则是对成本计划的实施进行控制和监督,保证决策的成本目标的实现;而成本核算又是对成本计划是否实现的最后检验,它所提供的成本信息又对下一个施工项目成本预测和决策提供基础资料。成本考核是实现成本目标责任制的保证和实现决策目标的重要手段。

3.1.2 施工成本管理的基础工作内容

施工成本管理的基础工作内容是多方面的,成本管理责任体系的建立是其中最根本、最重要的基础工作,涉及成本管理的一系列组织制度、工作程序、业务标准和责任制度的建立。除此之外,应从以下诸方面为施工成本管理创造良好的基础条件。

(1) 统一组织内部工程项目成本计划的内容和格式。其内容应能反映施工成本的划分、各成本项目的编码及名称、计量单位、单位工程量计划成本及合计金额等。这些成本计划的内容和格式应由各个企业按照自己的管理习惯和需要进行设计。

(2) 建立企业内部施工定额并保持其适应性、有效性和相对的先进性,为施工成本计划的编制提供支持。

(3) 建立生产资料市场价格信息的收集网络和必要的派出询价网点,做好市场行情预测,保证采购价格信息的及时性和准确性。同时,建立企业的分包商、供应商评审注册名录,稳定和发展良好的供方关系,为编制施工成本计划与采购工作提供支持。

(4) 建立已完项目的成本资料、报告报表等的归集、整理、保管和使用管理制度。

(5) 科学设计施工成本核算账册体系、业务台账、成本报告报表,为施工成本管理的业务操作提供统一的范式。

3.1.3 施工成本管理的措施

为了取得施工成本管理的理想成效,应当从多方面采取措施实施管理,通常可以将这些措施归纳为组织措施、技术措施、经济措施、合同措施。

1) 组织措施

组织措施是从施工成本管理的组织方面采取的措施。施工成本控制是全员的活动,如实行项目经理责任制,落实施工成本管理的组织机构和人员,明确各级施工成本管理人员的任务和职能分工、权利和责任。施工成本管理不仅是专业成本管理人员的工作,各级项目管理人员都负有成本控制责任。

组织措施的另一方面是编制施工成本控制工作计划,确定合理详细的工作流程。要做好施工采购规划,通过生产要素的优化配置、合理使用、动态管理,有效控制实际成本;加强施工定额管理和施工任务单管理,控制活劳动和物化劳动的消耗;加强施工调度,避免因施工计划不周和盲目调度造成窝工损失、机械利用率降低、物料积压等而使施工成本增加。成本控制工作只有建立在科学管理的基础之上,具备合理的管理体制、完善的规章制度、稳定的作业秩序、完整准确的信息传递,才能取得成效。组织措施是其他各类措施的前提和保障,而且一般不需要增加什么费用,运用得当可以收到良好的效果。

2) 技术措施

施工过程中降低成本的技术措施,包括:进行技术经济分析,确定最佳的施工方案;结合施工方法,进行材料使用的比选,在满足功能要求的前提下,通过代用、改变配合比、使用添加剂等方法降低材料消耗的费用;确定最合适的施工机械、设备使用方案。结合项目的施工组织设计及自然地理条件,降低材料的库存成本和运输成本;先进的施工技术的应用,新材料的运用,新开发机械设备的使用等。在实践中,也要避免仅从技术角度选定方案而忽视对其经济效果的分析论证。

技术措施不仅对解决施工成本管理过程中的技术问题是不可缺少的,而且对纠正施工成本管理目标偏差也有相当重要的作用。因此,运用技术纠偏措施的关键,一是要能提出多个不同的技术方案;二是要对不同的技术方案进行技术经济分析。

3）经济措施

经济措施是最易为人们所接受和采用的措施。管理人员应编制资金使用计划,确定、分解施工成本管理目标。对施工成本管理目标进行风险分析,并制定防范性对策。对各种支出,应认真做好资金的使用计划,并在施工中严格控制各项开支。及时准确地记录、收集、整理、核算实际发生的成本。对各种变更,及时做好增减账,及时落实业主签证,及时结算工程款。通过偏差分析和未完工程预测,可发现一些潜在的问题将引起未完工程施工成本增加,对这些问题应以主动控制为出发点,及时采取预防措施。由此可见,经济措施的运用绝不仅仅是财务人员的事情。

4）合同措施

采用合同措施控制施工成本,应贯穿整个合同周期,包括从合同谈判开始到合同终结的全过程。首先,要选用合适的合同结构,对各种合同结构模式进行分析、比较,在合同谈判时,要争取选用适合于工程规模、性质和特点的合同结构模式。其次,在合同的条款中应仔细考虑一切影响成本和效益的因素,特别是潜在的风险因素。通过对引起成本变动的风险因素的识别和分析,采取必要的风险对策,如通过合理的方式,增加承担风险的个体数量,降低损失发生的比例,并最终使这些策略反映在合同的具体条款中。在合同执行期间,合同管理的措施既要密切关注对方合同执行的情况,以寻求合同索赔的机会,同时也要密切关注自己履行合同的情况,防止被对方索赔。

3.2 施工成本计划

3.2.1 施工成本计划的类型

对于一个施工项目而言,其成本计划是一个不断深化的过程。在这一过程的不同阶段形成深度和作用不同的成本计划,按其作用可分为三类:

1）竞争性成本计划

即工程项目投标及签订合同阶段的估算成本计划。这类成本计划以招标文件中的合同条件、投标者须知、技术规程、设计图纸或工程量清单等为依据,以有关价格条件说明为基础,结合调研和现场考察获得的情况,根据本企业的工料消耗标准、水平、价格资料和费用指标,对本企业完成招标工程所需要支出的全部费用的估算。在投标报价过程中,虽也着力考虑降低成本的途径和措施,但总体上较为粗略。

2）指导性成本计划

即选派项目经理阶段的预算成本计划,是项目经理的责任成本目标。它以合同标书为依据,按照企业的预算定额标准制订设计预算成本计划,且一般情况下只是确定责任总成本指标。

3) 实施性成本计划

即项目施工准备阶段的施工预算成本计划,它是以项目实施方案为依据,以落实项目经理责任目标为出发点,采用企业的施工定额,通过施工预算的编制而形成的实施性施工成本计划。

以上三类成本计划互相衔接和不断深化,构成了整个工程施工成本的计划过程。其中,竞争性成本计划带有成本战略的性质,是项目投标阶段商务标书的基础,而有竞争力的商务标书又是以其先进合理的技术标书为支撑的。因此,它奠定了施工成本的基本框架和水平。指导性成本计划和实施性成本计划,都是战略性成本计划的进一步展开和深化,是对战略性成本计划的战术安排。此外,根据项目管理的需要,成本计划又可按施工成本组成、项目组成、工程进度分别编制施工成本计划。

3.2.2 施工成本计划的编制依据

施工成本计划是施工项目成本控制的一个重要环节,是实现降低施工成本任务的指导性文件。

编制施工成本计划,需要广泛收集相关资料并进行整理,以作为施工成本计划编制的依据。在此基础上,根据有关设计文件、工程承包合同、施工组织设计、施工成本预测资料等,按照施工项目应投入的生产要素,结合各种因素的变化和拟采取的各种措施,估算施工项目生产费用支出的总水平,进而提出施工项目的成本计划控制指标,确定目标总成本。目标总成本确定后,应将总目标分解落实到各个机构、班组,以及便于进行控制的子项目或工序。最后,通过综合平衡,编制完成施工成本计划。

施工成本计划的编制依据包括:

(1) 投标报价文件。
(2) 企业定额、施工预算。
(3) 施工组织设计或施工方案。
(4) 人工、材料、机械台班的市场价。
(5) 企业颁布的材料指导价、企业内部机械台班价格、劳动力内部挂牌价格。
(6) 周转设备内部租赁价格、摊销损耗标准。
(7) 已签订的工程合同、分包合同(或估价书)。
(8) 结构件外加工计划和合同。
(9) 有关财务成本核算制度和财务历史资料。
(10) 施工成本预测资料。
(11) 拟采取的降低施工成本的措施。
(12) 其他相关资料。

3.2.3 施工成本计划编制的具体内容

1) 编制说明

指对工程的范围、投标竞争过程及合同条件、承包人对项目经理提出的责任成本目标、施工成本计划编制的指导思想和依据等的具体说明。

2）施工成本计划的指标

施工成本计划的指标应经过科学的分析预测确定，可以采用对比法、因素分析法等方法来进行测定。施工成本计划一般情况下有以下三类指标。

(1) 成本计划的数量指标，如：按子项目汇总的工程项目计划总成本指标；按分部汇总的各单位工程（或子项目）计划成本指标；按人工、材料、机械等汇总的各主要生产要素计划成本指标。

(2) 成本计划的质量指标，如施工项目总成本降低率，可采用以下方法得到：

设计预算成本计划降低率＝设计预算总成本计划降低额/设计预算总成本；责任目标成本计划降低率＝责任目标总成本计划降低额/责任目标总成本。

(3) 成本计划的效益指标，如工程项目成本降低额可通过以下方式获得：

设计预算成本计划降低额＝设计预算总成本－计划总成本；责任目标成本计划降低额＝责任目标总成本－计划总成本。

3）按工程量清单列出的单位工程计划成本汇总表

4）按成本性质划分的单位工程成本汇总表

根据清单项目的造价分析，分别对人工费、材料费、机械费、措施费、企业管理费和税费进行汇总，形成单位工程成本计划表。

3.2.4 施工成本计划编制的方法

施工成本计划的编制以成本预测为基础，关键是确定目标成本。计划的制订，需结合施工组织设计的编制过程，通过不断地优化施工技术方案和合理配置生产要素，进行工、料、机消耗的分析，制定一系列节约成本和挖潜措施，确定施工成本计划。一般情况下，施工成本计划总额应控制在目标成本的范围内，并使成本计划建立在切实可行的基础上。

施工总成本目标确定之后，还需通过编制详细的实施性施工成本计划把目标成本层层分解，落实到施工过程的每个环节，有效地进行成本控制。施工成本计划的编制方式有：按施工成本组成编制施工成本计划；按项目组成编制施工成本计划；按工程进度编制施工成本计划。

1）按施工成本组成编制施工成本计划的方法

目前我国的建筑安装工程费由直接费、间接费、利润和税金组成，施工成本可以按成本组成分解为人工费、材料费、施工机械使用费、措施费和间接费，编制按施工成本组成分解的施工成本计划。

2）按项目组成编制施工成本计划的方法

大中型工程项目通常是由若干单项工程构成的，而每个单项工程包括了多个单位工程，每个单位工程又是由若干个分部分项工程所构成。因此，首先要把项目总施工成本分解到单项工程和单位工程中，再进一步分解到分部工程和分项工程中。

在完成施工项目成本目标分解之后，接下来就要具体的分配成本，编制分项工程的成本支出计划，从而得到详细的成本计划表。

在编制成本支出计划时，要在项目总的方面考虑总的预备费，也要在主要的分项工程中安排适当的不可预见费，避免在具体编制成本计划时，可能发现个别单位工程或工程量表中某项内容的工程量计算有较大出入,使原来的成本预算失实,并在项目实施过程中对其尽可能地采取一些措施。

3)按工程进度编制施工成本计划的方法

按工程进度编制的施工成本计划,通常可利用控制项目进度的网络图进一步扩充得到。即在建立网络图时,一方面确定完成各项工作所需花费的时间;另一方面确定完成这一工作的合适的施工成本支出计划。

在实践中,将工程项目分解为既能方便地表示时间,又能方便地表示施工成本支出计划的工作是不容易的,通常如果项目分解程度对时间控制合适的话,则对施工成本支出计划可能分解过细,以至于不可能对每项工作确定其施工成本支出计划。反之亦然。

因此在编制网络计划时,应在充分考虑进度控制对项目划分要求的同时,还要考虑确定施工成本支出计划对项目划分的要求,做到二者兼顾。通过对施工成本目标按时间进行分解,在网络计划基础上,可获得项目进度计划的横道图,并在此基础上编制成本计划。其表示方式有两种:一种是在时标网络图上按月编制的成本计划;另一种是利用时间—成本累积曲线(S形曲线)表示。

时间—成本累积曲线的绘制步骤如下:

(1)确定工程项目进度计划,编制进度计划的横道图。

(2)根据每单位时间内完成的实物工程量或投入的人力、物力和财力,计算单位时间(月或旬)的成本,在时标网络图上按时间编制成本支出计划。

(3)计算规定时间计划累计支出的成本额,其计算方法为:各单位时间计划完成的成本额累加求和。

(4)按各规定时间的成本额累加值,绘制S形曲线。如图3-1所示。

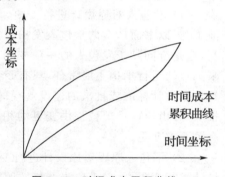

图3-1 时间成本累积曲线

每一条S形曲线都对应某一特定的工程进度计划。因为在进度计划的非关键线路中存在许多有时差的工序或工作,因而S形曲线(成本计划值曲线)必然包络在由全部工作都按最早开始时间开始和全部工作都按最迟必须开始时间开始的曲线所组成的"香蕉图"内。项目经理可根据编制的成本支出计划来合理安排资金,同时项目经理也可以根据筹措的资金来调整S形曲线,即通过调整非关键线路上工序项目的最早或最迟开工时间,力争将实际的成本支出控制在计划范围内。

一般而言,所有工作都按最迟开始时间开始,对节约资金贷款利息是有利的,但同时也降低了项目按期竣工的保证率,因此项目经理必须合理地确定成本支出计划,达到既节约成本支出,又能控制项目工期的目的。

以上三种编制施工成本计划的方式并不是相互独立的。在实践中,往往是将这几种方式结合起来使用,从而可以取得扬长避短的效果。例如,将按项目分解总施工成本与按施工成本构成分解总施工成本两种方式相结合,横向按施工成本构成分解,纵向按项目分解,或相反。这种分解方式有助于检查各分部分项工程施工成本构成是否完整,有无重复计算或漏算;同时还有助于检查各项具体的施工成本支出的对象是否明确或落实,并且可以从数字上校核分解的结果有无错误;或者还可将按子项目分解总施工成本计划与按时间分解总施工成本计划结合起来，一般纵向按项目分解，横向按时间分解。

3.3 工程变更价款

3.3.1 工程变更的确定

由于建设工程项目建设的周期长，涉及的关系复杂，受自然条件和客观因素的影响大，导致项目的实际施工情况与招标投标时的情况相比往往会有一些变化，出现工程变更。工程变更包括工程量变更、工程项目变更（如发包人提出增加或者删减原项目内容）、进度计划变更、施工条件变更等。如果按照变更的起因划分，变更的种类有很多，如：发包人的变更指令（包括发包人对工程有了新的要求、发包人修改项目计划、发包人削减预算、发包人对项目进度有了新的要求等）；由于设计错误，必须对设计图纸进行修改；工程环境变化；由于产生了新的技术和知识，有必要改变原设计、实施方案或实施计划；法律法规或者政府对建设工程项目有了新的要求等等。

1)《建设工程施工合同（示范文本）》条件下的工程变更

（1）发包人对原设计进行变更。施工中发包人如果需要对原工程设计进行变更，应提前14天以书面形式向承包人发出变更通知。承包人对于发包人的变更通知没有拒绝的权利，这是合同赋予发包人的一项权利。因为发包人是工程的出资人、所有人和管理者，对将来工程的运行承担主要责任，只有赋予发包人这样的权利才能减少更大的损失。但是，变更超过原设计标准或批准的建设规模时，发包人应报规划管理部门和其他有关部门重新审查批准，并由原设计单位提供变更的相应图纸和说明。承包人按照工程师发出的变更通知及有关要求变更。

（2）承包人原因对原设计进行变更。施工中承包人不得为了施工方便而要求对原工程设计进行变更，承包人应当严格按照图纸施工，不得随意变更设计。施工中承包人提出的合理化建议涉及对设计图纸或者施工组织设计的更改及对原材料、设备的更换，须经工程师同意。工程师同意变更后，也须经原规划管理部门和其他有关部门审查批准，并由原设计单位提供变更的相应图纸和说明。

未经工程师同意承包人擅自更改或换用，承包人应承担由此发生的费用，并赔偿发包人的有关损失，延误的工期不予顺延。工程师同意采用承包人的合理化建议，所发生的费用和获得收益的分担或分享，由发包人和承包人另行约定。

（3）其他变更。从合同角度看，除设计变更外，其他能够导致合同内容变更的都属于其他变更。如双方对工程质量要求的变化（如涉及强制性标准的变化）、双方对工期要求的变化、施工条件和环境的变化导致施工机械和材料的变化等。这些变更的程序，首先应当由一方提出，与对方协商一致后，方可进行变更。

2) FIDIC 施工合同条件下的工程变更

（1）工程变更权

根据 FIDIC 施工合同条件（1999年第一版）的约定，在颁发工程接收证书前的任何时间，工程师可通过发布指示或要求承包人提交建议书的方式提出变更。承包人应遵守并执行每项变更,除非承包人立即向工程师发出通知,说明(附详细根据)承包人难以取得变更所需的货物。工程师接到此类通知后,应取消、确认或改变原指示。每项变更可包括：

① 合同中包括的任何工作内容的数量的改变(但此类改变不一定构成变更)。

② 任何工作内容的质量或其他特性的改变。

③ 任何部分工程的标高、位置和(或)尺寸的改变。

④ 任何工作的删减,但要交他人实施的工作除外。

⑤ 永久工程所需的任何附加工作、生产设备、材料或服务,包括任何有关的竣工试验、钻孔、其他试验和勘探工作。

⑥ 实施工程的顺序或时间安排的改变。

除非工程师指示或批准了变更,承包人不得对永久工程作任何改变和修改。

(2) 工程变更程序

如果工程师在发出变更指示前要求承包人提出一份建议书,承包人应尽快作出书面回应,或提出他不能照办的理由(如果情况如此),或提交以下材料：对建议要完成的工作的说明,以及实施的进度计划；根据进度计划和竣工时间的要求,承包人对进度计划作出必要修改的建议书；承包人对变更估价的建议书。

工程师收到此类建议书后应尽快给予批准、不批准或提出意见的回复。在等待答复期间,承包人不应延误任何工作。应由工程师向承包人发出执行每项变更并附做好各项费用记录的任何要求的指示,承包人应确认收到该指示。

3) 建设工程监理规范规定的工程变更程序

建设工程监理规范规定,项目监理机构应按下列程序处理工程变更：

(1) 设计单位对原设计存在的缺陷提出的工程变更,应编制设计变更文件；建设单位或承包单位提出的变更,应提交总监理工程师,由总监理工程师组织专业监理工程师审查。审查同意后,应由建设单位转交原设计单位编制设计变更文件。当工程变更涉及安全、环保等内容时,应按规定经有关部门审定。

(2) 项目监理机构应了解实际情况和收集与工程变更有关的资料。

(3) 总监理工程师必须根据实际情况,设计变更文件和其他有关资料,按照施工合同的有关款项,在指定专业监理工程师完成下列工作后,对工程变更的费用和工期作出评估：确定工程变更项目与原工程项目之间的类似程度和难易程度；确定工程变更项目的工程量；确定工程变更的单价或总价。

(4) 总监理工程师应就工程变更费用及工期的评估情况与承包人和发包人进行协调。

(5) 总监理工程师签发工程变更单。工程变更单应包括工程变更要求、工程变更说明、工程变更费用和工期、必要的附件等内容,有设计变更文件的工程变更应附设计变更文件。

(6) 项目监理机构根据项目变更单监督承包人实施。

在发包人和承包人未能就工程变更的费用等方面达成协议时,项目监理机构应提出一个暂定的价格,作为临时支付工程款的依据。该工程款最终结算时,应以发包人和承包人达成的协议为依据。在总监理工程师签发工程变更单之前,承包人不得实施工程变更。未经总监理工程师审查同意而实施的工程变更,项目监理机构不得予以计量。

3.3.2 工程变更价款的确定方法

1)《建设工程施工合同(示范文本)》约定的工程变更价款的确定方法

(1) 工程变更价款的确定程序

① 承包人在工程变更确定后14天内,可提出变更涉及的追加合同价款要求的报告,经工程师确认后相应调整合同价款。如果承包人在双方确定变更后的14天内,未向工程师提出变更工程价款的报告,视为该项变更不涉及合同价款的调整。

② 工程师应在收到承包人的变更合同价款报告后14天内,对承包人的要求予以确认或作出其他答复,工程师无正当理由不确认或答复时,自承包人的报告送达之日起14天后,视为变更价款报告已被确认。

③ 工程师确认增加的工程变更价款作为追加合同价款,与工程进度款同期支付。工程师不同意承包人提出的变更价款,按合同约定的争议条款处理。

因承包人自身原因导致的工程变更,承包人无权要求追加合同价款。如由于承包人原因使实际施工进度滞后于计划进度,某工程部位的施工与其他承包人的施工发生干扰,工程师发布指示改变了他的施工时间和顺序导致施工成本的增加或效率降低,承包人无权要求补偿。

(2) 工程变更价款的确定方法

在工程变更确定后14天内,设计变更涉及工程价款调整的,由承包人向发包人提出,经发包人审核同意后调整合同价款。变更合同价款按照下列方法进行:

① 合同中已有适用于变更工程的价格,按合同已有的价格变更合同价款。

② 合同中只有类似于变更工程的价格,可以参照类似价格变更合同价款。

③ 合同中没有适用或类似于变更工程的价格,由承包人或发包人提出适当的变更价格,经对方确认后执行。

如双方不能达成一致意见,双方可提请工程所在地工程造价管理机构进行咨询或按合同约定的争议或纠纷解决程序办理。因此,在变更后合同价款的确定上,首先应当考虑使用合同中已有的、能够适用或者能够参照适用的,其原因在于在合同中已经订立的价格(一般是通过招标投标)是较为公平合理的,因此应当尽量采用。

采用合同中工程量清单的单价或价格有几种情况:一是直接套用,即从工程量清单上直接拿来使用;二是间接套用,即依据工程量清单,通过换算后采用;三是部分套用,即依据工程量清单,取其价格中的某一部分使用。

【例3-1】 某合同钻孔桩的工程情况是,直径为1.0m的共计长1501m;直径为1.2m的共计长8178m;直径为1.3m的共计长2017m。原合同规定选择直径为1.0m的钻孔桩做静载破坏试验并有直径为1.0m静载破坏试验的价格。为了对工程更具有代表性和指导意义,监理工程师决定变更,要求选择直径为1.2m的钻孔桩做静载破坏试验。另合同路堤土方工程完成后,发现原设计在排水方面考虑不周,为此业主同意在适当位置增设排水管涵。问该合同段变更价格应如何合算。

【解】 钻孔桩做静载破坏试验的费用主要由两部分构成,一部分为试验费用,另一部分为桩本身的费用,而试验方法及设备并未因试验桩直径的改变而发生变化。因此,可认为试验费用没有增减,费用的增减主要由钻孔桩直径变化而引起的桩本身的费用的变化。直径为1.2m的普通钻孔桩的单价在工程量清单中就可以查到,且地理位置和施工条件相近。因此,采用直径为1.2m的钻孔桩做静载破坏试验的费用为:直径为1.0m静载破坏试验费加上直径为1.2m的钻孔桩的清单价格。

另外,由于变更设计提出时间较晚,其土方已经完成并准备开始路面施工,新增工程不但打乱了施工方进度计划,而且二次开挖的难度较大,特别是重新开挖用石灰土处理过的路堤,与开挖天然表土不能等同,不宜直接套用清单中的管涵价格。经与承包商协商,决定采用工程量清单上的几何尺寸、地理位置等条件相近的管涵价格作为新增工程的基本单价,但对其中的"土方开挖"一项在原报价基础上按某个系数予以适当提高,提高的费用叠加在基本单价上,构成新增工程价格。

2) FIDIC施工合同条件下工程变更价款的确定方法

(1) 工程变更价款确定的一般原则

承包人按照工程师的变更指令实施变更工作后,往往会涉及对变更工程价款的确定问题。变更工程的费率或价格,往往是双方协商时的焦点。计算变更工程应采用的费率或价格可分为三种情况:

① 变更工作在工程量表中有同种工作内容的单价,应以该费率计算变更工程费用。

② 工程量表中虽然列有同类工作的单价或价格,但对具体变更工作而言已不适用,则应在原单价和价格的基础上制定合理的新单价或价格。

③ 变更工作的内容在工程量表中没有同类工作的费率和价格,应按照与合同单价水平相一致的原则,确定新的费率或价格。

(2) 工程变更采用新费率或价格的情况

FIDIC施工合同条件(1999年第一版)约定:在以下情况下宜对有关工作内容采用新的费率或价格。

第一种情况:

① 如果此项工作实际测量的工程量比工程量表或其他报表中规定的工程量的变动大于10%。

② 工程量的变化与该项工作规定的费率的乘积超过了中标的合同金额的0.01%。

③ 此工程量的变化直接造成该项工作单位成本的变动超过1%。

④ 此项工作不是合同中规定的"固定费率项目"。

第二种情况:

① 此工作是根据变更与调整的指示进行的。

② 合同没有规定此项工作的费率或价格。

③ 由于该项工作与合同中的任何工作没有类似的性质或不在类似的条件下进行,故没有一个规定的费率或价格适用。

每种新的费率或价格应考虑以上描述的有关事项对合同中相关费率或价格加以合理调整后得出。如果没有相关的费率或价格可供推算新的费率或价格,应根据实施该工作的合理成本和合理利润,并考虑其他相关事项后得出。工程师应在商定或确定适宜费率或价格前,确定用于其中付款证书的临时费率或价格。

3)《建设工程工程量清单计价规范》规定的工程变更价款的确定方法

《建设工程工程量清单计价规范(GB 50500—2008)》规定:合同中综合单价因工程量变

更需调整时,除合同另有约定外,应按照下列办法确定。

(1) 工程量清单漏项或设计变更引起的新的工程量清单项目,其相应综合单价由承包人提出,经发包人确认后作为结算的依据。

(2) 由于工程量清单的工程数量有误或设计变更引起工程量增减,属合同约定幅度以内的,应执行原有的综合单价;属合同约定幅度以外的,其增加部分的工程量或减少后剩余部分的工程量的综合单价由承包人提出,经发包人确认后作为结算的依据。

3.3.3 变更后的费用索赔

1) 索赔费用组成

索赔费用的主要组成部分,同工程款的计价内容相似。按我国现行相关规定(参见建标〔2003〕206号《建筑安装工程费用项目组成》),建安工程合同价包括直接费、间接费、利润和税金。从原则上说,承包商有索赔权利的工程成本增加,都是可以索赔的费用。但是,对于不同原因引起的索赔,承包商可索赔的具体费用内容是不完全一样的。承包商一般可索赔的具体费用如下。

(1) 人工费。人工费包括施工人员的基本工资、工资性质的津贴、加班费、奖金以及法定的安全福利等费用。对于索赔费用中的人工费部分而言,人工费是指完成合同之外的额外工作所花费的人工费用;由于非承包商责任的工效降低所增加的人工费用;超过法定工作时间加班劳动;法定人工费增长以及非承包商责任工程延期导致的人员窝工费和工资上涨费等。

(2) 材料费。材料费的索赔包括:由于索赔事项材料实际用量超过计划用量而增加的材料费;由于客观原因材料价格大幅度上涨;由于非承包商责任工程延期导致的材料价格上涨和超期储存费用。材料费中应包括运输费、仓储费以及合理的损耗费用。如果由于承包商管理不善,造成材料损坏失效,则不能列入索赔计价。承包商应该建立健全物资管理制度,记录建筑材料的进货日期和价格,建立领料耗用制度,以便索赔时能准确地分离出索赔事项所引起的材料额外耗用量。为了证明材料单价的上涨,承包商应提供可靠的订货单、采购单,或官方公布的材料价格调整指数。

(3) 施工机械使用费。施工机械使用费的索赔包括:由于完成额外工作增加的机械使用费;非承包商责任工效降低增加的机械使用费;由于业主或监理工程师原因导致机械停工的窝工费。窝工费的计算,如系租赁设备,一般按实际租金和调进调出费的分摊计算;如系承包商自有设备,一般按台班折旧费计算,而不能按台班费计算,因台班费中包括了设备使用费。

(4) 分包费用。分包费用索赔指的是分包商的索赔费,一般也包括人工、材料、机械使用费的索赔。分包商的索赔应如数列入总承包商的索赔款总额以内。

(5) 现场管理费。索赔款中的现场管理费是指承包商完成额外工程、索赔事项工作以及工期延长期间的现场管理费,包括管理人员工资、办公、通讯、交通费等。

(6) 利息。在索赔款额的计算中经常包括利息。利息的索赔通常发生于下列情况:拖期付款的利息;由于工程变更和工程延期增加投资的利息;索赔款的利息;错误扣款的利息。至于具体利率应是多少,在实践中可采用不同的标准,主要有这样几种规定:按当时的银行贷款利率;按当时的银行透支利率;按合同双方协议的利率;按中央银行贴现率加三个百分点。

(7) 总部(企业)管理费。索赔款中的总部管理费主要是指工程延期期间所增加的管理费。包括总部职工工资、办公大楼、办公用品、财务管理、通讯设施以及总部领导赴工地检查指导工作等开支。这项索赔款的计算,目前没有统一的方法。在国际工程施工索赔中总部管理费的计算有以下几种:

① 按照投标书中总部管理费的比例(3%～8%)计算:

总部管理费＝合同中总部管理费比率(%)×(直接费索赔款额＋现场管理费索赔款额等)

② 按照公司总部统一规定的管理费比率计算:

总部管理费＝公司管理费比率(%)×(直接费索赔款额＋现场管理费索赔款额等)

③ 以工程延期的总天数为基础,计算总部管理费的索赔额,计算步骤如下:

$$对某一工程提取的管理费＝同期内公司的管理费 \times \frac{该工程的合同额}{同期内公司的总合同额}$$

$$该工程的每日管理费＝同期内公司的管理费 \times \frac{该工程向总部上缴的管理费}{合同实施天数}$$

索赔的总部管理费＝该工程的每日管理费×工程延期的天数

(8) 利润。一般来说,由于工程范围的变更、文件有缺陷或技术性错误、业主未能提供现场等引起的索赔,承包商可以列入利润。但对于工程暂停的索赔,由于利润通常是包括在每项实施工程内容的价格之内的,而延长工期并未影响削减某些项目的实施,也未导致利润减少。所以,一般监理工程师很难同意在工程暂停的费用索赔中加进利润损失。

索赔利润的款额计算通常与原报价单中的利润百分率保持一致。

2) 索赔费用的计算方法

索赔费用的计算方法有:实际费用法、总费用法和修正的总费用法。

(1) 实际费用法。实际费用法是计算工程索赔时最常用的一种方法。这种方法的计算原则是以承包商为某项索赔工作所支付的实际开支为根据,向业主要求费用补偿。

用实际费用法计算时,在直接费的额外费用部分的基础上,再加上应得的间接费和利润,即是承包商应得的索赔金额。由于实际费用法所依据的是实际发生的成本记录或单据,所以,在施工过程中,系统而准确地积累记录资料是非常重要的。

(2) 总费用法。总费用法就是当发生多次索赔事件以后,重新计算该工程的实际总费用,实际总费用减去投标报价时的估算总费用,即为索赔金额。

不少人对采用该方法计算索赔费用持批评态度,因为实际发生的总费用中可能包括了承包商的原因,如施工组织不善而增加的费用;同时,投标报价估算的总费用也可能为了中标而过低。所以这种方法只有在难以采用实际费用法时才应用。

(3) 修正的总费用法。修正的总费用法是对总费用法的改进,即在总费用计算的原则上去掉一些不合理的因素,使其更合理。修正的内容如下:将计算索赔款的时段局限于受到外界影响的时间,而不是整个施工期;只计算受影响时段内的某项工作所受影响的损失,而不是计算该时段内所有施工工作所受的损失;与该项工作无关的费用不列入总费用中;对投标报价费用重新进行核算,按受影响时段内该项工作的实际单价进行核算,乘以实际完成的该项工作的工程量,得出调整后的报价费用。

修正的总费用法与总费用法相比,有了实质性的改进,它的准确程度已接近于实际费用法。

【例 3 - 2】 某高速公路由于业主高架桥修改设计,监理工程师下令承包商工程暂停一个月。试分析在这种情况下,承包商可索赔哪些费用。

【解】 可索赔费用有:

① 人工费:对于不可辞退的工人,索赔人工窝工费,应按人工工日成本计算;对于可以辞退的工人,可索赔人工上涨费。

② 材料费:可索赔超期储存费用或材料价格上涨费。

③ 施工机械使用费:可索赔机械窝工费或机械台班上涨费。自有机械窝工费一般按台班折旧费索赔;租赁机械一般按实际租金和调进调出的分摊费计算。

④ 分包费用:指由于工程暂停,分包商向总包索赔的费用。总包向业主索赔应包括分包商向总包索赔的费用。

⑤ 现场管理费:由于全面停工,可索赔增加的工地管理费。可按日计算,也可按直接成本的百分比计算。

⑥ 保险费:可索赔延期一个月的保险费。按保险公司保险费率计算。

⑦ 保函手续费:可索赔延期一个月的保函手续费。按银行规定的保函手续费率计算。

⑧ 利息:可索赔延期一个月增加的利息支出。按合同约定的利率计算。

⑨ 总部管理费:由于全面停工,可索赔延期增加的总部管理费。可按总部规定的百分比计算。如果工程只是部分停工,监理工程师可能不同意总部管理费的索赔。

3.4 施工成本控制

施工项目的成本控制,通常是指在项目成本的形成过程中,对生产经营所消耗的人力资源、物质资源和费用开支,进行指导、监督、调节和限制,及时纠正将要发生和已经发生的偏差,把各项生产费用控制在计划成本的范围之内,以保证成本目标的实现。施工项目成本控制的目的在于降低项目成本,提高经济效益。

3.4.1 施工成本控制的类型

1) 施工准备阶段的成本控制

项目经理部首先以中标"标书"为依据确定项目的目标成本。根据设计图纸和有关技术资料,对项目的特点和实施方法等进行认真的研究分析,并运用价值工程原理,制定出科学先进、经济合理的施工方案。其次,根据目标成本,以分部分项工程实物工程量为基础,编制具体的分步实施的项目成本计划,为今后的成本控制做好准备。最后编制现场经费预算,进行分解后以责任成本的形式落实下去,为今后的成本控制和绩效考评提供依据。

2) 施工实施期间的成本控制

强化施工任务单和限额领料单的管理。首先,对实耗人工、实耗材料进行计量,为成本控制提供真实可靠的数据。其次,将施工任务单和限额领料单的结算资料与施工预算进行核对,计算分部分项工程的成本差异并分析原因,采取有效的纠偏措施。

做好月度成本原始资料的收集和整理,正确计算月度成本,分析月度预算成本与实际成本的差异。对于盈亏比例异常的分项进行重点分析并查明原因,尽快加以纠正。在月度成本核算的基础上,进行责任成本的核算。即重新按责任部门或责任者归集成本费用,并与责任成本进行分析对比。

经常检查对外经济合同的履约情况。对项目部垫付分包单位的各项费用(试验费、水电费等)要注意办理结算。定期组织检查成本控制情况。发现成本差异偏高或偏低的情况,会同责任部门或责任者分析原因,找出产生差异的原因,并督促他们采取相应的对策来纠正差异。

3) 竣工验收阶段的成本控制

重视竣工验收工作及时办理工程结算,使工程项目顺利交付使用。有些工程一到竣工收尾阶段,就把主要施工力量抽调到其他在建工程,造成收尾工作拖拉,使施工阶段取得的经济效益逐步流失。有些按实结算的经济业务,往往在工程结算时容易遗漏。

3.4.2 施工成本控制的依据

施工成本控制的依据包括以下内容:

1) 工程承包合同

施工成本控制要以工程承包合同为依据,围绕降低工程成本这个目标,从预算收入和实际成本两方面,努力挖掘增收节支潜力,以求获得最大的经济效益。

2) 施工成本计划

施工成本计划是根据施工项目的具体情况制定的施工成本控制方案,既包括预定的具体成本控制目标,又包括实现控制目标的措施和规划,是施工成本控制的指导性文件。

3) 进度报告

进度报告提供了每一时刻工程实际完成量,工程施工成本实际支付情况以及实际收到工程款情况等重要信息。施工成本控制工作正是通过实际情况与施工成本计划相比较,找出二者之间的差别,分析偏差产生的原因,从而采取措施改进以后的工作。此外,进度报告还有助于管理者及时发现工程实施中存在的隐患,并在事态还未造成重大损失之前采取有效措施,尽量避免损失。

4) 工程变更

在项目的实施过程中,由于各方面的原因,工程变更是很难避免的。工程变更一般包括设计变更、进度计划变更、施工条件变更、技术规范与标准变更、施工次序变更、工程数量变更等。一旦出现变更,工程量、工期、成本都必将发生变化,从而使得施工成本控制工作变得更为复杂和困难。因此,施工成本管理人员就应当通过对变更要求当中各类数据的计算、分析,随时掌握变更情况,包括已发生工程量、将要发生工程量、工期是否拖延、支付情况等重要信息,判断变更以及变更可能带来的索赔额度等。

除了上述几种施工成本控制工作的主要依据以外,有关施工组织设计、分包合同文本等也都是施工成本控制的依据。

3.4.3 施工成本控制的方法

(1) 以施工图预算控制支出

在施工项目的成本控制中,按施工图预算控制是最有效的方法之一,具体内容如下:

① 人工费的控制

项目经理部与施工队签订劳务合同时,应将人工费单价定在预算定额规定的人工费以下(普工可略低一些),其余部分考虑用于定额外人工费和关键工序的奖励费。

② 材料费的控制

按"量价分离"的方法计算工程造价,以投标价格来控制材料的采购成本,材料消耗数量通过"限额领料单"控制。

③ 钢管脚手、钢模板等周转设备使用费的控制

施工图预算中的周转设备使用费=摊销数量×市场价格,而实际发生的周转设备使用费=使用数×企业内部的租赁单价或摊销率。由于两者的计量基础和计价方法各不相同,只能以周转设备预算收费的总量来控制实际发生的周转设备使用费的总量。

④ 施工机械使用费的控制

采用市场台班单价测算出各个分部分项工程的实际机械使用费,并以此进行成本控制。

(2) 建立资源消耗台账,实行资源消耗的中间控制

材料成本是整个项目成本的重要环节,不仅比重大,而且有潜力可挖。材料部门根据本月消耗数,联系本月实际完成的工程量,分析材料消耗水平和节超原因,会同项目经理制订相应的措施,分别落实给有关人员和生产班组;根据尚可使用数,联系项目施工的形象进度,从总量上控制今后的材料消耗,而且要保证有所节约。

(3) 应用成本与进度同步跟踪的方法(偏差分析法)控制分部分项工程成本

在施工成本控制中,把施工成本的实际值与计划值的差异叫做施工成本偏差,结果为正表示施工成本超支,结果为负表示施工成本节约。但是,必须特别指出,进度偏差对施工成本偏差分析的结果有重要影响,如果不加考虑就不能正确反映施工成本偏差的实际情况。如:某一阶段的施工成本超支,可能是由于进度超前导致的,也可能由于物价上涨导致。所以,必须引入进度偏差的概念。

进度偏差是指已完工程实际时间与已完工程计划时间或者是拟完工程计划施工成本与已完工程计划施工成本之间的差值。所谓拟完工程计划施工成本,是指根据进度计划安排在某一确定时间内所应完成的工程内容的计划施工成本。进度偏差为正值,表示工期拖延;结果为负值表示工期提前。

偏差分析可采用不同的方法,常用的有横道图法、表格法和曲线法。

① 横道图法

利用横道图来掌握进度与费用的变化过程,在横道图计划中,表示作业进度的横线有两条,一条为计划线,一条为实际线,可用颜色来区别,也可用单线和双线(或细线和粗线)来区别。计划线上的数据,表示与计划进度相对应的计划成本;实际线下的数据,表示与实际进度相对应的实际成本。

通过进度与成本同步跟踪的横道图实现以计划进度控制实际进度;以计划成本控制实际成本;根据每道工序进度的提前或拖期,对每个分项工程的成本实行动态控制,以保证项

目成本目标的实现。

② 表格法

表格法是进行偏差分析最常用的一种方法,它将项目编号、名称、各施工成本参数以及施工成本偏差数综合归纳入一张表格中,并且直接在表格中进行比较(见表3-1)。由于各偏差参数都在表中列出,使得施工成本管理者能够综合地了解并处理这些数据。用表格法进行偏差分析具有如下优点:灵活性、适用性强,可根据实际需要设计表格,进行增减项;信息量大。可以反映偏差分析所需的资料,从而有利于施工成本控制人员及时采取针对性措施,加强控制;表格处理可借助于计算机,从而节约大量数据处理所需的人力,并大大提高速度。

表 3-1 施工成本偏差分析表

项目编码	(1)	041	042	043
项目名称	(2)	木门窗安装	钢门窗安装	铝合金门窗安装
单位	(3)			
计划单位成本	(4)			
拟完工程量	(5)			
拟完工程计划施工成本	(6)=(4)×(5)	30	30	40
已完工程量	(7)			
已完工程计划施工成本	(8)=(4)×(7)	30	40	40
实际单位成本	(9)			
其他款项	(10)			
已完工程实际施工成本	(11)=(7)×(9)+(10)	30	50	50
施工成本局部偏差	(12)=(11)−(8)	0	40	10
施工成本局部偏差程度	(13)=(11)÷(8)	1	1.25	1.25
施工成本累计偏差	(14)=$\sum$(12)			
施工成本累计偏差程度	(15)=$\sum$(11)÷$\sum$(8)			
进度局部偏差	(16)=(6)−(8)	0	−10	0
进度局部偏差程度	(17)=(6)÷(8)	1	0.75	1
进度累计偏差	(18)=$\sum$(16)			
进度累计偏差程度	(19)=$\sum$(6)÷$\sum$(8)			

③ 曲线法

曲线法是用施工成本累计曲线(S形曲线)来进行施工成本偏差分析的一种方法。用曲线法进行偏差分析具有形象、直观的特点,但这种方法很难直接用于定量分析,只能对定量分析起一定的指导作用。如图3-2和图3-3所示。

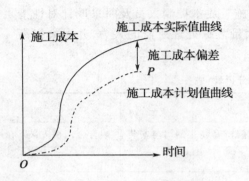
图 3-2 施工成本计划值与实际值曲线图

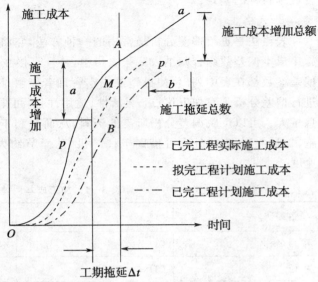
图 3-3 三种施工成本参数曲线

(4) 建立项目成本审核签证制度,控制成本费用支出

(5) 坚持现场管理标准化,堵塞浪费漏洞

3.4.4 施工成本控制的要求

(1) 要按照计划成本目标值来控制生产要素的采购价格,并认真做好材料、设备进场数量和质量的检查、验收与保管。

(2) 要控制生产要素的利用效率和消耗定额。如任务单管理、限额领料、验收报告审核等,同时要做好不可预见成本风险的分析和预控,包括编制相应的应急措施等。

(3) 控制影响效率和消耗量的其他因素(如工程变更等)所引起的成本增加。

(4) 把施工成本管理责任制度与对项目管理者的激励机制结合起来,以增强管理人员的成本意识和控制能力。

(5) 承包人必须有一套健全的项目财务管理制度。按规定的权限和程序对项目资金的使用和费用的结算支付进行审核、审批,使其成为施工成本控制的一个重要手段。

(6) 项目成本控制不仅需要进行内部挖潜,也要积极向外拓展,从增收的角度考虑降低成本的途径。

① 认真会审图纸,积极提出修改意见。在项目建设过程中,图纸是由设计单位按照业主要求和项目所在地的自然地理条件设计的,较少从施工单位的角度考虑。因此,施工单位应该在满足业主要求和保证工程质量的前提下,联系项目施工的主客观条件,对设计图纸进行认真的会审,并提出积极的修改意见,在取得业主和设计单位的同意后,修改设计图纸,同时办理签证。

② 加强合同预算管理,及时办理"签证"。一般来说,按照设计图纸和预算定额编制的综合单价,必须受预算定额的制约。由于各个方面的种种原因,工程变更是项目施工过程中经常发生的事情,从而也必定会影响成本费用的支出。工程变更后必定对施工组织带来种

种影响,应及时办理签证,并通过工程款结算从甲方取得补偿。

③ 组织均衡施工,加快施工进度。凡是按时间计算的成本费用,在加快施工进度、缩短施工周期的情况下,都会有明显的节约。因此,加快施工进度也是降低项目成本的有效途径之一。

为了加快施工进度,也会增加一定的成本支出。如在组织两班制施工的时候,需要增加模板的使用费、夜间施工的照明费和工效损失等费用。

因此,在签订合同时,应根据业主要求和赶工情况,将赶工费列入施工图预算。如果事先并未明确,而由业主在施工中临时提出的赶工要求,则应请业主签证,费用按实结算。

项目成本控制能否取得预期目标的关键还在于项目施工成本管理体制和项目部在成本控制意识与措施正确性和合理性。项目经理部的专职人员要具备综合知识与专业素养,要学会全面综合整体地观察问题,要结合工程特点、技术要求、地理条件等因素进行捉漏补缺,避免错算漏算,不能简单地确定一个成本率或成本额。否则,有可能造成企业应得的利润流失,使项目部不能完成目标。从而导致牺牲其他利益来片面地满足效益,使工程质量、安全与文明施工等各方面产生问题,甚至会对企业今后的生存产生较大的影响。

3.5 施工成本分析与质量成本分析

3.5.1 施工成本分析的依据

施工成本分析,就是根据会计核算、业务核算和统计核算提供的资料,对施工成本的形成过程和影响成本升降的因素进行分析,以寻求进一步降低成本的途径;另一方面,通过成本分析,可从账簿、报表反映的成本现象看清成本的实质,从而增强项目成本的透明度和可控性,为加强成本控制,实现项目成本目标创造条件。

1) 会计核算

会计核算主要是价值核算。会计是对一定单位的经济业务进行计量、记录、分析和检查作出预测,参与决策,实行监督,旨在实现最优经济效益的一种管理活动。它通过设置账户、复式记账、填制和审核凭证、登记账簿、成本计算、财产清查和编制会计报表等一系列有组织有系统的方法,来记录企业的一切生产经营活动,然后据以提出一些用货币来反映的有关各种综合性经济指标的数据。资产、负债、所有者权益、营业收入、成本、利润等会计六要素指标,主要是通过会计来核算。至于其他指标,会计核算的记录中也是可以有所反映的,但在反映的广度和深度上有很大的局限性,一般不用会计核算来反映。由于会计记录具有连续性、系统性、综合性等特点,所以它是施工成本分析的重要依据。

2) 业务核算

业务核算是各业务部门根据业务工作的需要而建立的核算制度,它包括原始记录和计算登记表,如单位工程及分部分项工程进度登记,质量登记,工效、定额计算登记,物资消耗定额记录,测试记录等等。业务核算的范围比会计、统计核算要广,会计和统计核算一般是对已经发生的经济活动进行核算,而业务核算,不但可以对已经发生的,而且还可以对尚未发生或正在发生的或尚在构思中的经济活动进行核算,看是否可以做,是否有经济效果。它的特点是,对个别的经济业务进行单项核算。只是记载单一的事项,最多是略有整理或稍加归类,不求提供综合性、总括性指标。核算范围不太固定,方法也很灵活,不像会计核算和统计核算那样有一套特定的系统的方法。例如各种技术措施、新工艺等项目,可以核算已经完成的项目是否达到原定的目的,取得预期的效果,也可以对准备采取措施的项目进行核算和审查,看是否有效果,值不值得采纳,随时都可以进行。业务核算的目的,在于迅速取得资料,在经济活动中及时采取措施进行调整。

3) 统计核算

统计核算是利用会计核算资料和业务核算资料,把企业生产经营活动客观现状的大量数据,按统计方法加以系统整理,表明其规律性。它的计量尺度比会计宽,可以用货币计算,也可以用实物或劳动量计量。它通过全面调查和抽样调查等特有的方法,不仅能提供绝对数指标,还能提供相对数和平均数指标,可以计算当前的实际水平,确定变动速度,可以预测发展的趋势。统计除了主要研究大量的经济现象以外,也很重视个别先进事例与典型事例的研究。有时,为了使研究的对象更有典型性和代表性,还把一些偶然性的因素或次要的枝节问题予以剔除;为了对主要问题进行深入分析,不一定要求对企业的全部经济活动作出完整、全面、时序的反映。

3.5.2 施工成本分析的方法

1) 施工成本分析的基本方法

施工成本分析的基本方法包括比较法、因素分析法、差额计算法、比率法等基本方法。

(1) 比较法

又称指标对比分析法。就是通过技术经济指标的对比,检查目标的完成情况,分析产生差异的原因,进而挖掘内部潜力的方法。这种方法,具有通俗易懂、简单易行、便于掌握的特点,因而得到了广泛的应用,但在应用时必须注意各技术经济指标的可比性。比较法的应用,通常有下列形式:

① 将实际指标与目标指标对比。以此检查目标完成情况,分析影响目标完成的积极因素和消极因素,以便及时采取措施,保证成本目标的实现。在进行实际指标与目标指标对比时,还应注意目标本身有无问题。如果目标本身出现问题,则应调整目标,重新正确评价实际工作的成绩。

② 本期实际指标与上期实际指标对比。通过这种对比,可以看出各项技术经济指标的变动情况,反映施工管理水平的提高程度。

③ 与本行业平均水平、先进水平对比。通过这种对比,可以反映本项目的技术管理和经济管理与行业的平均水平和先进水平的差距,进而采取措施赶超先进水平。

(2) 因素分析法

因素分析法又称连环置换法。这种方法可用来分析各种因素对成本的影响程度。在进行分析时,首先要假定众多因素中的一个因素发生了变化,而其他因素则不变,然后逐个替换,分别比较其计算结果,以确定各个因素的变化对成本的影响程度。因素分析法的计算步骤如下:

① 确定分析对象,并计算出实际数与目标数的差异。

② 确定该指标是由哪几个因素组成的,并按其相互关系进行排序。

③ 以目标数为基础,将各因素的目标数相乘,作为分析替代的基数。
④ 将各个因素的实际数按照上面的排列顺序进行替换计算,并将替换后的实际数保留下来。
⑤ 将每次替换计算所得的结果,与前一次的计算结果相比较,两者的差异即为该因素对成本的影响程度。
⑥ 各个因素的影响程度之和,应与分析对象的总差异相等。

(3) 差额计算法

差额计算法是因素分析法的一种简化形式,它利用各个因素的目标值与实际值的差额来计算其对成本的影响程度。

(4) 比率法

比率法是指用两个以上指标的比例进行分析的方法。它的基本特点是先把对比分析的数值变成相对数,再观察其相互之间的关系。常用的比率法有以下几种。

① 相关比率法。由于项目经济活动的各个方面是相互联系、相互依存又相互影响的,因而可以将两个性质不同而又相关的指标加以对比,求出比率,并以此来考察经营成果的好坏。例如:产值和工资是两个不同的概念,但它们的关系又是投入与产出的关系。在一般情况下,都希望以最少的工资支出完成最大的产值。因此,用产值工资率指标来考核人工费的支出水平,就很能说明问题。

② 构成比率法。又称比重分析法或结构对比分析法。通过构成比率,可以考察成本总量的构成情况及各成本项目占成本总量的比重,同时也可看出量、本、利的比例关系(即预算成本、实际成本和降低成本的比例关系),从而为寻求降低成本的途径指明方向。

③ 动态比率法。动态比率法,就是将同类指标不同时期的数值进行对比,求出比率,以分析该项指标的发展方向和发展速度。动态比率的计算,通常采用基期指数和环比指数两种方法。

2) 综合成本的分析方法

所谓综合成本,是指涉及多种生产要素,并受多种因素影响的成本费用,如分部分项工程成本、月(季)度成本、年度成本、竣工成本等。由于这些成本都是随着项目施工的进展而逐步形成的,与生产经营有着密切的关系。因此,做好上述成本的分析工作,无疑将促进项目的生产经营管理,提高项目的经济效益。

(1) 分部分项工程成本分析

分部分项工程成本分析是施工项目成本分析的基础。分部分项工程成本分析的对象为已完成分部分项工程,分析的方法是:进行预算成本、目标成本和实际成本的"三算"对比,分别计算实际偏差和目标偏差,分析偏差产生的原因,为今后的分部分项工程成本寻求节约途径。

分部分项工程成本分析的资料来源(依据)是预算成本来自投标报价成本,目标成本来自施工预算,实际成本来自施工任务单的实际工程量、实耗人工和限额领料单的实耗材料。

由于施工项目包括很多分部分项工程,不可能也没有必要对每一个分部分项工程都进行成本分析。特别是一些工程量小、成本费用微不足道的零星工程。但是,对于那些主要分部分项工程则必须进行成本分析,而且要做到从开工到竣工进行系统的成本分析。这是一项很有意义的工作,因为通过主要分部分项工程成本的系统分析,可以基本上了解项目成本形成的全过程,为竣工成本分析和今后的项目成本管理提供一份宝贵的参考资料。

分部分项工程成本分析表的格式见表3-2。

表3-2 分部分项工程成本分析

单位工程：
分部分项工程名称：　　　　工程量：　　　　施工班组：　　　　施工日期：

工程名称	规格	单位	单价	预算成本		计划成本		实际成本		实际与预算比较		实际与计划比较	
				金额	数量	数量	金额	数量	金额	数量	金额	数量	金额
合　　计													
实际与预算比较(%)(预算=100)													
实际与计划比较(%)(计划=100)													
节超原因说明													

编制单位：　　　　　　成本员：　　　　　　　　　填表日期：

(2) 月（季）度成本分析

月（季）度成本分析，是施工项目定期的、经常性的中间成本分析。对于具有一次性特点的施工项目来说，有着特别重要的意义。因为通过月（季）度成本分析，可以及时发现问题，以便按照成本目标指定的方向进行监督和控制，保证项目成本目标的实现。

月（季）度成本分析的依据是当月（季）的成本报表。分析的方法，通常有以下几个方面：

① 通过实际成本与预算成本的对比，分析当月（季）的成本降低水平；通过累计实际成本与累计预算成本的对比，分析累计的成本降低水平，预测实现项目成本目标的前景。

② 通过实际成本与目标成本的对比，分析目标成本的落实情况，以及目标管理中的问题和不足，进而采取措施，加强成本管理，保证成本目标的落实。

③ 通过对各成本项目的成本分析，可以了解成本总量的构成比例和成本管理的薄弱环节。例如：在成本分析中，发现人工费、机械费和间接费等项目大幅度超支，就应该对这些费用的收支配比关系认真研究，并采取对应的增收节支措施，防止今后再超支。如果是属于预算定额规定的"政策性"亏损，则应从控制支出着手，把超支额压缩到最低限度。

④ 通过主要技术经济指标的实际与目标对比，分析产量、工期、质量、"三材"节约率、机械利用率等对成本的影响。

⑤ 通过对技术组织措施执行效果的分析，寻求更加有效的节约途径。

⑥ 分析其他有利条件和不利条件对成本的影响。

(3) 年度成本分析

企业成本要求一年结算一次，不得将本年成本转入下一年度。而项目成本则以项目的寿命周期为结算期，要求从开工、竣工到保修期结束连续计算，最后结算出成本总量及其盈亏。由于项目的施工周期一般较长,除进行月(季)度成本核算和分析外,还要进行年度成本的核算和分析。这不仅是为了满足企业汇编年度成本报表的需要,同时也是项目成本管理的需要。因为通过年度成本的综合分析,可以总结一年来成本管理的成绩和不足,为今后的成本管理提供经验和教训,从而可对项目成本进行更有效的管理。

年度成本分析的依据是年度成本报表。年度成本分析的内容,除了月(季)度成本分析的六个方面以外,重点是针对下一年度的施工进展情况规划提出切实可行的成本管理措施,以保证施工项目成本目标的实现。

(4) 竣工成本的综合分析

凡是有几个单位工程而且是单独进行成本核算(即成本核算对象)的施工项目,其竣工成本分析应以各单位工程竣工成本分析资料为基础,再加上项目经理部的经营效益(如资金调度、对外分包等所产生的效益)进行综合分析。如果施工项目只有一个成本核算对象(单位工程),就以该成本核算对象的竣工成本资料作为成本分析的依据。

单位工程竣工成本分析,应包括以下三方面内容:竣工成本分析;主要资源节超对比分析;主要技术节约措施及经济效果分析。

通过以上分析,可以全面了解单位工程的成本构成和降低成本的来源,对今后同类工程的成本管理很有参考价值。

3.5.3　施工质量成本的基本内容

建筑产品的制造是一个综合性很强的生产过程,它集中了各部门的科学技术成果,其产品质量则是一个国家经济、技术和管理基础的综合反映。

目前,我国建筑业经过多年的整顿和努力,特别是大中型企业在总结建设质量经验和学习海外质量管理的科学方法与技术方面,已取得了可喜成效。但现阶段尚有不少施工企业在建设质量中存在重大矛盾,重视了建筑产品质量,则放松了成本核算,反之,加强了成本控制则使产品质量有所下降,有些施工企业甚至尚未进行质量成本核算。这主要是对质量成本的认识不足,对质量成本计划、控制、核算、分析等内容和方法尚未掌握的缘故。尽管在建筑产品中质量成本占总造价的 5% 左右,但建筑业还未制定出一套完整的质量成本核算体系,许多施工企业仍处在摸索阶段。因此有必要从理论和实践的结合上就质量成本的核算与分析作一些阐述和探讨。

1) 质量成本的基本概念

所谓质量成本是指为保证和提供建筑产品质量而进行的质量管理活动所花费的费用。或者说与质量管理职能有关的成本。

质量成本由内部故障成本、外部故障成本、预防成本、鉴定成本四部分组成。

(1) 内部故障成本

内部故障成本即为使建筑材料经过合理技术组合形成建筑产品的过程中发生的一切费用。其内容包括:

① 施工质量成本。指在施工过程中由于各种原因所引起的缺陷和为处理缺陷而发生的费用。其内容包括:分部分项废品损失;返修品工、料费和复检费用;停工损失;事故分析处理费用等。

② 建后服务成本。指业主在建筑产品使用过程中发现质量缺陷而产生的一切费用。

其内容包括：由于建筑产品安全性能问题或质量责任分歧造成的诉讼费；由于建筑产品质量问题造成业主损失而支付的赔偿费；在质量保证期内的修理费；事故分析费等。

（2）外部故障成本

外部故障成本即为建筑产品所配套的机、电、水、管、消防、空调、通风、门窗、燃气、通讯、楼宇控制系统等设备在保证建筑产品安全性能方面所发生的一切费用。其内容包括诉讼费用、赔偿费用、维修费用、事故分析费用、保险费等。

（3）预防成本

预防成本是使建筑产品故障减少到最少而发生的一切费用。其内容包括：

① 质量计划工作费用。指企业为制订质量计划而发生的人员工资、文件费和办公费等。

② 质量控制管理费用。指质保人员工资、资料费以及控制设备的核准、维修费用和材料消耗费用等。

③ 质量情报工作费用。指质量信息人员工资费、信息费、信息跟踪费、资料费等。

④ 质量教育、培训、奖励费用。指教员和学员工资、讲课费、资料费、学员外出培训学费、租用场所和设施费，以及质量奖励等费用。

⑤ 设计更改费用。指企业为施工项目发生设计变更和受监理工程师指令更改影响造成的原实施方案、防止质量事故、试验计划等一系列变更而发生的有关人员工资费用以及资料费和会议经费等。

⑥ 质量公关费用。指企业为施工项目质量接受第三方及业主的评审（比）或竣工交验、进度检验等原因进行公关活动所产生的人员招待费、礼金（品）费用等。

⑦ 处罚费用。因违反国家及地方规章管理规定而发生的罚款。

（4）鉴定成本

建筑产品是综合性强且要求高的产品，每个分部分项必须经检验合格方能转入下道工序继续施工，所以建筑产品的鉴定成本是指原材料进场检验、各分部分项和建筑产品全面完工后的验收和为进行质量鉴定而发生的一切费用，其内容包括：

① 原材料和外购件检验费用。指企业对所使用的材料和外购件进行检查、试验所发生的费用。

② 施工过程中的检验费用。指企业在施工过程中对各分部分项质量进行验收时所发生的人工费用和材料消耗费用。

③ 工程移交费用。指建筑产品移交业主使用前进行性能检测和系统试验所发生的一切费用。

一般说来，内部故障成本占总成本的 25%，外部故障成本占总成本的 25%，预防成本占总成本的 10%，鉴定成本占总成本的 40%。

施工企业在承包建设项目施工的过程中，要根据《规范》及业主要求以较少的质量保证活动经费取得较高的质量水平，根据经营目的确定适合的质量水平，这是市场经济准则的需要，并非建筑产品质量越高越好。在满足《规范》的条件下，建筑产品有效性能的提高，意味着成本的上升，经济效能的降低。所以，我们要找出质量水平和质量成本之间的最佳平衡值。

2) 质量成本核算

质量成本核算是现代化管理的产物,也是全面质量管理的重要内容之一,国家技术监督局 1991 年 12 月 29 日发布,1992 年 10 月 1 日实施的《中华人民共和国国家标准的质量成本管理导则》为企业开展质量成本核算提供了法规和政策依据。各企业要结合本企业实际情况,制定切实可行的《企业质量成本核算办法》,以反映实际质量成本的消耗情况和制定改进措施。

(1) 质量成本核算方法

质量成本核算方法基本与成本核算相同。财务部门根据会计凭证和质量成本记账凭证簿等有关资料,建立质量成本台账,逐月进行汇总,并将汇总报告告诉质量管理部门和统计部门,以便使他们了解质量保证活动资金的使用情况和使用效果。

(2) 质量成本核算原则

进行有效的质量成本核算必须本着以下几个方面的原则:

① 由质量管理部门牵头,分级管理,财务部门具体核算出综合反映质量成本的最终结果,在核算过程中,质量管理部门必须根据本企业具体情况不断地调整部门之间的分工,修订《企业质量成本管理办法》,使部门之间的联系更加合理,管理更加科学。

② 质量成本核算、数据记录必须真实可靠。其原始凭证和报表本着实事求是的原则进行归集和整理,唯有那些精心收集,准确无误地数据才能产生有效可靠的信息。

③ 确立质量成本经济性的思想原则,为了使建筑产品既满足《规范》和业主的需要,又能使质量成本最低,这就需要选定最佳质量水平,即考虑成本与质量保证值之间的最佳平衡。降低质量成本并不意味着降低对建筑产品的要求。

④ 严格报告质量成本责任制,使各部门和个人的责任进一步明确,做到事事有人管,人人有职责,办事有标准,从而便于质量的考核。

(3) 质量成本统计核算的内容

施工企业的建筑产品特点是品种多、批量小、周期长、协作配套广、原材料消耗多、资金占用高。由于这些特点,使得质量成本的核算方法和内容与其他行业相比有所差异。施工企业一般应以单项工程进行质量成本归集,这样便于核算和分析。

施工企业在进行质量成本核算前,首先应根据本企业历史资料和建筑产品结构编制质量成本计划,确定质量成本的最佳水平,并按质量成本项目进行分解,在内部成本、外部成本、预防成本和鉴定成本中,故障成本(内部故障成本与外部故障成本合并)占总质量成本的比重最大,其中施工质量成本发生额更为突出,所以施工企业要重点抓好内部故障成本的统计、核算和分析工作。质量成本的统计核算内容如下:

① 施工质量成本统计。项目部根据各班组实际发生的质量成本原始凭单,逐月进行统计汇总,并加盖"质量成本"印章,统计表由质量保证部进行核证,项目统计明细表。

项目部统计表原则上按单项工程进行统计,这样便于归集和计算可比建筑产品质量成本降低率。建后服务成本施工企业建后质量服务成本发生一般较少,如该成本呈上升趋势,那将会严重影响企业信誉,影响已经取得的经营市场,所以,施工必须密切注意建后质量服务成本的发展动向。

② 建后质量服务成本统计。建后质量服务成本一般由经营部门或建后服务部门统计。施工企业外部损失成本不是每月都发生的,但如果外部损失成本呈上升趋势,那将会严重影

响施工企业信誉,影响企业开拓市场。所以,施工企业要必须密切注意外部损失成本的发展动向。

③ 外部损失成本统计。一般由设备材料部、经营部统计。

④ 预防成本统计。在一般情况下预防成本只占质量总成本的10%左右,它与内部故障成本和外部故障成本相比属于不可避免成本。尽管发生额较小,但对内部成本和外部成本发生额的控制却能够起到积极作用。预防成本由质量保证部、工程技术部、经营部逐月统计。

⑤ 鉴定成本。鉴定成本一般由质量保证部和工程技术部统计。

⑥ 质量成本报告。各项目部和有关部门根据原始资料填写了以上报告后,财务部据此进行核算统计,并汇总填写当月质量成本总报表。

3) 质量成本分析

质量成本分析是质量核算的深入,也是质量成本管理的重要一环。通过质量成本分析可得到必要的信息,从而为调整、确定质量成本中各项费用的投入,达到既定质量目标提供可靠依据。

质量成本分析,即根据质量成本核算的资料进行归纳、比较和分析,共包括四个分析内容:

(1) 质量成本总额的构成内容分析。

(2) 质量成本总额的构成比例分析。

(3) 质量成本各要素之间的比例关系分析。

(4) 质量成本占预算成本的比例分析。

上述分析内容,可在一张质量成本分析表中反映,举例说明如下:玉兰宝都大厦,框架22层,建筑面积20 000 m^2,该工程预算成本44 175 000元,发生实际成本38 967 650元,其中质量成本1 156 155元。

以资料看,质量成本总额占预算成本的2.62%,比一般工程的降低水平还要高,特别是内部故障成本的比例(占预算成本的0.34%,占质量成本总额的12.8%)更为突出,但是,预防成本要占预算成本的1.75%,占质量成本总额的66.94%,说明在质量管理上采取了有效的预防措施,致使返工损失、返修损失以及由此而发生的停工明显减少。当然从资料看,站在质量成本管理的角度上,还有质量公关费用、停工损失、质量过剩支出、专业分包损失费、劣质材料设备额外支出五大费表现偏高,其费用累计百分比为19.67%,对其还不可忽视,必须进一步深化分析,找出原因,并制定切实可行的措施,使成本降低到计划指标控制范围以内。

4) 质量成本指数

为了便于比较,除核算分析质量成本各项费用发生额外,还要计算质量指数。所谓指数,就是质量与某种基数之比。指数是一种尺度,长期计算下去,能够从整体上看出质量成本的发展动向和趋势。比较基数要视行业和各施工企业具体情况而定。

一般建筑业常用的基数有:

(1) 直接施工人工小时。

(2) 直接施工人工成本。

(3) 产值。

(4) 实际施工成本或预算成本。

计算出质量指数后,还应结合历史资料进行对比和趋势分析,以把握质量成本的发展方向。对与计划指标和同期实绩背离较大的项目,质量管理部门必须进一步深入实际,调查情况,分析原因,落实措施,协调指挥好全企业的质量活动。力求质量成本下降,并促使建筑产品质量的进一步提高。

3.6 建筑安装工程费用的结算

3.6.1 建筑安装工程费用的结算方法

建筑安装工程费用的主要结算方式。建筑安装工程费用的结算可以根据不同情况采取多种方式。

(1) 按月结算。即先预付部分工程款,在施工过程中按月结算工程进度款,竣工后进行竣工结算。

(2) 竣工后一次结算。建设工程项目或单项工程全部建筑安装工程建设期在 12 个月以内,或者工程承包合同价值在 100 万元以下的,可以实行工程价款每月月中预支,竣工后一次结算。

(3) 分段结算。即当年开工,当年不能竣工的单项工程或单位工程按照工程形象进度,划分不同阶段进行结算。分段结算可以按月预支工程款。

(4) 结算双方约定的其他结算方式。实行竣工后一次结算和分段结算的工程,当年结算的工程款应与分年度的工作量一致,年终不另清算。

3.6.2 工程预付款

1) 工程预付款

工程预付款是建设工程施工合同订立后由发包人按照合同约定,在正式开工前预先支付给承包人的工程款。它是施工准备和所需要材料、结构件等流动资金的主要来源,我国习惯上又称为预付备料款。工程预付款的具体事宜由发、承包双方根据建设行政主管部门的规定,结合工程款、建设工期和包工包料情况在合同中约定。在《建设工程施工合同(示范文本)》中,对有关工程预付款作了如下约定:"实行工程预付款的,双方应当在专用条款内约定发包人向承包人预付工程款的时间和数额,开工后按约定的时间和比例逐次扣回。预付时间应不迟于约定的开工日期前 7 天。发包人不按约定预付,承包人在约定预付时间 7 天后向发包人发出要求预付的通知,发包人收到通知后仍不能按要求预付,承包人可在发出通知后 7 天停止施工,发包人应从约定应付之日起向承包人支付应付款的贷款利息,并承担违约责任。"工程预付款额度,各地区、各部门的规定不完全相同,主要是保证施工所需材料和构件的正常储备。一般根据施工工期、建安工作量、主要材料和构件费用占建安工作量的比例以及材料储备周期等因素经测算来确定。发包人根据工程的特点、工期长短、市场行情、供求规律等因素,招标时在合同条件中约定工程预付款的百分比。

2) 工程预付款的扣回

发包人支付给承包人的工程预付款其性质是预支。随着工程进度的推进,拨付的工程进度款数额不断增加,工程所需主要材料、构件的用量逐渐减少,原已支付的预付款应以抵扣的方式予以陆续扣回,扣款的方法有以下几种:

(1) 发包人和承包人通过洽商用合同的形式予以确定,可采用等比率或等额扣款的方式。也可针对工程实际情况具体处理,如有些工程工期较短、造价较低,就无需分期扣还;有些工期较长,如跨年度工程,其预付款的占用时间很长,根据需要可以少扣或不扣。

(2) 从未施工工程尚需的主要材料及构件的价值相当于工程预付款数额时扣起,从每次中间结算工程价款中,按材料及构件比重扣抵工程价款,至竣工之前全部扣清。因此确定起扣点是工程预付款起扣的关键。确定工程预付款起扣点的依据是:未完施工工程所需主要材料和构件的费用,等于工程预付款的数额。工程预付款起扣点可按下式计算:

$$T = P - M/N \tag{3-1}$$

式中:T——起扣点,即工程预付款开始扣回的累计完成工程金额;

P——承包工程合同,总额;

M——工程预付款数额;

N——主要材料、构件所占比重。

【例 3-3】 某工程合同总额 200 万元,工程预付款为 24 万元,主要材料、构件所占比重为 60%,问:起扣点为多少万元?

【解】 按起扣点计算公式:$T = P - M/N = 200 - 24/60\% = 160$ 万元,则当工程完成 160 万元时,本项工程预付款开始起扣。

3.6.3 工程进度款

1) 工程进度款的计算

工程进度款的计算,主要涉及两个方面:一是工程量的计量(参见《建设工程工程量清单计价规范》(GB 50500—2008));二是单价的计算方法。单价的计算方法,主要由发包人和承包人事先约定的工程价格的计价方法确定。

采用可调工料单价法计算工程进度款。当采用可调工料单价法计算工程进度款时,在确定已完工程量后,可按以下步骤计算工程进度款:

(1) 根据已完工程量的项目名称、分项编号、单价得出合价。

(2) 将本月所完工全部项目合价相加,得出直接工程费小计。

(3) 按规定计算措施费、间接费、利润。

(4) 按规定计算主材差价或差价系数。

(5) 按规定计算税金。

(6) 累计本月应收工程进度款。

采用全费用综合单价法计算工程进度款。采用全费用综合单价法计算工程进度款比用可调工料单价法更方便、简单,工程量得到确认后,只要将工程量与综合单价相乘得出合价,再累加即可完成本月工程进度款的计算工作。

2) 工程进度款的支付

《建设工程施工合同(示范文本)》关于工程款的支付也作出了相应的约定:"在确认计量

结果后 14 天内,发包人应向承包人支付工程款(进度款)。""发包人超过约定的支付时间不支付工程款(进度款),承包人可向发包人发出要求付款的通知,发包人接到承包人通知后仍不能按要求付款,可与承包人协商签订延期付款协议,经承包人同意后可延期支付。"协议应明确延期支付的时间和从计量结果确认后第 15 天起计算应付款的贷款利息。"发包人不按合同约定支付工程款(进度款),双方又未达成延期付款协议,导致施工无法进行,承包人可停止施工,由发包人承担违约责任。"

3.6.4 竣工结算

1) 竣工结算的约定

《建设工程施工合同(示范文本)》约定:"工程竣工验收报告经发包人认可后 28 天内,承包人向发包人递交竣工结算报告及完整的结算资料,双方按照协议书约定的合同价款及专用条款约定的合同价款调整内容,进行工程竣工结算。"一般竣工结算的约定如下:

(1) 专业监理工程师审核承包人报送的竣工结算报表;总监理工程师审定竣工结算报表;与发包人、承包人协商一致后,签发竣工结算文件和最终的工程款支付证书。

(2) 发包人收到承包人递交的竣工结算报告和结算资料后 28 天内进行核实,给予确认或者提出修改意见。

(3) 发包人确认竣工结算报告后通知经办银行向承包人支付竣工结算价款。

(4) 承包人收到竣工结算价款后 14 天内将竣工工程交付发包人。

(5) 发包人收到竣工结算报告及结算资料后 28 天内无正当理由不支付工程竣工结算价款,从第 29 天起按承包人同期向银行贷款利率支付拖欠工程价款的利息,并承担违约责任。

(6) 发包人收到竣工结算报告及结算资料后 28 天内无正当理由不支付工程竣工结算价款,承包人可以催告发包人支付结算价款。

(7) 发包人在收到竣工结算报告及结算资料后 56 天内仍不支付的,承包人可以与发包人协议将该工程折价,也可以由承包人申请人民法院将该工程依法拍卖,承包人就该工程折价或者拍卖的价款优先受偿。

(8) 工程竣工验收报告经发包人认可后 28 天内,承包人未能向发包人递交竣工结算报告及完整的结算资料,造成工程竣工结算不能正常进行或工程竣工结算价款不能及时支付,发包人要求交付工程的,承包人应当交付;发包人不要求交付工程的,承包人承担保管责任。

2) 建安工程价款的动态结算

建安工程价款的动态结算就是要把各种动态因素渗透到结算过程中,使结算大体能反映实际的消耗费用。下面介绍几种常用的动态结算办法。

(1) 按实际价格结算法

按实际价格结算法是根据项目实际发生的费用依据合同规定进行结算的方法,一般合同双方无异议。

(2) 按主材计算价差

发包人在招标文件中列出需要调整价差的主要材料表及其基期价格(一般采用当时当地工程造价管理机构公布的信息价或结算价),工程竣工结算时按竣工当时当地工程造价管理机构公布的材料信息价或结算价,与招标文件中列出的基期价比较计算材料差价。

(3) 竣工调价系数法

按工程价格管理机构公布的竣工调价系数及调价计算方法计算差价。

(4) 调值公式法（又称动态结算公式法）

即在发包方和承包方签订的合同中明确规定了调值公式。

价格调整的计算工作比较复杂，其程序是：

首先，确定计算物价指数的品种，一般来说，品种不宜太多，只确立那些对项目投资影响较大的因素，如设备、水泥、钢材、木材和工资等。这样便于计算。

其次，要明确以下两个问题：一是合同价格条款中，应写明经双方商定的调整因素，在签订合同时要写明考核几种物价波动到何种程度才进行调整。一般都在±10%左右。二是考核的地点和时点：地点一般在工程所在地，或指定的某地市场价格；时点指的是某月某日的市场价格。这里要确定两个时点价格，即基准日期的市场价格（基础价格）和与特定付款证书有关的期间最后一天的49天前的时点价格。这两个时点就是计算调值的依据。

第三，确定各成本要素的系数和固定系数，各成本要素的系数要根据各成本要素对总造价的影响程度而定。各成本要素系数之和加上固定系数应该等于1。

建筑安装工程费用的价格调值公式：

建筑安装工程费用价格调值公式包括固定部分、材料部分和人工部分三项。但因建筑安装工程的规模和复杂性增大，公式也变得更长更复杂。典型的材料成本要素有钢筋、水泥、木材、钢构件、沥青制品等，同样，人工可包括普通工和技术工。调值公式一般为：

$$P = P_0 \left(a_0 + a_1 \frac{A}{A_0} + a_2 \frac{B}{B_0} + a_3 \frac{C}{C_0} + a_4 \frac{D}{D_0} \right) \qquad (3-2)$$

式中：P——调值后合同价款或工程实际结算款；

P_0——合同价款中工程预算进度款；

a_0——固定要素，代表合同支付中不能调整的部分；

a_1、a_2、a_3、a_4——代表有关成本要素（如：人工费用、钢材费用、水泥费用、运输费等）在合同总价中所占的比重，$a_0 + a_1 + a_2 + a_3 + a_4 = 1$；

A_0、B_0、C_0、D_0——基准日期与 a_1、a_2、a_3、a_4 对应的各项费用的基期价格指数或价格；

A、B、C、D——与特定付款证书有关的期间最后一天的49天前与 a_1、a_2、a_3、a_4 对应的各成本要素的现行价格指数或价格。

各部分成本的比重系数在许多标书中要求承包方在投标时即提出，并在价格分析中予以论证。但也有的是由发包方在标书中规定一个允许范围，由投标人在此范围内选定。

【例3-4】 某公司于某年3月10日与某业主签订一工程施工承包合同。合同中有关工程价款及其支付的条款摘要如下：

(1) 合同总价为6 000万元，其中工程主要材料和结构件总值占合同总价的60%；

(2) 预付备料款为合同总价的25%，于3月20日前拨付给承包商；

(3) 工程进度款由承包商逐月（每月月末）申报，经审核后于下月5日前支付；

(4) 工程竣工并交付竣工结算报告后30日内，支付工程总价款的95%，留5%为工程质量保修金，保修期（1年）满后，全部结清。

合同中有关工程工期的规定为：4月1日开工，9月20日竣工；工程款逾期支付按每日8‰的利率计息；逾期竣工，按每日10 000元罚款。根据经业主代表批准的施工进度，各月计划完成产值(合同价)如下表所示：

单位：万元

月份	4	5	6	7	8	9
完成产值	800	1 000	1 200	1 200	1 000	800

在工程施工至 8 月 16 日时，因施工设备出现故障，停工 2 天，造成窝工 50 工日(每工日工资 19.50 元)，8 月份实际产值比原计划少 30 万元。工程施工至 9 月 6 日，因业主提供的某种材料质量不合格、效果差，业主决定更换材料，造成拆除用工 60 工日(每工日工资 19.50 元)，机械多闲置 3 个台班(每台班按 4 000 元计)，材料费损失 5 万元，其他费用损失 1 万元，重新修建费 10 万元，因拆除、重修使工期延长 5 天，最终工程于 9 月 29 日竣工。

问题：

(1) 按原施工进度计划，为业主提供一份完整的逐月拨款计划。

(2) 承包商分别于 8 月 20 日和 9 月 28 日提出延长工期 3 天、费用索赔额 1 092 元和延长工期 6 天、费用索赔额 162 370 元。请问该两项索赔能否成立？应批准延长工期为几天？索赔费为多少元？

(3) 8 月份和 9 月份，承包商应申报的工程结算款分别为多少？

【解】(1) 按原施工进度计划的逐月拨款计划：

① 预付备料款：$6\,000 \times 0.25 = 1\,500$(万元)

② 预付备料款的扣点：$6\,000 - 1\,500 \div 0.6 = 3\,500$(万元)

③ 逐月拨款计划：

4 月份：工程款 800 万元，累计完成 800 万元；

5 月份：工程款 1 000 万元，累计完成 1 800 万元；

6 月份：工程款 1 200 万元，累计完成 3 000 万元；

7 月份：已达到起扣点情况下的应收工程款为：

工程款＝当月已完工作量－(当月累计已完工作量－起扣点)×主材所占比重

$= 1\,200 - (3\,000 + 1\,200 - 3\,500) \times 0.6 = 780$(万元)

累计完成 3 780 万元；

8 月份：工程款＝当月已完工作量×(1－主材所占比重)

$= 1\,000 \times (1 - 0.6) = 400$(万元)

累计完成 4 180 万元；

9 月份：工程款＝当月已完工作量×(1－主材所占比重)－保留金

$= 800 \times (1 - 0.4) - 6\,000 \times 0.05 = 20$(万元)

累计完成 4 200 万元。

(2) 第一项不予批准。第二项应予批准，但应予以修正，应批准延长工期为 5 天，费用索赔额为 162 370 元。

(3) 8 月份承包商应申报的工程结算款为：$400 - 30 = 370$(万元)。

9 月份承包商应申报的工程结算款为：$20 + 16.237 = 36.237$(万元)。

复习思考题

1. 什么是施工成本?
2. 施工成本管理的任务是什么?
3. 施工成本管理有哪些措施?
4. 施工成本计划编制的具体内容有哪些?
5. 施工成本控制的依据包括哪些内容?
6. 施工项目的成本控制中,按施工图预算控制具体的内容是什么?
7. 简述施工成本分析的基本方法。
8. 某工程合同总额1 000万元,工程预付款为24万元,主要材料、构件所占比重为60%,那么,起扣点为多少万元?
9. 某公司于某年1月10日与某业主签订一工程施工承包合同。合同中有关工程价款及其支付的条款摘要如下:

(1) 合同总价为3 000万元,其中工程主要材料和结构件总值占合同总价的50%;

(2) 预付备料款为合同总价的20%,于1月15日前拨付给承包商;

(3) 工程进度款由承包商逐月(每月月末)申报,经审核后于下月5日前支付;

(4) 工程竣工并交付竣工结算报告后30日内,支付工程总价款的95%,留5%为工程质量保修金,保修期(1年)满后全部结清。

合同中有关工程工期的规定为:2月1日开工,6月20日竣工;工程款逾期支付按每日8‰的利率计息;逾期竣工,按每日6 000元罚款。根据经业主代表批准的施工进度,各月计划完成产值(合同价)如下表所示:

单位:万元

月份	2	3	4	5	6
完成产值	400	700	600	800	500

问题:

按原施工进度计划,为业主提供一份完整的逐月拨款计划。

4 建设工程项目进度控制

职业能力目标：通过本章的学习，学生应达到施工项目进度管理的要求，具备对建筑工程进行施工进度计划控制的能力。

学习任务：通过本章的学习，学生应了解施工项目进度计划的实施与检查方法；掌握施工项目进度控制的原理、措施与方法；重点掌握施工项目进度的比较调整方法。

4.1 工程项目进度管理概述

4.1.1 工程项目进度管理的基本概念

工程项目进度，即工程项目的建设活动或工作的进行速度。工程项目进度管理是在项目管理过程中，为确保项目按既定时间完成而开展的活动，包括确定进度目标、制定工程项目进度计划、进度优化，以及进度实施与控制等。

1) 工程项目进度计划

工程项目进度计划，是在既定施工方案的基础上，根据工期要求和资源供应条件，按照合理的施工顺序和组织施工的原则，对工程项目从开始施工到工程竣工的全部施工过程在时间上和空间上进行的合理安排。工程项目施工进度计划的作用是指导现场施工的安排、控制施工进度以确保工程的工期。同时，工程项目进度计划也是编制劳动力、机械及各种物资需要量计划和施工准备工作计划的依据。

根据工程规模大小、结构的复杂程度、工期长短及工程的实际需要，工程项目施工进度计划一般可分为控制性进度计划和指导性进度计划。

(1) 控制性进度计划。控制性进度计划是以单位工程或分部分项工程作为施工项目划分对象，用以控制各单位工程或分部工程的施工时间及它们之间互相配合、搭接关系的一种进度计划，常用于工程结构较为复杂、规模较大、工期较长或资源供应不落实、工程设计可能变化的工程。

(2) 指导性进度计划。指导性进度计划是以分部分项工程作为施工项目划分对象，具体确定各主要施工过程的施工时间及相互间搭接、配合的关系。对于任务具体而明确、施工条件基本落实、各种资源供应基本满足、施工工期不太长的工程均应编制指导性进度计划；对编制了控制性进度计划的单位工程，当各单位工程或分部工程及施工条件基本落实后，也应在施工前编制出指导性进度计划，不能以"控制"代替"指导"。

2) 工程项目进度优化

工程项目进度计划解决了各项活动的时间安排问题，但这种安排是否合理，包括所确定的进度计划是否符合建设工期的要求，以及进度计划在经济上是否合理等，这些问题有待在进度计划编制的基础上,对其进行优化。工程项目进度优化的内容有工期优化、费用优化、资源优化等。

3) 工程项目进度控制

工程项目实施过程中存在着各种干扰因素,包括自然因素和社会因素。因此,不管进度计划如何周密,进度优化水平如何高,在进度计划实施过程中,不可避免地会出现计划与实际情况的偏差。

工程项目进度控制是以项目工期为目标,按照项目进度计划及其实施要求,监督、检查项目实施过程中的动态变化,发现其产生偏差的原因,及时采取有效措施或修改原计划的综合管理过程。项目进度控制与质量控制、成本控制一样,是项目施工中的重点控制目标之一,是衡量项目管理水平的重要标志。

4.1.2 工程项目进度管理的作用与影响因素分析

1) 工程项目进度管理的作用

建设项目进度管理,是施工管理中不可或缺的重要一环,有着特殊的重要地位与作用。

项目进度管理是一项复杂的系统工程,也是一个动态的实施过程。通过进度管理,不仅能有效地缩短项目建设周期,减少各个单位和部门之间的相互干扰;而且能更好地落实施工单位各项施工计划,合理使用资源,保证施工项目成本、进度和质量等目标的实现,也为防止或提出施工索赔提供依据。

进度控制目标与投资控制、质量控制目标是对立统一的关系。一般来说,进度快就要增加投资,但工期提前也会提高投资效益;进度快可能影响质量,而质量控制严格就可能影响进度;但如果质量控制严格而避免了返工,又会加快进度。进度、质量与投资三个目标是一个系统,工程管理就是要解决好三者的矛盾,既要进度快,又要投资省、质量好。

工程项目能否在预定的时间内交付使用,直接关系到项目经济效益的发挥。首先是由于建设工期的拖长,施工管理费用大幅增加;第二,延期投产带来的利息损失;第三,延期投产造成投资机会的损失。

2) 影响工程项目进度的因素分析

工程项目的特点决定了在其实施过程中将受到多种因素的影响,其中大多对施工进度产生影响。为了有效地控制工程项目进度,必须充分认识和估计这些影响因素,以便事先采取措施消除其影响,使施工尽可能按进度计划进行。影响施工进度的主要因素有以下几个方面:

(1) 项目经理部内部因素

① 技术性失误。施工单位采用技术措施不当,施工方法选择或施工顺序安排有误,施工中发生技术事故,应用新技术、新工艺、新材料、新构造缺乏经验,不能保证工程质量等,都将影响施工进度。

② 施工组织管理不力。对工程项目的特点和实现的条件判断失误、编制的施工进度计划不科学、贯彻进度计划不得力、流水施工组织不合理、劳动力和施工机具调配不当、施工平面布置及现场管理不严密、解决问题不及时等,都将影响施工进度计划的执行。

由此可见,提高项目经理部的管理水平、技术水平以及提高施工作业层的素质是极为重要的。

(2) 外部因素

影响项目施工进度实施的单位,主要是施工单位,但是建设单位(或业主)、监理单位、设计单位、总承包单位、资金贷款单位、材料设备供应部门、运输部门、供水供电部门及政府的有关主管部门等,都可能给施工的某些方面造成困难而影响施工进度。如设计单位图纸供应不及时或有误;业主要求设计方案变更;材料和设备不能按期供应或质量、规格不符合要求;不能按期拨付工程款或在施工中资金短缺等。

(3) 不可预见的因素

施工中如果出现意外的事件,如战争、严重自然灾害、火灾、重大工程事故、工人罢工、企业倒闭、社会动乱等,都会影响施工进度。

4.1.3　工程项目进度管理的措施与三级进度计划管理体系

1) 工程项目进度管理的措施

主要措施有组织措施、技术措施、合同措施、经济措施和信息管理措施等。

(1) 组织措施

主要是指落实各层次的进度控制的人员、具体任务和工作责任,建立进度控制的组织体系;根据施工项目的进展阶段、结构层次、专业工种或合同结构等进行项目分解,确定其进度目标,建立控制目标体系;确定进度控制工作制度,如检查时间、方法、协调会议时间、参加人等;对影响进度的因素进行分析和预测。

(2) 技术措施

主要是指采用有利于加快施工进度的技术与方法,以保证在进度调整后仍能如期竣工。技术措施包含两方面内容:一是能保证质量、安全以及经济、快速的施工技术与方法(包括操作、机械设备、工艺等);另一方面是管理技术与方法,包括流水作业方法、网络计划技术等。

(3) 合同措施

是指以合同形式保证工期进度的实现,即保持总进度控制目标与合同总工期相一致;分包合同的工期与总包合同的工期相一致;供货、供电、运输、构配件加工等合同对施工项目提供服务配合的时间应与有关进度控制目标相一致、相协调。

(4) 经济措施

是指实现进度计划的资金保证措施和有关进度控制的经济核算方法。

(5) 信息管理措施

是指建立监测、分析、调整、反馈进度实施过程中的信息流动程序和信息管理工作制度,以实现连续的、动态的全过程进度目标控制。

2) 三级进度计划管理体系

(1) 三级进度计划管理体系的工作流程

① 一级计划——总控制进度计划

A. 为项目确定最终进度目标,为各主要分部分项工程规定明确的开工、完工时间,并能反映各分部分项工程相互间的逻辑制约关系,以及各分部分项工程中的关键路线。

B. 各分部分项工程的工期制订,原则上一是要满足现场施工的实际需要;二是要符合各项已签合同的工期规定。

C. 建设单位牵头制订总控进度计划,各专业负责人和总包、分包共同参与意见,经认真研究后确定。

D. 总控计划一经确定,便成为项目施工的纲领性文件,各方均要严格遵照执行,不得轻易调改。

E. 合同中应规定建设各方必须遵守总控计划,在合同中均应规定有明确的奖惩措施。

② 二级计划——阶段性工期计划或分部工程计划

A. 二级计划的制订是为了保证一级计划的有效落实,有针对性地对具体某一阶段、某一专业承包公司的生产任务作出安排。

B. 二级计划的制订,原则上必须符合总控制进度计划的工期要求,如出现不一致情况,需经建设单位认可或修改后再报。

C. 各专业承包公司在正式施工前必须将该公司的生产计划上报监理、建设单位审核。

D. 建设单位在必要时下发阶段性工期计划或分部工程计划,相关施工单位务必严格遵照执行。

E. 二级计划的贯彻力度,主要取决于专业公司自身的管理水平,各分包单位应对二级计划的执行情况给予足够的重视,加强落实、检查的管理力度,出现异常进度动向时必须拿出有效的解决措施,务必保证阶段工期或分部工程的进度目标圆满实现,为总进度目标在全局的实现奠定基础。

F. 建设单位、监理单位应及时或随时检查、监督各专业公司对二级计划的落实情况,做到心中有数,并对各专业公司的工作给予及时的激励、鞭策。

③ 三级计划——周计划

A. 周计划的制订是将二级计划进一步细化到日常的施工安排中,是最基本的操作性计划,应具备很强的针对性、操作性、及时性和可控性。

B. 周计划的制订最主要的是切合现场实际需要,可具有相当的灵活性,可在灵活性、全面性和可操作性等方面给一、二级计划以弥补。

C. 各分包单位须制订周计划上报总包;总包须制订周计划(可附上分包计划)上报建设单位、监理单位;建设单位、监理单位须对总包周计划进行批复,审批后的由总包制订的周计划作为最终依据,下发各分包统一执行。

D. 周计划的上报时间是每周生产调度例会之前。

所有相关单位,包括业主、设计、监理、施工各级承包单位,必须设立明确的进度管理架构,设置专职计划员,计划员需具备一定生产安排经验,了解图纸、施工组织设计、方案等技术文件,能对施工进度动向提前作出预测。

(2) 三级进度计划管理体系的贯彻途径

① 完善例会制度

A. 每周召开至少一次由各单位负责人参加的生产调度例会。

B. 各施工单位每周召开至少一次本单位的生产调度例会。

C. 必要时召开有关进度问题的专题会议。

② 建立沟通渠道

A. 各单位生产负责人工作时间必须在岗,如临时外出须通知其他相关成员,并作出相应安排。

B. 各单位相互通告进度管理体系结构,建立本工程进度管理体系成员的联系总表。

C. 各相关单位之间,需建立纵向、横向联系,各级生产负责人、计划员之间,应及时进行指导、反馈、预警、建议等工作交流。

3) 工程项目进度管理需要做好的工作

要搞好项目的进度管理,需要重点解决以下问题:

(1) 建立项目管理的模式与组织结构。一个成功的项目,必然有一个成功的管理团队,一套规范的工作模式、操作程序、业务制度,一流的管理目标和企业文化。

(2) 建立一个严密的合同网络体系。一个较大的工程,是由很多的建设者参加的共同体,这就需要有一个严密的合同体系,调动大家的积极性,从而避免相互的拆台、扯皮。

(3) 制订一个切实可行的三级工程计划。这一计划不仅要包含施工单位的工作,更重要的是要包含业主的工作、设计单位的工作、监理单位的工作,以及充分考虑与施工密切相关的政府部门的工作的影响。

(4) 设计单位的确定及设计合同的签订,以及设计质量、速度的检查、评审。设计的工作质量决定了项目施工能否顺利实施。

(5) 施工单位的招标、评标及施工合同的签订,包含总包、分包单位的选择,材料、设备的供货合同的签订。

(6) 工程前期政府手续的办理以及市政配套工程的安排。与政府机关的充分沟通和良好关系,是项目成功的保证。

4.1.4 工程项目进度管理的基础性活动

1) 工程项目结构分解与项目活动的定义

为满足工程技术和管理的需要,常将一个工程项目进行分解,建立工程项目分解结构。一般首先分成单项工程、单位工程、分部工程,然后根据需要,进一步将分部工程分解成管理上的基本单元——项目活动。

工程项目活动,亦称工作,是指为完成工程项目而必须进行的具体工作。在进度管理中,一般首先要根据项目活动的三个属性(范围、逻辑关系和持续时间)对其进行定义。

活动的范围可大可小,一般应根据工程项目的结构、工程施工的特性和管理上的需要而低估,其目的是为了确定进度管理的基本单元。

活动范围定义好后,工程项目可分解为从粗到细分层的树状结构,并可将其列表表示,形成项目活动清单。如表4-1所示,为某基础工程施工活动清单。

表4-1 某基础工程施工活动清单

工作	分部分项工程名称	工程量		紧前工作	劳动量	工人人数	工作天数
		数量	单位				
a	土方开挖	6 000	m³	无	12(台班)	8	12
b	基础垫层	300	m³	a	150	25	6
c	基础钢筋	100	t	b	200	20	10
d	基础模板	1 040	m²	b	520	37	14
e	基础混凝土	800	m³	c,d	640	40	16
f	基础回填土	1 500	m³	e	300	30	10

2）工程项目活动逻辑关系的定义

在项目活动定义的基础上,有必要定义活动间的逻辑关系,然后借助于一定的工具来描述这种逻辑关系,以便进一步对工程进度作分析。

活动逻辑关系是活动之间开始投入工作或完成工作的先后关系,由活动的工艺关系和组织关系来决定。

(1) 工艺关系

活动之间的先后关系由活动的工艺所决定的称为工艺关系。在图4-1中,保温层1→找平层1→防水层1→保护层1为工艺关系。

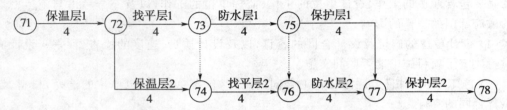

图4-1 某屋面工程施工各活动逻辑关系示意图

(2) 组织关系

活动之间的先后关系由组织管理的需要(如人力、材料、施工机械调配)决定的称为组织关系。在图4-1中,保温层1→保温层2等为组织关系。

(3) 活动逻辑关系的一般形式

活动逻辑关系一般可表达为平行关系、顺序关系、搭接关系。

3）项目活动持续时间的估计方法

(1) 定额计算法

如果已有定额标准时,可按公式(4-1)确定持续时间。

$$t_i = \frac{Q_i}{S_i \times R_i \times N_i} = \frac{P_i}{R_i \times N_i} \tag{4-1}$$

式中：t_i——某专业工作队完成第i个活动的持续时间；

Q_i——某专业工作队在第i个施工段要完成的工程量或工作量；

S_i——某专业工作队的计划产量定额；

P_i——某专业工作队在第i个施工段需要的劳动量或机械台班数量；

R_i——某专业工作队投入的人工数或机械台数；

N_i——某专业工作队的工作班次。

(2) 经验估算法

它是根据以往的施工经验,结合现有的施工条件进行估算的方法。为了提高其准确程度,往往先估算出该流水节拍的最长、最短和正常(即最可能)三种时间然后据此求出期望时间为某专业工作队在某施工段上的流水节拍。因此,本法也称为三种时间估算法。一般按公式(4-2)进行计算。

$$t = \frac{a + 4c + b}{6} \tag{4-2}$$

式中：t——某施工过程在某施工段上的持续时间；

a—— 某施工过程在某施工段上的最短估算时间;
b—— 某施工过程在某施工段上的最长估算时间;
c—— 某施工过程在某施工段上的正常估算时间。

(3) 工期计算法

对某些施工任务在规定日期内必须完成的工程项目,往往采用倒排进度法。首先,根据工期倒排进度,确定某施工过程的工作持续时间;然后,确定某施工过程在某施工段上的流水节拍。若同一施工过程的流水节拍不等,则用估算法;若流水节拍相等,则按公式(4-3)进行计算:

$$t = \frac{T}{m} \tag{4-3}$$

式中:t—— 持续时间;
T—— 某施工过程的工作持续时间;
m—— 某施工过程划分的施工段数。

4.1.5 工程项目进度管理的主要方法

工程项目进度管理的主要方法有横道图法、斜线图法以及网络图法。

1) 横道图法

横道图能较为形象直观地表达各施工过程的工程量、劳动量、使用工种、人(机)数、起始时间、延续时间及各施工过程间的搭接、配合关系。

横道图表达形式如图4-2所示,其左边列出各施工过程的名称,右边用水平线段在时间坐标下划出施工进度。其优点是:绘图简单,施工过程及其先后顺序表达清楚,时间和空间状况形象直观,使用方便,被广泛用来表达施工进度计划。

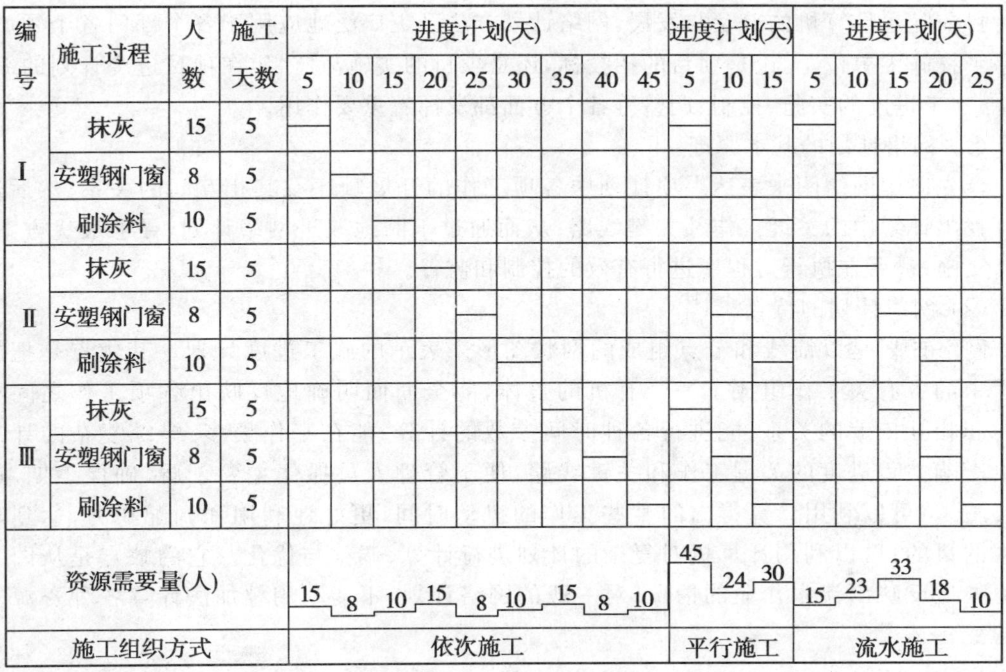

图4-2 横道图

2）斜线图

在斜线图中，左边列出各施工段，右边用斜线在时间坐标下画出施工进度，如图 4-3 所示。其优点是：施工过程及其先后顺序表达清楚，时间和空间状况形象直观，斜向进度线的斜率可直观地表示出各施工过程的进展速度，但编制实际工程进度计划不如横道图方便。

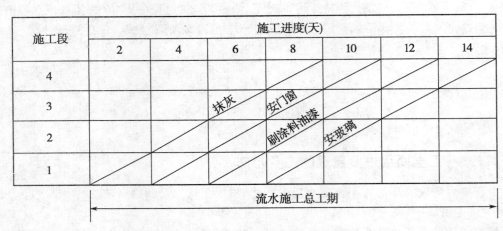

图 4-3 流水施工斜线图表示法

3）网络图

为了适应生产发展和科技进步的要求，自 20 世纪 50 年代中期开始，国外陆续出现了一些用网络图形表达的计划管理新方法，如关键线路法（CPM），计划评审技术（PERT）等。由于这些方法都建立在网络图的基础上，因此统称为网络计划方法。

目前随着计算机的普及与发展，网络计划方法已更广泛地应用于各个部门各个领域，特别是工程施工单位，无论是项目的招投标，还是项目的实施与监督，在项目进度计划的编制、优化，施工进度的实施、控制、调整等各个方面都发挥着重要作用。

（1）网络计划的基本原理

首先应用网络图来表达一项计划中各项工作的开展顺序及其相互间的关系；然后通过计算找出计划中的关键工作及关键线路；从而通过不断地改进网络计划，寻求最优方案，并付诸实施；最后在执行过程中进行有效的控制和监督。

（2）网络计划的特点

网络计划是以箭线和节点组成的网状图形来表示的施工进度计划。其优点是把施工过程中的各有关工作组成了一个有机的整体，能全面而明确地反映出各项工作之间相互制约和相互依赖的关系；能进行各种时间参数的计算；能在工作繁多、错综复杂的计划中找出影响工程进度的关键工作和关键线路，便于管理人员抓住主要矛盾，确保工期，避免盲目施工；可以利用计算得出的某些工作的机动时间，更好地利用和调配物力，达到降低成本的目的；可以利用计算机对复杂的计划进行计算、调整与优化。它的缺点是从图上很难清晰地反映出流水作业的情况；对一般的网络计划，不能利用叠加法计算各种资源需要量的变化情况。

(3) 网络计划的表达方法

网络计划的表达形式是网络图。网络图是由箭线和节点组成的有向、有序的网状图形，可分为双代号网络图和单代号网络图。

① 双代号网络图。以箭线及其两端节点的编号表示工作的网络图称为双代号网络图。

即用两个节点一根箭线代表一项工作，工作名称写在箭线上面，工作持续时间写在箭线下面，在箭线的两端分别画上一个圆圈作为节点，并在节点内进行编号，用箭尾节点号码 i 和箭头节点号码 j 作为这个工作的代号，如图 4-4 所示。由双代号表示法构成的网络图称为双代号网络计划图，如图 4-5 所示。

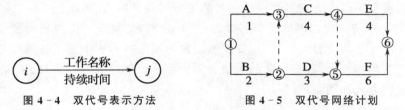

图 4-4 双代号表示方法　　图 4-5 双代号网络计划

② 单代号网络计划。以节点及其编号表示工作，以箭线表示工作之间的逻辑关系的网络图称为单代号网络图。即每一个节点表示一项工作，节点所表示的工作名称、持续时间和工作代号等标注在节点内，如图 4-6。由单代号表示法构成的网络图称为单代号网络计划图，如图 4-7 所示。

图 4-6 单代号表示方法

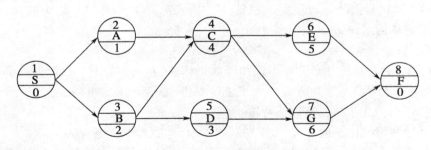

图 4-7 单代号网络计划

(4) 网络计划的分类

① 按网络计划的时间表达划分。根据网络计划时间的表达方法不同，网络计划可分为无时标网络计划和时标网络计划。无时标网络计划的各工作的持续时间，用数字写在箭线的下面，箭线的长短与时间无关。时标网络计划是以横坐标为时间坐标，箭线的长度受时标的限制，箭线在时间坐标上的投影长度可直接反映工作的持续时间。

② 按网络计划的图形表达划分。网络图按其所用符号的意义不同，可分为双代号网络图和单代号网络图。

4.2 施工进度计划

4.2.1 流水施工的基本概念

1) 组织施工的方式

考虑工程项目的施工特点、工艺流程、资源利用、平面或空间布置等要求,其施工可以采用依次、平行、流水等组织方式。为说明三种施工方式及其特点,举例如下:

【例 4-1】 现有三幢相同的单层房屋,其编号分别为Ⅰ、Ⅱ、Ⅲ,拟进行装饰装修施工。每幢的装饰装修施工均可分解为抹灰、安塑钢门窗和刷涂料等三个施工过程组成,每个施工过程的施工天数均为 5 天,各工作队的人数分别为 15 人、8 人和 10 人。三幢房屋装饰装修施工的不同组织方式如图 4-2 所示。

(1) 依次施工

依次施工方式是将拟建工程项目中的每一个施工对象分解为若干个施工过程,按施工工艺要求依次完成每一个施工过程;当一个施工对象完成后,再按同样的顺序完成下一个施工对象,以此类推,直至完成所有施工对象。这种方式的施工进度安排、劳动力需求曲线如图 4-2"依次施工"栏所示。依次施工方式具有以下特点:

① 没有充分地利用工作面进行施工,工期长。

② 如果按专业成立工作队,则各专业队不能连续作业,有时间间歇,劳动力及施工机具等资源无法均衡使用。

③ 如果由一个工作队完成全部施工任务,则不能实现专业化施工,不利于提高劳动生产率和工程质量。

④ 单位时间内投入的劳动力、施工机具、材料等资源量较少,有利于资源供应的组织工作。

⑤ 施工现场的组织、管理比较简单。

(2) 平行施工

平行施工方式是组织几个劳动组织相同的工作队,在同一时间、不同的空间,按施工工艺要求完成各施工对象。这种方式的施工进度安排、总劳动力需求曲线如图 4-2"平行施工"栏所示。平行施工方式具有以下特点:

① 充分地利用工作面进行施工,工期短。

② 如果每一个施工对象均按专业成立工作队,则各专业队不能连续作业,劳动力及施工机具等资源无法均衡使用。

③ 如果由一个工作队完成一个施工对象的全部施工任务,则不能实现专业化施工,不利于提高劳动生产率和工程质量。

④ 单位时间内投入的劳动力、施工机具、材料等资源量成倍增加,不利于资源供应的组织。

⑤ 施工现场的组织、管理比较复杂。

(3) 流水施工

流水施工方式是将拟建工程项目中的每一个施工对象分解为若干个施工过程,并按照施工过程成立相应的专业工作队,各专业队按照施工顺序依次完成各个施工对象的施工过程,同时保证施工在时间和空间上连续、均衡和有节奏地进行,使相邻两专业队能最大限度地搭接作业。流水施工的表达方式有横道图和斜线图、网络图。这种方式的施工进度安排、劳动力需求曲线如图4-2"流水施工"栏所示。流水施工方式具有以下特点:

① 尽可能地利用工作面进行施工,工期比较短。

② 各工作队实现了专业化施工,有利于提高技术水平和劳动生产率,也有利于提高工程质量。

③ 专业工作队能够连续施工,同时使相邻专业队的开工时间能够最大限度地搭接。

④ 单位时间内投入的劳动力、施工机具、材料等资源量较为均衡,有利于资源供应的组织工作。

⑤ 为施工现场的文明施工和科学管理创造了有利条件。

2) 流水施工的技术经济效果

流水施工在工艺划分、时间排列和空间布置上统筹安排,必然会给相应的项目经理部带来显著的经济效果,具体可归纳为以下几点:

(1) 便于改善劳动组织,改进操作方法和施工机具,有利于提高劳动生产率。

(2) 专业化的生产可提高工人的技术水平,使工程质量相应提高。

(3) 工人技术水平和劳动生产率的提高,可以减少用工量和施工暂设建造量,降低工程成本,提高利润水平。

(4) 可以保证施工机械和劳动力得到充分、合理的利用。

(5) 由于流水施工的连续性,减少了专业工作队的间隔时间,达到了缩短工期的目的,可使施工项目尽早竣工,交付使用发挥投资效益。

(6) 由于工期短、效率高、用人少、资源消耗均衡,可以减少现场管理费和物资消耗,实现合理储存与供应,有利于提高项目经理部的综合经济效益。

3) 流水施工的主要参数

流水施工参数是指在组织流水施工时,为了表达流水施工在工艺流程、空间布置和时间排列等方面的相互依存关系,引入一些描述施工进度计划特征的数据。按其性质不同,可分为工艺参数、空间参数和时间参数。

(1) 工艺参数

工艺参数主要是指在组织流水施工时,为了表达流水施工在工艺流程、空间布置和时间排列等方面进展状态的参数,通常包括施工过程和流水强度两个参数。

① 施工过程。组织建设工程流水施工时,根据施工组织及计划安排需要而将计划任务划分成的子项称为施工过程。施工过程划分的粗细程度由实际需要而定,当编制控制性施工进度计划时,组织流水施工的施工过程可以划分得粗一些,施工过程可以是单位工程,也可以是分部工程。当编制实施性施工进度计划时,施工过程可以划分得细一些,施工过程可以是分项工程,甚至是将分项工程按照专业工种不同分解而成的施工工序。

施工过程的数目一般用 n 表示,它是流水施工的主要参数之一。施工过程数的多少,应依据进度计划的类型、工程性质与复杂程度、施工方案、施工队(组)的组织形式等确定。在划分施工过程时,其数量不宜过多,应以主导施工过程为主,力求简洁。对于占用时间很少的施工过程可以忽略;对于工作量较小且由一个专业队组同时或连续施工的几个施工过程可合并为一项,以便于组织流水。

② 流水强度。流水强度是指流水施工的某施工过程(专业工作队)在单位时间内所完成的工程量,也称为流水能力或生产能力。流水强度可用公式(4-4)计算求得：

$$V = \sum_{i=1}^{X} R_i \times S_i \tag{4-4}$$

式中：V——某施工过程(队)的流水强度；

R_i——投入该施工过程中的第i种资源量(施工机械台数或工人数)；

S_i——投入该施工过程中第i种资源的产量定额；

X——投入该施工过程中的资源种类数。

(2) 空间参数

空间参数是指在组织流水施工时,用以表达流水施工在空间布置上开展状态的参数。通常包括工作面、施工段和施工层。

① 工作面。工作面是指供某专业工种的工人或某种施工机械进行施工的活动空间。工作面的大小,表明能安排施工人数或机械台数的多少。每个作业的工人或每台施工机械所需工作面的大小,取决于单位时间内其完成的工程量和安全施工的要求。工作面确定的合理与否,直接影响专业工作队的生产效率。因此,必须合理确定工作面。

② 施工段。将施工对象在平面或空间上划分成若干个劳动量大致相等的施工段落,称为施工段或流水段。施工段的数目一般用m表示,它是流水施工的主要参数之一。

A. 划分施工段的目的。划分施工段的目的就是为了组织流水施工。由于建设工程体形庞大,可以将其划分成若干个施工段,从而为组织流水施工提供足够的空间。在组织流水施工时,专业工作队完成一个施工段上的任务后,遵循施工组织顺序又到另一个施工段上作业,产生连续流动施工的效果。在一般情况下,一个施工段在同一时间内,只安排一个专业工作队施工,各专业工作队遵循施工工艺顺序依次投入作业,同一时间内在不同的施工段上平行施工,使流水施工均衡地进行。组织流水施工时,可以划分足够数量的施工段,充分利用工作面,避免窝工,尽量缩短工期。

B. 划分施工段的原则。施工段的数目要适当,太多则使每段的工作面过小,影响工作效率或不能充分利用人员和设备而影响工期；太少则难以流水,造成窝工。因此,为了使分段科学合理,应遵循同一专业工作队在各个施工段上的劳动量应大致相等,相差不宜超过15%,以便于组织等节奏流水；施工段的大小应使主要施工过程的工作队有足够的工作面,以保证施工效率和安全；分段的位置应有利于结构的整体性；分段时,应尽量利用沉降缝、伸缩缝、防震缝作为分段界线或以独立的房间、装饰的分格、墙体的阴角等作为分段界线,以减少留槎,便于连接和修复；层段总数应不少于施工队组数。对于多层或高层建筑的工程项目,既要划分施工层,又应在每一层划分施工段。而层段数的多少应与同时进行的主要施工过程的数相协调,即总的施工层段数应多于或等于同时施工的施工过程数或专业队组数。使施工能连续、均衡、有节奏地进行,并达到缩短工期的目的等原则。

C. 每层施工段数(m)与施工过程数(n)的关系。在多高层建筑中,施工阶段有较多的施工空间,易于满足多个专业队组同时施工的工作面要求。有时甚至在平面上不分段,即将一个楼层作为一个施工段。但如果上下层的施工过程之间相互干扰时,则应使每层的施工段

数多于或等于参与流水的施工过程数及施工队组数,即 $m \geq n$。举例如下:

【例 4-2】 一幢二层建筑的抹灰、刷涂料及楼地面工程,划分为抹灰、楼地面石材铺设两个施工过程,拟组织施工队 A 和施工队 B 进行流水施工。假设工作面足够,人员和机具数不变,现分析如下。

方案 1:$m=1(m<n)$

从图 4-8 可以看出:方案 1 由于不分段(即每个楼层为一段),在 A 队完成二层顶板和墙面抹灰后,B 队进行该层楼面铺设,考虑到二层楼面施工的渗漏水会造成一层顶板过湿甚至滴水,使得一层顶墙不能进行抹灰施工,A 队工人只能停歇等待;当一层顶墙抹灰时,由于 B 队没有工作面而被迫停歇。两个队交替间歇,不但工期延长,而且出现大量的窝工现象。这在工程上一般是不允许的。

施工层	施工过程	施工进度															
		1	2	3	4	5	6	7	8	9	10	11	12	13	14	15	16
第二层	抹　灰																
	铺地面																
第一层	抹　灰																
	铺地面																

图 4-8 $m<n$ 时流水施工开展状况

方案 2:$m=2(m=n)$

施工层	施工过程	施工进度									
		1	2	3	4	5	6	7	8	9	10
第二层	抹　灰	①		②							
	铺地面			①		②					
第一层	抹　灰					①		②			
	铺地面							①		②	

图 4-9 $m=n$ 时流水施工开展状况

从图 4-9 可以看出:方案 2 是将每层分为两个流水段,使得流水段数与施工过程数(或施工队组数)相等。在二层一段顶墙抹灰后,进行该段楼地面的铺设,随后进行一层一段顶墙抹灰,再进行该段地面的铺设。在工艺技术允许的情况下,既保证了每个专业工作队连续工作,又使得工作面不出现间歇,也大大缩短了工期。可见这是一个较为理想的方案。

方案 3:$m=4(m>n)$

施工层	施工过程	施工进度								
		1	2	3	4	5	6	7	8	9
第二层	抹　　灰	①	②	③	④					
	铺地面			①	②	③	④			
第一层	抹　　灰					①	②	③	④	
	铺地面						①	②	③	④

图 4-10　$m>n$ 时流水施工开展状况

从图 4-10 可以看出：方案 3 是将每个楼层分为四个施工段。既满足了工艺、技术的要求，又保证了每个专业工作队连续作业。但在二层的每段楼面铺设后，都因为人员问题未能及时进行下层相应施工段的顶墙抹灰，即每段都出现了层间工作面间歇。这种工作面的间歇一般不会造成费用增加，而且在某些施工过程中可起到满足工艺要求、保证施工质量、利于成品保护的作用。因此，这种间歇不但是允许的，而且有时是必要的。

在本例中，方案 3（$m>n$）更有利于顶板抹灰的质量和施工的顺利进行。但应注意 m 值也不能过大，否则会造成材料、人员、机具过于集中，影响效率和效益，且易发生事故。

③ 施工层。在组织流水施工时，为了满足专业工种对施工工艺和操作高度的要求，将施工对象在竖向上划分为若干个操作层，此操作层就称为施工层，一般以 j 表示。

（3）时间参数

时间参数是指在组织流水施工时，用以表达流水施工在时间安排上所处状态的参数，主要包括流水节拍、流水步距、平行搭接时间、技术组织间歇时间、流水施工工期等。

① 流水节拍。流水节拍是指在组织流水施工时，某个专业工作队在一个施工段上的施工时间。流水节拍一般用 t_i 来表示（$i=1、2\cdots$）。

流水节拍是流水施工的主要参数之一，它表明流水施工的速度和节奏性。流水节拍小，其流水速度快，节奏感强；反之则相反。流水节拍决定着单位时间的资源供应量，同时，流水节拍也是区别流水施工组织方式的特征参数。

同一施工过程的流水节拍，主要由所采用的施工方法、施工机械以及在工作面允许的前提下投入施工的工人数、机械台数和采用的工作班次等因素确定。有时，为了均衡施工和减少转移施工段时消耗的工时，可以适当调整流水节拍，其数值最好为半个班的整数倍。

流水节拍可分别按下列方法确定：

A. 定额计算法

如果已有定额标准时，可按公式（4-5）确定流水节拍。

$$t_i = \frac{Q_i}{S_i \times R_i \times N_i} = \frac{P_i}{R_i \times N_i} \tag{4-5}$$

式中：t_i——某专业工作队在第 i 个施工段的流水节拍；

Q_i——某专业工作队在第 i 个施工段要完成的工程量或工作量;

S_i——某专业工作队的计划产量定额;

P_i——某专业工作队在第 i 个施工段需要的劳动量或机械台班数量;

R_i——某专业工作队投入的人工数或机械台数;

N_i——某专业工作队的工作班次。

　　B. 经验估算法

　　C. 工期计算法

② 流水步距。在组织流水施工时,相邻两个专业工作队在保证施工顺序、满足连续施工、最大限度搭接保证工程质量要求的条件下,相继投入同一施工段施工的时间间隔,流水步距一般用 $K_{i,i+1}$ 表示,它是流水施工的基本参数之一。

流水步距的数目取决于参加流水的施工过程数。如果施工过程数为 n 个,则流水步距的总数为 $n-1$ 个。

流水步距的大小取决于相邻两个施工过程(或专业工作队)在各个施工段上的流水节拍及流水施工的组织方式。确定流水步距时,一般应满足以下基本要求:

　　A. 流水步距要满足相邻两个专业工作队在施工顺序上的相互制约关系。

　　B. 流水步距要保证各专业工作队都能连续作业。

　　C. 流水步距要保证相邻两个专业工作队在开工时间上最大限度地、合理地搭接。

　　D. 流水步距的确定要保证工程质量,满足安全生产。

根据以上基本要求,在不同的流水施工组织形式中,可以采用不同的方法确定流水步距。

③ 流水施工工期。流水施工工期是指从第一个专业工作队投入流水施工开始,到最后一个专业工作队完成流水施工为止的整个持续时间。由于一项建设工程往往包含有许多流水组,故流水施工工期一般均不是整个工程的总工期,一般用 T 表示。

④ 平行搭接时间。在组织流水施工时,有时为了缩短工期,在工作面允许的条件下,如果前一个专业工作队完成部分施工任务后,能够提前为后一个专业工作队提供工作面,使后者提前进入前一个施工段,两者在同一施工段上平行搭接施工,这个搭接的时间称为平行搭接时间,通常以 $C_{i,i+1}$ 表示。

⑤ 技术间歇时间。在组织流水施工时,除要考虑相邻专业工作队之间的流水步距外,有时根据建筑材料或现浇构件等的工艺性质,还要考虑合理的工艺等待间歇时间,这个等待时间称为技术间歇时间,如楼地面湿作业后的养护时间、砂浆抹面和油漆面的干燥时间等。技术间歇时间以 $Z_{i,i+1}$ 表示。

⑥ 组织间歇时间。在流水施工中,由于施工技术或施工组织的原因,造成的在流水步距以外增加的间歇时间,称为组织间歇时间。如墙体砌筑前的墙身位置弹线,施工人员、机械转移,回填土前地下管道检查验收等等。组织间歇时间以 $G_{i,i+1}$ 表示。

4.2.2　流水施工的基本方式与应用

1) 流水施工的基本方式

流水施工方式根据流水施工节拍特征的不同,可分为有节奏流水、无节奏流水。有节奏流水又分为等节拍流水、异节拍流水。

(1) 等节拍流水施工

等节拍流水施工是指同一施工过程在各施工段上的流水节拍都相等,并且不同施工过程之间的流水节拍也相等的一种流水施工方式,也称为全等节拍流水或同步距流水,其主要特点如下:

① 所有施工过程在各个施工段上的流水节拍均相等。

② 相邻施工过程的流水步距相等,且等于流水节拍,即:

$$K_{1,2} = K_{2,3} = \cdots = K_{n-1,n} = K = t(常数)$$

③ 专业工作队数等于施工过程数。

④ 每个专业工作队都能够连续施工,施工段没有空闲。

计算步骤:

① 确定项目施工起点流向,分解施工过程。

② 确定施工顺序,划分施工段。$m=n$(无层间关系或无施工层时)。

③ 根据等节拍专业流水要求计算流水节拍数值。

④ 确定流水步距,$K=t$。

⑤ 计算流水施工的工期(不分施工层时)。

$$T = (m+n-1)t + \sum Z_{i,i+1} + \sum G_{i,i+1} - \sum C_{i,i+1} \qquad (4-6)$$

式中:T——流水施工总工期;

m——施工段数;

n——施工过程数;

t——流水节拍;

i——施工过程编号,$1 \leqslant i \leqslant n$;

$Z_{i,i+1}$——i 与 $i+1$ 施工过程间的技术间歇时间;

$G_{i,i+1}$——i 与 $i+1$ 施工过程间的组织间歇时间;

$C_{i,i+1}$——i 与 $i+1$ 施工过程间的平行搭接时间。

⑥ 绘制流水施工进度计划。

【例 4-3】 某工程划分为 A、B、C、D 四个施工过程,每个施工过程分为四个施工段,流水节拍均为 3 天,试组织全等节拍流水施工。

【解】 ① 确定流水步距

$$K = t = 3(天)$$

② 计算流水施工工期

$$T = (m+n-1)t = (4+4-1) \times 3 = 21(天)$$

③ 用横道图绘制流水施工进度计划,如图 4-11 所示。

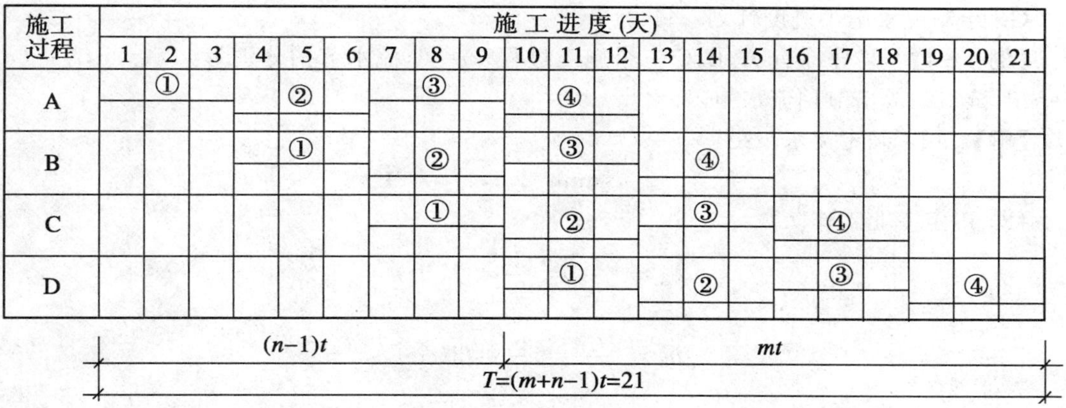

图 4-11 全等节拍流水施工进度计划(横线图)

（2）异节拍流水施工

异节拍流水施工是指同一施工过程在各个施工段的流水节拍相等，不同施工过程之间的流水节拍不一定相等的流水施工方式。异节拍流水又可分为成倍节拍流水和不等节拍流水。

① 成倍节拍流水施工。成倍节拍流水施工是指同一施工过程在各个施工段的流水节拍相等，不同施工过程之间的流水节拍不完全相等，但各个施工过程的流水节拍均为其中最小流水节拍的整数倍的流水施工方式。其主要特点如下：

A. 同一施工过程流水节拍相等，不同施工过程流水节拍等于或为其中最小流水节拍的整数倍。

B. 各个施工段的流水步距等于其中最小的流水节拍。

C. 专业工作队数大于施工过程数。

D. 各个专业工作队在施工段上能够连续作业，施工段之间没有空闲时间。

计算步骤：

A. 确定项目施工起点流向，分解施工过程。

B. 确定施工顺序，划分施工段。

C. 根据成倍节拍专业流水要求计算流水节拍数值。

D. 按公式(4-7)确定流水步距：

$$K = t_{\min} \tag{4-7}$$

E. 按公式(4-8)和(4-9)确定专业工作队数：

$$b_i = \frac{t_i}{t_{\min}} \tag{4-8}$$

$$n' = \sum b_i \tag{4-9}$$

式中：b_i——某施工过程所需专业工作队数；

$t_{\min}$——所有流水节拍中最小流水节拍；

n'——专业工作队总数目。

F. 按公式(4-10)计算流水施工的工期（不分施工层时）：

$$T = (m + n' - 1) t_{\min} + \sum Z_{i,i+1} + \sum G_{i,i+1} - \sum C_{i,i+1} \tag{4-10}$$

G. 绘制流水施工进度计划。

【例 4-4】 某分部有 A、B、C 三个施工过程,$m=6$,流水节拍分别为:$t_A=2d$,$t_B=6d$,$t_C=4d$,试组织成倍节拍流水施工。

【解】（1）确定流水步距

$$K = t_{min} = \min\{2,6,4\} = 2(天)$$

（2）确定专业工作队数

$$b_A = \frac{t}{t_{min}} = \frac{2}{2} = 1(个)$$

$$b_B = \frac{t_i}{t_{min}} = \frac{6}{2} = 3(个)$$

$$b_C = \frac{t}{t_{min}} = \frac{4}{2} = 2(个)$$

$$n' = \sum b_i = 1+3+2 = 6(个)$$

（3）计算流水施工工期

$$T = (m+n'-1)t_{min} = (6+6-1) \times 2 = 22(天)$$

（4）用横道图绘制流水施工进度计划,如图 4-12 所示。

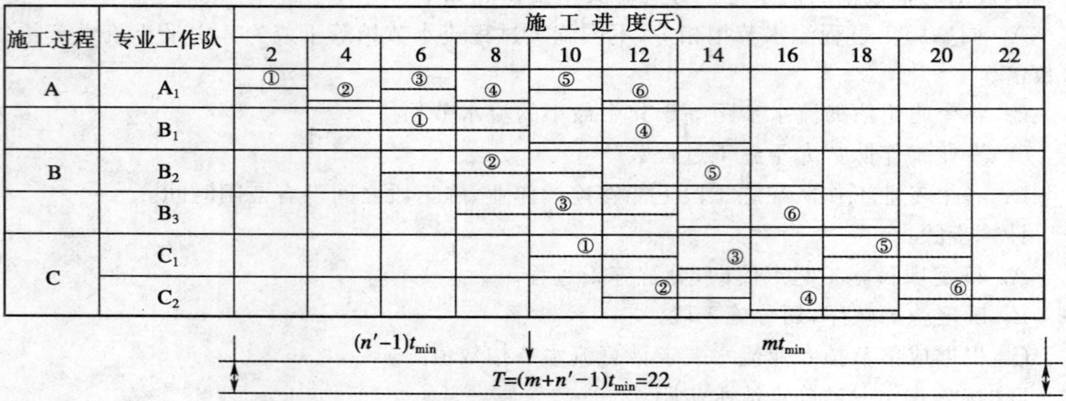

施工过程	专业工作队	施工进度(天)										
		2	4	6	8	10	12	14	16	18	20	22
A	A_1	①	②	③	④	⑤	⑥					
B	B_1			①			④					
	B_2				②				⑤			
	B_3					③				⑥		
C	C_1					①		③		⑤		
	C_2						②		④		⑥	

$T = (m+n'-1)t_{min} = 22$

图 4-12 成倍节拍流水施工进度计划

② 不等节拍流水施工。不等节拍流水施工是指同一施工过程在各个施工段的流水节拍相等,不同施工过程之间的流水节拍既不相等也不成倍的流水施工方式。其主要特点如下:

A. 同一施工过程流水节拍相等,不同施工过程流水节拍不一定相等。

B. 各个施工过程之间的流水步距不一定相等。

C. 专业工作队数等于施工过程数。

计算步骤:

A. 确定项目施工起点流向,分解施工过程。

B. 确定施工顺序,划分施工段。

C. 根据不等节拍专业流水要求计算流水节拍数值。

D. 按公式(4-11)确定流水步距:

$$K_{i,i+1} = \begin{cases} t_i & [当\ t_i \leqslant t_{i,i+1}\ 时] \\ mt_i - (m-1)t_{i,i+1} & [当\ t_i > t_{i,i+1}\ 时] \end{cases} \quad (4-11)$$

式中：t_i——第 i 个施工过程的流水节拍；

$t_{i,i+1}$——第 $i+1$ 个施工过程的流水节拍。

E. 按公式(4-12)计算流水施工工期(不分施工层时)：

$$T = \sum K_{i,i+1} + T_n + \sum Z_{i,i+1} + \sum G_{i,i+1} - \sum C_{i,i+1} \quad (4-12)$$

式中：$\sum K_{i,i+1}$——流水施工中各流水步距之和；

T_n——最后一个施工过程流水节拍的总和。

F. 绘制流水施工进度计划。

【例 4-5】 某工程划分为 A、B、C、D 四个施工过程，分为四个施工段，各施工过程的流水节拍分别为：$t_A=3d$、$t_B=2d$、$t_C=4d$、$t_D=2d$，B 施工过程完成后需有 1 天的技术间歇时间。试求各施工过程之间的流水步距及该工程的工期。

【解】 ① 确定流水步距

∵ $t_A > t_B$

∴ $K_{A,B} = mt_A - (m-1)t_B = 4 \times 3 - (4-1) \times 2 = 6$（天）

∵ $t_B < t_C$

∴ $K_{B,C} = t_B = 2$（天）

∵ $t_C > t_D$

∴ $K_{C,D} = mt_C - (m-1)t_D = 4 \times 4 - (4-1) \times 2 = 10$（天）

② 计算流水施工工期

$T = \sum K_{i,i+1} + T_n + \sum Z_{i,i+1} + \sum G_{i,i+1} - \sum C_{i,i+1} = (6+2+10) + (4 \times 2) + 1 = 27$（天）

③ 用横道图绘制流水施工进度计划，如图 4-13 所示：

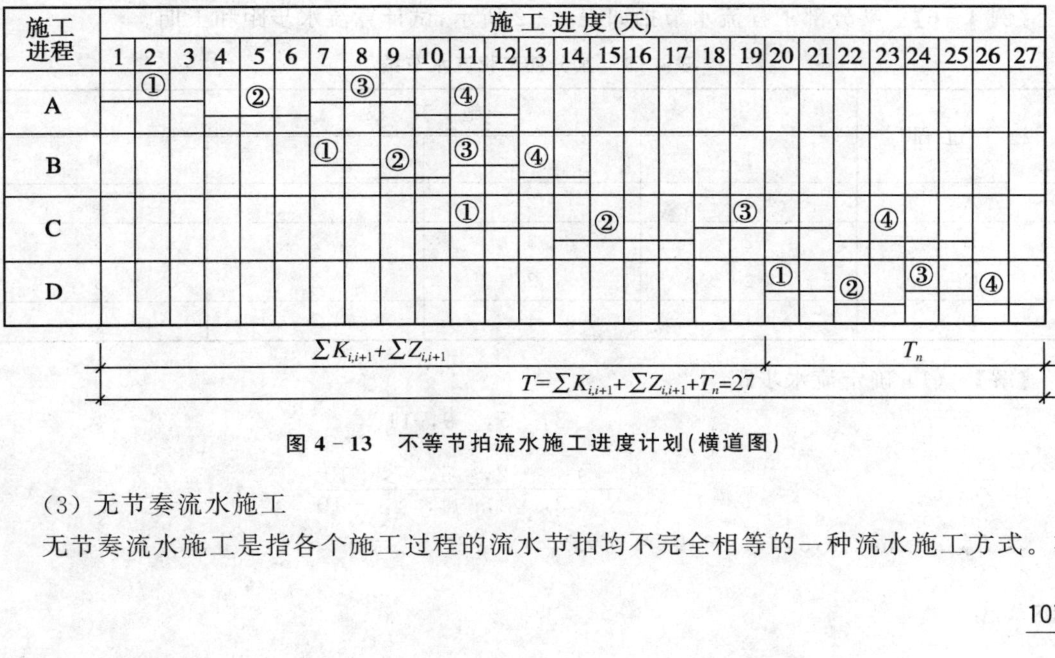

图 4-13 不等节拍流水施工进度计划(横道图)

(3) 无节奏流水施工

无节奏流水施工是指各个施工过程的流水节拍均不完全相等的一种流水施工方式。在实际工程中,无节奏流水施工是较常见的一种流水施工方式,因为它不像有节奏流水那样有一定的时间规律约束,在进度安排上比较灵活、自由。

① 无节奏流水施工的特点

A. 同一施工过程流水节拍不完全相等,不同施工过程流水节拍也不完全相等。
B. 各个施工过程之间的流水步距不完全相等且差异较大。
C. 专业工作队数等于施工过程数。
D. 各专业工作队能够在施工段上连续作业,但有的施工段之间可能有空闲时间。

② 无节奏流水施工计算步骤

A. 确定项目施工起点流向,分解施工过程。
B. 确定施工顺序,划分施工段。
C. 按相应的公式计算各施工过程在各个施工段上的流水节拍数值。
D. 确定流水步距。

无节奏流水施工中,通常采用累加数列错位相减取大差法计算流水步距。由于这种方法是潘特考夫斯基首先提出的,故又称为潘特考夫斯基法。

累加数列错位相减取大差法的基本步骤如下:

第一步:将每个施工过程的流水节拍逐段累加。

第二步:错位相减,即从前一个专业工作队由加入流水起到完成该段工作止的持续时间和减去后一个专业工作队由加入流水起到完成前一个施工段工作止的持续时间和(即相邻斜减),得到一组差数。

第三步:取上一步斜减差数中的最大值作为流水步距。

E. 按公式(4-13)计算流水施工工期(不分施工层时):

$$T = \sum K_{i,i+1} + \sum t_n + \sum Z_{i,i+1} + \sum G_{i,i+1} - \sum C_{i,i+1} \quad (4-13)$$

式中:$\sum t_n$——最后一个施工过程(或专业工作队)在各施工段流水节拍的之和。

F. 绘制流水施工进度计划。

【例 4-6】 某分部工程流水节拍如表 4-2 所示,试计算流水步距和工期。

表 4-2 某分部工程流水节拍

施工过程	施工段			
	1	2	3	4
A	3	2	4	2
B	2	3	2	3
C	2	2	3	3
D	1	4	3	1

【解】 (1)确定流水步距

① $K_{A,B}$

$$\begin{array}{r} 3,\ 5,\ 9,\ 11 \\ -)\ \ 2,\ 5,\ 7,\ 10 \\ \hline 3,\ 3,\ 4,\ 4,\ -10 \end{array}$$

∴ $K_{A,B} = \max\{3,3,4,4,-10\} = 4$(天)

② $K_{B,C}$

$$\begin{array}{r}2,\ 5,\ 7,\ 10\\ -)\ \ 2,\ 4,\ 7,\ 10\\ \hline 2,\ 3,\ 3,\ 3,\ -10\end{array}$$

$\therefore K_{B,C}=\max\{2,3,3,3,-10\}=3(天)$

③ $K_{C,D}$

$$\begin{array}{r}2,\ 4,\ 7,\ 10\\ -)\ \ 1,\ 5,\ 8,\ 9\\ \hline 2,\ 3,\ 2,\ 2,\ -9\end{array}$$

$\therefore K_{C,D}=\max\{2,3,2,2,-9\}=3(天)$

(2) 计算流水施工工期

$$T=\sum K_{i,i+1}+\sum t_n=(4+3+3)+(1+4+3+1)=19(天)$$

(3) 用横道图绘制施工进度计划,如图 4-14 所示。

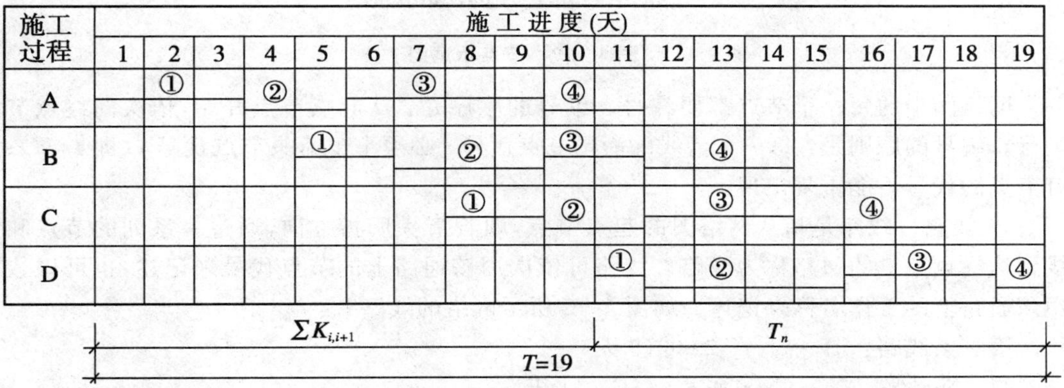

施工过程	施工进度(天)																		
	1	2	3	4	5	6	7	8	9	10	11	12	13	14	15	16	17	18	19
A		①		②			③			④									
B					①			②			③			④					
C								①			②			③		④			
D										①		②					③		④

$\sum K_{i,i+1}$ T_n

$T=19$

图 4-14 无节奏流水施工进度计划

4.2.3 双代号网络计划

1) 基本概念

(1) 双代号网络图的组成

双代号网络图由箭线、节点、线路三个基本要素组成。

① 箭线。在双代号网络图中,一条箭线表示一项工作,又称工序、作业或活动。具体表示方法如图 4-15 所示。

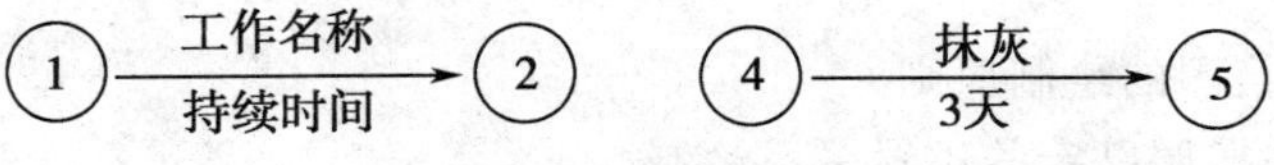

图 4-15 双代号网络图实箭线表达内容示意图

工作可分为实际存在的工作和虚设工作。只表示相邻前后工作之间逻辑关系的工作通常称为"虚工作",以虚箭线表示,如图 4-16 所示。

图 4-16 双代号网络图虚箭线的两种表示方法

② 节点。在双代号网络图中,用圆圈表示的各箭线之间的连接点,称为节点。节点表示前面工作结束和后面工作开始的瞬间。节点不需要消耗时间和资源。

根据节点在网络图中的位置不同可分为起点节点、终点节点、中间节点。起点节点是网络图中第一个节点,终点节点是网络图中最后一个节点。其余节点都称为中间节点。任何一个中间节点既是其紧前各工作的结束节点,又是其紧后各工作的开始节点,如图 4-17 所示。

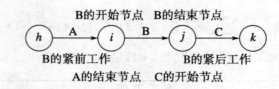

图 4-17 节点示意图

网络图中的每一个节点都要编号。编号的顺序是:从起点节点开始,依次向终点节点进行。编号的原则是:每一个箭线的箭尾节点代号 i 必须小于箭头节点代号 j(即 $i<j$);所有节点的代号不能重复出现。

③ 线路。线路是指从网络图的起点节点,顺着箭头所指方向,通过一系列的节点和箭线到达终点节点的通路称为线路。线路可依次用该通路上的节点代号来记述,也可以依次用该通路上的工作名称来记述。如图 4-5 所示网络的线路有:

第一条线路:①→③→④→⑥(9 天)

第二条线路:①→③→④→⑤→⑥(11 天)

第三条线路:①→②→③→④→⑥(10 天)

第四条线路:①→②→③→④→⑤→⑥(12 天)

每条线路都有自己确定的完成时间,它等于该线路上各项工作持续时间的总和,也是完成这条线路上所有工作的计划工期。其中,第四条线路耗时(12 天)最长,对整个工程的完工起着决定性的作用,称为关键线路;第二条线路(11 天)称为次关键线路;其余的线路称为非关键线路。处于关键线路上的各项工作称为关键工作,关键工作完成的快慢直接影响整个计划工期的实现。关键线路上的箭线常采用粗箭线、双箭线或彩色线表示。

在网络计划中,关键线路可能不止一条。而且在网络计划执行过程中,关键线路还会发生转移。

(2) 双代号网络图的绘制原则

① 网络图必须按照已定的逻辑关系绘制。

由于网络图是有向、有序网状图形,所以必须严格按照工作之间的逻辑关系绘制,这也是为保证工程质量和资源优化配置及合理使用所必需的。这些关系是多种多样的,常见的几种表示方法见表 4-3 所示。

表 4-3 网络图中各项工作逻辑关系表示方法

序号	工作之间的逻辑关系	网络图中表示方法	说 明
1	有 A、B 两项工作按照依次施工方式进行		B 工作依赖着 A 工作，A 工作约束着 B 工作的开始
2	有 A、B、C 三项工作同时开始工作		A、B、C 三项工作称为平行工作
3	有 A、B、C 三项工作同时结束		A、B、C 三项工作称为平行工作
4	有 A、B、C 三项工作。只有 A 完成后，B、C 才能开始		A 工作制约着 B、C 工作的开始，B、C 为平行工作
5	有 A、B、C 三项工作。C 工作只有在 A、B 完成后才能开始		C 工作依赖着 A、B 工作，A、B 为平行工作
6	有 A、B、C、D 四项工作。只有当 A、B 完成后，C、D 才能开始		通过中间节点 j 正确地表达了 A、B、C、D 工作之间的关系
7	有 A、B、C、D 四项工作。A 完成后 C 才能开始，A、B 完成后 D 才能开始		D 与 A 之间引入了逻辑连接（虚工作），只有这样才能正确地表达它们之间的约束关系
8	有 A、B、C、D、E 五项工作。A、B 完成后 C 才能开始，B、D 完成后 E 才能开始		虚工作 ij 反映出 C 工作受到 B 工作的约束，虚工作 ik 反映出 E 工作受到 B 工作的约束

续表 4-3

序号	工作之间的逻辑关系	网络图中表示方法	说　明
9	有 A、B、C、D、E 五项工作。A、B、C 完成后 D 才能开始，B、C 完成后 E 才能开始		虚工作反映出 D 工作受到 B、C 工作的制约
10	A、B 两项工作分三个施工段，平行施工		每个工种工程建立专业工作队，在每个施工段上进行流水作业，不同工种之间用逻辑搭接关系表示

② 网络图中应只有一个起点节点和一个终点节点(任务中部分工作需要分期完成的网络计划除外)。除网络图的起点节点和终点节点外，不允许出现没有外向箭线的节点和没有内向箭线的节点。图 4-18 所示网络图中有两个起点节点①和②，两个终点节点⑥和⑧。

③ 网络图中严禁出现从一个节点出发，顺箭头方向又回到原出发点的循环回路。如果出现循环回路，会造成逻辑关系混乱，使工作无法按顺序进行。如图 4-19 所示，网络图中存在不允许出现的循环回路②→③→⑤→②。当然，此节点编号也发生错误。

④ 在网络图中不允许出现重复编号的箭线。在图 4-20(a) A、B、C 三项工作均用①→②代号表示是错误的，正确的表达应如图(b)或(c)所示。

⑤ 网络图中严禁出现没有箭尾节点的箭线和没有箭头节点的箭线。图 4-21 即为错误的画法。

⑥ 网络图中严禁出现无指向箭头或有双向箭头的连线。在图 4-22 中③→⑤连线无箭头，②→⑤连线有双向箭头的，均是错误的。

⑦ 应尽量避免网络图中工作箭线的交叉。当交叉不可避免时，可以采用过桥法或指向法处理，如图 4-23 所示。

⑧ 在双代号网络图中某些节点有多条外向箭线或多条内向箭线时，在保证一项工作有唯一的一条箭线和对应的一对节点编号前提下，允许使用母线绘制。

以上是网络图的基本原则，在绘图时必须严格遵守。

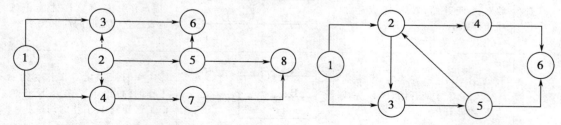

图 4-18　存在多个起点节点和多个终点节点的错误网络图　　图 4-19　存在循环回路的错误网络图

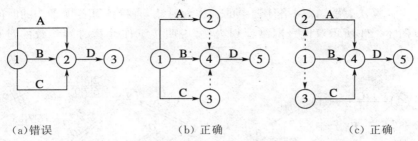

(a) 错误　　　　　　　(b) 正确　　　　　　　(c) 正确

图 4-20　相同编号工作示意图

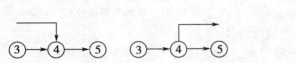

图 4-21　错误的画法

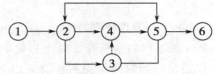

图 4-22　出现双向箭头及无箭头错误的网络图

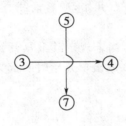　　　　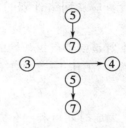

(a) 过桥法　　　　　　　(b) 指向法

图 4-23　箭线交叉的表示方法

2) 网络计划时间参数的计算

网络计划时间参数的主要内容有各个节点的最早时间和最迟时间；各项工作的最早开始时间、最早完成时间、最迟开始时间、最迟完成时间；各项工作的有关时差以及关键线路的持续时间。常用符号如下：

设有线路 ⓗ→ⓘ→ⓙ→ⓚ，则：

D_{i-j}——$i-j$ 工作的持续时间；

ET_i——i 节点的最早时间；

ET_j——j 节点的最早时间；

LT_i——i 节点的最迟时间；

LT_j——j 节点的最迟时间；

ES_{i-j}——$i-j$ 工作的最早开始时间；

LS_{i-j}——$i-j$ 工作的最迟开始时间；

EF_{i-j}——$i-j$ 工作的最早完成时间；

LF_{i-j}——$i-j$ 工作的最迟完成时间；

TF_{i-j}——$i-j$ 工作的总时差；

FF_{i-j}——$i-j$ 工作的自由时差。

时间参数的计算方法很多，本书仅介绍工作计算法。

所谓工作计算法,就是以网络计划中的工作为对象,直接计算各项工作的时间参数。

下面以图 4-24 所示双代号网络计划为例,说明按工作计算时间参数的过程。计算结果如图 4-25。

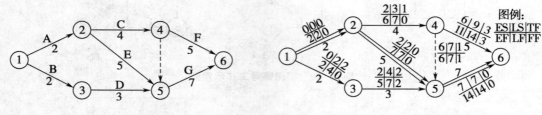

图 4-24 双代号网络计划　　　　　　图 4-25 双代号网络计划

(1) 计算工作的最早开始时间和最早完成时间

工作最早开始时间是指各紧前工作全部完成后,本工作有可能开始的最早时刻。工作最早完成时间是指各紧前工作完成后,本工作有可能完成的最早时刻。工作的最早开始时间和最早完成时间的计算应从网络计划的起点节点开始,顺着箭线方向依次进行。计算步骤如下:

第一步:以网络计划起点节点为开始的工作,当未规定其最早开始时间时,其最早开始时间为零。例如在本例中,工作 1-2 和工作 1-3 的最早开始时间都为零,即:

$$ES_{1-2} = ES_{1-3} = 0$$

第二步:工作最早完成时间可利用公式(4-14)进行计算:

$$EF_{i-j} = ES_{i-j} + D_{i-j} \tag{4-14}$$

例如在本例中,工作 1-2 和 1-3 的最早完成时间分别为:

$$EF_{1-2} = ES_{1-2} + D_{1-2} = 0 + 2 = 2$$

$$EF_{1-3} = ES_{1-3} + D_{1-3} = 0 + 2 = 2$$

第三步:其他工作最早开始时间应等于其紧前工作最早完成时间的最大值,即:

$$ES_{i-j} = \max\{EF_{h-i}\} = \max\{ES_{h-i} + D_{h-i}\} \tag{4-15}$$

式中:EF_{h-i}——工作 $i-j$ 的紧前工作 $h-i$(非虚工作)的最早完成时间;

ES_{h-i}——工作 $i-j$ 的紧前工作 $h-i$(非虚工作)的最早完成时间。

例如在本例中,工作 2-4、2-5、3-5 和 5-6 的最早开始时间分别为:

$$ES_{2-4} = EF_{1-2} = 2$$

$$ES_{2-5} = EF_{1-2} = 2$$

$$ES_{3-5} = EF_{1-3} = 2$$

$$ES_{5-6} = \max\{EF_{2-5}, EF_{3-5}, EF_{4-5}\} = \max\{7, 5, 6\} = 7$$

(2) 确定网络计划的计划工期

网络计划的工期泛指完成工程任务所需的施工时间,分为计算工期、要求工期和计划工期三种。

计算工期是指根据网络计划时间参数计算而得到的工期,用 T_c 表示。可按公式(4-

16) 计算：

$$T_c = \max\{EF_{i-n}\} \tag{4-16}$$

式中：EF_{i-n}——以终点节点（$j=n$）为箭头节点的工作 $i-n$ 的最早完成时间。

要求工期是指任务委托人所提出的指令性工期，用 T_r 表示。

计划工期是指按要求工期和计算工期确定的作为实施目标的工期，用 T_p 表示。可按公式(4-17)或公式(4-18)计算：

当规定了要求工期时，计划工期不应超过要求工期，即：

$$T_p \leqslant T_r \tag{4-17}$$

当未规定要求工期时，可令计划工期等于计算工期，即：

$$T_p = T_c \tag{4-18}$$

在本例中，假设未规定要求工期，则其计划工期就等于计算工期，即：

$$T_p = T_c = 14$$

（3）计算工作的最迟完成时间和最迟开始时间

工作最迟完成时间是指在不影响整个任务按期完成的前提下，工作必须完成的最迟时刻。工作的最迟开始时间是指在不影响整个任务按期完成的前提下，工作必须开始的最迟时刻。工作最迟完成时间和工作的最迟开始时间的计算应从网络计划的终点节点开始，逆着箭线方向依次进行。其计算步骤如下：

第一步：以网络计划终点节点为完成节点的工作，其最迟完成时间等于网络计划的计划工期，即：

$$LF_{i-n} = T_p \tag{4-19}$$

式中：LF_{i-n}——以网络计划终点节点 n 为完成节点的工作的最迟完成时间。

例如在本例中，工作 4—6 和 5—6 的最迟完成时间为：

$$LF_{4-6} = LF_{5-6} = T_p = 14$$

第二步：工作的最迟开始时间可利用公式(4-20)进行计算：

$$LS_{i-j} = LF_{i-j} - D_{i-j} \tag{4-20}$$

例如在本例中，工作 4—6 和 5—6 的最迟开始时间分别为：

$$LS_{4-6} = LF_{4-6} - D_{4-6} = 14 - 5 = 9$$

$$LS_{5-6} = LF_{5-6} - D_{5-6} = 14 - 7 = 7$$

第三步：其他工作的最迟完成时间应等于其紧后工作最迟开始时间的最小值，即：

$$LF_{i-j} = \min\{LS_{j-k}\} = \min\{LF_{j-k} - D_{j-k}\} \tag{4-21}$$

式中：LS_{j-k}——工作 $i-j$ 的紧后工作 $j-k$（非虚工作）的最迟开始时间；

LF_{j-k}——工作 $i-j$ 的紧后工作 $j-k$（非虚工作）的最迟完成时间；

D_{j-k}——工作 $i-j$ 的紧后工作 $j-k$（非虚工作）的持续时间。

例如在本例中，工作 2—4 和工作 3—5 的最迟完成时间分别为：

$$LF_{2-4} = \min\{LS_{4-6}, LS_{5-6}\} = \min\{9, 7\} = 7$$

$$LF_{3-5} = LS_{5-6} = 7$$

(4) 计算工作的总时差

工作总时差是指在不影响总工期的前提下,本工作可以利用的机动时间。该时间应按公式(4-22)或公式(4-23)计算：

$$TF_{i-j} = LF_{i-j} - EF_{i-j} \tag{4-22}$$

$$TF_{i-j} = LS_{i-j} - ES_{i-j} \tag{4-23}$$

例如在本例中,工作 3—5 的总时差为：

$$TF_{3-5} = LF_{3-5} - EF_{3-5} = 7 - 5 = 2$$

或

$$TF_{3-5} = LS_{3-5} - ES_{3-5} = 4 - 2 = 2$$

(5) 计算工作的自由时差

工作自由时差是指在不影响其紧后工作最早开始时间的前提下,本工作可以利用的机动时间。该时间应按公式(4-24)或公式(4-25)计算。

对于有紧后工作的工作,其自由时差等于本工作之紧后工作最早开始时间减本工作最早完成时间所得之差的最小值,即：

$$FF_{i-j} = \min\{ES_{j-k} - EF_{i-j}\}$$
$$= \min\{ES_{j-k} - ES_{i-j} - D_{i-j}\} \tag{4-24}$$

式中：ES_{j-k}——工作 $i-j$ 的紧后工作 $j-k$(非虚工作)的最早开始时间。

例如在本例中,工作 1—3 和 2—4 的自由时差分别为：

$$FF_{1-3} = ES_{3-6} - EF_{1-3} = 2 - 2 = 0$$

$$FF_{2-4} = \min\{ES_{5-6} - EF_{2-4}, ES_{4-6} - EF_{2-4}\}$$
$$= \min\{7 - 6, 6 - 6\} = 0$$

对于无紧后工作的工作,也就是以网络计划终点节点为完成节点的工作,其自由时差等于计划工期与本工作最早完成时间之差,即：

$$FF_{i-n} = T_P - EF_{i-n} = T_P - ES_{i-n} - D_{i-n} \tag{4-25}$$

式中：FF_{i-n}——以网络计划终点节点 n 为完成节点的工作 $i-n$ 的自由时差；

ES_{i-n}——以网络计划终点节点 n 为完成节点的工作 $i-n$ 的最早开始时间；

D_{i-n}——以网络计划终点节点 n 为完成节点的工作 $i-n$ 的持续时间。

例如在本例中,工作 4—6 和 5—6 的自由时差分别为：

$$FF_{4-6} = T_P - EF_{4-6} = 14 - 11 = 3$$

$$FF_{5-6} = T_P - EF_{5-6} = 14 - 14 = 0$$

(6) 确定关键工作和关键线路

在网络计划中,总时差最小的工作为关键工作。特别地,当网络计划的计划工期等于计算工期时,总时差为零的工作就是关键工作。例如在本例中,工作1—2,2—5和5—6的总时差均为零,故它们都是关键工作。

从起点节点到终点节点全部由关键工作组成的线路为关键线路。

关键线路一般用粗线、双线箭线标出,也可以用彩色箭线标出。例如在本例中,①→②→⑤→⑥即为关键线路。

3) 双代号时标网络计划

时标网络计划是以时间坐标为尺度,通过箭线的长度及节点的位置,明确表达工作的持续时间及工作之间恰当时间关系的网络计划。此处仅介绍双代号时标网络计划(简称时标网络计划)。

(1) 双代号时标网络计划的特点

① 时标网络计划中,箭线的长短与时间有关。

② 可直接显示各工作的时间参数和关键线路,而不必计算。

③ 由于受到时间坐标的限制,所以时标网络计划不会产生闭合回路。

④ 可以直接在时标网络图的下方绘出资源动态曲线,便于分析,平衡调度。

⑤ 由于箭线的长度和位置受时间坐标的限制,因而调整和修改不太方便。

(2) 双代号时标网络计划的绘制要求

① 时间长度是以所有符号在时标表上的水平位置及其水平投影长度表示的,与其所代表的时间值相对应。

② 节点的中心必须对准时标的刻度线。

③ 以实箭线表示工作,以虚箭线表示虚工作,以水平波形线表示自由时差。

④ 虚工作必须以垂直虚箭线表示,有时差时加波形线表示。

⑤ 时标网络计划宜按最早时间编制,不宜按最迟时间编制。

⑥ 时标网络计划编制前,必须先绘制无时标网络计划。

⑦ 绘制时标网络计划图可以在以下两种方法中任选一种。

第一种:先计算无时标网络计划的时间参数,再按该计划在时标表上进行绘制。

第二种:不计算时间参数,直接根据无时标网络计划在时标表上进行绘制。

(3) 双代号时标网络计划关键线路和时间参数的判定

现以图4-26所示网络计划及图4-27所示双代号时标网络计划为例,说明关键线路和时间参数的判定过程。

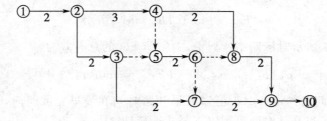

图4-26 双代号网络计划

① 关键线路的判定。自时标网络计划的终点节点至起点节点逆箭头方向观察,自始至终不出现波形线的线路,即为关键线路。图 4-28 中的①→②→④→⑤→⑥→⑦→⑨→⑩线路和①→②→④→⑤→⑥→⑧→⑨→⑩线路。与前相同,关键线路要用粗线、双线和彩色线标注均可。图 4-27 是用双线表达的。

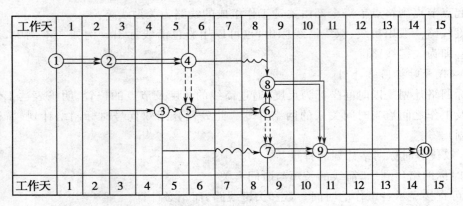

图 4-27 双代号时标网络计划(天)

② 计算工期的判定。网络计划的计算工期应等于终点节点所对应时标值的与起点节点所对应时标值之差。例如,图 4-27 所示时标网络计划的计算工期为 14-0=14 天。

③ 最早时间的确定。每条箭线箭尾节点所对应的时标值是工作的最早开始时间。箭头节点中心或与波形线相连接的实箭线部分右端点所对应的时标值,为该工作的最早完成时间。例如在图 4-27 所示时标网络计划中,工作③→⑦的最早开始时间为第 4 天,最早完成时间为第 6 天。

④ 工作自由时差的判定。在时标网络计划中,工作的自由时差等于其波形线在坐标轴上水平投影的长度。如图 4-27 中,工作③→⑦的自由时差为 2 天。

⑤ 工作总时差的判定。工作总时差的判定应从网络计划的终点节点开始,逆着箭线方向依次进行。以终点节点为完成节点的工作,其总时差应等于计划工期与本工作最早完成时间之差。即:

$$TF_{i-n} = T_P - EF_{i-n}$$

例如在图 4-27 所示时标网络计划中,工作②→③的总时差为:

$$TF_{9-10} = T_P - EF_{9-10} = 14 - 14 = 0(天)$$

其他工作的总时差等于其紧后工作总时差的最小值与本工作的自由时差之和。即:

$$TF_{i-j} = \min\{TF_{j-k}\} + FF_{i-j}$$

例如在图 4-27 所示时标网络计划中,工作②→③的总时差为:

$$TF_{2-3} = \min\{TF_{3-5}, TF_{3-7}\} + FF_{2-3} = \min\{1,2\} + 0 = 1(天)$$

⑥ 工作最迟时间的判定。由于已知最早开始时间和最早完成时间,又知道了总时差,故工作最迟完成和最迟开始时间可用以下公式进行计算:

$$LF_{i-j} = EF_{i-j} + TF_{i-j}$$

$$LS_{i-j} = ES_{i-j} + TF_{i-j}$$

图 4-27 中，工作②→③的最迟完成时间为 4=1=5（天），最迟开始时间为 2=1=3（天）。

4）网络计划优化

通过分解工程项目，依据各分项工作之间的逻辑关系，绘出网络计划图，并计算各类时间参数和确定关键线路，便得到一个初始的网络计划。但是它可能有一些尚未解决的问题，比如计划工期超出了合同的规定、资源供不应求、费用消耗太高等，因此还需综合考虑时间、费用和资源等情况以及它们之间的关系，即网络计划的优化问题。

网络计划的优化，就是在即定的条件下，对初步拟定的网络计划方案，利用时差不断调整和改善，使之达到工期最短、成本最低、资源最优的目的。衡量网络计划是否达到最优，应综合评定工期、成本、资源消耗等技术经济指标，但是目前还没有一个能全面反映这类指标的数学模型。因此，现在只能根据不同的既定条件，按某一期望实现的目标，来衡量是否达到最优计划方案。

项目实际工程进度网络计划的优化，只能根据具体条件进行单项指标优化。既根据网络计划优化条件和目标不同，通常有工期优化、资源优化、成本优化等几种。

(1) 工期优化

工期优化就是缩短总工期。在网络计划中，缩短工期的着眼点是关键线路的工期优化，即对初始网络计划加以调整，通过缩短关键线路的方法来达到缩短工期的目的。为了缩短关键线路可以从两方面入手：一是通过改变工作顺序即流畅优化的方法；二是通过压缩关键工作持续时间的时间优化方法。

① 工作顺序的优化

A. 将顺序作业调整为平行作业

在网络计划中，各工作之间的关系有两种：一种是工艺关系，它们之间的逻辑关系是固定的、不能任意改变的，如桥墩的施工工艺为基础→墩身→墩帽；另一种是组织关系，它们之间工作顺序的逻辑关系，一般是可以改变的，对组织关系的工作可以由顺序作业调整为平行工作。如某段公路有涵洞 a（工期为 5 天）、涵洞 b（工期为 5 天）、涵洞 c（工期为 5 天）三座。如施工顺序为：涵洞 a→涵洞 b→涵洞 c，则工期为 15 天。如由前述的顺序作业改为并联工作，即涵洞 a、涵洞 b、涵洞 c 同时开工，那么工期就是 5 天。

B. 顺序作业调整为流水作业

几项串联的工作，若紧前工作部分完成后紧后工作就可以开始，那么这些工作就可以采取流水作业的方式来完成，此方法通常可以缩短工期。

如某隧道工程，分为三道工序：掘进 A 需 30 天，支模 B 需 12 天，初砌 C 需 18 天。显然该工程可采用串联形式组织生产，这样工期为 60 天。若将 A、B、C 三项工作各分成三段交叉进行，根据工作关系（见表 4-4），绘出其网络计划图，并进行计算，其工期缩短到 40 天。

表 4-4

工作代号	A1	A2	A3	B1	B2	B3	C1	C2	C3
紧后工作	A2,B1	A3,B2	B3	C1,B2	C2,B3	C3	C2	C3	—
工期	10	10	10	4	4	4	6	6	6

画出流水作业的双代号网络计划如图 4-28 所示。

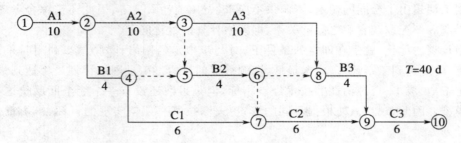

图 4-28 流水作业的双代号网络计划

C. 推迟非关键工作的开始时间

图示网络计划,工作 A、B 平行进行,若指令工期 $T=16d$,可把 A 工作的人力转移到 B 上来,而把工作 A 推迟到工作 B 结束后开始,这样就可使工期缩短到 16d,但关键线路改变了,如图 4-29 所示。

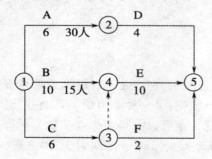 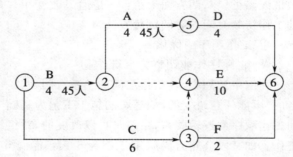

图 4-29

D. 延长非关键工作的持续时间

将非关键工作上的资源调一部分到关键工作上,这样非关键工作的时间就要延长,但由于关键线路上的资源增加,就相应的缩短了关键线路的持续时间。

E. 从计划外增加资源

从计划外增加资源,如增加机械设备、运输车辆、劳动力等,来加速关键工作的完成,从而使计划工期缩短。

② 时间优化

网络计划的工期即为关键线路的线路时间,因此,可采用压缩关键工作的持续时间,从而使关键线路的线路时间缩短。需要注意的是,在压缩关键线路的线路时间时,会使某些时差较小的次关键线路上升为关键线路,这时需再次压缩新的关键线路,如此逐次逼近,直到达到规定工期为止。

在采取这种方法进行工期优化时要注意，工作的持续时间不可能随意压缩，一定要在工作面允许，资源满足供应的情况下进行压缩。否则，计划在实际中根本行不通。此外，实际工作中，工期优化可以将组织措施优化和时间优化结合起来进行。

(2) 时间—费用优化

时间优化是在不考虑费用情况下进行的。事实上，在一般工程项目中，要想缩短工期，通常都需要增加劳动力或加班加点或增加资源，而这些都会引起费用的增加，因此费用与工期有着密切的关系。公路工程项目的总费用包括直接费用和间接费用。其中直接费用指完成工程所需要的劳动力、原材料、机械设备等费用；间接费用则包括管理、公用福利事业费用、利息和一切不便于计入直接费用的其他附加费用。直接费用随着工期的缩短而增加，并成曲线关系，而间接费用是随着工期的缩短而减少的，并呈线性关系。因此，对于某一个项目来说进行时间—费用优化就是求网络计划的最小费用的最优工期。解决这一问题的途径，可这样进行：先确定间接费用与工期的关系曲线，再确定直接费与工期的关系曲线；两曲线叠加即得到总费用与工期的关系曲线，该曲线的最低点即为最小费用，此费用对应的工期即为最优工期。具体如图 4-30 所示。

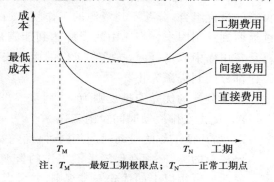

图 4-30 时间—费用曲线

(3) 资源优化

所谓资源在这里是指为完成任务所需的劳动力、材料、机械设备和资金等的统称。前面对网络计划的计算和调整，一般都假定资源供应是完全充分的。然而，在大多数情况下，在一定时间内所能提供的各种资源有一定限额。一个好的工程计划安排，一定要合理地使用现有的资源。如果工作进度安排不恰当，就会在计划的某些阶段出现对资源需求的"高峰"，而另一些阶段出现资源需求的"低谷"，这样的资源需求的不均衡会给工程的组织和管理带来许多麻烦。因此，就需要根据资源情况对网络计划进行调整，在保证规定工期和资源供应之间寻求相互协调和相互适应的途径，这就是资源优化。

资源优化一般有两种不同的情况，一是在工期规定的条件下，力求资源消耗均衡，即规定工期的资源均衡问题；二是在资源供应有限制的条件下，寻求计划的最短工期，即资源有限使工期最短的问题。

① 规定工期的资源均衡

所谓规定工期是指工程项目网络计划的计划工期（也就是合同工期）不能超过有关规定。在工期限定的情况下，当对资源的需求出现"高峰"时，我们通常对非关键工作进行调整，以使资源尽量达到均衡。调整的方法有以下三种：

A. 利用时差，推迟某些工作的开始时间。推迟规则为：优先推迟资源强度小的工作（资源强度是指单位时间内的资源需要量）；当有几项工作的资源强度相同时，优先推迟机动时间大的工作。

B. 在条件允许的情况下，可在资源需求量超限的时段内中断某些工作，以减少对资源的需要量。

C. 改变某些工作的持续时间。

最理想的资源均衡图应是整个计划在每个单位时间的资源需求量保持不变,当然要得到这种理想的计划是不可能的。事实上,资源的均衡就是要近似地达到某个平均值。

② 资源有限使工期最短

当一项工程计划经过调整资源均衡之后,如果所需要的资源很充足,就可以下达实施了。但是,当资源供应有限时,就要根据有限的资源去安排工作。下面介绍一种资源有限的分配方法——备用库法。

备用库法分配有限资源的基本原理为:设想可供分配的资源储藏在备用库中,任务开始后,从库中取出资源,按工作的"优先安排规则"给即将开始的工作分配资源,并考虑到尽可能的最优组合,分配不到资源的工作就推迟开始。随着时间的推移和工作的结束,资源陆续返回到备用库中。当库中的资源达到能满足即将开始的一项或几项工作的资源需要时,再从备用库中取出资源,按这些工作的优先安排规则进行分配。这样反复循环,一直到所有工作都分配到资源为止。

资源分配的优先安排规则为:

A. 优先安排机动时间少的工作。

B. 当几项工作的机动时间相同时,优先安排持续时间短的和资源强度小的工作。

要注意的是,必须在保障关键工作的资源条件下,力争减少资源的库存积压,提高利用率。灵活地利用以上的优先安排规则,并考虑尽可能地最优组合,这样虽然由于资源有限工期有可能要延长,但这种延长是最短的。

这里介绍的资源优化问题,只是单项资源调整问题,而且只考虑每项工作每天需要为常数的简单情况。实际工程要复杂得多,大量的实际问题是要解决多种材料、机械设备的多资源而且需要量为变数的问题。但是复杂问题往往是以简单问题为基础的,它们的基本原则是一致的。

4.2.4 施工进度计划

施工进度计划应认真贯彻施工组织设计的各项原则,它的任务是在已定施工方案的基础上,对各项工程的施工时间和施工顺序作出具体安排,力求以最少的人工、机械和技术物资消耗,保证在规定工期内完成质量合格的施工任务。施工进度计划的主要作用是控制工程的施工进度,确定工程的各个施工过程的施工顺序、施工作业持续时间以及相互衔接和穿插的配合关系。它同时也有编制季、月施工计划的基础,是编制一切资源(人工、材料、机具等)需要量计划的依据。

1) 编制施工组织设计的依据

施工组织设计的重要内容之一就是施工进度计划的编制。施工进度计划的编制工期必须要满足工程合同对工期的要求,在不增加资源的前提下尽量提前。编制施工进度计划的依据如下:

(1) 上级或合同规定的开工、竣工日期。施工组织设计都是以合同规定的开工、竣工为期限,安排施工进度计划的。尤其在竞标性施工组织设计中施工进度计划安排必须根据标书中要求的工程开工时间和交工时间为施工期限,安排工程中各施工项目的进度计划。否则将难以中标。

(2) 根据选定的施工方案、配备的人力、机械的数量、计算完成施工项目的工作时间,排出施工进度计划。

(3) 熟悉全部的设计文件、图纸;全面了解工程情况、设计工程数量、工程所在地区资源供应情况等等;掌握工程中各分部、分项单位工程之间的关系,避免出现施工倒顺的施工进度计划。

(4) 调查研究项目施工区域内的有关施工的各种条件。包括资源的供应、水文地质、气候等。对调查所得的资料和工程本身的内部联系,进行综合分析与研究,掌握其间的相互关系和联系,了解其发展变化的规律性,在施工进度计划中正确反映出来,以利于安排工程的工期。

(5) 编制施工进度计划必须紧密联系所选定的施工方案,这样才能把施工方案中安排的合理施工顺序反映出来。

2) 编制施工进度计划的步骤

(1) 研究施工图纸和有关资料及施工条件。

(2) 划分施工项目,计算实际工程数量。

(3) 编制合理的施工顺序和选择施工方法。

(4) 计算各施工过程的实际工作量(劳动量)。

(5) 确定各施工过程的劳动力需要量(及工种)和机械台班数量及规格。

(6) 设计与绘制施工进度图。

(7) 检查与调整施工进度。

3) 施工进度计划编制的方法

(1) 确定施工方法和划分施工项目

编制施工进度计划首先就要确定施工方法。确定施工方法第一步要考虑工程的特点和机具的性能;其次要考虑施工单位所具有的机具条件和技术状况,当机具量少、型号单一时,自然应选择最能发挥机械效益的施工方法,即使机械齐全,也必须考虑施工方法的经济性;最后还要考虑施工技术操作上的合理性。

确定施工方法后,根据具体条件选择最先进的合理的施工组织方法就是编制施工组织计划的关键了,是采取流水作业法、平行作业法、还是依次作业法等,要综合慎重考虑。

在施工方法和施工组织方法确定后,就可以划分施工项目的细目,即划分为若干种工序、操作,并填入相应的栏内。划分时首先划分施工项目应与施工方法相一致,使进度计划能够完全符合施工实际进展情况;划分施工项目的粗细程度一般要按施工定额(施工图阶段按预算定额)的细目和子目来填列,这样即简明清晰,又便于查定额计算;施工项目在进度计划表内填写时,应按工程的施工顺序排列(指横道图),而且应首先安排好主导工程;施工项目的划分一定要结合工程结构特点仔细分项填列,切不可漏填,以免影响进度计划的准确性。

(2) 计算工程量与劳动量

① 工程数量的计算

施工进度计划项目列好以后,即可根据施工图纸及有关工程数量的计算规则,按照施工顺序的排列,分别计算各个施工过程的工程数量并填入表中。工程数量的计算单位,应与相应定额的计算单位相一致。

② 劳动量计算

所谓劳动量,就是施工过程的工程量与相应的时间定额的乘积。如劳动力数量与生产周期的乘积,机械台数与生产周期的乘积。

人工操作时叫劳动量,机械操作时又叫作业量。

劳动量可按下式计算:

$$D = Q \times S \quad \text{或} \quad D = \frac{C}{Q'} \tag{4-26}$$

式中:D——劳动量(工日或台班);
　　　Q——工程量;
　　　C——产量定额;
　　　S——时间定额。

劳动量的计量单位,对于人工为"工日",对于机械则为"台班"。

计算劳动量时,应根据现行的相应定额(施工定额或预算定额)计算。受施工条件或施工单位人力、设备数量的限制,对生产周期起控制作用的那个劳动量称为主导劳动量。一般取生产周期较长的劳动量作为主导劳动量。

在人员、机械数量不变,采用二班制或三班制将会缩短施工过程的生产周期。当主导劳动量生产周期过于突出,就可以采用二班或三班制作业缩短生产周期。

(3) 生产周期计算

由于要求工期不同和施工条件的差异,其具体计算方法有以下两种:

① 以施工单位现有的人力、机械的实际生产能力以及工作面大小,来确定完成该劳动量所需的持续时间(周期)。一般可按下式计算:

$$T = \frac{D}{R \times n} \tag{4-27}$$

式中:D——劳动量(工日或台班);
　　　T——生产周期(即持续天数);
　　　R——人数或机械台数;
　　　n——生产工作班制数。

② 根据规定的工期来确定施工队(班组)人数或机械台数。

在某些情况下,可以根据已规定的或后续工序需要的工期,来计算在一班制、二班制或三班制条件下,完成劳动量所需作业队的人数或机械台数。一般按下式计算:

$$R = \frac{D}{T \times n} \tag{4-28}$$

R、D、T、n 字母意义同上。

(4) 施工进度图的编制

以上各项工作完成后,即可着手编制不同阶段的施工进度计划。

横道图法的编制:

① 绘制空白图表。

② 根据设计图纸、施工方法、定额、概预算(指施工图设计和施工阶段)进行列项,并按

施工顺序填入相应图表的工程名称栏内。

③ 逐项计算工程量。

④ 逐项选定定额,将其编号填入相应图表中。

⑤ 进行劳动量计算。

⑥ 按施工力量(作业队、班、组人数、机械台数)以及工作班制计算所需施工周期(即工作日数);或按限定的周期以及工作班制、劳动量确定作业队、班(组)的人数或机械台数,将计算结果填入相应图表栏内。

⑦ 按计算的各施工过程的周期,并根据施工过程之间的逻辑关系,安排施工进度日期。其具体做法是:按整个工程的开竣工日历,将日期填入相应图表日程栏内,然后即可按计算的周期,用直线或绘有符号的直线绘制进度图。

⑧ 绘制劳动力安排曲线。

⑨ 进行反复调整与平衡,最后择优定案。

(5) 网络计划技术

① 编制网络计划初始方案

根据施工顺序、工序(工作)的划分、工序之间的逻辑关系的分析以及工序的生产周期,就可以编制网络计划的初始方案。绘制的网络图供计算和优化使用,以便最终编制出正式的网络计划。

② 计算各项时间参数并求出关键线路

网络图按最早开始时间计算得到的工期就是计划工期,计算出来后,可与设计或上级要求的工期对比。各时间参数计算完后,就能找出关键线路,应按规定用双箭线或颜色线明显标示出来,以利分析和应用。

③ 评审

对计划进行评审与优化初始方案计算完后,要进行评审,看看是否符合规定工期与限制条件。初始方案往往是不完善的,应不断改善网络计划,使之在满足既定的条件下,按某一衡量指标来寻求最优方案。

④ 正式绘制可行的施工网络计划

经过优化了的初始方案,就成为一个可行的网络计划了,可以把它绘制成正式的网络计划并实施。

4) 施工进度计划的检查与调整

施工组织设计是一个科学的有机整体,编制的正确与否直接影响工程的经济效益。施工管理的目的是使施工任务能如期完成,并在企业现有资源条件下均衡地使用人力、物力、财力,力求以最少的消耗取得最大的经济效果。因此,当施工进度计划初步完成后,应按照施工过程的连续性、协调性、均衡性及经济性等基本原则进行检查与调整,这是一个细致的、反复的过程。现简述如下:

(1) 施工工期

施工进度计划的工期应当符合上级或合同规定的工期,并尽可能缩短,以保证工程早日交付使用,从而达到最好的经济效果。

(2) 劳动力消耗的均衡性

每天出勤的工人人数力求不发生大的变动,即劳动力消耗力求均衡。劳动力需要量图表明劳动力需要量与施工期限之间的关系,图 4-31 是劳动力需要量的三种典型图式。如前所述,正确的施工组织设计应该使劳动力需要量均衡,以减少服务性的各种临时设施和避免因调动频繁而形成的窝工。图(a)在短期内出现高峰现象,图(b)则起伏不定,这两种在施工安排上力求避免;图(c)是最好的情况。

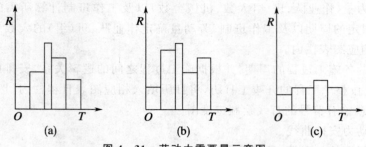

图 4-31 劳动力需要量示意图

任何一项工程的施工组织设计,由于施工人数和施工时间不同,均有可能出现上述三种情况中的一种。故在编制施工进度图时,应以劳动力需要量均衡为原则,对施工进度进行恰当的安排和必要的调整。

劳动力消耗的均衡性,可用劳动力不均衡系数 K 表示。劳动力不均衡系数的值大于或等于 1,一般不超过 1.5。其值按下式计算:

$$K = \frac{R_{\max}}{R_{平均}} \tag{4-29}$$

式中:$R_{\max}$——施工期中人数最高峰值;

$R_{平均}$——施工期间加权平均工人人数。

(3) 施工工期和劳动力均衡性的调整

① 如果要使工期缩短,则可对工期较长的主导劳动量施工采取措施,如增加班制或工人数(包括机械数量),来达到缩短总工期的目的。

② 若所编计划的工期不允许再延长,而劳动力出现较大的均衡,则可在允许的范围内,通过调整工序的开工或完工日期,使劳动力需要量较为均衡。

某些工程由于特定的条件,工期没有严格限制,而在投资、主要材料及关键设备等某一方面有时间或数量的限制时,就要将这些特定条件作为控制因素进行调整。复杂的工程要获得符合工期、均衡流水原则的最合理的优化计划方案,必须进行多次反复调整计算,这个计算过程十分复杂,当前电子计算机技术的出现,为优化计算提供了理想的工具。

5) 资源需要量计划及其他图

(1) 劳动力需要量计划

根据已确定的施工进度计划,可计算出各个施工项目每天所需的人工数,将同一时间内所有施工项目的人工数进行累加,即可绘出每日人工数随时间变化的劳动力需要量图。同时还可编制劳动力需要量计划,附于施工进度图之后,为劳动部门提供劳动力进退场时间,保证及时调配,搞好平衡,以满足施工的需要。如现有劳动力不足或过多时,应提出相应的解决措施,或者增开工作面,以按时或提前完成任务。劳动力需要量计划见表 4-5。

表 4-5 劳动力需要量计划

序号	工种名称	总人数	需要人数及时间										备注
			年度										
			一季度	二季度	三季度	四季度	合计	一季度	二季度	三季度	四季度	合计	
1	2	3	4	5	6	7	8	9	10	11	12	13	14

编制：　　　　　　　　　　　　　　　　　　　　　　　　　　　复核：

（2）主要材料计划

主要材料包括施工需要的国家调拨、统筹分配、地方供应和特殊的材料，如钢材、水泥、木材、沥青、石灰等，以及有关临时设施和拟采取的各种施工技术措施用料，预制构件及其他半成品亦列入主要材料计划中。

材料的需要量，可按照工程量和定额规定进行计算，然后根据施工项目的施工进度编制年、季、月主要材料计划表（表4-6）。主要材料（包括预制构件、半成品）计划应包括材料的规格、名称、数量、来源及运输方式等。材料计划是为物资部门提供采购供应、组织运输和筹建仓库及堆料场的依据。

表 4-6 主要材料计划表

序号	材料名称及规格	单位	数量	来源	运输方式	年					年					备注
						一季度	二季度	三季度	四季度	合计	一季度	二季度	三季度	四季度	合计	
1	2	3	4	5	6	7	8	9	10	11	12	13	14	15	16	17

编制：　　　　　　　　　　　　　　　　　　　　　　　　　　　复核：

（3）主要施工机具、设备计划

在确定施工方法时，已经考虑了各个施工项目应选择何种施工机具或设备。为了做好机具、设备的供应工作，应根据已确定的施工进度计划，将每个项目采用的施工机械种类、规格和需用数量，以及使用的具体日期等综合起来编制施工机具、设备计划（表4-7），以配合施工，保证施工进度的正常进行。

表 4-7 主要施工机具、设备计划表

序号	材料名称及规格	数量		使用年限		年度、季度需要量								备注
						年				年				
		台班	台辆	开始时间	完成时间	一季度	二季度	三季度	四季度	一季度	二季度	三季度	四季度	
						台班	台数	台班	台数	台班	台数	台班	台数	台班	台数	台班	台数
1	2	3	4	5	6	7	8	9	10	11	12	13	14	15	16	17	18	19	20	21	22	23

编制：　　　　　　　　　　　　　　　　　　　　　　　　　　　复核：

主要施工机具、设备需要量包括基本施工过程、辅助施工过程所需的主要机具、设备,并应考虑设备进、出厂(场)所需台班以及使用期间的检修、轮换的备用数量。

(4) 临时工程计划

临时工程包括生活房屋、生产房屋、便道、便桥、电力和电讯设施以及小型临时设施等,其表格如表4-8所示。

表4-8 临时工程计划表

序号	设置地点	工程名称	说明	单位	数量	工程数量							备注
1	2	3	4	5	6	7	8	9	10	11	12	13	14

编制: 复核:

(5) 技术组织措施计划

技术组织措施计划,应根据企业下达的要求和指标,按表4-9编制。

表4-9 技术组织措施计划表

措施名称及内容摘要	经济效果(元)	计划依据	负责人	完成日期
1	2	3	4	5

4.3 工程实际进度与计划进度的比较

施工项目进度比较与计划调整是实施进度控制的主要环节。计划是否需要调整以及如何调整,必须以施工实际进度与计划进度进行比较分析后的结果作为依据和前提。因此,施工项目进度比较分析是进行计划调整的基础。常用的比较方法有以下几种。

4.3.1 横道图比较法

横道图比较法是指将项目实施过程中检查实际进度收集的数据,经加工整理后直接用横道线平行绘于原计划的横道线处,进行实际进度与计划进度的比较。采用横道图比较法,可以形象、直观地反映实际进度与计划进度的比较情况。

表 4-10 施工进度计划横道图

序号	分部分项工程名称	工程量		定额	劳动量		机械量		工作班制	每班人数	工作天数	施工进度						
		单位	数量		工种	数量	机械名称	台班数量				×月					×月	
												5	10	15	20	25	5	10	…
1																		
2																		
3																		
…																		

例如某装饰装修工程的计划进度和截止到第 12 天末的实际进度如图 4-28 所示,进度表中细实线表示计划进度,粗实线表示实际进度。

从图 4-32 中可以看出,在第 12 天末进行施工进度检查时,安钢窗工作已经按期完成;天棚、墙面抹灰工作按计划应该完成 83.3%,但实际只完成 66.7%,任务量拖欠 16.6%;铺地砖工作按计划应该完成 50%,而实际只完成 25%,任务量拖欠 25%。

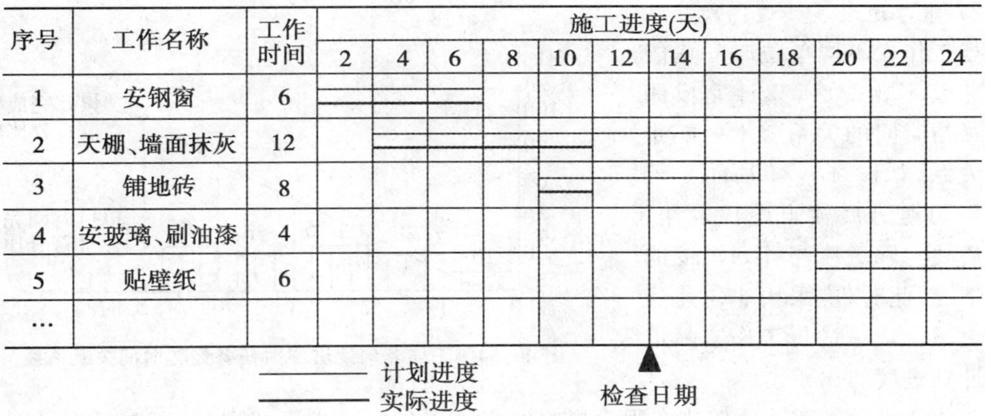

序号	工作名称	工作时间	施工进度(天)
1	安钢窗	6	
2	天棚、墙面抹灰	12	
3	铺地砖	8	
4	安玻璃、刷油漆	4	
5	贴壁纸	6	
…			

—— 计划进度
═══ 实际进度
▲ 检查日期

图 4-32 某工程实际进度与计划进度的比较

根据各项工作的进度偏差,进度控制者可以采取相应的纠偏措施对进度计划进行调整,以确保该工程按期完成。

图 4-32 所表达的比较方法仅适用于工程项目中的各项工作都是均匀进展的情况,即每项工作在单位时间内完成的任务量都相等的情况。事实上,工程项目中各项工作的进展不一定是匀速的。根据工程项目中各项工作的进展是否匀速,可分别采用以下两种方法进行实际进度与计划进度的比较。

1) 匀速进展横道图比较法

匀速进展是指在工程项目中,每项工作在单位时间内完成的任务量都是相等的,即工作的进展速度是均匀的。此时每项工作累计完成的任务量与时间呈线性关系,如图 4-33 所示。完成的任务量可以用实物工程量、劳动消耗量或费用支出表示。为了便于比较,通常用上述物理量的百分比表示。

采用匀速进展横道图比较法时，其步骤如下：

(1) 编制横道图进度计划。

(2) 在进度计划上标出检查日期。

(3) 将检查收集到的实际进度，按比例用涂黑的粗线标于计划的下方，如图4-33所示。

(4) 对比分析实际进度与计划进度。

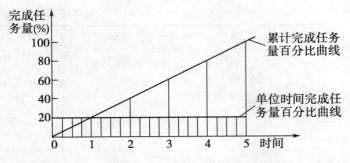

图4-33 工作匀速进展时任务量与时间关系曲线

① 如果涂黑的粗线右端落在检查日期左侧，表明实际进度拖后。

② 如果涂黑的粗线右端落在检查日期右侧，表明实际进度超前。

③ 如果涂黑的粗线右端与检查日期重合，表明实际进度与计划进度一致。

应当注意的是，该方法仅适用于工作从开始到结束的整个过程中，其进展速度均为固定不变的情况。如果工作的进展速度是变化的，则不能采用这种方法进行实际进度与计划进度的比较；否则，会得出错误的结论。

2) 非匀速进展横道图比较法

当工作在不同单位时间里的进展速度不相等时，累计完成的任务量与时间的关系就不可能是线性关系，如图4-34所示。若仍采用匀速进展横道图比较法，不能反映实际进度与计划进度的对比情况，此时，应采用非匀速进展横道图比较法进行工作实际进度与计划进度的比较。

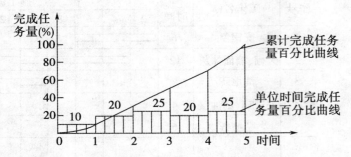

图4-34 工作非匀速进展时任务量与时间关系曲线

非匀速进展横道图比较法在用涂黑粗线表示工作实际进度的同时，还要标出其对应时刻完成任务量的累计百分比，并将该百分比与其同时刻计划完成任务量的累计百分比相比，判断工作实际进度与计划进度之间的关系。采用非匀速进展横道图比较法时，其步骤如下：

(1) 绘制横道图进度计划。

(2) 在横道线上方标出各主要时间工作的计划完成任务量累计百分比。

(3) 在横道线下方标出相应时间工作的实际完成任务量累计百分比。

(4) 用涂黑粗线标出工作的实际进度，从开始之日起，同时反映出该工作在实施过程中的连续与间断情况。

(5) 通过比较同一时刻实际完成任务量累计百分比和计划完成任务量累计百分比，判断工作实际进度与计划进度之间的关系：

① 如果同一时刻横道线上方累计百分比大于横道线下方累计百分比，表明实际进度拖后，拖欠的任务量为二者之差。

② 如果同一时刻横道线上方累计百分比小于横道线下方累计百分比，表明实际进度超

前,超前的任务量为二者之差。

③ 如果同一时刻横道线上下方两个累计百分比相等,表明实际进度与计划进度一致。

采用非匀速进展横道图比较法,不仅可以进行某一时刻(如检查日期)实际进度与计划进度的比较,而且还能进行某一时间段实际进度与计划进度的比较。当然,这需要实施部门按规定的时间记录当时的任务完成情况。

【例 4-7】 某工程项目中的墙面抹灰工作按施工进度计划安排需要 7 周完成,每周计划完成的任务量百分比分别为 10%、15%、20%、25%、15%、10%、5%,试作出其计划图并在施工中进行跟踪比较。

【解】 (1)编制横道图进度计划,如图 4-35 所示。

(2)在横道线上方标出抹灰工程每周计划累计完成任务量的百分比,分别为 10%、25%、45%、70%、85%、95%、100%。

(3)在横道线下方标出第 1 周至检查日期(第 4 周)每周实际累计完成任务量的百分比,分别为 7 %、20 %、42 %、68 %。

(4)用涂黑粗线标出实际投入的时间。图 4-35 表明,该工作实际开始时间晚于计划开始时间,在开始后连续工作,没有中断。

(5)比较实际进度与计划进度。从图 4-35 中可以看出,该工作在第一周实际进度比计划进度拖后 3%,以后各周末累计拖后分别为 5%、3%和 2%。

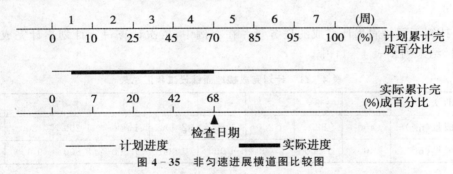

图 4-35 非匀速进展横道图比较图

横道图比较法虽有记录和比较简单、形象直观、易于掌握、使用方便等优点,但由于其以横道计划为基础,因而带有不可克服的局限性。在横道计划中,各项工作之间的逻辑关系表达不明确,关键工作和关键线路无法确定。一旦某些工作实际进度出现偏差时,难以预测其对后续工作和工程总工期的影响,也就难以确定相应的进度计划调整方法。因此,横道图比较法主要用于工程项目中某些工作实际进度与计划进度的局部比较。

4.3.2 S 曲线比较法

S 曲线比较法是以横坐标表示时间,纵坐标表示累计完成任务量,绘制一条按计划时间累计完成任务量的 S 曲线;然后将工程项目实施过程中各检查时间实际累计完成任务量的 S 曲线也绘制在同一坐标系中,进行实际进度与计划进度比较的一种方法。

从整个工程项目的实际进展全过程看,单位时间投入的资源量一般是开始和结束时较少中间阶段较多。与其相对应,单位时间完成的任务量也呈同样的变化规律,如图 4-36(a)所示。而随工程进展累计完成的任务量则应呈 S 形变化,如图 4-36(b)所示。将这种以 S

形曲线判断实际进度与计划进度关系的方法,称为S曲线比较法。

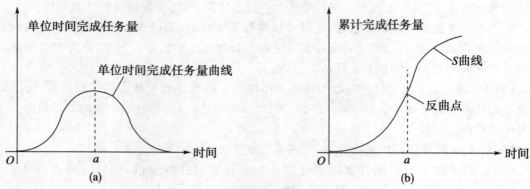

图4-36 时间与完成任务量关系曲线图

1) S曲线的绘制方法

下面以一简单的例子来说明S曲线的绘制方法。

【例4-8】 某楼地面铺设工程量为10 000 m²,按照施工方案,计划9天完成,每月计划完成的任务量如图4-33所示,试绘制该楼地面铺设工程的S曲线。

【解】 根据已知条件:

(1) 确定单位时间计划完成任务量。在本例中,将每天计划完成楼地面铺设量列于表4-11中。

(2) 计算不同时间累计完成的任务量。在本例中,依次计算每天计划累计完成的楼地面铺设量,结果列于表4-11中。

表4-11 计划完成楼地面铺设工程汇总表

时间(天)	1	2	3	4	5	6	7	8	9
每日完成量(m²)	400	800	1 200	1 600	2 000	1 600	1 200	800	400
累计完成量(m²)	400	1 200	2 400	4 000	6 000	7 600	8 800	9 600	10 000

(3) 根据累计完成任务量绘制S曲线。在本例中,根据每天计划累计完成楼地面铺设量而绘制的S曲线如图4-37所示。

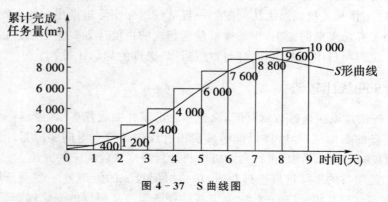

图4-37 S曲线图

2) S曲线的比较

利用S曲线的比较,同横道图比较法一样,是在图上进行工程项目实际进度与计划进度的直观比较。在工程项目实施过程中，按照规定时间将检查收集到的实际累计完成任务量绘制在原计划 S 曲线图上，即可得到实际进度 S 曲线，如图 4-38 所示。通过比较实际进度 S 曲线和计划进度 S 曲线，可以获得如下信息：

(1) 工程项目实际进展状况。如果工程实际进展点落在计划 S 曲线左侧，表明此时实际进度比计划进度超前，如图 4-38 中的 a 点；若落在计划 S 曲线右侧，则表明此时实际进度拖后，如图 4-38 中的 b 点；若正好落在计划 S 曲线上，则表示此时实际进度与计划进度一致。

(2) 工程项目实际进度超前或拖后的时间 在 S 曲线比较图中可以直接读出实际进度比计划进度超前或拖后的时间。如图 4-38 所示，ΔT_a 表示 T_a 时刻实际进度超前的时间；ΔT_b 表示 T_b 时刻实际进度拖后的时间。

(3) 工程项目实际超额或拖欠的任务量在 S 曲线比较图中也可直接读出实际进度比计划进度超额或拖欠的任务量。如图 4-38 所示，ΔQ_a 表示 T_a 时刻超额完成的任务量；ΔQ_b 表示 T_b 时刻拖欠完成的任务量。

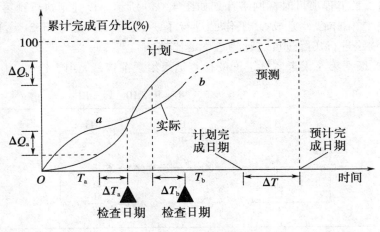

图 4-38 S 曲线比较图

4.3.3 前锋线比较法

前锋线比较法是通过绘制某检查时刻工程项目实际进度前锋线，进行工程实际进度与计划进度比较的方法，它主要适用于时标网络计划。所谓前锋线，是指在原时标网络计划上，从检查时刻的时标点出发，用点划线依次将各项工作实际进展位置点连接而成的折线。前锋线比较法就是通过实际进度前锋线与原进度计划中各工作箭线交点的位置来判断工作进度与计划进度的偏差，进而判定该偏差对后续工作及总工期影响程度的一种方法。前锋线比较法进行实际进度与计划进度的比较，其步骤如下：

1) 绘制时标网络计划图

工程实际进度前锋线是在时标网络计划图上标出，为清楚起见，可在时标网络计划的上方和下方各设一时间坐标。

2) 绘制实际进度前锋线

从时标网络计划图上方时间坐标的检查日期开始绘制，依次连接相邻工作的实际进展点，最后与时标网络计划图下方坐标的检查日期相连接。

3) 进行实际进度与计划进度的比较

前锋线可以直观地反映出检查日期有关工作实际进度与计划进度之间的关系。一般可有以下三种情况：

(1) 工作实际进展位置点落在检查日期的左侧，表明该工作实际进度拖后，拖后的时间为二者之差。

(2) 工作实际进展位置点落在检查日期的右侧，表明该工作实际进度超前，超前的时间为二者之差。

(3) 工作实际进展位置点与检查日期重合，表明该工作实际进度与计划进度一致。

4) 预测进度偏差对后续工作及总工期的影响

通过实际进度与计划进度的比较确定进度偏差后，还可根据工作的自由时差和总时差预测该进度偏差对后续工作及项目总工期的影响。由此可见，前锋线比较法既适用于工作实际进度与计划进度之间的局部比较，又可用来分析和预测工程项目整体进度状况。

【例 4-9】 某工程项目时标网络计划如图 4-39 所示。该计划执行到第 4 天末检查实际进度时，发现 A 工作已经完成，B 工作已进行了 1 天，C 工作已进行 2 天，D 工作还未开始。试用前锋线法进行实际进度与计划进度的比较。

【解】 (1) 根据第 4 天末实际进度的检查结果绘制前锋线，如图 4-39 中点划线所示。

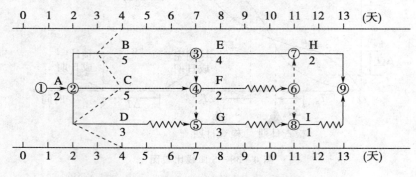

图 4-39 某工程前锋线比较图

(2) 实际进度与计划进度的比较

由图 4-39 可看出：

① B 工作实际进度拖后 1 天，将使其紧后工作 E、F、G 的最早开始时间推迟 1 天，并使总工期延长 1 天。

② C 工作与计划一致。

③ D 工作实际进度拖后 2 天，既不影响后续工作，也不影响总工期。

综上所述，如果不采取措施加快进度，该工程项目的总工期将延长 1 天。

4.3.4 列表比较法

当工程进度计划用非时标网络图表示时，可以采用列表比较法进行实际进度与计划进度的比较。这种方法是记录检查日期应该进行的工作名称及其已经作业的时间，然后列表计算有关时间参数，并根据工作总时差进行实际进度与计划进度比较的方法。

采用列表比较法进行实际进度与计划进度的比较，其步骤如下：

(1) 对于实际进度检查日期应该进行的工作,根据已经作业的时间,确定其尚需作业时间。

(2) 根据原进度计划计算检查日期应该进行的工作从检查日期到原计划最迟完成时尚余时间。

(3) 计算工作尚有总时差,其值等于工作从检查日期到原计划最迟完成时间尚余时间与该工作尚需作业时间之差。

(4) 比较实际进度与计划进度,可能有以下几种情况:

① 如果工作尚有总时差与原有总时差相等,说明该工作实际进度与计划进度一致。

② 如果工作尚有总时差大于原有总时差,说明该工作实际进度超前,超前的时间为两者之差。

③ 如果工作尚有总时差小于原有总时差,且仍为非负值,说明该工作实际进度拖后,拖后的时间为二者之差,但不影响总工期。

④ 如果工作尚有总时差小于原有总时差,且为负值,说明该工作实际进度拖后,拖后的时间为二者之差,此时工作实际进度偏差将影响总工期。

【例 4－10】 将例 4－9 中网络计划及其检查结果,采用列表法进行实际进度与计划进度比较和情况判断。

【解】 根据工程项目进度计划及实际进度检查结果,可以计算出检查日期应进行工作的尚需作业时间、原有总时差及尚有总时差等,计算结果见表 4－12。

表 4－12 工程进度检查比较表

工作代号	工作名称	检查时工作尚需作业时间（天）	检查时刻至最迟完成时间尚余时间（天）	原有总时差（天）	尚有总时差（天）	情况判断
2－3	B	4	3	0	－1	影响工期1天
2－4	C	3	5	2	2	正常
2－5	D	3	5	4	2	正常

4.4 工程项目的进度控制

4.4.1 材料供应进度控制

1) 材料供应管理

材料采购供应管理就是对项目所需物资的采购供应活动进行计划、组织、监督、控制,努力降低物资在流通领域的成本。包括材料从项目采购供应前的策划,供方的评审与评定,合格供方的选择、采购、运输、仓储、供应到施工现场（或加工地点）的全过程。

2) 材料供应控制的内容

(1) 根据施工进度,编制好各类材料需要量计划,确保生产顺利进行。

材料需要量计划是根据工程施工进度计划要求编制的原材料、构配件、加工品等的需要量计划,是组织有秩序、按计划顺利施工的保证。

主要材料需要量计划是用以组织备料、确定仓库或堆场面积和组织运输的依据。其表格形式见表4-13所示。

表4-13 主要材料需要量计划表

序号	材料名称	规格	需要量		供应时间	备注
			单位	数量		

构配件和加工半成品需要量计划主要用于落实加工订货单位,组织加工、运输和确定堆场或仓库。可根据施工图纸及进度计划、储备要求及现场条件编制。其表格形式见表4-14所示。

表4-14 构配件和半成品需要量计划表

序号	构配件、半成品名称	规格	图号、型号	需要量		使用部门	加工单位	供应日期	备注
				单位	数量				

(2) 做好材料验收与存储工作,保证物资的原使用功能。

(3) 针对不同的施工方式采取不同的方法开展限额领料工作。

(4) 通过跟踪管理的方式检查操作者用料情况,发现不良现象及时指正,对纠错不改的给予经济处罚。

4.4.2 施工进度的动态检查

在施工进度计划的实施过程中,由于各种因素的影响,常常会打乱原始计划的安排而出现进度偏差。因此,进度控制人员必须对施工进度计划的执行情况进行动态检查,并分析进度偏差产生的原因,以便为施工进度计划的调整提供必要的信息,其主要工作包括:

1) 跟踪检查施工实际进度

为了对施工进度计划的完成情况进行统计、进度分析和调整计划提供信息,应对施工进度计划依据其实施记录进行跟踪检查。

跟踪检查施工实际进度是分析施工进度、调整进度计划的前提,其目的是收集实际施工进度的有关数据。跟踪检查的时间、方式、内容和收集数据的质量,将直接影响进度控制工作的质量和效果。

检查的时间与施工项目的类型、规模,施工条件和对进度执行要求程度有关,通常分两类:一类是日常检查;另一类是定期检查。日常检查是常驻现场管理人员每日进行检查,采用施工记录和施工日志的方法记载下来。定期检查一般与计划安排的周期和召开现场会议的周期相一致,可视工程的情况,每月、每半月、每旬或每周检查一次。当施工中遇到天气、资源供应等不利因素的严重影响,检查的间隔时间可临时缩短。定期检查在制度中应规定出来。

检查和收集资料的方式,一般采用进度报表方式或定期召开进度工作汇报会。为了保证汇报资料的准确性,进度控制的工作人员要经常、定期的到现场察看,准确地掌握施工项目的实际进度。

检查的内容主要包括在检查时间段内任务的开始时间、结束时间,已进行的时间,完成的实物量或工作量,劳动量消耗情况及存在的主要问题等。

2) 整理统计检查数据

对于收集到的施工实际进度数据,要进行必要的整理,并按计划控制的工作项目内容进行统计;要以相同的量纲和形象进度,形成与计划进度具有可比性的数据。一般可以按实物工程量、工作量和劳动消耗量以及累计百分比,整理和统计实际检查的数据,以便与相应的计划完成量相对比分析。

3) 对比分析实际进度与计划进度

将收集的资料整理和统计成与计划进度具有可比性的数据后,用实际进度与计划进度的比较方法进行比较分析。通常采用的比较方法有:横道图比较法、S曲线比较法、前锋线比较法、列表比较法等。通过比较得出实际进度与计划进度是相一致还是超前,或者是拖后等三种情况,以便为决策提供依据。

4) 施工进度检查结果的处理

施工进度检查要建立报告制度,即将施工进度检查比较的结果、有关施工进度现状和发展趋势,以最简练的书面报告形式提供给有关主管人员和部门。

进度报告的编写,原则上由计划负责人或进度管理人员与其他项目管理人员(业务人员)协作编写。进度报告时间一般与进度检查时间相协调,通常每月报告一次,重要的、复杂的项目每旬或每周报告一次。

进度控制报告根据报告的对象不同,一般分为以下三个级别:

(1) 项目概要级的进度报告。它是以整个施工项目为对象描述进度计划执行情况的报告。它是报给项目经理、企业经理或业务部门以及监理单位或建设单位(业主)的。

(2) 项目管理级的进度报告。它是以单位工程或项目分区为对象描述进度计划执行情况的报告,重点是报给项目经理和企业业务部门及监理单位。

(3) 业务管理级的进度报告。它是以某个重点部位或某项重点问题为对象编写的报告,供项目管理者及各业务部门使用,以便采取应急措施。

进度报告的内容依报告的级别和编制范围的不同有所差异,主要包括:项目实施概况、管理概况、进度概要;项目施工进度、形象进度及简要说明;施工图纸提供进度;材料、物资、构配件供应进度;劳务记录及预测;日历计划;建设单位(业主)、监理单位和施工主管部门对施工者的变更指令等。

4.4.3 施工进度计划的调整

1) 分析进度偏差的影响

在工程项目实施过程中,当通过实际进度与计划进度的比较,发现有进度偏差时,需要分析该偏差对后续工作及总工期的影响,从而采取相应的调整措施对原进度计划进行调整,以确保工期目标的顺利实现。进度偏差的大小及其所处的位置不同,对后续工作和总工期的影响程度是不同的,分析时需要利用网络计划中工作总时差和自由时差的概念进行判断。

(1) 分析出现进度偏差的工作是否为关键工作

如果出现进度偏差的工作位于关键线路上,即该工作为关键工作,则无论其偏差有多大,都将对后续工作和总工期产生影响,必须采取相应的调整措施;如果出现偏差的工作是非关键工作,则需要根据进度偏差值与总时差和自由时差的关系作进一步分析。

(2) 分析进度偏差是否超过总时差

如果工作的进度偏差大于该工作的总时差,则此进度偏差必将影响其后续工作和总工期,必须采取相应的调整措施;如果工作的进度偏差未超过该工作的总时差,则此进度偏差不影响总工期。至于对后续工作的影响程度,还需要根据偏差值与其自由时差的关系作进一步分析。

(3) 分析进度偏差是否超过自由时差

如果工作的进度偏差大于该工作的自由时差,则此进度偏差将对其后续工作产生影响,此时应根据后续工作的限制条件确定调整方法;如果工作的进度偏差未超过该工作的自由时差,则此进度偏差不影响后续工作,因此,原进度计划可以不作调整。

2) 施工项目进度计划的调整方法

通过检查分析,如果发现原有进度计划已不能适应实际情况时,为了确保进度控制目标的实现或需要确定新的计划目标,就必须对原有进度计划进行调整,以形成新的进度计划,作为进度控制的新依据。施工进度计划的调整方法主要有两种:一是改变某些工作间的逻辑关系;二是缩短某些工作的持续时间。在实际工作中应根据具体情况选用上述方法进行进度计划的调整。

(1) 改变某些工作间的逻辑关系

若检查的实际施工进度产生的偏差影响了总工期,在工作之间的逻辑关系允许改变的条件下,改变关键线路和超过计划工期的非关键线路上的有关工作之间的逻辑关系,达到缩短工期的目的。用这种方法调整的效果是很显著的,例如可以把依次进行的有关工作改变为平行或互相搭接施工,以及分成几个施工段进行流水施工等,都可以达到缩短工期的目的。

(2) 压缩关键工作的持续时间

这种方法的特点是不改变工作之间的先后顺序关系,通过缩短网络计划中关键线路上工作的持续时间来缩短工期。这时通常需要采取一定的措施来达到目的。具体措施包括:

① 组织措施。增加工作面,组织更多的施工队伍;增加每天的施工时间(如采用三班制等);增加劳动力和施工机械的数量等措施。

② 技术措施。改进施工工艺和施工技术,缩短工艺技术间歇时间;采用更先进的施工方法,以减少施工过程的数量;采用更先进的施工机械等措施。

③ 经济措施。实行包干奖励;提高奖金数额;对所采取的技术措施给予相应的经济补偿等措施。

④ 其他配套措施。改善外部配合条件;改善劳动条件;实施强有力的调度等措施。

一般来说,不管采取哪种措施,都会增加费用。因此,在调整施工进度计划时,应利用费用优化的原理选择费用增加量最小的关键工作作为压缩对象。

除了分别采用上述两种方法来缩短工期外,有时由于工期拖延得太多,当采用某种方法进行调整,其可调整的幅度又受到限制时,还可以同时利用这两种方法对同一施工进度计划进行调整,以满足工期目标的要求。

4.4.4 工程延期

在建设工程施工过程中,其工期的延长分为工程延误和工程延期两种。由于承包单位自身的原因,使工程进度拖延,称为工程延误;由于承包单位以外的原因,使工程进度拖延,称为工程延期。虽然它们都是使工程拖期,但由于性质不同,因而所承担的责任也就不同。如果是属于工程延误,则由此造成的一切损失由承包单位承担。同时,业主还有权对承包单位施行误期违约罚款。而如果是属于工程延期,则承包单位不仅有权要求延长工期,而且还有权向业主提出赔偿费用的要求以弥补由此造成的额外损失。因此,对承包单位来说,及时向监理工程师申报工程延期十分重要。

1) 申报工程延期的条件

由于以下原因导致工程拖期,承包单位有权提出延长工期的申请,监理工程师应按合同规定,批准工程延期时间。

(1) 监理工程师发出工程变更指令而导致工程量增加。

(2) 合同所涉及的任何可能造成工程延期的原因,如延期交图、工程暂停、对合格工程的剥离检查及不利的外界条件等。

(3) 异常恶劣的气候条件。

(4) 由业主造成的任何延误、干扰或障碍,如未及时提供施工场地、未及时付款等。

(5) 除承包单位自身以外的其他任何原因。

2) 工程延期的审批程序

工程延期的审批程序如图 4-40 所示。当工程延期事件发生后,承包单位应在合同规定的有效期内以书面形式通知监理工程师(即工程延期意向通知),以便于监理工程师尽早了解所发生的事件,及时作出一些减少延期损失的决定。随后,承包单位应在合同规定的有效期内(或监理工程师可能同意的合理期限内)向监理工程师提交详细的申述报告(延期理由及依据)。监理工程师收到该报告后应及时进行调查核实,准确地确定出工程延期时间。

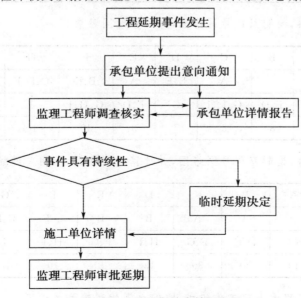

图 4-40 工程延期的审批程序图

当延期事件具有持续性，承包单位在合同规定的有效期内不能提交最终详细的申述报告时，应先向监理工程师提交阶段性的详情报告。监理工程师应在调查核实阶段性报告的基础上，尽快作出延长工期的临时决定。临时决定的延期时间不宜太长，一般不超过最终批准的延期时间。

待延期事件结束后，承包单位应在合同规定的期限内向监理工程师提交最终的详情报告。监理工程师应复查详情报告的全部内容，然后确定该延期事件所需要的延期时间。

复习思考题

1. 简述工程项目流水施工的参数。
2. 网络计划有哪几种排列方法？
3. 简述工程延期的审批程序。
4. 简述施工项目进度计划的调整方法。
5. 某项目经理部承建一工程，该工程由 A、B、C、D 组成。施工是在平面上划分成四个施工段，流水节拍见下表。规定施工过程 A 完成后，其相应施工段至少要养护 2 天，而允许 D 与 C 之间搭接 1 天，试编制流水施工方案。

流水节拍（天）

施工段 \ 施工过程	A	B	C	D
①	3	1	2	4
②	2	3	1	2
③	2	5	3	3
④	4	3	5	3

6. 根据以下资料，绘制双代号网络图，并计算时间参数。

工作名称	A	B	C	D	E	F	G	H	I	J
紧前工序	—	—	A	B,E	A	B,E	C,D,F	C,F	G,H	C,F
紧后工序	C,F	F,D	G,J,H	G	F,D	G,H,J	I	I	—	—
延续时间（天）	4	8	6	7	3	10	10	12	5	8

7. 根据以下资料，绘制双代号网络图，并计算时间参数，标明关键线路及计划工期。

工作名称	A	B	C	D	E	F	G	H	I
紧前工序	—	A	A	B	B	C,E	C,E	D,F	D,F,G
紧后工序	B,C	D,E	F,G	H,I	F,G	H,I	I	—	—
延续时间（天）	10	20	30	15	5	10	15	20	10

8. 某装饰装修工程由七项工作组成，它们之间的逻辑关系如下：

施工过程	A	B	C	D	E	F	G
紧前工作	—	A	A	B	A、B	D、E	D、F、C
紧后工作	B、E、C	D、E	G	F、G	F	G	—
作业时间(天)	2	3	3	4	5	2	3

问题：
(1) 依据表中逻辑关系绘制双代号网络图。
(2) 用图上计算法计算时间参数。
(3) 简述双时标网络计划的绘制方法。
(4) 简述双代号时标网络计划的优点。
(5) 确定该时标网络计划的关键线路并在图上用双线表示。

9. 某装饰装修工程有三个楼层，有吊顶、墙面涂料、铺木地面三个施工过程，各施工过程在每一层上持续时间分别为：吊顶3周，墙面涂料2周，铺木地面1周。根据每一层作为一个段来组织流水施工，所绘制的双代号网络图如下图所示：

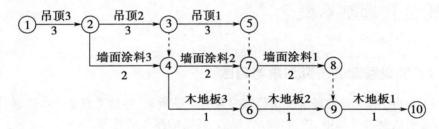

问题：
(1) 请指出网络图中存在的错误。
(2) 绘出正确的双代号网络图。
(3) 绘制单代号网络图，并用图上计算法计算时间参数。
(4) 确定该网络计划的工期。
(5) 简述单代号网络计划关键线路的确定方法，并确定该网络计划的关键线路，在图上用双线标明关键线路。

5 建设工程项目质量管理

职业能力目标：通过本章的学习，学生应达到施工项目控制检查、质量管理的初步要求，具备对建筑工程进行施工质量管理的能力。

学习任务：本章首先介绍了工程项目质量管理的基本概念，然后重点对工程项目施工质量的控制进行阐述。

通过对本章的学习，学生应了解施工质量管理的基本概念和质量体系认证的基本知识；掌握施工质量控制检查的内容和方法、施工质量事故的处理方法；重点掌握工程质量分析的常用工具。

5.1 质量管理基本概念

5.1.1 质量管理的研究对象与范围

20 世纪 80 年代，质量管理的主要研究对象是产品质量，包括工农业产品质量、工程建设质量、交通运输质量以及邮电、旅游、商店、饭店、宾馆的服务质量等。

20 世纪 90 年代后，质量管理的研究对象却是实体质量，范围扩大到一切可以单独描述和研究的事物，不仅包括产品质量，而且还研究某个组织的质量、体系的质量、人的质量以及它们的任何组合系统的质量。

质量管理，是确定质量方针、目标和责任，并通过质量体系中的质量策划、质量控制、质量保证和质量改进，来实现其所有管理职能的全部活动。因此，现代质量管理虽然仍重视产品工程和服务质量，但更强调体系或系统的质量、人的质量，并以人的质量、体系质量去确保产品、工程或服务质量。现在，这种管理活动，不仅仅只是在工业生产领域，而且已扩大到农业生产、工程建设、交通运输、教育卫生、商业服务等领域。无论是行业质量管理，还是企业、事业单位的质量管理，客观上都存在着一个系统对象——质量体系。

无论哪个质量体系都具有一个系统所应具备的四个特征：

1) 集合性

质量体系是由若干个可以相互区别的要素（或子系统）组成的一个不可分割的整体系统。质量体系的要素主要是人、机（设备）、料（原材料）、法（法规和方法）、环（环境）等，具体包括市场调研、设计、采购、工艺准备、物资、设备、检验、记录、人员培训、质量成本、质量体系审核与复审、质量职责和责任以及统计方法的应用等等。

2) 相关性

质量体系各要素之间也是相互联系和相互作用的，它们之间某一要素发生变化，其他要素也要进行相应的改变和调整。如更新了设备，操作人员就要更新知识，操作方法、工艺等也要相应调整。因此,我们不能静止地、孤立地看待质量体系中的任何一个要素,而要依据相关性,协调好它们之间的关系,从而发挥系统整体效能。

3) 目的性

质量体系的目的就是追求稳定的高质量,使产品或服务满足规定的要求或潜在的需要,使广大用户、消费者和顾客满意。同时,也使本企业获得良好的经济效益。为此,企业必须建立质量体系,对影响产品或服务的技术、管理和人等质量体系要素进行控制。

4) 环境适应性

任何一个质量体系都存在于一定的环境条件之中。我国质量体系必须适应我国的经济体制和政治体制。目前,我国正在进行经济体制改革和政治体制改革,质量体系就必须改进,以适应新的环境条件,并与其保持最佳适应状态。这也是我们要建立和完善中国式的质量体系的重要原因。

当然,质量体系是人工系统,而不是自然系统;是开环系统,而不是闭环系统;是动态系统,而不是静态系统。从宏观上看,它又是社会技术监督系统的重要组成部分,是"质量兴国"、"振兴中华"、建设和实现四个现代化的根本和关键。从微观上看,即就一个企业、一个公司、一个项目、一个工地等而言,质量管理仅仅是这个企(事)业单位生产经营管理系统的一个组成部分,是企业(事业)技术监督系统的主要系统。它与这个企(事)业单位的计量管理系统、标准化管理系统等共同组成了技术监督系统,为生产经营提供了基础保证和实行技术监督,使之优质、低耗、高效地生产经营。因此,我们在质量管理过程中应该自觉地运用系统工程科学方法,把质量的主要对象放在质量体系的设计、建立和完善上。

5.1.2 质量管理研究的主要内容

迄今为止,质量管理研究的主要内容有以下八个方面:

1) 质量管理基本概念

任何一门学科都有一套专门的、特定的概念,组成一个合乎逻辑的理论概述。质量管理也不例外,如质量、质量方针、质量控制、质量保证、质量审核、质量成本、质量体系等,是质量管理中常用的重要概念,应确定其统一、正确的术语及其准确的含义。

2) 质量管理的基础工作

质量管理的基础工作是标准化、计量、质量信息与质量教育工作,此外还有以质量否决权为核心的质量责任制。离开这些基础,质量管理是无法推行或行之无效的。

3) 质量体系的设计(策划)

质量管理的首要工作就是设计或策划科学有效的质量体系,无论是国家、行业、企业还是某个组织、单位的质量体系设计,都要从其实际情况和客观需要出发,合理选择质量体系要素,编制质量体系文件,规划质量体系运行步骤和方法,并制定考核办法。

4) 质量管理的组织体制和法规

要从我国国情出发,研究建立适合于我国经济体制和政治体制的质量管理组织体制和质量管理法规。当然,也要研究各国质量管理体制、法规,以博采众长,取长补短,融合提炼成具有中国社会主义特色的质量管理体制和法规体系,如质量管理组织体系、质量监督组织体系、质量认证体系,以及质量管理方面的法律、法规和规章等。

5)质量管理的工具和方法

质量管理的基本思想方法是 P(计划)D(实施)C(检查)A(总结);基本数学方法是概率论和数理统计法。由此而总结出各种常用工具,如排列图、因果分析图、直方图、控制图等等。近年来,人们又根据运筹学、控制论等系统工程科学方法研制了关联图法、系统图法、矩阵图法等七种工具。此外,还有实验设计、方差与回归分析及控制图表等。

6)质量抽样检验方法和控制方法

质量指标是具体、定量的,如何抽样检查或检验,怎样实行有效的控制,都要在质量管理过程中正确地运用数理统计方法,研究和制定各种有效的控制系统。质量的统计抽样工具——抽样方法标准,就成为质量管理工程中一项十分重要的内容。

7)质量成本和质量管理经济效益的评价、计算

质量成本是从经济性角度评定质量体系有效性的重要方面。科学、有效的质量管理,对企事业单位和对国家都有显著的经济效益。如何核算质量成本,怎样定量考核质量管理水平的效果,已成为现代质量管理必须研究的一项重要课题。

8)质量管理人才的培训、教育

质量管理,以人为本。没有高质量的质量管理人才是不可能开展质量管理事业的。为此,要研究质量管理的学历教育(包括博士、硕士和学士等),职业或继续教育的课程内容,教材、教学方法;质量管理专业技术职称评审、职称聘任的条件和方法等。

此外,可信性管理、质量管理经济效果的评定和计算以及质量文化建设等也是质量管理研究的重要内容。

5.1.3 质量管理的常用方法

1)全面质量管理

为了能够在最经济的水平上并充分考虑到满足顾客要求的条件下进行市场研究、设计、制造和售后服务,把企业内各部门的研制质量、维持质量和提高质量的活动构成为一体的管理模式称为全面质量管理。它的意义在于提高产品质量,降低经营成本,增强质量意识,提高市场占有率,改进售后服务,降低企业风险,减少责任事故的发生。其要旨在于:为了取得真正的经济效益,管理必须以顾客的质量要求为出发点,以顾客对产品最终满意为落脚点。这种质量管理过程的全面性,决定了全面质量管理的内容应当包括设计过程、制造过程、辅助过程、使用过程四个过程的质量,从而实现人、设备、信息三位一体的协调活动。具体环节如下:通过市场调查,确定高标准产品质量目标和设计方案→投入生产以数理统计原理为基础进行工序质量控制→做好原材料入厂质量把关和各项后勤工作,为生产提供良好的物质技术条件和配套服务→开展产品售后服务,根据市场反馈的产品使用效果和用户要求,调整目标。

2)六西格玛管理法

六西格玛管理法总结了质量管理的成功经验,吸纳了顾客满意理论、变革管理、供应链管理、经济性管理等现代理论和方法,使质量成为企业追求卓越的根本途径,形成企业质量竞争力的核心内容。六西格玛管理法可以作为企业战略方法和相应的工具,通过严谨的、系统化的以及以数据为依据的方法,消除包括从生产到销售、从产品到服务所有过程中的缺陷,从而提高企业的竞争实力。

六西格玛管理法步骤如下：第一步，定义问题。即发现问题，找到症结所在，并规划流程。六西格玛不像其他管理方法仅仅简单的关注于结果，六西格玛关注创造产品、提供服务的流程，以便你能很容易地识别各个步骤之间的联系。第二步，测量某个流程或操作的缺陷机会的多少，并计算出"缺陷率"。第三步，分析问题出现的原因，将工作重点放在对质量有重大影响的事情上，找出影响数据的变量和影响问题的关键因素。第四步，提高关键环节质量的改进，从而改进整个流程。第五步，严格控制新的流程。

简言之，六西格玛管理法就是：定义问题→测量你所处的状态→分析问题的影响因素→改进状况→控制新的流程。

3）文件化的质量管理体系

建立行之有效的质量管理体系，并使之有序的运行是质量管理的主要任务。文件化的质量管理体系能避免经验管理中的盲目性和不确定性，是实现预定质量目标的保证。在确立了质量方针和质量目标后，为了实现质量方针，达到质量目标，把所有应做到的事情涉及的每个部门乃至每个人，应该做什么，怎么做，什么时候做，要求是什么，用什么设备材料，如何控制等内容全部用文字的形式写下来。建立数个程序文件，把涉及质量的有关部门、人、资源都纳入质量管理体系中，也就是说把影响质量的所有工作人员的职责、权限、相互关系，以及各种岗位各种工作项目不同的实施方式都进行阐述，并用文件的形式固定下来，这种管理模式即是文件化的质量管理体系。它的本质在于通过建立具有很强的约束力的文件化管理制度，使各项工作及影响工作结果的全部因素都处于严格的受控状态，并通过不间断的管理体系审核及评审，力求不断改进和提高管理水平，确保预期目标得以实现。

企业管理中采用文件化的质量管理体系是推行 ISO9001 质量管理体系的前提。

4）QC（质量控制）小组活动

QC 小组活动是指在生产或工作岗位上从事各种劳动的职工，围绕企业的经营战略、方针目标和现场存在的问题，以改进质量、降低消耗、提高人的素质和经济效益为目的组织起来的小组，运用质量管理的理论和方法开展质量管理的一种管理模式。QC 小组是企业中群众性质量管理活动的一种有效组织形式，是职工参加企业民主管理的经验同现代科学管理方法相结合的产物，它是小组活动的主体。它的显著特点在于广泛的群众性、高度的民主性、严密的科学性。

5）零缺陷管理

"零缺陷管理"即无缺点，其管理的思想本质在于企业发挥个人的主观能动性来进行经营管理，生产者要努力使自己的产品无缺点，并向着高质量标准目标而奋斗。它要求生产从一开始就本着严肃认真的态度把工作做得准确无误，在生产中从产品的质量、成本与消耗等方面的要求来合理安排，而不是依靠事后的检验来纠正。而供应、销售及售后服务等其他环节也和产品生产环节一样，从物资、资本、成本、财务、科技开发、员工等方面，全方位的管理无缺陷，便构筑起了完美的"零缺陷管理"体系。零缺陷强调预防系统控制和过程控制，第一次就把事情做对并符合对顾客承诺的要求。开展零缺陷管理可以提高全员对产品质量和业务质量的责任感，从而保证产品质量和工作质量。

6）顾客满意度调查

顾客满意度调查是将"顾客至上"思想具体化的管理方法，是一种先进的管理测评手段。它通过分析影响顾客满意状态的各种因素，从所获得的信息中汲取经验和分析不足并逐渐建立顾客满意指标体系，对管理过程和经营方法进行测评，并有针对性地提出解决方案，将其应用在企业具体经营、管理中，提高企业市场竞争能力和经营管理水平。在企业保证顾客满意度的过程中，企业会越来越了解顾客，常常会准确地预测到顾客的需求和愿望。这样，企业就不用花更多的时间和精力去做市场研究，新产品的研制和生产也会少走弯路，在很大程度上减少了企业的浪费，节约了成本，可以利用有限的资源最大限度地提高企业的经济效益。

5.2 建设工程项目质量控制的概念和原理

5.2.1 建设工程项目质量控制的含义

(1) 质量控制是 GB/T 19000(等同于采用 ISO 9000—2000)质量管理体系标准的一个质量术语。质量控制是质量管理的一部分，是致力于满足质量要求的一系列相关活动。

(2) 质量控制包括采取的作业技术和管理活动。作业技术是直接产生产品或服务质量的条件；但并不是具备相关作业技术能力都能产生合格的质量，在社会化大生产条件下，还必须通过科学的管理，来组织和协调作业技术活动的过程，以充分发挥其质量形成能力，实现预期的质量目标。

(3) 质量控制是质量管理的一部分，按照 GB/T 19000 定义，质量管理是指确立质量方针及实施质量方针的全部职能和工作内容，并对其工作效果进行评价和改进的一系列工作。因此，两者的区别在于质量控制是在明确的质量目标条件下通过行动方案和资源配置的计划、实施、检查和监督来实现预期目标的过程。

(4) 建设工程项目从本质上说是一项拟建的建筑产品，它和一般产品具有同样的质量内涵，即满足明确和隐含需要的特性之总和。其中明确的需要是指法律法规技术标准和合同等所规定的要求；隐含的需要是指法律法规或技术标准尚未作出明确规定，然而随着经济发展、科技进步及人们消费观念的变化，客观上已存在的某些需求。因此，建筑产品的质量也就需要通过市场和营销活动加以识别，以不断进行质量的持续改进。其社会需求是否得到满足或满足的程度如何，必须用一系列定量或定性的特性指标来描述和评价，这就是通常意义上的产品适用性、可靠性、安全性、经济性以及环境的适宜性等。

(5) 由于建设工程项目是由业主(或投资者、项目法人)提出明确的需求，然后再通过一次性承发包生产，即在特定的地点建造特定的项目，因此工程项目的质量总目标，是业主建设意图通过项目策划，包括项目的定义及建设规模、系统构成、使用功能和价值、规格档次标准等的定位策划和目标决策来提出的。工程项目质量控制，包括勘察设计、招标投标、施工安装、竣工验收各阶段，均应围绕着致力于满足业主要求的质量总目标而展开。

5.2.2 建设工程项目质量形成的影响因素

(1) 人的质量意识和质量能力是质量活动的主体，对建设工程项目而言，人是泛指与工程有关的单位、组织及个人，包括建设单位、勘察设计单位、施工承包单位、监理及咨询服务单位、政府主管及工程质量监督、监测单位、策划者、设计者、作业者、管理者等等。建筑业实行企业经营资质管理、市场准入制度、执业资格注册制度、持证上岗制度以及质量责任制度等,规定按资质等级承包工程任务,不得越级,不得挂靠,不得转包,严禁无证设计、无证施工。

(2) 建设项目的决策因素没有经过资源论证、市场需求预测,盲目建设,重复建设,建成后不能投入生产或使用,所形成的合格而无用途的建筑产品,从根本上是对社会资源的极大浪费,不具备质量的适用性特征。同样,盲目追求高标准,缺乏质量经济性考虑的决策,也将对工程质量的形成产生不利的影响。

(3) 建设工程项目勘察因素。包括建设项目技术经济条件勘察和工程岩土地质条件勘察,前者直接影响项目决策,后者直接关系到工程设计的依据和基础资料。

(4) 建设工程项目的总体规划和设计因素。总体规划关系到土地的合理利用、功能组织和平面布局、竖向设计、总体运输及交通组织的合理性;工程设计具体确定建筑产品或工程目的物的质量目标值,直接将建设意图变成工程蓝图,将适用、经济、美观融为一体,为建设施工提供质量标准和依据。建筑构造与结构的设计合理性、可靠性以及可施工性都直接影响工程质量。

(5) 建筑材料、构配件及相关工程用品的质量因素是建筑生产的劳动对象。建筑质量的水平在很大程度上取决于材料工业的发展,原材料及建筑装饰装潢材料及其制品的开发,导致人们对建筑消费需求日新月异的变化,因此正确合理地选择材料,控制材料、构配件及工程用品的质量规格、性能特性是否符合设计规定标准,直接关系到工程项目的质量。

(6) 工程项目的施工方案包括施工技术方案和施工组织方案。前者指施工的技术、工艺、方法和机械、设备、模具等施工手段的配置,显然,如果施工技术落后、方法不当、机具有缺陷,都将对工程质量的形成产生影响。后者是指施工程序、工艺顺序、施工流向、劳动组织方面的决定和安排。通常的施工程序是先准备后施工,先场外后场内,先地下后地上,先深后浅,先主体后装修,先土建后安装等等,都应在施工方案中明确,并编制相应的施工组织设计。这些都是影响工程项目的重要因素。

(7) 工程项目的施工环境包括地质水文气候等自然环境及施工现场的通风、照明、安全卫生防护设施等劳动作业环境,以及由工程承发包合同结构所派生的多单位多专业共同施工的管理关系,组织协调方式及现场施工质量控制系统等构成的管理环境对工程质量的形成具有一定的影响。

5.2.3 建设工程项目质量控制的基本原理

1) PDCA 循环原理

PDCA 循环,是人们在管理实践中形成的基本理论方法。从实践论的角度看,管理就是确定任务目标,并按照 PDCA 循环原理来实现预期目标。由此可见 PDCA 是目标控制的基本方法。

计划 P(Plan)可以理解为质量计划阶段,明确目标并制订实现目标的行动方案。

在建设工程项目的实施中,"计划"是指各相关主体根据其任务目标和责任范围,确定质量控制的组织制度、工作程序、技术方法、业务流程、资源配置、检验试验要求、质量记录方式、不合格处理、管理措施等具体内容和做法的文件,"计划"还须对其实现预期目标的可行性、有效性、经济合理性进行分析论证,按照规定的程序与权限审批执行。

实施 D(Do)包含两个环节,即计划行动方案的交底和按计划规定的方法与要求展开工程作业技术活动。计划交底的目的在于使具体的作业者和管理者明确计划的意图和要求,掌握标准,从而规范行为,全面地执行计划的行动方案,步调一致地去努力实现预期的目标。

检查 C(Check)指对计划实施过程进行各种检查,包括作业者的自检、互检和专职管理者专检。各类检查都包含两大方面:一是检查是否严格执行了计划的行动方案、实际条件是否发生了变化、不执行计划的原因;二是检查计划执行的结果,即产出的质量是否达到标准的要求,对此进行确认和评价。

处置 A(Action)是指对于质量检查所发现的质量问题或质量不合格及时进行原因分析,采取必要的措施予以纠正,保持质量形成的受控状态。处理分纠偏和预防两个步骤。前者是采取应急措施,解决当前的质量问题;后者是将信息反馈给管理部门,反思问题症结或计划时的不周,为今后类似问题的质量预防提供借鉴。

2) 三阶段控制原理

就是通常所说的事前控制、事中控制和事后控制,这三阶段控制构成了质量控制的系统过程。

(1) 事前控制

要求预先进行周密的质量计划。尤其是工程项目施工阶段,制订质量计划或编制施工组织设计或施工项目管理实施规划(目前这三种计划方式基本上并用),都必须建立在切实可行、有效实现预期质量目标的基础上,作为一种行动方案进行施工部署。目前有些施工企业,尤其是一些资质较低的企业,在承建中小型的一般工程项目时,往往把施工项目经理责任制曲解成"以包代管"的模式,忽略了技术质量管理的系统控制,失去企业整体技术和管理经验对项目施工计划的指导和支撑作用,这将造成质量预控的先天性缺陷。

事前控制,其内涵包括两层意思:一是强调质量目标的计划预控;二是按质量计划进行质量活动前的准备工作状态的控制。

(2) 事中控制

首先是对质量活动的行为进行约束,即对质量产生过程各项技术作业活动操作者在相关制度的管理下的自我行为约束的同时,充分发挥其技术能力,去完成预定质量目标的作业任务;其次是对质量活动过程和结果进行监督控制,这里包括来自企业内部管理者的检查检验和来自企业外部的工程监理以及政府质量监督部门等的监控。

事中控制虽然包含自控和监控两大环节,但其关键还是增强质量意识,发挥操作者自我约束、自我控制能力,即坚持质量标准是根本的,监控或他人控制是必要的补充,没有前者或用后者取代前者都是不正确的。因此在企业组织的质量活动中,通过监督机制和激励机制相结合的管理方法,来发挥操作者更好的自我控制能力,以达到质量控制的效果,是非常必要的。这也只有通过建立和实施质量体系来达到。

(3) 事后控制

事后控制包括对质量活动结果的评价认定和对质量偏差的纠正。从理论上分析,如果计划预控过程所制订的行动方案考虑得越是周密,事中约束监控的能力越强越严格,实现质量预期目标的可能性就越大,理想的状况就是希望做到各项作业活动"一次成功"、"一次交验合格率 100%"。但客观上相当部分的工程不可能达到这一状况,因为在工程中不可避免地会存在一些计划时难以预料的影响因素,包括系统因素和偶然因素。因此,当出现质量实际值与目标值之间超出允许偏差时,必须分析原因,采取措施纠正偏差,保持质量受控状态。

以上三大环节不是孤立和截然分开的,它们之间构成有机的系统过程,实质上也就是PDCA循环具体化,并在每一次滚动循环中不断提高,达到质量管理或质量控制的持续改进。

3)"三全"控制管理

"三全"管理是来自于全面质量管理 TQC(Total Quality Control)的思想,同时包容在质量体系标准(GB/T 19000—ISO 9000)中,它指生产企业的质量管理应该是全面、全过程和全员参与的。这一原理对建设工程项目的质量控制,同样有理论和实践的指导意义。

全面质量控制是指工程(产品)质量和工作质量的全面控制,工作质量是产品质量的保证,工作质量直接影响产品质量的形成。对于建设工程项目而言,全面质量控制还应该包括建设工程各参与主体的工程质量与工作质量的全面控制。如业主、监理、勘察、设计、施工总包、施工分包、材料设备供应商等,任何一方任何环节的怠慢疏忽或质量责任不到位都会造成对建设工程质量的影响。

全过程质量控制是指根据工程质量的形成规律,从源头抓起,全过程推进。GB/T 19000 强调质量管理的"过程方法"管理原则,按照建设程序,建设工程从项目建议书或建设构想提出,历经项目鉴别、选择、策划、调研、决策、立项、勘察、设计、发包、施工、验收、使用等各个有机联系的环节,构成了建设项目的总过程。其中每个环节又由诸多相互关联的活动构成相应的具体过程,因此,必须掌握识别过程和应用"过程方法"进行全过程质量控制。主要的过程有项目策划与决策过程、勘察设计过程、施工采购过程、施工组织与准备过程、检测设备控制与计量过程、施工生产的检验试验过程、工程质量的评定过程、工程竣工验收与交付过程、工程回访维修服务过程。

全员参与控制从全面质量管理的观点看,无论是组织内部的管理者还是作业者,每个岗位都承担着相应的质量职能,一旦确定了质量方针目标,就应组织和动员全体员工参与到实施质量方针的系统活动中去,发挥自己的角色作用。全员参与质量控制作为全面质量不可或缺的重要手段就是目标管理。目标管理理论认为,总目标必须逐级分解,直到最基层岗位,从而形成自下而上、自岗位个体到部门团队的层层控制和保证关系,使质量总目标分解落实到每个部门和岗位。就企业而言,如果存在哪个岗位没有自己的工作目标和质量目标,就说明这个岗位是多余的,应予以调整。

5.3 建设工程项目质量控制系统的建立和运行

5.3.1 建设工程项目质量控制系统的构成

(1)工程项目质量控制系统是面向工程项目而建立的质量控制系统,它不同于企业按照 GB/T 19000 标准建立的质量管理体系。其不同点主要在于:

① 工程项目质量控制系统只用于特定的工程项目质量控制,而不是用于建筑企业的质量管理,即目的不同。

② 工程项目质量控制系统涉及工程项目实施中所有的质量责任主体,而不只是某一个

建筑企业，即范围不同。

③ 工程项目质量控制系统的控制目标是工程项目的质量标准，并非某一建筑企业的质量管理目标，即目标不同。

④ 工程项目质量控制系统与工程项目管理组织相融，是一次性的，并非永久性的，即时效不同。

⑤ 工程项目质量控制系统的有效性一般只做自我评价与诊断，不进行第三方认证，即评价方式不同。

（2）工程项目质量控制系统的构成，按控制内容分，有工程项目勘察设计质量控制子系统、工程项目材料设备质量控制子系统、工程项目施工安装质量控制子系统、工程项目竣工验收质量控制子系统。

（3）工程项目质量控制系统构成，按实施的主体分，有建设单位建设项目质量控制系统、工程项目总承包企业项目质量控制系统、勘察设计单位勘察设计质量控制子系统（设计—施工分离式）、施工企业（分包商）施工安装质量控制子系统、工程监理企业工程项目质量控制子系统。

（4）工程项目质量控制系统构成，按控制原理分，有质量控制计划系统，确定建设项目的建设标准、质量方针、总目标及其分解；质量控制网络系统，明确工程项目质量责任主体构成、合同关系和管理关系，控制的层次和界面；质量控制措施系统，描述主要技术措施、组织措施、经济措施和管理措施的安排；质量控制信息系统，进行质量信息的收集、整理、加工和文档资料的管理。

（5）工程质量控制系统的不同构成，只是提供全面认识其功能的一种途径，实际上它们是交互作用的，而且和工程项目外部的行业及企业的质量管理体系有着密切的联系，如政府实施的建设工程质量监督管理体系、工程勘察设计企业及施工承包企业的质量管理体系、材料设备供应商的质量管理体系、工程监理咨询服务企业的质量管理体系、建设行业实施的工程质量监督与评价体系等。

5.3.2 建设工程项目质量控制系统的建立

1）建立工程项目质量控制体系的原则

根据实践经验，可以参照以下几条原则来建立工程项目质量控制体系：

（1）分层次规划的原则。第一层次是建设单位和工程总承包企业，分别对整个建设项目和总承包工程项目进行相关范围的质量控制系统设计；第二层次是设计单位、施工企业（分包）、监理企业，在建设单位和总承包工程项目质量控制系统的框架内，进行责任范围内的质量控制系统设计，使总体框架更清晰、更具体，落到实处。

（2）总目标分解的原则。按照建设标准和工程质量总体目标分解到各个责任主体，明示于合同条件，由各责任主体制订质量计划，确定控制措施和方法。

（3）质量责任制的原则。即贯彻谁实施谁负责，质量与经济利益挂钩的原则。

（4）系统有效性的原则。即做到整体系统和局部系统的组织、人员、资源和措施落实到位。

2）工程项目质量控制系统的建立程序

（1）确定控制系统各层面组织的工程质量负责人及其管理职责，形成控制系统网络架构。

（2）确定控制系统组织的领导关系、报告审批及信息流转程序。

（3）制订质量控制工作制度，包括质量控制例会制度、协调制度、验收制度和质量责任制度等。

（4）部署各质量主体编制相关质量计划，并按规定程序完成质量计划的审批，形成质量控制依据。

（5）研究并确定控制系统内部质量职能交叉衔接的界面划分和管理方式。

5.3.3 建设工程项目质量控制系统的运行

（1）控制系统运行的动力机制。工程项目质量控制系统的活力在于它的运行机制，而运行机制的核心是动力机制，动力机制来源于利益机制。建设工程项目的实施过程是由多主体参与的价值增值链，因此，只有保持合理的供方及分供方关系，才能形成质量控制系统的动力机制，这一点对业主和总承包方都是同样重要的。

（2）控制系统运行的约束机制。没有约束机制的控制系统是无法使工程质量处于受控状态的，约束机制取决于自我约束能力和外部监控效力，前者指质量责任主体和质量活动主体，即组织及个人的经营理念、质量意识、职业道德及技术能力的发挥；后者指来自于实施主体外部的推动和检查监督。因此，加强项目管理文化建设对于增强工程项目质量控制系统的运行机制是不可忽视的。

（3）控制系统运行的反馈机制。运行的状态和结果的信息反馈，是进行系统控制能力评价，并为及时作出处置提供决策依据，因此，必须保持质量信息的及时和准确，同时提倡质量管理者深入生产一线，掌握第一手资料。

（4）控制系统运行的基本方式。在建设工程项目实施的各个阶段、不同的层面、不同的范围和不同的主体间，应用PDCA循环原理，即计划、实施、检查和处置的方式展开控制，同时必须注重抓好控制点的设置，加强重点控制和例外控制。

5.4 建设工程项目施工质量控制和验收的方法

5.4.1 施工质量控制的目标

（1）施工质量控制的总体目标是贯彻执行建设工程质量法规和强制性标准，正确配置施工生产要素和采用科学管理的方法，实现工程项目预期的使用功能和质量标准。这是建设工程参与各方的共同责任。

（2）建设单位的质量控制目标是通过施工全过程的全面质量监督管理、协调和决策，保证竣工项目达到投资决策所确定的质量标准。

（3）设计单位在施工阶段的质量控制目标，是通过对施工质量的验收签证、设计变更控制及纠正施工中所发现的设计问题，采纳变更设计的合理化建议等，保证竣工项目的各项施工结果与设计文件（包括变更文件）所规定的标准相一致。

（4）施工单位的质量控制目标是通过施工全过程的全面质量自控，保证交付满足施工合同及设计文件所规定的质量标准(含工程质量创优要求)的建设工程产品。

(5)监理单位在施工阶段的质量控制目标是通过审核施工质量文件、报告报表及现场旁站检查、平行检验、施工指令和结算支付控制等手段的应用,监控施工承包单位的质量活动行为,协调施工关系,正确履行工程质量的监督责任,以保证工程质量达到施工合同和设计文件所规定的质量标准。

5.4.2 施工质量控制的过程

(1)施工质量控制的过程,包括施工准备质量控制、施工过程质量控制和施工验收质量控制。

施工准备质量控制是指工程项目开工前的全面施工准备和施工过程中各分部分项工程施工作业前的施工准备(或称施工作业准备)。此外,还包括季节性的特殊施工准备。施工准备质量虽然属于工作质量范畴,但是它对建设工程产品质量的形成能产生重要的影响。

施工过程的质量控制是指施工作业技术活动的投入与产出过程的质量控制,其内涵包括全过程施工生产以及其中各分部分项工程的施工作业过程。

施工验收质量控制是指对已完工程验收时的质量控制,即工程产品质量控制。包括隐蔽工程验收、检验批验收、分项工程验收、分部工程验收、单位工程验收和整个建设工程项目竣工验收过程的质量控制。

(2)施工质量控制过程既有施工承包方的质量控制职能,也有业主方、设计方、监理方、供应方及政府的工程质量监督部门的控制职能,他们具有各自不同的地位、责任和作用。

自控主体。施工承包方和供应方在施工阶段是质量自控主体,不能因为监控主体的存在和监控责任的实施而减轻或免除其质量责任。

监控主体。业主、监理、设计单位及政府的工程质量监督部门,在施工阶段是依据法律和合同对自控主体的质量行为和效果实施监督控制的。

自控主体和监控主体在施工全过程中相互依存、各司其职,共同推动着施工质量控制过程的发展和最终工程质量目标的实现。

(3)施工方作为工程施工质量的自控主体,既要遵循本企业质量管理体系的要求,也要根据其在所承建工程项目质量控制系统中的地位和责任,通过具体项目质量计划的编制与实施,有效地实现自主控制的目标。一般情况下,对施工承包企业而言,无论工程项目的功能类型、结构形式及复杂程度存在着怎样的差异,其施工质量控制过程都可归纳为以下相互作用的八个环节:

① 工程调研和项目承接。全面了解工程情况和特点,掌握承包合同中工程质量控制的合同条件。

② 施工准备,如图纸会审、施工组织设计、施工力量设备的配置等。

③ 材料采购。

④ 施工生产。

⑤ 试验与检验。

⑥ 工程功能检测。

⑦ 竣工验收。

⑧ 质量回访及保修。

5.4.3 施工质量计划的编制

(1) 按照 GB/T 19000 质量管理体系标准,质量计划是质量管理体系文件的组成内容。在合同环境下质量计划是企业向顾客表明质量管理方针、目标及其具体实现的方法、手段和措施,体现企业对质量责任的承诺和实施的具体步骤。

(2) 施工质量计划的编制主体是施工承包企业。在总承包的情况下,分包企业的施工质量计划是总包施工质量计划的组成部分。总包有责任对分包施工质量计划的编制进行指导和审核,并承担施工质量的连带责任。

(3) 根据建筑工程生产施工的特点,目前我国工程项目施工的质量计划常用施工组织设计或施工项目管理实施规划的文件形式进行编制。

(4) 在已经建立质量管理体系的情况下,质量计划的内容必须全面体现和落实企业质量管理体系文件的要求(也可引用质量体系文件中的相关条文),同时结合本工程的特点,在质量计划中编写专项管理要求。施工质量计划的内容一般应包括:工程特点及施工条件分析(合同条件、法规条件和现场条件),履行施工承包合同所必须达到的工程质量总目标及其分解目标,质量管理组织机构、人员及资源配置计划,为确保工程质量所采取的施工技术方案、施工程序,材料设备质量管理及控制措施,工程检测项目计划及方法等。

(5) 施工质量控制点的设置是施工质量计划的组成内容。质量控制点是施工质量控制的重点,凡属关键技术、重要部位、控制难度大、影响大、经验欠缺的施工内容以及新材料、新技术、新工艺、新设备等,均可列为质量控制点实施重点控制。

施工质量控制点设置的具体方法是,根据工程项目施工管理的基本程序,结合项目特点,在制订项目总体质量计划后,列出各基本施工过程对局部和总体质量水平有影响的项目,作为具体实施的质量控制点。如:在高层建筑施工质量管理中,可列出地基处理、工程测量、设备采购、大体积混凝土施工及有关分部分项工程中必须进行重点控制的专题等,作为质量控制重点;在工程功能检测的控制程序中,可设立建(构)筑物防雷检测、消防系统调试检测、通风设备系统调试等专项质量控制点。

通过质量控制点的设定,质量控制的目标及工作重点就能更加明晰,加强事前预控的方向也就更加明确。事前预控包括明确控制目标参数、制定实施规程(包括施工操作规程及检测评定标准)、确定检查项目数量及跟踪检查或批量检查方法、明确检查结果的判断标准及信息反馈要求。

施工质量控制点的管理应该是动态的,一般情况下在工程开工前、设计交底和图纸会审时,可确定一批项目的质量控制点,随着工程的展开、施工条件的变化,随时或定期进行控制点范围的调整和更新,始终保持重点跟踪的控制状态。

(6) 施工质量计划编制完毕,应经企业技术领导审核批准,并按施工承包合同的约定提交工程监理或建设单位批准确认后执行。

5.4.4 施工生产要素的质量控制

1) 影响施工质量的五大要素

劳动主体——人员素质,即作业者、管理者的素质及其组织效果。

劳动对象——材料、半成品、工程用品、设备等的质量。

劳动方法——采取的施工工艺及技术措施的水平。

劳动手段——工具、模具、施工机械、设备等条件。

施工环境——现场水文、地质、气象等自然环境，通风、照明、安全等作业环境以及协调配合的管理环境。

2）劳动主体的控制

劳动主体的质量包括参与工程各类人员的生产技能、文化素养、生理体能、心理行为等方面的个体素质及经过合理组织充分发挥其潜在能力的群体素质。因此，企业应通过择优录用、加强思想教育及技能方面的教育培训、合理组织、严格考核，并辅以必要的激励机制，使企业员工的潜在能力得到最好的组合和充分发挥，从而保证劳动主体在质量控制系统中发挥主体自控作用。

施工企业控制必须坚持对所选派的项目领导者、组织者进行质量意识教育和组织管理能力训练，坚持对分包商的资质考核和施工人员的资格考核，坚持各工种按规定持证上岗制度。

3）劳动对象的控制

原材料、半成品、设备是构成工程实体的基础，其质量是工程项目实体质量的组成部分。因此加强原材料、半成品及设备的质量控制，不仅是提高工程质量的必要条件，也是实现工程项目投资目标和进度目标的前提。

对原材料、半成品及设备进行质量控制的主要内容为：控制材料设备性能、标准与设计文件相符性，控制材料设备各项技术性能指标、检验测试指标与标准要求的相符性，控制材料设备进场验收程序及质量文件资料的齐全程度等。

施工企业应在施工过程中贯彻执行企业质量程序文件中明确规定的材料设备在封样、采购、进场检验、抽样检测及质保资料提交等一系列控制标准。

4）施工工艺的控制

施工工艺的先进合理是直接影响工程质量、工程进度及工程造价的关键因素，施工工艺的合理、可靠还直接影响到工程施工安全。因此，在工程项目质量控制系统中，制订和采用先进合理的施工工艺是工程质量控制的重要环节。对施工方案的质量控制主要包括以下内容：

（1）全面正确地分析工程特征、技术关键及环境条件等资料，明确质量目标、验收标准、控制的重点和难点。

（2）制订合理有效的施工技术方案和组织方案，前者包括施工工艺、施工方法；后者包括施工区段划分、施工流向及劳动组织等。

（3）合理选用施工机械设备和施工临时设施，合理布置施工总平面图和各阶段施工平面图。

（4）选用和设计保证质量和安全的模具、脚手架等施工设备。

（5）编制工程所采用的新技术、新工艺、新材料的专项技术方案和质量管理方案。

为确保工程质量，还应针对工程具体情况，编写气象地质等环境不利因素对施工的影响及其应对措施。

5）施工设备的控制

对施工所用的机械设备，包括起重设备、各项加工机械、专项技术设备、检查测量仪表设备及人货两用电梯等,应根据工程需要从设备选型、主要性能参数及使用操作要求等方面加以控制。

对施工方案中选用的模板、脚手架等施工设备,除按适用的标准定型选用外,一般需按设计及施工要求进行专项设计,对其设计方案、制作质量和验收应作为重点进行控制。

按现行施工管理制度要求,工程所用的施工机械、模板、脚手架,特别是危险性较大的现场安装的起重机械设备,不仅要对其设计安装方案进行审批,而且安装完毕交付使用前必须经专业管理部门验收合格后方可使用。同时,在使用过程中尚需落实相应的管理制度,以确保其安全正常使用。

6)施工环境的控制

环境因素主要包括地质水文状况、气象变化、其他不可抗力因素,以及施工现场的通风、照明、安全卫生防护设施等劳动作业环境等内容。环境因素对工程施工的影响一般难以避免。要消除其对施工质量的不利影响,主要是采取预测预防的控制方法。

对地质水文等方面影响因素的控制,应根据设计要求,分析基地地质资料,预测不利因素,并会同设计等部门采取相应的措施,如降水、排水、加固等技术控制方案。

对天气气象方面的不利条件,应制订专项施工方案,明确施工措施,落实人员、器材等以备紧急应对,从而控制其对施工质量的不利影响。

因环境因素造成的施工中断,往往也会对工程质量造成不利影响,必须通过加强管理、调整计划等措施加以控制。

5.4.5 施工作业过程的质量控制

(1)建设工程施工项目是由一系列相互关联、相互制约的作业过程(工序)所构成,控制工程项目施工过程的质量,必须控制全部作业过程,即各道工序的施工质量。

(2)施工作业过程质量控制的基本程序

① 进行作业技术交底,包括作业技术要领、质量标准、施工依据、与前后工序的关系等。

② 检查施工工序、程序的合理性、科学性,防止工序流程错误而导致工序质量失控。检查内容包括施工总体流程和具体施工作业的先后顺序,在正常的情况下,要坚持先准备后施工、先深后浅、先土建后安装、先验收后交工等。

③ 检查工序施工条件,即每道工序投入的材料,使用的工具、设备,操作工艺及环境条件等是否符合施工组织设计的要求。

④ 检查工序施工中人员操作程序、操作质量是否符合质量规程要求。

⑤ 检查工序施工中产品的质量,即工序质量、分项工程质量。

⑥ 对工序质量符合要求的中间产品(分项工程)及时进行工序验收或隐蔽工程验收。

⑦ 质量合格的工序经验收后可进入下道工序施工,未经验收合格的工序不得进入下道工序施工。

(3)施工工序质量控制要求

工序质量是施工质量的基础,工序质量也是施工顺利进行的关键。为达到对工序质量控制的效果,在工序管理方面应做到:

① 贯彻预防为主的基本要求,设置工序质量检查点,把材料质量状况、工具设备状况、施工程序、关键操作、安全条件、新材料新工艺应用、常见质量通病,甚至包括操作者的行为

等影响因素列为控制点作为重点检查项目进行预控。

② 落实工序操作质量巡查、抽查及重要部位跟踪检查等方法,及时掌握施工质量总体状况。

③ 对工序产品、分项工程的检查应按标准要求进行目测、实测及抽样试验的程序,做好原始记录,经数据分析后,及时作出合格及不合格的判断。

④ 对合格的工序产品应及时提交监理进行隐蔽工程验收。

⑤ 完善管理过程的各项检查记录、检测资料及验收资料,作为工程质量验收的依据,并为工程质量分析提供可追溯的依据。

5.4.6 施工质量验收的方法

(1) 建设工程质量验收是对已完工的工程实体的外观质量及内在质量按规定程序检查后,确认其是否符合设计及各项验收标准的要求,作为建设工程是否可交付使用的一个重要环节。正确地进行工程项目质量的检查评定和验收,是保证工程质量的重要手段。

鉴于建设工程施工规模较大、专业分工较多、技术安全要求高等特点,国家相关行政管理部门对各类工程项目的质量验收标准制定了相应的规范,以保证工程验收的质量,工程验收应严格执行规范的要求和标准。

(2) 工程质量验收分为过程验收和竣工验收,其程序及组织包括:

① 施工过程中,隐蔽工程在隐蔽前通知建设单位(或工程监理)进行验收,并形成验收文件。

② 分部分项工程完成后,应在施工单位自行验收合格后,通知建设单位(或工程监理)验收,重要的分部分项工程应请设计单位参加验收。

③ 单位工程完工后,施工单位应自行组织检查、评定,符合验收标准后,向建设单位提交验收申请。

④ 建设单位收到验收申请后,应组织施工、勘察、设计、监理单位等方面的人员进行单位工程验收,明确验收结果,并形成验收报告。

⑤ 按国家现行管理制度,房屋建筑工程及市政基础设施工程验收合格后,还需在规定时间内,将验收文件报政府管理部门备案。

(3) 建设工程施工质量验收应符合下列要求:

① 工程质量验收均应在施工单位自行检查评定的基础上进行。

② 参加工程施工质量验收的各方人员,应该具有规定的资格。

③ 建设项目的施工,应符合工程勘察、设计文件的要求。

④ 隐蔽工程应在隐蔽前由施工单位通知有关单位进行验收,并形成验收文件。

⑤ 单位工程施工质量应该符合相关验收规范的标准。

⑥ 涉及结构安全的材料及施工内容,应有按照规定对材料及施工内容进行见证取样检测的资料。

⑦ 对涉及结构安全和使用功能的重要部分工程、专业工程应进行功能性抽样检测。

⑧ 工程外观质量应由验收人员通过现场检查后共同确认。

(4) 建设工程施工质量检查评定验收的基本内容及方法:

① 分部分项工程内容的抽样检查。

② 施工质量保证资料的检查，包括施工全过程的技术质量管理资料，其中又以原材料、施工检测、测量复核及功能性试验资料为重点检查内容。

③ 工程外观质量的检查。

(5) 工程质量不符合要求时，应按以下规定进行处理：

① 经返工或更换设备的工程，应该重新检查验收。

② 经有资质的检测单位检测鉴定，能达到设计要求的工程应予以验收。

③ 经返修或加固处理的工程，虽局部尺寸等不符合设计要求，但仍然能满足使用要求的，可按技术处理方案和协商文件进行验收。

④ 经返修和加固后仍不能满足使用要求的工程严禁验收。

5.5 建设工程项目质量的政府监督

5.5.1 建设工程项目质量政府监督的职能

(1) 为加强对建设工程质量的管理，我国《建筑法》及《建设工程质量管理条例》明确政府行政主管部门设立专门机构对建设工程质量行使监督职能，其目的是保证建设工程质量、保证建设工程的使用安全及环境质量。国务院建设行政主管部门对全国建设工程质量实行统一监督管理，国务院铁路、交通、水利等有关部门按照规定的职责分工，负责对全国有关专业建设工程质量的监督管理。

(2) 各级政府质量监督机构对建设工程质量监督的依据是国家、地方和各专业建设管理部门颁发的法律、法规及各类规范和强制性标准。

(3) 政府对建设工程质量监督的职能包括两大方面：一是监督工程建设的各方主体（包括建设单位、施工单位、材料设备供应单位、设计勘察单位和监理单位等）的质量行为是否符合国家法律法规及各项制度的规定；二是监督检查工程实体的施工质量，尤其是地基基础、主体结构、专业设备安装等涉及结构安全和使用功能的施工质量。

5.5.2 建设工程项目质量政府监督的实施

(1) 建设工程质量监督申报

在工程项目开工前，监督机构接受建设工程质量监督的申报手续，并对建设单位提供的文件资料进行审查，审查合格的签发有关质量监督文件。

(2) 开工前的质量监督

开工前召开项目参与各方参加的首次监督会议，公布监督方案，提出监督要求，并进行第一次监督检查。监督检查的主要内容是审查工程参与各方的工程质量保证体系是否建立和是否完善。具体内容为：检查项目参与各方的质保体系，包括组织机构、质量控制方案及质量责任制等制度；审查施工组织设计、监理规划等文件及审批手续；各方人员的资质证书；检查的结果记录保存。

(3) 施工过程中的质量监督（全过程监督）

① 在工程建设全过程，监督机构按照监督方案对项目施工情况进行不定期的检查。其

中在基础和结构阶段每月安排监督检查。检查内容为工程参与各方的质量行为及质量责任制的履行情况、工程实体质量和质保资料的检查。

② 对建设工程项目结构主要部位(如桩基、基础、主体结构)除了常规检查外,在分部工程验收时进行监督,即建设单位将施工设计、监理、建设方分别签字的质量验收证明在验收后三天内报监督机构备案。

③ 对施工过程中发生的质量问题、质量事故进行查处。根据质量检查状况,对查实的问题签发"质量问题整改通知单"或"局部暂停施工指令单",对问题严重的单位也可根据情况发出"临时收缴资质证书通知书"等处理意见。

(4) 竣工阶段的质量监督

① 按规定对工程竣工验收备案工作实施监督。

② 竣工验收前,对质量监督检查中提出质量问题的整改情况进行复查,了解其整改情况。

③ 参与竣工验收会议,对验收过程进行监督。

④ 编制单位工程质量监督报告,在竣工验收之日起五天内提交竣工验收备案部门,对不符合验收要求的责令改正。对存在的问题进行处理,并向备案部门提出书面报告。

(5) 建立建设工程质量监督档案

建设工程质量监督档案按单位工程建立。要求归档及时,资料记录等各类文件齐全,经监督机构负责人签字后归档,按规定年限保存。

5.6 常见的工程质量统计分析方法的应用

5.6.1 分层法

由于影响工程质量形成的因素较多,因此,对工程质量状况的调查和质量问题的分析,必须分门别类地进行,以便准确有效地找出问题及其原因,这就是分层法的基本思想。

例如一个焊工班组有 A、B、C 三位工人实施焊接作业,共抽检 60 个焊接点,发现有 18 个焊接点不合格,占 30%,究竟问题在哪里呢?根据分层调查的统计数据表 5-1 可知,主要是作业工人 C 的焊接质量影响了总体质量水平。

表 5-1 分层调查统计数据表

作业工人	抽检点数	不合格点数	个体不合格率(%)	占不合格点总数(%)
A	20	2	10	11
B	20	4	20	22
C	20	9	45	50
D	20	3	15	17

根据管理需要和统计目的,通常可按照以下分层方法取得原始数据:

按时间分:季节、月、日、上午、下午、白天、晚间。

按地点分：地域、城市、乡村、楼层、外墙、内墙。
按材料分：产地、厂商、规格、品种。
按测定分：方法、仪器、测定人、取样方式。
按作业分：工法、班组、工长、工人、分包商。
按工程分：住宅、办公楼、道路、桥梁、隧道。
按合同分：总承包、专业分包、劳务分包。

5.6.2 因果分析图法

因果分析图法，也称为质量特性要因分析法（鱼刺图法），其基本原理是对每一个质量特性或问题，采用如图5-1所示的方法，逐层深入排查可能原因。然后确定其中最主要原因，进行有的放矢的处置和管理。图5-1表示混凝土强度不合格的原因分析，其中，第一层面从人、机械、材料、施工方法和施工环境进行分析；第二层面、第三层面，以此类推。

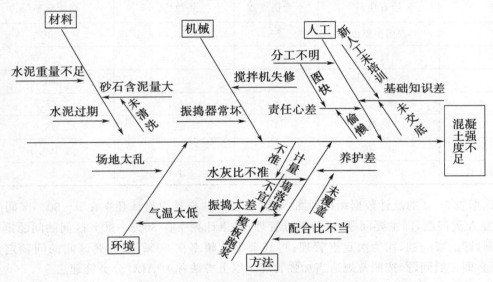

图5-1 混凝土强度不合格因果分析

(2) 使用因果分析图法时，应注意以下事项：
① 一个质量特性或一个质量问题使用一张图分析。
② 通常采用QC小组活动的方式进行，集思广益，共同分析。
③ 必要时可以邀请小组以外的有关人员参与，广泛听取意见。
④ 分析时要充分发表意见，层层深入，列出所有可能的原因。
⑤ 在充分分析的基础上，由各参与人员采用投票或其他方式，从中选择1~5项多数人达成共识的最主要原因。

5.6.3 排列图法

在质量管理过程中，通过抽样检查或检验试验所得到的质量问题、偏差、缺陷、不合格等统计数据，以及造成质量问题的原因分析统计数据，均可采用排列图方法进行状况描述，它具有直观、主次分明的特点。表5-2是对某项模板施工精度进行抽样检查，得到150个不合格点数的统计数据。然后按照质量特性不合格点数(频数)从大到小的顺序重新整理为表5-3,并分别计算出累计频数和累计频率。

表5-2 构件尺寸抽样检查统计表

序号	检查项目	不合格点数	序号	检查项目	不合格点数
1	轴线位置	1	5	平面水平度	15
2	垂直度	8	6	表面平整度	75
3	标高	4	7	预埋设施中心位置	1
4	截面尺寸	45	8	预留孔洞中心位置	1

表5-3 构件尺寸不合格点顺序排列表

序 号	检查项目	不合格点数	频数(%)	累计频率(%)
1	表面平整度	75	50.0	50.0
2	截面尺寸	45	30.0	80.0
3	平面水平度	15	10.0	90.0
4	垂直度	8	5.3	95.3
5	标高	4	2.7	98.0
6	其他	3	2.0	100.0
合 计		150	100	

根据表5-3的统计数据画排列图(见图5-2),并将其中累计频率在0~80%区间的问题定为A类问题,即主要问题,进行重点管理;将累计频率在80%~90%区间的问题定为B类问题,即次要问题,作为次重点管理;将其余累计频率在90%~100%区间的问题定为C类问题,即一般问题,按照常规适当加强管理。以上方法称为ABC分类管理法。

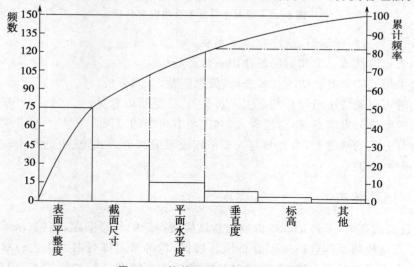

图5-2 构件尺寸不合格点排列图

5.6.4 直方图法

(1) 直方图的主要用途

整理统计数据,了解统计数据的分布特征,即数据分布的集中或离散状况,从中掌握质量能力状态;观察分析生产过程质量是否处于正常、稳定和受控状态以及质量水平是否保持在公差允许的范围内。

(2) 直方图法的应用

首先是收集当前生产过程质量特性抽检的数据,然后制作直方图进行观察分析,判断生产过程的质量状况和能力。表5-4为某工程10组试块的抗压强度数据150个,但很难直接判断其质量状况是否正常、稳定及其受控情况,如将数据整理后绘制成直方图,就可以根据正态分布的特点进行分析判断。如图5-3所示。

表 5-4 数据整理表（N/mm²）

序 号	抗压强度数据					最大值	最小值
1	39.8	37.7	33.8	31.5	36.1	39.8	31.5
2	37.2	38.0	33.1	39.0	36.0	39.0	33.1
3	35.8	35.2	31.8	37.1	34.0	37.1	31.8
4	39.9	34.3	33.2	40.4	41.3	41.3	33.2
5	39.2	35.4	34.4	38.1	40.3	40.3	34.4
6	42.3	37.5	35.5	39.8	37.8	42.3	35.5
7	35.9	42.4	41.8	36.3	36.2	42.4	35.9
8	46.2	37.6	38.3	39.7	38.0	46.2	37.6
9	36.4	36.3	43.4	38.2	38.0	43.4	36.3
10	44.4	42.0	37.9	38.4	39.5	44.4	37.9

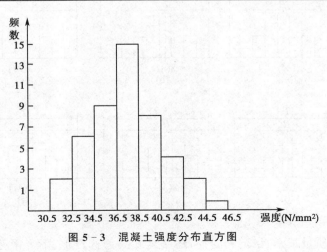

图 5-3 混凝土强度分布直方图

(3) 直方图的观察分析之一——形状观察分析

所谓形状观察分析是指将绘制好的直方图形状与正态分布图的形状进行比较分析,一看形状是否相似,二看分布区间的宽窄。直方图的分布形状及分布区间宽窄是由质量特性统计数据的平均值和标准偏差所决定的。

正常直方图呈正态分布,其形状特征是中间高,两边低,是对称的,如图 5-4(a)所示。正常直方图反映生产过程质量处于正常、稳定状态。数理统计研究证明,当随机抽样方案合理且样本数量足够大时,在生产能力处于正常、稳定状态,质量特性检测数据趋于正态分布。

异常直方图呈偏态分布,常见的异常直方图有折齿型、陡坡型、孤岛型、双峰型、峭壁型,如图 5-4(b)、(c)、(d)、(e)、(f)所示,出现异常的原因可能是生产过程存在影响质量的系统因素,或收集整理数据制作直方图的方法不当所致,要具体分析。

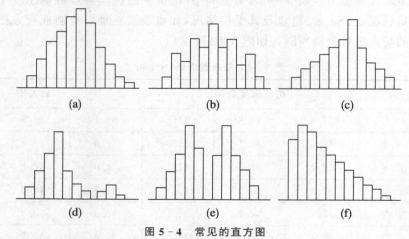

图 5-4　常见的直方图
(a)正常型;(b)折齿型;(c)陡坡型;(d)孤岛型;(e)双峰型;(f)峭壁型

(4) 直方图的观察分析之二——位置观察分析

所谓位置观察分析是指将直方图的分布位置与质量控制标准的上下限范围进行比较分析,如图 5-5 所示。

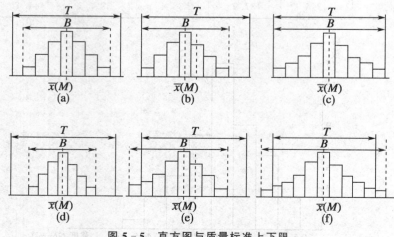

图 5-5　直方图与质量标准上下限

生产过程的质量正常、稳定和受控,还必须在公差标准上、下界限范围内达到质量合格的要求。只有这样的正常、稳定和受控才是经济合理的受控状态,如图 5-5(a)所示。

图 5-5(b)中质量特性数据分布偏下限,易出现不合格,在管理上必须提高总体能力。

图 5-5(c)中质量特性数据的分布充满上下限,质量能力处于临界状态,易出现不合格,必须分析原因,采取措施。

图 5-5(d)中质量特性数据的分布居中且边界与上下限有较大的距离,说明质量能力偏大,不经济。

图 5-5(e)、(f)中均已出现超出上下限的数据,说明生产过程存在质量不合格,需要分析原因,采取措施进行纠偏。

5.7 GB/T 19000—ISO 9000(2000版)质量管理体系标准

5.7.1 质量管理的八项原则

(1) GB/T 19000 质量管理体系标准是我国按等同原则,从 2000 版 ISO 9000 族国际标准转化而成的质量管理体系标准。

(2) 八项质量管理原则是 2000 版 ISO 9000 族标准的编制基础,八项质量管理原则是世界各国质量管理成功经验的科学总结,其中不少内容与我国全面质量管理的经验吻合。它的贯彻执行能促进企业管理水平的提高,并提高顾客对其产品或服务的满意程度,帮助企业达到持续成功的目的。

(3) 质量管理八项原则的具体内容

① 以顾客为关注焦点

组织(从事一定范围生产经营活动的企业)依存于其顾客。组织应理解顾客当前的和未来的需求,满足顾客要求并争取超越顾客的期望。

② 领导作用

领导者确立本组织统一的宗旨和方向,并营造和保持使员工充分参与实现组织目标的内部环境,因此领导在企业的质量管理中起着决定性的作用。只有领导重视,各项质量活动才能有效开展。

③ 全员参与

各级人员都是组织之本,只有全员充分参加,才能使他们的才干为组织带来收益。产品质量是产品形成过程中全体人员共同努力的结果,其中也包含着为他们提供支持的管理、检查、行政人员的贡献。企业领导应对员工进行质量意识等各方面的教育,激发他们的积极性和责任感,为其能力、知识、经验的提高提供机会,发挥创造精神,鼓励持续改进,给予必要的物质和精神奖励,使全员积极参与,为达到让顾客满意的目标而奋斗。

④ 过程方法

将相关的资源和活动作为过程进行管理,可以更高效地得到期望的结果。任何使用资源生产活动和将输入转化为输出的一组相关联的活动都可视为过程。2000 版 ISO 9000 标准是建立在过程控制的基础上的。一般在过程的输入端、过程的不同位置及输出端都存在着可以进行测量、检查的机会和控制点,对这些控制点实行测量、检测和管理,便能控制过程的有效实施。

⑤ 管理的系统方法

将相互关联的过程作为系统加以识别、理解和管理,有助于组织提高实现其目标的有效性和效率。不同企业应根据自己的特点,建立资源管理、过程实现、测量分析改进等方面的关联关系,并加以控制。即采用过程网络的方法建立质量管理体系,实施系统管理。一般建立实施质量管理体系包括:确定顾客期望;建立质量目标和方针;确定实现目标的过程和职责;确定必须提供的资源;规定测量过程有效性的方法;实施测量确定过程的有效性;确定防止不合格并清除产生原因的措施;建立和应用持续改进质量管理体系的过程。

⑥ 持续改进

持续改进总体业绩是组织的一个永恒目标,其作用在于增强企业满足质量要求的能力,包括产品质量、过程及体系的有效性和效率的提高。持续改进是增强和满足质量要求能力的循环活动,使企业的质量管理走上良性循环的轨道。

⑦ 基于事实的决策方法

有效的决策应建立在数据和信息分析的基础上,数据和信息分析是事实的高度提炼。以事实为依据作出决策,可防止决策失误,为此企业领导应重视数据信息的收集、汇总和分析,以便为决策提供依据。

⑧ 与供方互利的关系

组织与供方是相互依存的,建立双方的互利关系可以增强双方创造价值的能力。供方提供的产品是企业提供产品的一个组成部分。处理好与供方的关系,涉及企业能否持续稳定的提供顾客满意产品的重要问题。因此,对供方不能只讲控制,不讲合作互利,特别是关键供方,更要建立互利关系,这对企业与供方都有利。

5.7.2 质量管理体系文件的构成

(1) GB/T 19000 质量管理体系标准对质量体系文件的重要性作了专门的阐述,要求企业重视质量体系文件的编制和使用。编制和使用质量体系文件本身是一项具有动态管理要求的活动。因为质量体系的建立、健全要从编制完善体系文件开始,质量体系的运行、审核与改进都是依据文件的规定进行的,质量管理实施的结果也要形成文件,作为证实产品质量符合规定要求及质量体系有效的证据。

(2) GB/T 19000 质量管理体系对文件提出了明确的要求,企业应具有完整和科学的质量体系文件。质量管理体系文件一般由以下内容构成:

① 形成文件的质量方针和质量目标。
② 质量手册。
③ 质量管理标准所要求的各种生产、工作和管理的程序性文件。
④ 质量管理标准所要求的质量记录。

以上各类文件的详略程度无统一规定,以适于企业使用,使过程受控为准则。

(3) 质量方针和质量目标一般都以简明的文字来表述,是企业质量管理的方向目标,应反映用户及社会对工程质量的要求及企业相应的质量水平和服务承诺,这也是企业质量经营理念的反映。

(4) 质量手册是规定企业组织建立质量管理体系的文件,质量手册对企业质量体系作系统、完整和概要的描述。其内容一般包括:企业的质量方针、质量目标;组织机构及质量职责;体系要素或基本控制程序;质量手册的评审、修改和控制的管理办法。

质量手册作为企业质量管理系统的纲领性文件应具备指令性、系统性、协调性、先进性、可行性和可检查性。

(5) 质量体系程序文件是质量手册的支持性文件,是企业各职能部门为落实质量手册要求而规定的细则,企业为落实质量管理工作而建立的各项管理标准、规章制度都属于程序文件范畴。各企业程序文件的内容及详略可视企业情况而定。一般有以下六个方面的程序为通用性管理程序,各类企业都应在程序文件中制订下列程序：

① 文件控制程序。
② 质量记录管理程序。
③ 内部审核程序。
④ 不合格品控制程序。
⑤ 纠正措施控制程序。
⑥ 预防措施控制程序。

除以上六个程序以外,涉及产品质量形成过程各环节控制的程序文件,如生产过程、服务过程、管理过程、监督过程等管理程序不作统一规定,可视企业质量控制的需要制定。

为确保过程的有效运行和控制,在程序文件的指导下,尚可按管理需要编制相关文件,如作业指导书、具体工程的质量计划等。

(6) 质量记录是产品质量水平和质量体系中各项质量活动进行及结果的客观反映。对质量体系程序文件所规定的运行过程及控制测量检查的内容如实加以记录,用以证明产品质量达到合同要求及质量保证的满足程度。如在控制体系中出现偏差,则质量记录不仅必须反映偏差情况,而且应反映出针对不足之处所采取的纠正措施及纠正效果。

质量记录应完整地反映质量活动实施、验证和评审的情况,并记载关键活动的过程参数,具有可追溯性的特点。质量记录以规定的形式和程序进行,并有实施、验证、审核等签署意见。

5.7.3 质量管理体系的建立和运行

(1) 质量管理体系的建立是企业按照八项质量管理原则,在确定市场及顾客需求的前提下,制定企业的质量方针、质量目标、质量手册、程序文件及质量记录等体系文件,确定企业在生产(或服务)全过程的作业内容、程序要求和工作标准,并将质量目标分解落实到相关层次、相关岗位的职能和职责中,形成企业质量管理体系执行系统的一系列工作。质量管理体系的建立还包含着组织不同层次的员工培训,使体系工作和执行要求为员工所了解,为形成全员参与企业质量管理体系的运行创造条件。

(2) 质量管理体系的建立需识别并提供实现质量目标和持续改进所需的资源,包括人员、基础设施、环境、信息等。

(3) 质量管理体系是在生产及服务的全过程中,按质量管理文件体系制定的程序、标准、工作要求及目标分解的岗位职责进行操作运行。

(4) 在质量管理体系运行的过程中,按各类体系文件的要求,监视、测量和分析过程的有效性和效率,做好文件规定的质量记录,持续收集、记录并分析过程的数据和信息,全面体现产品的质量和过程符合要求及可追溯的效果。

(5) 按文件规定的办法进行管理评审和考核。过程运行的评审考核工作,应针对发现的主要问题,采取必要的改进措施,使这些过程达到所策划的结果和实现对过程的持续改进。

(6) 落实质量体系的内部审核程序,有组织、有计划地开展内部质量审核活动,其主要目的是:评价质量管理程序的执行情况及适用性;揭露过程中存在的问题,为质量改进提供依据;建立质量体系运行的信息;向外部审核单位提供体系有效的证据。

为确保系统内部审核的效果,企业领导应进行决策领导、制定审核政策、计划、组织内审人员队伍,落实内部审核,并对审核中发现的问题采取纠正措施和提供人、财、物等方面的支持。

5.7.4 质量管理体系的认证与监督

1) 质量管理体系认证的意义

质量认证制度是由公正的第三方认证机构对企业的产品及质量体系作出正确可靠的评价,从而使社会对企业的产品建立信心。第三方质量认证制度自 20 世纪 80 年代以来已得到世界各国普遍重视,它对供方、需方、社会和国家都具有以下重要意义:

(1) 提高供方企业的质量信誉。
(2) 促进企业完善质量体系。
(3) 增强国际市场竞争能力。
(4) 减少社会重复检验和检查费用。
(5) 有利于保护消费者利益。
(6) 有利于法规的实施。

2) 质量管理体系的申报及批准程序

申请和受理:具有法人资格,已按 GB/T 19000—ISO 9000 系统标准或其他国际公认的质量体系规范建立了文件化的质量管理体系,并在生产经营全过程中贯彻执行的企业可提出申请。申请单位须按要求填写申请书,认证机构经审查符合要求后接受申请,如不符合则不接受申请,均予发出书面通知书。

审核:认证机构派出审核组对申请方质量体系进行检查和评定,包括文件审查、现场审核,并提出审核报告。

审批与注册发证:认证机构对审核组提出的审核报告进行全面审查,符合标准者批准并予以注册,发给认证证书(内容包括证书号、注册企业名称地址、认证和质量体系覆盖产品的范围、评价依据及质量保证模式标准和说明、发证机构、签发人和签发日期)。

3) 获准认证后的维持与监督管理

企业获准认证的有效期为三年。企业获准认证后,应通过经常性的内部审核,维持质量管理体系的有效性,并接受认证机构对企业质量体系实施监督管理。获准认证后的质量管理体系,维持与监督管理的内容包括:

(1) 企业通报。认证合格的企业质量体系在运行中出现较大变化时,需向认证机构通报,认证机构接到通报后,视情况采取必要的监督检查措施。

(2) 监督检查。指认证机构对认证合格单位质量维持情况进行监督性现场检查,包括定期和不定期的监督检查。定期检查通常是每年一次,不定期检查视需要临时安排。

(3) 认证注销。注销是企业的自愿行为。在企业体系发生变化或证书有效期届满时未提出重新申请等情况下，认证持证者提出注销的，认证机构予以注销，收回体系认证证书。

(4) 认证暂停。认证暂停是认证机构对获证企业质量体系发生不符合认证要求的情况时采取的警告措施。认证暂停期间企业不得用体系认证证书做宣传。企业在规定期间采取纠正措施满足规定条件后，认证机构撤销认证暂停；否则将撤销认证注册，收回合格证书。

(5) 认证撤销。当获证企业发生质量体系存在严重不符合规定，或在认证暂停的规定期限未予整改的，或发生其他构成撤销体系认证资格情况时，认证机构作出撤销认证的决定，企业不服的可提出申诉。撤销认证的企业一年后可重新提出认证申请。

(6) 复评。认证合格有效期满前，如企业愿继续延长，可向认证机构提出复评申请。

(7) 重新换证。在认证证书有效期内，出现体系认证标准变更、体系认证范围变更、体系认证证书持有者变更的，可按规定重新换证。

5.8 建设工程项目设计质量控制的内容和方法

5.8.1 建设工程项目设计质量控制的内容

(1) 正确贯彻执行国家建设法律法规和各项技术标准，其内容主要是：

① 有关城市规划、建设批准用地、环境保护、三废治理及建筑工程质量监督等方面的法律、行政法规及各地方政府、专业管理机构发布的法规规定。

② 有关工程技术标准、设计规范、规程、工程质量检验评定标准，有关工程造价方面的规定文件等。其中要特别注意对国家及地方强制性规范的执行。

③ 经批准的工程项目的可行性研究、立项批准文件及设计纲要等文件。

④ 勘察单位提供的勘察成果文件。

(2) 保证设计方案的技术经济合理性、先进性和实用性，满足业主提出的各项功能要求，控制工程造价，达到项目技术计划的要求。

(3) 设计文件应符合国家规定的设计深度要求，并注明工程合理使用年限。设计文件中选用的建筑材料、构配件和设备，应当注明规格、型号、性能等技术指标，其质量必须符合国家规定的标准。

(4) 设计图纸必须按规定具有国家批准的出图印章及建筑师、结构工程师的执业印章，并按规定经过有效的审图程序。

5.8.2 建设工程项目设计质量控制的方法

(1) 根据项目建设要求和有关批文、资料，组织设计招标及设计方案竞赛。通过对设计单位编制的设计大纲或方案竞赛文件的比较，优选设计方案及设计单位。

(2) 对勘察、设计单位的资质业绩进行审查，优选勘察、设计单位，签订勘察设计合同，并在合同中明确有关设计范围、要求、依据及设计文件深度和有效性要求。

(3) 根据建设单位对设计功能、等级等方面的要求，根据国家有关建设法规、标准的要求及建设项目环境条件等方面的情况，控制设计输入，做好建筑设计、专业设计、总体设计等不同工种的协调,保证设计成果的质量。

(4) 控制各阶段的设计深度,并按规定组织设计评审,按法规要求对设计文件进行审批(如:对扩初设计、设计概算、有关专业设计等),保证各阶段设计符合项目策划阶段提出的质量要求,提交的施工图满足施工的要求,工程造价符合投资计划的要求。

(5) 组织施工图图纸会审,吸取建设单位、施工单位、监理单位等方面对图纸问题提出的意见,以保证施工顺利进行。

(6) 落实设计变更审核,控制设计变更质量,确保设计变更不导致设计质量的下降。并按规定在工程竣工验收阶段,在对全部变更文件、设计图纸校对及施工质量检查的基础上出具质量检查报告,确认设计质量及工程质量满足设计要求。

复习思考题

1. 简述质量管理的研究对象与范围。
2. 简述质量管理的常用方法。
3. 简析质量管理、质量体系、质量控制、质量保证之间的关系。
4. 什么是全面质量管理?全面质量管理的基本要求是什么?
5. 什么是 PDCA 循环原理?
6. 简述三阶段控制构成质量控制系统过程的内容。
7. 简述工程项目质量控制系统的建立程序。
8. 施工质量控制的总体目标是什么?
9. 简述影响施工质量的五大要素。
10. 简述建设工程项目设计质量控制的内容。

6 建设工程职业健康安全与环境管理

职业能力目标：通过本章的学习，学生应达到施工项目职业健康、安全与环境管理的要求，具备对建筑工程进行建筑工程项目职业健康、安全与环境管理的能力。

学习任务：通过本章的学习，学生应了解建筑工程项目职业健康、安全与环境管理的基本知识和建筑工程项目职业健康、安全与环境管理法规；理解建筑工程项目职业健康、安全与环境管理措施；重点掌握常见安全事故的处理方法。

6.1 建设工程职业健康安全与环境管理的目的、任务和特点

6.1.1 建设工程职业健康安全与环境管理的目的和任务

1) 世界经济增长和科学技术发展带来的问题

（1）市场竞争日益加剧

随着经济的高速增长和科学技术的飞速发展，人们为了追求物质文明，生产力得到了高速发展，许多新技术、新材料、新能源涌现，使一些传统的产业和产品生产工艺逐渐消失，新的产业和生产工艺不断产生。但是，在这样一个生产力高速发展的背后，却出现了许多不文明的现象，尤其是在市场竞争日益加剧的情况下，人们往往专注于追求低成本、高利润，而忽视了劳动者的劳动条件和环境的改善，甚至以牺牲劳动者的职业健康安全和破坏人类赖以生存的自然环境为代价。

（2）生产事故和劳动疾病有增无减

据国际劳工组织统计，全球每年发生各类生产事故和劳动疾病约为2.5亿起，平均每天68.5万起，每分钟就发生475起，其中每年死于职业事故和劳动疾病的人数多达110万人，远远多于交通事故、暴力死亡、局部战争以及艾滋病死亡的人数。特别是发展中国家的劳动事故死亡率比发达国家要高出一倍以上，有少数不发达的国家和地区要高出四倍以上。

（3）21世纪人类面临的挑战

据有关专家预测，到2050年地球上的人口由现在的60亿增加到100亿，人类的生存要求不断提高生活质量。从目前发达国家发展速度来看，能源的生产和消耗每5～10年就要翻一番，按如此速度计算，到2050年全球的石油储存量只够用3年，天然气只够用4年，煤炭只够用15年。由于资源的开发和利用而产生的废物严重威胁着人们的健康，21世纪人类的生存环境将面临八大挑战：

① 森林面积锐减。现在全球森林覆盖率约为25%（中国为13.4%）。

② 土地严重沙化。现在全球沙漠面积为3 500万 km^2，目前每年以几百万公顷的速度增加。

③ 自然灾害频发。仅 1995 年全球自然灾害损失 18 000 亿美元,死亡 50 万人。

④ 淡水资源日益枯竭。目前全球有 2/3 以上的贫民得不到洁净的饮用水,每年至少 1 200 万人因水污染夺去生命。

⑤ "温室效应"造成气候严重失常。全球平均气温升高,海平面上升。

⑥ 臭氧层遭破坏,紫外线辐射增加。

⑦ 酸雨频繁,故使土壤酸化,建筑和材料设备遭腐蚀,动植物生存受到危害。

⑧ 化学废物排量剧增,海洋、河流遭化学物质和放射性废物污染。

2) 职业健康安全与环境管理的目的和任务

建设工程项目的职业健康安全管理的目的是保护产品生产者和使用者的健康与安全。控制影响工作场所内员工、临时工作人员、合同方人员、访问者和其他有关部门人员健康和安全的条件和因素,考虑和避免因使用不当对使用者造成的健康和安全的危害。

建设工程项目环境管理的目的是保护生态环境,使社会的经济发展与人类的生存环境相协调。控制作业现场的各种粉尘、废水、废气、固体废弃物以及噪声、振动对环境的污染和危害,考虑能源节约和避免资源的浪费。

职业健康安全与环境管理的任务是建筑生产组织(企业)为达到建筑工程的职业健康安全与环境管理的目的指挥和控制组织的协调活动,包括制定、实施、实现、评审和保持职业健康安全与环境方针所需的组织机构、计划活动、职责、惯例、程序、过程和资源。如表 6-1 所示。表中有 2 行 7 列,构成了实现职业健康安全和环境方针的 14 个方面的管理任务。不同的组织(企业)根据自身的实际情况制定方针,并为实施、实现、评审和保持(持续改进)来建立组织机构、策划活动、明确职责、遵守有关法律法规和惯例、编制程序控制文件,实行过程控制并提供人员、设备、资金和信息资源。保证职业健康安全环境管理任务的完成,对于职业健康安全与环境密切相关的任务,可一同完成。

表 6-1 职业健康安全与环境管理的任务

	组织机构	计划活动	职责	惯例 (法律法规)	程序文件	过程	资源
职业健康 安全方针							
环境方针							

6.1.2 建设工程职业健康安全与环境管理的特点

1) 建筑产品的固定性和生产的流动性及受外部环境影响因素多,决定了职业健康安全与环境管理的复杂性

(1) 建筑产品生产过程中生产人员、工具与设备的流动性,主要表现为:

① 同一工地不同建筑之间流动。

② 同一建筑不同建筑部位上流动。

③ 一个建筑工程项目完成后,又要向另一新项目动迁的流动。

(2) 建筑产品受不同外部环境影响的因素多,主要表现为:

① 露天作业多。

② 气候条件变化的影响。
③ 工程地质和水文条件的变化。
④ 地理条件和地域资源的影响。

由于生产人员、工具和设备的交叉和流动作业，建筑产品受不同外部环境的影响因素多，使健康安全与环境管理很复杂，稍有考虑不周就会出现问题。

2) 产品的多样性和生产的单件性决定了职业健康安全与环境管理的多样性

建筑产品的多样性决定了生产的单件性。每一个建筑产品都要根据其特定要求进行施工，主要表现在：不能按同一图纸、同一施工工艺、同一生产设备进行批量重复生产；施工生产组织及机构变动频繁，生产经营的"一次性"特征特别突出；生产过程中试验性研究课题多，所碰到的新技术、新工艺、新设备、新材料给职业健康安全与环境管理带来不少难题。因此，对于每个建设工程项目都要根据其实际情况，制订健康安全与环境管理计划，不可相互套用。

3) 产品生产过程的连续性和分工性决定了职业健康安全与环境管理的协调性

建筑产品不能像其他许多工业产品那样可以分解为若干部分同时生产，而必须在同一固定场地按严格程序连续生产，上一道程序不完成，下一道程序不能进行（如基础—主体—屋顶），上一道工序生产的结果往往会被下一道工序所掩盖，而且每一道程序由不同的人员和单位来完成。因此，在职业健康安全与环境管理中要求各单位和各专业人员横向配合和相互协调，共同注意产品生产过程接口部分的健康安全和环境管理的协调性。

4) 产品的委托性决定了职业健康安全与环境管理的不符合性

建筑产品在建造前就确定了买主，按建设单位特定的要求委托进行生产建造。而建设工程市场在供大于求的情况下，业主经常会压低标价，造成产品的生产单位对健康安全与环境管理费用的投入减少，不符合健康安全与环境管理有关规定的现象时有发生。这就要求建设单位和生产组织都必须重视对健康安全和环保费用的投入，不能不符合健康安全与环境管理的要求。

5) 产品生产的阶段性决定职业健康安全与环境管理的持续性

一个建设工程项目从立项到投产使用要经历五个阶段，即设计前的准备阶段（包括项目的可行性研究和立项）、设计阶段、施工阶段、使用前的准备阶段（包括竣工验收和试运行）、保修阶段。这五个阶段都要十分重视项目的安全和环境问题，持续不断地对项目各个阶段可能出现的安全和环境问题实施管理。否则，一旦在某个阶段出现安全问题和环境问题就会造成投资的巨大浪费，甚至造成工程项目建设的夭折。

6) 产品的时代性和社会性决定环境管理的多样性和经济性

时代性：建设工程产品是时代政治、经济、文化、风俗的历史记录，表现了不同时代的艺术风格和科学文化水平，反映一定社会的、道德的、文化的、美学的艺术效果，成为可供人们观赏和旅游的景观。

社会性：建设工程产品是否适应可持续发展的要求，工程的计划、设计、施工质量的好坏，受益和受害的不仅仅是使用者，而是整个社会，其优劣对社会持续发展的环境影响深远。

多样性：除了考虑各类建设工程（民用住宅、工业厂房、道路、桥梁、水库、管线、航道、码头、港口、医院、剧院、博物馆、园林、绿化等）的使用功能与环境相协调外，还应考虑各类工程产品的时代性和社会性要求，其涉及的环境因素多种多样，应逐一加以评价和分析。

经济性：建设工程不仅应考虑建造成本的消耗，还应考虑其寿命期内的使用成本消耗。环境管理注重包括工程使用期内的成本，如能耗、水耗、维护、保养、改建更新的费用，并通过比较分析，判定工程是否符合经济要求。一般采用生命周期法作为对其进行管理的参考，另外环境管理要求节约资源，以减少资源消耗来降低环境污染。

6.2 建设工程施工安全控制的特点、程序和基本要求

6.2.1 安全控制的概念

1) 安全生产的概念

安全生产是指使生产过程处于避免人身伤害、设备损坏及其他不可接受的损害风险（危险）的状态。

不可接受的损害风险（危险）通常是指：超出了法律、法规和规章的要求；超出了方针、目标和企业规定的其他要求；超出了人们普遍接受（通常是隐含的）的要求。

因此，安全与否要对照风险接受程度来判定，是一个相对性的概念。

2) 安全控制的概念

安全控制是通过对生产过程中涉及的计划、组织、监控、调节和改进等一系列致力于满足生产安全所进行的管理活动。

6.2.2 安全控制的方针与目标

1) 安全控制的方针

安全控制的目的是为了安全生产，因此安全控制的方针也应符合安全生产的方针，即"安全第一，预防为主"。

"安全第一"是把人身的安全放在首位，安全是为了生产，生产必须保证人身安全，充分体现了"以人为本"的理念。

"预防为主"是实现"安全第一"的最重要的手段，采取正确的措施和方法进行安全控制，从而减少甚至消除事故隐患，尽量把事故消灭在萌芽状态，这是安全控制最重要的思想。

2) 安全控制的目标

安全控制的目标是减少和消除生产过程中的事故，保证人员健康安全和财产免受损失。具体可包括：减少或消除人的不安全行为的目标；减少或消除设备、材料的不安全状态的目标；改善生产环境和保护自然环境的目标；安全管理的目标。

6.2.3 施工安全控制的特点

（1）控制面广。由于建设工程规模较大，生产工艺复杂、工序多，在建造过程中流动作业多，高处作业多，作业位置多变，遇到的不确定性因素多，因此安全控制工作涉及范围大，控制面广。

（2）控制的动态性。由于建设工程项目的单件性，使得每项工程所处的条件不同，所面临的危险因素和防范措施也会有所改变，员工在转移工地后，熟悉一个新的工作环境需要一

定的时间,有些工作制度和安全技术措施也会有所调整,员工同样要有个熟悉的过程。

(3) 建设工程项目施工的分散性。因为现场施工是分散于施工现场的各个部位,尽管有各种规章制度和安全技术交底的环节,但是面对具体的生产环境时,仍然需要自己的判断和处理,有经验的人员还必须适应不断变化的情况。

(4) 控制系统交叉性。建设工程项目是开放系统,受自然环境和社会环境影响很大,安全控制需要把工程系统和环境系统及社会系统结合起来。

(5) 控制的严谨性。安全状态具有触发性,其控制措施必须严谨,一旦失控,就会造成损失和伤害。

6.2.4 施工安全控制的程序

施工安全控制的程序如图 6-1 所示。

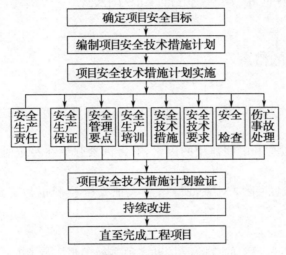

图 6-1 施工安全控制的程序

(1) 确定项目的安全目标。按"目标管理"方法在以项目经理为首的项目管理系统内进行分解,从而确定每个岗位的安全目标,实现全员安全控制。

(2) 编制项目安全技术措施计划。对生产过程中的不安全因素,用技术手段加以消除和控制,并用文件化的方式表示,这是落实"预防为主"方针的具体体现,是进行工程项目安全控制的指导性文件。

(3) 安全技术措施计划的落实和实施。包括建立健全安全生产责任制、设置安全生产设施、进行安全教育和培训、沟通和交流信息、通过安全控制使生产作业的安全状况处于受控状态。

(4) 安全技术措施计划的验证。包括安全检查、纠正不符合情况,并做好检查记录工作。根据实际情况补充和修改安全技术措施。

(5) 持续改进,直至完成建设工程项目的所有工作。

6.2.5 施工安全控制的基本要求

(1) 必须取得安全行政主管部门颁发的《安全施工许可证》后才可开工。

(2) 总承包单位和每一个分包单位都应持有《施工企业安全资格审查认可证》。
(3) 各类人员必须具备相应的执业资格才能上岗。
(4) 所有新员工必须经过三级安全教育,即进厂、进车间和进班组的安全教育。
(5) 特殊工种作业人员必须持有特种作业操作证,并严格按规定定期进行复查。
(6) 对查出的安全隐患要做到"五定",即定整改责任人、定整改措施、定整改完成时间、定整改完成人、定整改验收人。
(7) 必须把好安全生产"六关",即措施关、交底关、教育关、防护关、检查关、改进关。
(8) 施工现场安全设施齐全,并符合国家及地方有关规定。
(9) 施工机械(特别是现场安设的起重设备等)必须经安全检查合格后方可使用。

6.3 建设工程施工安全控制的方法

6.3.1 危险源的概念

1) 危险源的定义

危险源是可能导致人身伤害或疾病、财产损失、工作环境破坏或这些情况组合的危险因素和有害因素。

危险因素强调突发性和瞬间作用的因素,有害因素强调在一定时期内的慢性损害和累积作用。

危险源是安全控制的主要对象,所以,有人把安全控制也称为危险控制或安全风险控制。

2) 两类危险源

在实际生活和生产过程中的危险源是以多种多样的形式存在的,危险源导致事故可归结为能量的意外释放或有害物质的泄漏。根据危险源在事故发生发展中的作用,把危险源分为两大类,即第一类危险源和第二类危险源。

(1) 第一类危险源

可能发生意外释放的能量的载体或危险物质称为第一类危险源(如"炸药"是能够产生能量的物质;"压力容器"是拥有能量的载体)。能量或危险物质的意外释放是事故发生的物理本质。通常把产生能量的能量源或拥有能量的能量载体作为第一类危险源来处理。

(2) 第二类危险源

造成约束、限制能量措施失效或破坏的各种不安全因素称为第二类危险源(如电缆绝缘层、脚手架、起重机钢绳等)。

在生产、生活中,为了利用能源,人们制造了各种机器设备,使能量按照人们的意图在系统中流动、转换和做功,为人类服务,而这些设备设施又可看成是限制约束能量的工具。正常情况下,生产过程的能量或危险物质受到约束或限制,不会发生意外释放,即不会发生事故。但是,一旦这些约束或限制能量或危险物质的措施受到破坏或失效(故障),则将发生事故。第二类危险源包括人的不安全行为、物的不安全状态和不良环境条件三个方面。

3) 危险源与事故

事故的发生是两类危险源共同作用的结果,第一类危险源是事故发生的前提,第二类危险源的出现是第一类危险源导致事故的必要条件。在事故的发生和发展过程中,两类危险源相互依存,相辅相成。第一类危险源是事故的主体,决定事故的严重程度;第二类危险源出现的难易,决定事故发生的可能性大小。

6.3.2 危险源控制的方法

1) 危险源辨识与风险评价

(1) 危险源辨识的方法

① 专家调查法

专家调查法是通过向有经验的专家咨询、调查、辨识、分析和评价危险源的一类方法,其优点是简便、易行,缺点是受专家的知识、经验和占有资料的限制,可能出现遗漏。常用的有头脑风暴法(Brainstorming)和德尔菲(Delphi)法。

头脑风暴法是通过专家创造性的思考,从而产生大量的观点、问题和议题的方法。其特点是多人讨论,集思广益,可以弥补个人判断的不足,常采取专家会议的方式来相互启发、交换意见,使危险、危害因素的辨识更加细致、具体。常用于目标比较单纯的议题,如果涉及面较广,包含因素多,可以分解目标,再对单一目标或简单目标使用本方法。

德尔菲法是采用背对背的方式对专家进行调查,其特点是避免了集体讨论中的从众性倾向,更代表专家的真实意见。要求对调查的各种意见进行汇总统计处理,再反馈给专家反复征求意见。

② 安全检查表法

安全检查表(Safety Check List,SCL)实际上就是实施安全检查和诊断项目的明细表。运用已编制好的安全检查表,进行系统的安全检查,辨识工程项目存在的危险源。检查表的内容一般包括分类项目、检查内容及要求、检查以后的处理意见等。可以用"是"、"否"来回答或以"√"、"×"符号做标记,同时注明检查日期,并由检查人员和被检单位同时签字。

安全检查表法的优点是简单易懂、容易掌握,可以事先组织专家编制检查项目,使安全检查做到系统化、完整化;缺点是一般只能作出定性评价。

(2) 风险评价方法

风险评价是评估危险源所带来的风险大小及确定风险是否可容许的全过程。根据评价结果对风险进行分级,按不同级别的风险有针对性地采取风险控制措施。以下介绍两种常用的风险评价方法。

方法一:将安全风险的大小用事故发生的可能性(p)与发生事故后果的严重程度(f)的乘积来衡量,即:

$$R = pf$$

式中:R——风险大小;

p——事故发生的概率(频率);

f——事故后果的严重程度。

根据上述估算结果,可按表6-2对风险的大小进行分级。

表 6-2 风险分级表

风险级别(大小) 可能性(p)	后果(f) 轻度损失（轻微伤害）	中度损失（伤害）	重大损失（严重伤害）
很大	Ⅲ	Ⅳ	Ⅴ
中等	Ⅱ	Ⅲ	Ⅳ
极小	Ⅰ	Ⅱ	Ⅲ

注：Ⅰ—可忽略风险；Ⅱ—可容许风险；Ⅲ—中度风险；Ⅳ—重大风险；Ⅴ—不容许风险。

方法二：将可能造成安全风险的大小用事故发生的可能性(L)、人员暴露于危险环境中的频繁程度(E)和事故后果(C)三个自变量的乘积衡量，即：

$$S = LEC$$

式中：S——风险大小；

L——事故发生的可能性，按表 6-3 所给的定义取值；

E——人员暴露于危险环境中的频繁程度，按 6-4 所给的定义取值；

C——事故后果的严重程度，按表 6-5 所给的定义取值。

此方法因为引用了 L、E、C 三个自变量，所以也称为 LEC 方法。

表 6-3 事故发生的可能性(L)

分数值	事故发生的可能性	分数值	事故发生的可能性
10	必然发生的	0.5	很不可能，可以设想
6	相当可能	0.2	极不可能
3	可能，但不经常	0.1	实际不可能
1	可能性极小，完全意外		

表 6-4 暴露于危险环境中的频繁程度(E)

分数值	人员暴露于危险环境中的频繁程度	分数值	人员暴露于危险环境中的频繁程度
10	连续暴露	2	每月暴露一次
6	每天工作时间暴露	1	每年暴露几次
3	每周暴露一次	0.5	非常罕见的暴露

表 6-5 发生事故产生的后果(C)

分数值	事故发生造成的后果	分数值	事故发生造成的后果
100	大灾难，许多人死亡	7	严重，重伤
40	灾难，多人死亡	3	较严重，受伤较重
15	非常严重，一人死亡	1	引人关注，轻伤

根据经验,危险性(S)的值在 20 以下为可忽略风险;危险性的值在 20～70 为可容许风险;危险性的值在 70～160 为中度风险;危险性的值在 160～320 为重大风险;危险性的值大于 320 为不容许风险。见表 6-6。

表 6-6 危险性等级划分表

危险性量值(S)	危险程度	危险性量值(S)	危险程度
≥320	不容许风险,不能继续作业	20～70	可容许风险,需要注意
160～320	重大风险,需要立即整改	≤20	可忽略风险,可以接受
70～160	中度风险,需要整改		

2)危险源的控制方法

(1)第一类危险源的控制方法

① 防止事故发生的方法:消除危险源、限制能量或危险物质、隔离。

② 避免或减少事故损失的方法:隔离、个体防护、设置薄弱环节、使能量或危险物质按人们的意图释放、避难与援救措施。

(2)第二类危险源的控制方法

① 减少故障:增加安全系数、提高可靠性、设置安全监控系统。

② 故障—安全设计:包括故障—消极方案(即故障发生后,设备、系统处于最低能量状态,直到采取校正措施之前不能运转);故障—积极方案(即故障发生后,在没有采取校正措施之前使系统、设备处于安全的能量状态之下);故障—正常方案(即保证在采取校正行动之前,设备、系统正常发挥功能)。

3)危险源控制的策划原则

(1)尽可能完全消除有不可接受风险的危险源,如用安全品取代危险品。

(2)如果是不可能消除有重大风险的危险源,应努力采取降低风险的措施,如使用低压电器等。

(3)在条件允许时,应使工作适合于人,如考虑降低人的精神压力和体能消耗。

(4)应尽可能利用技术进步来改善安全控制措施。

(5)应考虑保护每个工作人员的措施。

(6)将技术管理与程序控制结合起来。

(7)应考虑引入诸如机械安全防护装置的维护计划的要求。

(8)在各种措施还不能绝对保证安全的情况下,作为最终手段,还应考虑使用个人防护用品。

(9)应有可行、有效的应急方案。

(10)预防性测定指标是否符合监视控制措施计划的要求。

不同的组织可根据不同的风险量选择适合的控制策略。表 6-7 为简单的风险控制策划表。

表 6-7 风险控制策划表

风 险	措 施
可忽略的	不采取措施且不必保留文件记录
可容许的	不需要另外的控制措施,应考虑投资效果更佳的解决方案或不增加额外成本的改进措施,需要通过监视来确保控制措施得以维持
中度的	应努力降低风险,但应仔细测定并限定预防成本,并在规定的时间期限内实现降低风险的措施。在中度风险与严重伤害后果相关的场合,必须进一步评价,以便更准确地确定伤害的可能性,以确定是否需要改进控制措施
重大的	直至风险降低后才能开始工作。为降低风险,有时必须配以大量的资源。当风险涉及正在进行中的工作时就应采取应急措施
不容许的	只有当风险已经降低时才能开始或继续工作,如果无限的资源投入也不能降低风险,就必须禁止工作

6.3.3 施工安全技术措施计划及其实施

1) 建设工程施工安全技术措施计划

(1) 建设工程施工安全技术措施计划的主要内容包括:工程概况,控制目标,控制程序,组织机构,职责权限,规章制度,资源配置,安全措施,检查评价,奖惩制度等。

(2) 编制施工安全技术措施计划时,对于某些特殊情况应考虑:

① 对结构复杂、施工难度大、专业性较强的工程项目,除制定项目总体安全保证计划外,还必须制定单位工程或分部分项工程的安全技术措施。

② 对高处作业、井下作业等专业性强的作业,电器、压力容器等特殊工种作业,应制定单项安全技术规程,并应对管理人员和操作人员的安全作业资格和身体状况进行合格检查。

(3) 制定和完善施工安全操作规程,编制各施工工种,特别是危险性较大工种的安全施工操作要求,作为规范和检查考核员工安全生产行为的依据。

(4) 施工安全技术措施:施工安全技术措施包括安全防护设施的设置和安全预防措施,主要有防火、防毒、防爆、防洪、防尘、防雷击、防触电、防坍塌、防物体打击、防机械伤害、防起重设备滑落、防高空坠落、防交通事故、防寒、防暑、防疫、防环境污染等方面的措施。

2) 施工安全技术措施计划的实施

(1) 安全生产责任制

建立安全生产责任制是施工安全技术措施计划实施的重要保证。安全生产责任制是指企业对项目经理部各级领导、各个部门、各类人员所规定的在他们各自职责范围内对安全生产应负责任的制度。

(2) 安全教育

安全教育的要求如下:

① 广泛开展安全生产的宣传教育,使全体员工真正认识到安全生产的重要性和必要性,懂得安全生产和文明施工的科学知识,牢固树立"安全第一"的思想,自觉地遵守各项安全生产法律法规和规章制度。

② 把安全知识、安全技能、设备性能、操作规程、安全法规等作为安全教育的主要内容。

③ 建立经常性的安全教育考核制度,考核成绩要记入员工档案。

④ 电工、电焊工、架子工、司炉工、爆破工、机操工、起重工、机械司机、机动车辆司机等特殊工种工人,除进行一般的安全教育外,还要经过专业安全技能培训,经考试合格持证后方可独立操作。

⑤ 采用新技术、新工艺、新设备施工和调换工作岗位时也要进行安全教育,未经安全教育培训的人员不得上岗操作。

(3) 技术交底

① 安全技术交底的基本要求

A. 项目经理部必须实行逐级安全技术交底制度,纵向延伸到班组全体作业人员。

B. 技术交底必须具体、明确,针对性强。

C. 技术交底的内容应针对分部分项工程施工中给作业人员带来的潜在危害和存在的问题。

D. 应优先采用新的安全技术措施。

E. 应将工程概况、施工方法、施工程序、安全技术措施等向工长、班组长进行详细交底。

F. 定期向由两个以上作业队和多工种进行交叉施工的作业队伍进行书面交底。

G. 保持书面安全技术交底签字记录。

② 安全技术交底的主要内容

A. 本工程项目的施工作业特点和危险点。

B. 针对危险点的具体预防措施。

C. 应注意的安全事项。

D. 相应的安全操作规程和标准。

E. 发生事故后应及时采取的避难和急救措施。

6.3.4 安全检查

工程项目安全检查是消除隐患、防止事故、改善劳动条件及提高员工安全生产意识的重要手段,是安全控制工作的一项重要内容。通过安全检查可以发现工程中的危险因素,以便有计划地采取措施,保证安全生产。施工项目的安全检查应由项目经理组织,定期进行。

1) 安全检查的类型

安全检查可分为日常性检查、专业性检查、季节性检查、节假日前后的检查和不定期检查。

日常性检查:日常性检查即经常的、普遍的检查。企业一般每年进行1~4次;工程项目组、车间、科室每月至少进行一次;班组每周、每班次都应进行检查。专职安全技术人员的日常检查应该有计划的针对重点部位周期性的进行。

专业性检查:专业性检查是针对特种作业、特种设备、特殊场所进行的检查,如电焊、气焊、起重设备、运输车辆、锅炉压力容器、易燃易爆场所等。

季节性检查:季节性检查是指根据季节特点,为保障安全生产的特殊要求所进行的检查。如春季风大,要着重防火、防爆;夏季高温、多雨、多雷电,要着重防暑、降温、防汛、防雷击、防触电;冬季着重防寒、防冻等。

节假日前后的检查:节假日前后的检查是针对节假日期间容易产生麻痹思想的特点而进行的安全检查,包括节日前进行安全生产综合检查,节日后要进行遵章守纪的检查等。

不定期检查：不定期检查是指在工程或设备开工和停工前，检修中，工程或设备竣工及试运转时进行的安全检查。

2) 安全检查的注意事项

(1) 安全检查要深入基层、紧紧依靠职工，坚持领导与群众相结合的原则，组织好检查工作。

(2) 建立检查的组织领导机构，配备适当的检查力量，挑选具有较高技术业务水平的专业人员参加。

(3) 做好检查的各项准备工作，包括思想、业务知识、法规政策和检查设备、奖金的准备。

(4) 明确检查的目的和要求。既要严格要求，又要防止一刀切，要从实际出发，分清主、次矛盾，力求实效。

(5) 把自查与互查有机地结合起来，基层以自检为主，企业内相应部门间互相检查，取长补短，相互学习和借鉴。

(6) 坚持查改结合。检查不是目的，只是一种手段，整改才是最终目的。发现问题要及时采取切实有效的防范措施。

(7) 建立检查档案。结合安全检查表的实施，逐步建立健全检查档案，收集基本的数据，掌握基本安全状况，为及时消除隐患提供数据，同时也为以后的职业健康安全检查奠定基础。

(8) 在制定安全检查表时，应根据用途和目的具体确定安全检查表的种类。安全检查表的主要种类有设计用安全检查表、厂级安全检查表、车间安全检查表、班组及岗位安全检查表、专业安全检查表等。制定安全检查表要在安全技术部门的指导下，充分依靠职工来进行。初步制定出来的检查表，要经过群众的讨论，反复试行，再加以修订，最后由安全技术部门审定后方可正式实行。

3) 安全检查的主要内容

查思想：主要检查企业的领导和职工对安全生产工作的认识。

查管理：主要检查工程的安全生产管理是否有效。主要内容包括安全生产责任制、安全技术措施计划、安全组织机构、安全保证措施、安全技术交底、安全教育、持证上岗、安全设施、安全标识、操作规程、违规行为、安全记录等。

查隐患：主要检查作业现场是否符合安全生产、文明生产的要求。

查整改：主要检查对过去提出问题的整改情况。

查事故处理：对安全事故的处理应达到查明事故原因、明确责任并对责任者作出处理、明确和落实整改措施等要求。同时，还应检查对伤亡事故是否及时报告、认真调查、严肃处理。

安全检查的重点是违章指挥和违章作业。安全检查后应编制安全检查报告，说明已达标项目，未达标项目，存在问题，原因分析，纠正和预防措施。

4) 项目经理部安全检查的主要规定

(1) 定期对安全控制计划的执行情况进行检查、记录、评价和考核，对作业中存在的不安全行为和隐患签发安全整改通知，由相关部门制定整改方案，落实整改措施，实施整改后应予以复查。

(2) 根据施工过程的特点和安全目标的要求确定安全检查的内容。

(3) 安全检查应配备必要的设备或器具,确定检查负责人和检查人员,并明确检查的方法和要求。

(4) 检查应采取随机抽样、现场观察和实地检测的方法,并记录检查结果,纠正违章指挥和违章作业。

(5) 对检查结果进行分析,找出安全隐患,确定危险程度。

(6) 编写安全检查报告并上报。

6.4 建设工程职业健康安全事故的分类和处理

6.4.1 建设工程职业健康安全事故的分类

职业健康安全事故分两大类型,即职业伤害事故与职业病。

1) 职业伤害事故

职业伤害事故是指因生产过程及工作原因或与其相关的其他原因造成的伤亡事故。

(1) 按照事故发生的原因分类

按照我国《企业伤亡事故分类》(GB 6441—1986)标准规定,职业伤害事故分为20类:

① 物体打击。指落物、滚石、锤击、碎裂、崩块、砸伤等造成的人身伤害,不包括因爆炸而引起的物体打击。

② 车辆伤害。指被车辆挤、压、撞和车辆倾覆等造成的人身伤害。

③ 机械伤害。指被机械设备或工具绞、碾、碰、割、戳等造成的人身伤害,不包括车辆、起重设备引起的伤害。

④ 起重伤害。指从事各种起重作业时发生的机械伤害事故,不包括上下驾驶室时发生的坠落伤害,以及起重设备引起的触电和检修时制动失灵造成的伤害。

⑤ 触电。由于电流经过人体导致的生理伤害,不包括雷击伤害。

⑥ 淹溺。由于水或液体大量从口、鼻进入肺内,导致呼吸道阻塞,发生急性缺氧而窒息死亡。

⑦ 灼烫。指火焰引起的烧伤、高温物体引起的烫伤、强酸或强碱引起的灼伤、放射线引起的皮肤损伤,不包括电烧伤及火灾事故引起的烧伤。

⑧ 火灾。在火灾时造成的人体烧伤、窒息、中毒等。

⑨ 高处坠落。由于危险势能差引起的伤害,包括从架子、屋架上坠落以及平地坠入坑内等。

⑩ 坍塌。指建筑物、堆置物倒塌以及土石塌方等引起的事故伤害。

⑪ 冒顶片帮。指矿井作业面、巷道侧壁由于支护不当,压力过大造成的坍塌(片帮)以及顶板垮落(冒顶)事故。

⑫ 透水。指从矿山、地下开采或其他坑道作业时,有压地下水意外大量涌入而造成的伤亡事故。

⑬ 放炮。指由于放炮作业引起的伤亡事故。

⑭ 火药爆炸。指在火药的生产、运输、储藏过程中发生的爆炸事故。
⑮ 瓦斯爆炸。指可燃气体、瓦斯、煤粉与空气混合，接触火源时引起的化学性爆炸事故。
⑯ 锅炉爆炸。指锅炉由于内部压力超出炉壁的承受能力而引起的物理性爆炸事故。
⑰ 容器爆炸。指压力容器内部压力超出容器壁所能承受的压力而引起的物理爆炸，容器内部可燃气体泄漏与周围空气混合遇火源而发生的化学爆炸。
⑱ 其他爆炸。化学爆炸、炉膛、钢水包爆炸等。
⑲ 中毒和窒息。指煤气、油气、沥青、化学、一氧化碳中毒等。
⑳ 其他伤害。包括扭伤、跌伤、冻伤、野兽咬伤等。

(2) 按事故后果严重程度分类

① 轻伤事故。造成职工肢体或某些器官功能性或器质性轻度损伤，表现为劳动能力轻度或暂时丧失的伤害，一般每个受伤人员休息1个工作日以上，105个工作日以下。

② 重伤事故。一般指受伤人员肢体残缺或视觉、听觉等器官受到严重损伤，能引起人体长期存在功能障碍或劳动能力有重大损失的伤害，或者造成每个受伤人员损失105个工作日以上的失能伤害。

③ 死亡事故。一次事故中死亡职工1~2人的事故。

④ 重大伤亡事故。一次事故中死亡3人以上（含3人）的事故。

⑤ 特大伤亡事故。一次死亡10人以上（含10人）的事故。

⑥ 急性中毒事故。指生产性毒物一次或短期内通过人的呼吸道、皮肤或消化道大量进入体内，使人体在短时间内发生病变，导致职工立即中断工作，并须进行急救或死亡的事故。急性中毒的特点是发病快，一般不超过一个工作日，有的毒物因毒性有一定的潜伏期，可在下班后数小时发病。

2) 职业病

经诊断因从事接触有毒有害物质或不良环境的工作而造成急慢性疾病，属职业病。

2002年卫生部会同劳动和社会保障部发布的《职业病目录》列出的法定职业病为十大类共115种。该目录中所列的十大类职业病如下：

(1) 尘肺。矽肺、石棉肺、滑石尘肺、水泥尘肺、陶瓷尘肺、电焊尘肺、其他尘肺等。

(2) 职业性放射性疾病。外照射放射病、内照射放射病、放射性皮肤疾病、放射性肿瘤、放射性骨损伤等。

(3) 职业中毒。铅、汞、锰、钢及其化合物、苯、一氧化碳、二硫化碳中毒等。

(4) 物理因素所致职业病。中暑、减压病、高原病、手臂振动病等。

(5) 生物因素所致职业病。炭疽、森林脑炎、布氏杆菌病等。

(6) 职业性皮肤病。接触性皮炎、光敏性皮炎、电光性皮炎、黑变病、痤疮、溃疡、化学灼伤、职业性角化过度、职业性瘙痒疹等。

(7) 职业性眼病。化学性眼部灼伤、电光性眼炎、职业性白内障等。

(8) 职业性耳鼻喉口腔疾病。噪声聋、牙酸蚀病等。

(9) 职业性肿瘤。石棉所致肺癌，苯所致白血病，砷所致肺癌、皮肤癌，氯乙烯所致肝血管肉瘤，铬酸盐制造业工人肺癌等。

(10) 其他职业病。职业性哮喘、职业性变态反应性肺泡炎、棉尘病等。

6.4.2 建设工程职业健康安全事故的处理

1) 安全事故处理的原则("四不放过"原则)
(1) 事故原因不清楚不放过。
(2) 事故责任者和员工没有受到教育不放过。
(3) 事故责任者没有处理不放过。
(4) 没有指定防范措施不放过。

2) 安全事故处理程序
(1) 报告安全事故。
(2) 处理安全事故,抢救伤员,排除险情,防止事故蔓延扩大,做好标识,保护好现场等。
(3) 安全事故调查。
(4) 对事故责任者进行处理。
(5) 编写调查报告并上报。

3) 安全事故统计规定
企业职工伤亡事故统计实行以地区考核为主的制度,各级隶属关系的企业和企业主管单位要按当地安全生产行政主管部门规定的时间报送报表。

安全生产行政主管部门对各部门的企业职工伤亡事故情况实行分级考核。企业报送主管部门的数字要与报送当地安全生产行政主管部门的数字一致,各级主管部门应如实向同级安全生产行政主管部门报送。

省级安全生产行政主管部门和国务院各有关部门及计划单列的企业集团的职工伤亡事故统计月报表、年报表应按时报到国家安全生产行政主管部门。

4) 伤亡事故处理规定
事故调查组提出的事故处理意见和防范措施建议,由发生事故的企业及其主管部门负责处理。

因忽视安全生产、违章指挥、违章作业、玩忽职守或者发现事故隐患、危害情况而不采取有效措施以致造成伤亡事故的,由企业主管部门或者企业按照国家有关规定,对企业负责人和直接责任人员给予行政处分;构成犯罪的,由司法机关依法追究刑事责任。

在伤亡事故发生后隐瞒不报、谎报、故意迟延不报、故意破坏事故现场,或者以不正当理由拒绝接受调查以及拒绝提供有关情况和资料的,由有关部门按照国家有关规定,对有关单位负责人和直接责任人员给予行政处分;构成犯罪的,由司法机关依法追究刑事责任。

伤亡事故处理工作应当在90日内结案,特殊情况不得超过180日。伤亡事故处理结案后,应当公开宣布处理结果。

5) 工伤认定
(1) 职工有下列情形之一的,应当认定为工伤:
① 在工作时间和工作场所内,因工作原因受到事故伤害的。
② 工作时间前后在工作场所内,从事与工作有关的预备性或者收尾性工作受到事故伤害的。
③ 在工作时间和工作场所内,因履行工作职责受到暴力等意外伤害的。
④ 患职业病的。
⑤ 因工外出期间,由于工作原因受到伤害或者发生事故下落不明的。

⑥ 在上下班途中,受到机动车事故伤害的。
⑦ 法律、行政法规规定应当认定为工伤的其他情形。
(2) 职工有下列情形之一的,视同工伤:
① 在工作时间和工作岗位,突发疾病死亡或者在48小时之内经抢救无效死亡的。
② 在抢险救灾等维护国家利益、公共利益活动中受到伤害的。
③ 职工原在军队服役,因战、因公负伤致残,已取得革命伤残军人证,到用人单位后旧伤复发的。
(3) 职工有下列情形之一的,不得认定为工伤或者视同工伤:
① 因犯罪或者违反治安管理条例伤亡的。
② 醉酒导致伤亡的。
③ 自残或者自杀的。

6) 职业病的处理
(1) 职业病报告

地方各级卫生行政部门指定相应的职业病防治机构或卫生防疫机构负责职业病统计和报告工作。职业病报告实行以地方为主,逐级上报的办法。

一切企、事业单位发生的职业病,都应按规定要求向当地卫生监督机构报告,由卫生监督机构统一汇总上报。

(2) 职业病处理

职工被确诊患有职业病后,其所在单位应根据职业病诊断机构的意见,安排其医疗或疗养。

在医治或疗养后被确认不宜继续从事原有害作业或工作的,应自确认之日起的两个月内将其调离原工作岗位,另行安排工作;对于因工作需要暂不能调离生产、工作的技术骨干,调离期限最长不得超过半年。

患有职业病的职工变动工作单位时,其职业病待遇应由原单位负责或两个单位协商处理,双方商妥后方可办理调转手续,并将其健康档案、职业病诊断证明及职业病处理情况等材料全部移交新单位。调出、调入单位都应将情况报告所在地的劳动卫生职业病防治机构备案。

职工到新单位后,新发生的职业病无论与现工作有无关系,其职业病待遇由新单位负责。劳动合同制工人、临时工终止或解除劳动合同后,在待业期间新发现的职业病,与上一个劳动合同期工作有关时,其职业病待遇由原终止或解除劳动合同的单位负责;如原单位已与其他单位合并,由合并后的单位负责;如原单位已撤销,应由原单位的上级主管机关负责。

6.5 文明施工和环境保护的要求

6.5.1 文明施工与环境保护的概念

1) 文明施工与环境保护的概念
(1) 文明施工是指保持施工现场良好的作业环境、卫生环境和工作秩序。文明施工主要包括以下几个方面的工作:
① 规范施工现场的场容,保持作业环境的整洁卫生。

② 科学地组织施工,使生产有序进行。
③ 减少施工对周围居民和环境的影响。
④ 保证职工的安全和身体健康。

(2) 环境保护是按照法律法规、各级主管部门和企业的要求,保护和改善作业现场的环境,控制现场的各种粉尘、废水、废气、固体废弃物、噪声、振动等对环境的污染和危害。环境保护也是文明施工的重要内容之一。

2) 文明施工的意义

(1) 文明施工能促进企业综合管理水平的提高。保持良好的作业环境和维持良好的作业秩序,对促进安全生产、加快施工进度、保证工程质量、降低工程成本、提高经济效益和社会效益有较大作用。文明施工涉及人、财、物各个方面,贯穿于施工全过程之中,体现了企业在工程项目施工现场的综合管理水平。

(2) 文明施工是适应现代化施工的客观要求。现代化施工更需要采用先进的技术、工艺、材料、设备和科学的施工方案,需要严密组织、严格要求、标准化管理和较好的职工素质等。文明施工能适应现代化施工的要求,是实现优质、高效、低耗、安全、清洁、卫生的有效手段。

(3) 文明施工代表企业的形象。良好的施工环境与施工秩序,可以得到社会的支持和信赖,能提高企业的知名度和市场竞争力。

(4) 文明施工有利于员工的身心健康,有利于培养和提高施工队伍的整体素质。文明施工可以提高职工队伍的文化素养、技术和思想素质,培养尊重科学、遵守纪律、团结协作的大生产意识,促进企业精神文明建设,还可以促进施工队伍整体素质的提高。

3) 现场环境保护的意义

(1) 保护和改善施工环境是保证人们身体健康和社会文明的需要。采取专项措施防止粉尘、噪声和水源污染,保护好作业现场及其周围的环境,是保证职工和相关人员身体健康、体现社会总体文明的一项利国利民的重要工作。

(2) 保护和改善施工现场环境是消除外部干扰,保证施工顺利进行的需要。随着人们的法制观念和自我保护意识的增强,尤其在城市中,施工扰民问题反映突出,应及时采取防治措施,减少对环境的污染和对市民的干扰,这也是施工生产顺利进行的基本条件。

(3) 保护和改善施工环境是现代化大生产的客观要求。现代化施工广泛应用新设备、新技术、新的生产工艺,对环境质量要求很高,如果粉尘、振动超标就可能损坏设备,影响功能发挥,使设备难以发挥作用。

(4) 是节约能源、保护人类生存环境、保证社会和企业可持续发展的需要。人类社会面临环境污染和能源危机的挑战,为了保护子孙后代赖以生存的环境条件,每个公民和企业都有责任和义务来保护环境,创建良好的环境和生存条件,也是企业发展的基础和动力。

6.5.2 文明施工的组织与管理

1) 组织和制度管理

(1) 施工现场应成立以项目经理为第一责任人的文明施工管理组织。分包单位应服从总包单位文明施工管理组织的统一管理,并接受监督检查。

(2) 各项施工现场管理制度应有文明施工的规定。包括个人岗位责任制、经济责任制、安全检查制度、持证上岗制度、奖惩制度、竞赛制度和各项专业管理制度等。

(3) 加强和落实现场文明检查、考核及奖惩管理,以促进施工文明管理工作质量的提高。检查范围和内容应全面周到,包括生产区、生活区、场容场貌、环境文明及制度落实等内容。检查中发现的问题应采取整改措施给予解决。

2) 收集文明施工的资料及其保存的措施

(1) 上级关于文明施工的标准、规定、法律法规等资料。

(2) 施工组织设计(方案)中对文明施工的管理规定,各阶段施工现场文明施工的措施。

(3) 文明施工自检资料。

(4) 文明施工教育、培训、考核计划的资料。

(5) 文明施工活动各项记录资料。

3) 加强文明施工的宣传和教育

(1) 在坚持岗位练兵的基础上,要采取派出去、请进来、短期培训、上技术课、登黑板报、听广播、看录像、看电视等方法狠抓文明施工的教育工作。

(2) 要特别注意对临时工的岗前教育。

(3) 专业管理人员应熟悉掌握文明施工的规定。

6.5.3 现场文明施工的基本要求

(1) 施工现场必须设置明显的标牌,标明工程项目名称,建设单位,设计单位,施工单位,项目经理和施工现场总代表人的姓名,开工、竣工日期,施工许可证批准文号等。施工单位负责施工现场标牌的保护工作。

(2) 施工现场的管理人员在施工现场应当佩戴证明其身份的证卡。

(3) 应当按照施工总平面布置图设置各项临时设施。现场堆放的大宗材料、成品、半成品和机具设备不得侵占场内道路及安全防护等设施。

(4) 施工现场用电线路、用电设施的安装和使用必须符合安装规范和安全操作规程,并按照施工组织设计进行架设,严禁任意拉线接电。施工现场必须设有保证施工安全要求的夜间照明;危险潮湿场所的照明以及手持照明灯具,必须采用符合安全要求的电压。

(5) 施工机械应当按照施工总平面布置图规定的位置和线路设置,不得任意侵占场内道路。施工机械进场须经过安全检查,经检查合格的方能使用。施工机械操作人员必须建立机组责任制,并依照有关规定持证上岗,禁止无证人员操作。

(6) 应保证施工现场道路畅通,排水系统处于良好的使用状态;保持场容场貌的整洁,随时清理建筑垃圾。在车辆、行人通行的地方施工时应当设置施工标志,并对沟井坎穴进行覆盖。

(7) 施工现场的各种安全设施和劳动保护器具必须定期进行检查和维护,及时消除隐患,保证其安全有效。

(8) 施工现场应当设置各类必需的职工生活设施,并符合卫生、通风、照明等要求。职工的膳食、饮水供应等应当符合卫生要求。

(9) 应当做好施工现场安全保卫工作,采取必要的防盗措施,在现场周边设立围护设施。

(10) 应当严格按照《中华人民共和国消防条例》的规定,在施工现场建立和执行防火管理制度,设置符合消防要求的消防设施,并保持完好的备用状态。在容易发生火灾的地区施工,或者储存、使用易燃易爆器材时,应当采取特殊的消防安全措施。

(11) 施工现场发生工程建设重大事故的处理,依照《工程建设重大事故报告和调查程序规定》执行。

6.5.4 大气污染的防治

1) 大气污染物的分类

大气污染物的种类有数千种,已发现有危害作用的有100多种,其中大部分是有机物。大气污染物通常以气体状态和粒子状态存在于空气中。

(1) 气体状态污染物

气体状态污染物具有运动速度较大、扩散较快、在周围大气中分布比较均匀的特点。气体状态污染物包括分子状态污染物和蒸气状态污染物。

分子状态污染物:指在常温常压下以气体分子形式分散于大气中的物质,如燃料燃烧过程中产生的二氧化硫(SO_2)、氮氧化物(NO_x)、一氧化碳(CO)等。

蒸气状态污染物:指在常温常压下易挥发的物质,以蒸气状态进入大气,如机动车尾气、沥青烟中含有的碳氢化合物等。

(2) 粒子状态污染物

粒子状态污染物又称固体颗粒污染物,是分散在大气中的微小液滴和固体颗粒,粒径在 $0.01\sim100\mu m$,是一个复杂的非均匀体。通常根据粒子状态污染物在重力作用下的沉降特性又可分为降尘和飘尘。

降尘:指在重力作用下能很快下降的固体颗粒,其粒径大于 $10\mu m$。

飘尘:指可长期飘浮于大气中的固体颗粒,其粒径小于 $10\mu m$。飘尘具有胶体的性质,故又称为气溶胶,它易随呼吸进入人体肺脏,危害人体健康,故称为可吸入颗粒。

施工工地的粒子状态污染物主要有锅炉、熔化炉、厨房烧煤产生的烟尘,还有建材破碎、筛分、碾磨、加料过程、装卸运输过程中产生的粉尘等。

2) 大气污染的防治措施

空气污染的防治措施主要是针对上述粒子状态污染物和气体状态污染物进行的治理,主要方法如下:

(1) 除尘技术

在气体中除去或收集固态或液态粒子的设备称为除尘装置。主要种类有机械除尘装置、洗涤式除尘装置、过滤除尘装置和电除尘装置等。工地的烧煤茶炉、锅炉、炉灶等应选用装有上述除尘装置的设备。

工地其他粉尘可采用遮盖、淋水等措施防治。

(2) 气态污染物治理技术

大气中气态污染物的治理技术主要有以下几种方法:

① 吸收法。选用合适的吸收剂,可吸收空气中的 SO_2、H_2S、HF 等。

② 吸附法。让气体混合物与多孔性固体接触,把混合物中的某个组分吸留在固体表面。

③ 催化法。利用催化剂把气体中的有害物质转化为无害物质。

④ 燃烧法。是通过热氧化作用,将废气中的可燃有害部分转化为无害物质的方法。

⑤ 冷凝法。是使处于气态的污染物冷凝,从气体中分离出来的方法。该法特别适合于处理有较高浓度的有机废气。如对沥青气体的冷凝,回收油品。

⑥ 生物法。利用微生物的代谢活动过程把废气中的气态污染物转化为少害甚至无害

的物质。该法应用广泛,成本低廉,但只适用于低浓度污染物。

3) 施工现场空气污染的防治措施

(1) 施工现场垃圾渣土要及时清理出现场。

(2) 高大建筑物清理施工垃圾时,要使用封闭式的容器或者采取其他措施处理高空废弃物,严禁凌空随意抛撒。

(3) 施工现场道路应指定专人定期洒水清扫,形成制度,防止道路扬尘。

(4) 对于细颗粒散体材料(如水泥、粉煤灰、白灰等)的运输、储存要注意遮盖、密封,防止和减少飞扬。

(5) 车辆开出工地要做到不带泥沙,基本做到不洒土、不扬尘,减少对周围环境的污染。

(6) 除设有符合规定的装置外,禁止在施工现场焚烧油毡、橡胶、塑料、皮革、树叶、枯草、各种包装物等废弃物品以及其他会产生有毒、有害烟尘和恶臭气体的物质。

(7) 机动车都要安装减少尾气排放的装置,确保符合国家标准。

(8) 工地茶炉应尽量采用电热水器,若只能使用烧煤茶炉和锅炉时,应选用消烟除尘型茶炉和锅炉,大灶应选用消烟节能回风炉灶,使烟尘降至允许排放范围内。

(9) 大城市市区的建设工程已不容许搅拌混凝土。在容许设置搅拌站的工地,应将搅拌站封闭严密,并在进料仓上方安装除尘装置,采用可靠措施控制工地粉尘污染。

(10) 拆除旧建筑物时,应适当洒水,防止扬尘。

6.5.5 水污染的防治

1) 水污染物主要来源

工业污染源:指各种工业废水向自然水体的排放。

生活污染源:主要有食物废渣、食油、粪便、合成洗涤剂、杀虫剂、病原微生物等。

农业污染源:主要有化肥、农药等。

施工现场废水和固体废物随水流流入水体部分,包括泥浆、水泥、油漆、各种油类、混凝土外加剂、重金属、酸碱盐、非金属无机毒物等。

2) 废水处理技术

废水处理的目的是把废水中所含的有害物质清理分离出来。废水处理可分为化学法、物理法,物理化学方法和生物法。

物理法:利用筛滤、沉淀、气浮等方法。

化学法:利用化学反应来分离、分解污染物,或使其转化为无害物质的处理方法。

物理化学方法:主要有吸附法、反渗透法、电渗析法。

生物法:生物处理法是利用微生物新陈代谢功能,将废水中成溶解和胶体状态的有机污染物降解,并转化为无害物质,使水得到净化。

3) 施工过程水污染的防治措施

(1) 禁止将有毒有害废弃物作土方回填。

(2) 施工现场搅拌站废水、现制水磨石的污水、电石(碳化钙)的污水必须经沉淀池沉淀合格后再排放,最好将沉淀水用于工地洒水降尘或采取措施回收利用。

(3) 现场存放油料,必须对库房地面进行防渗处理。如采用防渗混凝土地面、铺油毡等措施。使用时,要采取防止油料跑、冒、滴、漏的措施,以免污染水体。

（4）施工现场 100 人以上的临时食堂，污水排放时可设置简易有效的隔油池，定期清理，防止污染。

（5）工地临时厕所、化粪池应采取防渗漏措施。中心城市施工现场的临时厕所可采用水冲式厕所，并有防蝇、灭蛆措施，防止污染水体和环境。

（6）化学用品、外加剂等要妥善保管，库内存放，防止污染环境。

6.5.6 施工现场的噪声控制

1）噪声的概念

（1）声音与噪声

声音是由物体振动产生的，当频率在 20～20 000 Hz 时，作用于人的耳鼓膜而产生的感觉称为声音。由声构成的环境称为"声环境"。当环境中的声音对人类、动物及自然物没有产生不良影响时，就是一种正常的物理现象。相反，对人的生活和工作造成不良影响的声音称为噪声。

（2）噪声的分类

噪声按照振动性质可分为气体动力噪声、机械噪声、电磁性噪声。

按噪声来源可分为交通噪声（如汽车、火车、飞机等）、工业噪声（如鼓风机、汽轮机、冲压设备等）、建筑施工噪声（如打桩机、推土机、混凝土搅拌机等发出的声音）、社会生活噪声（如高音喇叭、收音机等）。

（3）噪声的危害

噪声污染是影响与危害非常广泛的环境污染问题。噪声会干扰人的睡眠与工作，影响人的心理状态与情绪，造成人的听力损失，甚至引起许多疾病。此外，噪声对人们的对话干扰也是相当大的。

2）施工现场噪声的控制措施

噪声控制技术可从声源、传播途径、接收者防护、严格控制人为噪声、控制强噪声作业的时间等方面来考虑。

（1）声源控制

从声源上降低噪声，这是防止噪声污染的最根本的措施。

尽量采用低噪声设备和加工工艺代替高噪声设备与加工工艺，如低噪声振捣器、风机、电动空压机、电锯等。

在声源处安装消声器消声，即在通风机、鼓风机、压缩机、燃气机、内燃机及各类排气放空装置等进出风管的适当位置设置消声器。

（2）传播途径的控制

在传播途径上控制噪声的方法主要有以下几种。

吸声：利用吸声材料（大多由多孔材料制成）或由吸声结构形成的共振结构（金属或木质薄板钻孔制成的空腔体）吸收声能，降低噪声。

隔声：应用隔声结构，阻碍噪声向空中传播，将接收者与噪声声源分隔。隔声结构包括隔声室、隔声罩、隔声屏障、隔声墙等。

消声：利用消声器阻止传播。允许气流通过的消声降噪是防治空气动力性噪声的主要装置。如对空气压缩机、内燃机产生的噪声等。

减振降噪：对来自振动引起的噪声，通过降低机械振动减小噪声，如将阻尼材料涂在振动源上，或改变振动源与其他刚性结构的连接方式等。

(3) 接收者的防护

让处于噪声环境下的人员使用耳塞、耳罩等防护用品，减少相关人员在噪声环境中的暴露时间，以减轻噪声对人体的危害。

(4) 严格控制人为噪声

进入施工现场不得高声喊叫、无故甩打模板、乱吹哨，限制高音喇叭的使用，最大限度地减少噪声扰民。

(5) 控制强噪声作业的时间

凡在人口稠密区进行强噪声作业时，须严格控制作业时间，一般晚上10点到次日早晨6点之间停止强噪声作业。确系特殊情况必须昼夜施工时，尽量采取降低噪声措施，并会同建设单位与当地居委会、村委会或当地居民协调，出安民告示，求得群众谅解。

3) 施工现场噪声的限值

根据国家标准《建筑施工场界噪声限值》(GB 12523—90)的要求，对不同施工作业的噪声限值见表6-8所示。在工程施工中，要特别注意不得超过国家标准的限值，尤其是夜间禁止打桩作业。

表6-8 建筑施工场界噪声限值

施工阶段	主要噪声源	噪声限值[dB(A)]	
		昼间	夜间
土石方	推土机、挖掘机、装载机等	75	55
打　桩	各种打桩机械等	85	禁止施工
结　构	混凝土搅拌机、振捣棒、电锯等	70	55
装　修	吊车、升降机等	65	55

6.5.7 固体废物的处理

1) 建筑工地上常见的固体废物

(1) 固体废物的概念

固体废物是生产、建设、日常生活和其他活动中产生的固态、半固态废弃物质。固体废物是一个极其复杂的废物体系。按照其化学组成可分为有机废物和无机废物；按照其对环境和人类健康的危害程度可以分为一般废物和危险废物。

(2) 施工工地常见的固体废物

① 建筑渣土，包括砖瓦、碎石、渣土、混凝土碎块、废钢铁、碎玻璃、废屑、废弃装饰材料等。

② 废弃的散装建筑材料，包括散装水泥、石灰等。

③ 生活垃圾，包括炊厨废物、丢弃食品、废纸、生活用具、玻璃、陶瓷碎片、废电池、废旧日用品、废塑料制品、煤灰渣、废交通工具等。

④ 设备、材料等的废弃包装材料。

2) 固体废物对环境的危害

固体废物对环境的危害是全方位的，主要表现在以下几个方面：

(1) 侵占土地。由于固体废物的堆放,可直接破坏土地和植被。
(2) 污染土壤。固体废物在堆放中,有害成分易污染土壤,并在土壤中积累,给作物生长带来危害。部分有害物质还会杀死土壤中的微生物,使土壤丧失腐解能力。
(3) 污染水体。固体废物遇水浸泡、溶解后,其有害成分随地表径流或土壤渗流污染地下水和地表水。此外,固体废物还会随风飘入水体而造成污染。
(4) 污染大气。以细颗粒状存在的废渣垃圾和建筑材料在堆放和运输过程中会随风扩散,使大气中悬浮的灰尘废弃物增多。此外,固体废物在焚烧等处理过程中,可能产生有害气体,造成大气污染。
(5) 影响环境卫生。固体废物的大量堆放,会招致蚊蝇滋生、臭味四溢,严重影响工地以及周围环境卫生,对员工和工地附近居民的健康造成危害。

3) 固体废物的处理和处置
(1) 固体废物处理的基本思想是采取资源化、减量化和无害化的处理,对固体废物产生的全过程进行控制。
(2) 固体废物的主要处理方法

① 回收利用。回收利用是对固体废物进行资源化、减量化的重要手段之一。对建筑渣土可视其情况加以利用;废钢可按需要用做金属原材料;对废电池等废弃物应分散回收,集中处理。

② 减量化处理。减量化是对已经产生的固体废物进行分选、破碎、压实浓缩、脱水等减少其最终处置量,降低处理成本,减少对环境的污染。在减量化处理的过程中,也包括和其他处理技术相关的工艺方法,如焚烧、热解、堆肥等。

③ 焚烧技术。焚烧用于不适合再利用且不宜直接予以填埋处置的废物,尤其是对于受到病菌、病毒污染的物品,可以用焚烧进行无害化处理。焚烧处理应使用符合环境要求的处理装置,注意避免对大气的二次污染。

④ 稳定和固化技术。利用水泥、沥青等胶结材料,将松散的废物包裹起来,减小废物的毒性和可迁移性,使得污染减少。

⑤ 填埋。填埋是固体废物处理的最终技术,经过无害化、减量化处理的废物残渣集中到填埋场进行处置。填埋场应利用天然或人工屏障,尽量使需处置的废物与周围的生态环境隔离,并注意废物的稳定性和长期安全性。

6.6 职业健康安全管理体系与环境管理体系的结构、模式和内容

6.6.1 职业健康安全管理体系的基本结构和模式

1) 职业健康安全问题及其解决途径

人的不安全行为:从人的心理学和行为学方面研究解决,可通过培训和提高人的安全意识和行为能力,以保证人的可靠性。

物的不安全状态:从研究安全技术、采取安全措施来解决,可通过各种有效的安全技术

系统保证安全设施的可靠性。

组织管理不力：用系统论的理论和方法，研究工业生产组织如何建立职业健康安全系统化、标准化的管理体系，实行全员、全过程、全方位、以预防为主的整体管理。

职业健康安全管理体系是用系统论的理论和方法来解决依靠人的可靠性和安全技术可靠性所不能解决的生产事故和劳动疾病的问题，即从组织管理上来解决职业健康安全问题。为此，英国标准化协会（BSI）、爱尔兰国家标准局、南非标准局、挪威船级社（DNV）等13个组织联合在1999年和2000年分别发布了OHSAS18001：1999《职业健康安全管理体系规范》和OHSAS18002：1999《职业健康安全管理体系指南》。我国于2001年发布了GB/T 28001—2001《职业健康安全管理体系规范》，该体系标准覆盖了OHSAS18001：1999《职业健康安全管理体系规范》的所有技术内容，并考虑了国际上有关职业健康安全管理体系现有文件的技术内容。

2）GB/T 28001(OHSAS18001：1999)《职业健康安全管理体系规范》的总体结构图(6-2)

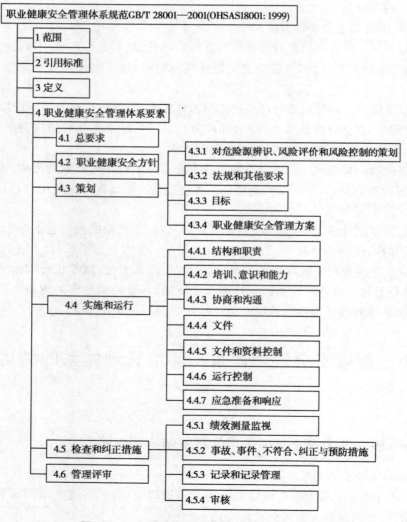

图6-2 职业健康安全管理体系总体结构图

3)《职业健康安全管理体系规范》的模式

为适应现代职业健康安全的需要,GB/T 28001—2001《职业健康安全管理体系规范》在确定职业健康安全管理体系模式时,强调按系统理论管理职业健康安全及其相关事务,以达到预防和减少生产事故和劳动疾病的目的。通过策划(Plan)、行动(Do)、检查(Check)和改进(Act)四个环节构成一个动态循环并螺旋上升的系统化管理模式。职业健康安全管理体系模式如图6-3所示。

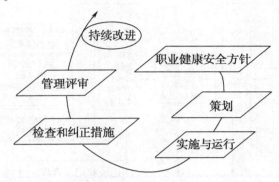

图6-3 职业健康安全管理体系模式图

6.6.2 职业健康安全管理体系的内容及其相互关系

1)基本内容

职业健康安全管理体系的基本内容由5个一级要素和17个二级要素构成,如表6-9所示。

表6-9 职业健康安全管理体系一、二级要素表

	一级要素	二级要素
要素名称	(一)职业健康安全方针(4.2)	1. 职业健康安全方针(4.2)
	(二)规划(策划)(4.3)	2. 对危险源辨识、风险评价和风险控制的策划(4.3.1) 3. 法规和其他要求(4.3.2) 4. 目标(4.3.3) 5. 职业健康安全管理方案(4.3.4)
	(三)实施和运行(4.4)	6. 结构和职责(4.4.1) 7. 培训、意识和能力(4.4.2) 8. 协商和沟通(4.4.3) 9. 文件(4.4.4) 10. 文件和资料控制(4.4.5) 11. 运行控制(4.4.6) 12. 应急准备和响应(4.4.7)
	(四)检查和纠正措施(4.5)	13. 绩效测量和监视(4.5.1) 14. 事故、事件、不符合、纠正和预防措施(4.5.2) 15. 记录和记录管理(4.5.3) 16. 审核(4.5.4)
	(五)管理评审(4.6)	17. 管理评审(4.6)

2) 各类要素之间的关系

在职业健康安全管理体系中，17个要素的相互联系、相互作用共同有机地构成了职业健康安全管理体系的一个整体，如图6-4所示。

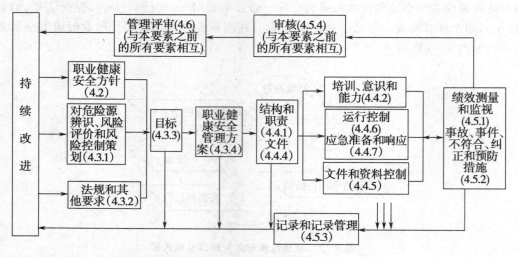

图6-4 职业健康安全管理体系各要素的关联图

为了更好地理解职业健康安全管理体系要素间的关系，可将其分为两类：一类是体现体系主体框架和基本功能的核心要素；另一类是支持体系主体框架和保证实现基本功能的辅助性要素。

核心要素包括职业健康安全方针，对危险源辨识、风险评价和风险控制的策划，法规和其他要求，目标，结构和职责，职业健康安全管理方案，运行控制，绩效测量和监视，审核和管理评审10个要素。

辅助要素包括培训、意识和能力，协商和沟通，文件，文件和资料控制，应急准备和响应，事故、事件、不符合、纠正和预防措施，以及记录和记录管理7个要素。

3) 各要素的目的和意图

建设工程生产在进行职业健康安全管理时要体现职业健康安全管理体系的每一个要素的基本内容，要深刻理解各要素的目的和意图。

职业健康安全管理体系17个要素的目标和意图如下（17个要素的标准条款见GB/T 28001—2001《职业健康安全管理体系规范》）：

(1) 职业健康安全方针(4.2)

① 确定职业健康安全管理的总方向和总原则及职责和绩效目标。

② 表明组织对职业健康安全管理的承诺，特别是最高管理者的承诺。

(2) 对危险源辨识、风险评价和风险控制的策划(4.3.1)

① 对危险源辨识和风险评价，组织对其管理范围内的重大职业健康安全危险源获得一个清晰的认识和总的评价，并使组织明确应控制的职业健康安全风险。

② 建立危险源辨识、风险评价和风险控制与其他要素之间的联系，为组织的整个职业健康安全体系奠定基础。

③ 更好地履行组织的基本法律义务，持续地识别、评价和控制职业健康安全风险。

(3) 法规和其他要求(4.3.2)

① 促进组织认识和了解其所应履行的法律义务,并对其影响有一个清醒的认识,并就此信息与员工进行沟通。

② 识别对职业健康安全法规和其他要求的需求和获取途径。

(4) 目标(4.3.3)

① 使组织的职业安全方针能够得到真正落实。

② 保证组织内部对职业健康安全方针的各方面建立可测量的目标。

(5) 职业健康安全管理方案(4.3.4)

① 寻求实现职业健康安全方针和目标的途径和方法。

② 制定适宜的战略和行动计划,实现组织所确定的各项目标。

(6) 结构和职责(4.4.1)

① 建立适宜于职业健康安全管理体系的组织结构。

② 确定管理体系实施和运行过程中有关人员的作用、职责和权限。

③ 确定实施、控制和改进管理体系的各种资源。

(7) 培训、意识和能力(4.4.2)

① 增强员工的职业健康安全意识。

② 确保员工有能力履行相应的职责,完成影响工作场所内职业健康安全任务。

(8) 协商和沟通(4.4.3)

① 确保与员工和其他相关方就有关职业健康安全信息进行相互沟通。

② 鼓励所有受组织运行影响的人员参与职业健康安全事务,对组织的职业健康安全方针和目标予以支持。

(9) 文件(4.4.4)

① 确保组织的职业健康安全管理体系得到充分理解并有效运行。

② 按有效性和效率要求,尽量减少文件的数量。

(10) 文件和资料控制(4.4.5)

① 建立并保持文件和资料的控制程序。

② 识别和控制体系运行和职业健康安全活动绩效的关键文件和资料。

(11) 运行控制(4.4.6)

① 制订计划和安排,确定控制和预防措施有效实施。

② 根据实现职业健康安全的方针、目标、遵守法规和其他要求的需要,使与风险有关的运行和活动均处于受控状态。

(12) 应急准备和响应(4.4.7)

① 主动评价潜在的事故或紧急情况,识别应急响应需求。

② 制定应急准备和响应计划,以减少和预防可能引发的病症和突发事件造成的伤害。

(13) 绩效测量和监视(4.5.1)

持续不断地对组织的职业健康安全绩效进行监测和测量,以保证体系的有效运行。

(14) 事故、事件、不符合、纠正和预防措施(4.5.2)

① 通过建立有效的程序和报告制度,调查和评估事故、事件和不符合。

② 预防事故和事件及不符合情况的进一步发生。

③ 探测、分析和消除不符合的潜在根源,确认所采取纠正和预防措施的有效性。

(15) 记录和记录管理(4.5.3)

① 证实体系处于有效运行状态。

② 将体系和要求的符合性形成文件。

(16) 审核(4.5.4)

① 持续评估组织的职业健康安全管理体系的有效性。

② 组织通过内部审核方案,自我评审本组织建立的职业健康安全体系与 GB/T 28001 体系标准要求的符合性。

③ 确定对形成文件的程序的符合程度。

④ 评价管理体系是否有效满足组织的职业健康安全目标。

(17) 管理评审(4.6)

① 评价管理体系是否完全实施和是否继续保持。

② 评价组织的职业健康安全方针是否继续合适。

③ 为了组织的未来发展要求,重新制定组织的职业健康安全目标或修改现有的职业健康目标,并考虑为此是否需要修改有关的职业健康安全管理体系的要素。

6.6.3 环境管理体系的基本结构和模式

1) 环境管理体系的作用和意义

国际标准化组织(ISO)从 1993 年 6 月正式成立环境管理技术委员会(ISO/TC 207)开始就遵照其宗旨:"通过制定和实施一套环境管理的国际标准,规范企业和社会团体等所有组织的环境表现,使之与社会经济发展相适应,改善生态环境质量,减少人类各项活动所造成的环境污染,节约能源,促进经济的可持续发展。"经过三年的努力,到 1996 年推出了 ISO 14000 系列标准。同年,我国将其等同转换为国家标准 GB/T 24000 系列标准。

其作用和意义是:

(1) 保护人类生存和发展的需要。

(2) 国民经济可持续发展的需要。

(3) 建立市场经济体制的需要。

(4) 国内外贸易发展的需要。

(5) 环境管理现代化的需要。

(6) 协调各国管理性"指令"和控制文件的需要。

2) GB/T 24001(ISO 14001)《环境管理体系规范及使用指南》的结构

《环境管理体系规范及使用指南》的总体结构如图 6-5 所示。

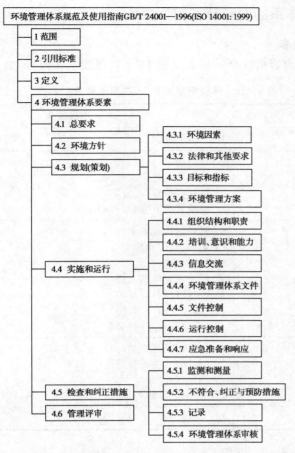

图6-5 《环境管理体系规范及使用指南》总体结构图

3)《环境管理体系规范及使用指南》的模式

图6-6给出了环境管理体系的运行模式,该模式的规定为环境管理体系提供了一套系统化的方法,指导其组织合理有效地推行环境管理工作。该模式环境管理体系建立在一个由"策划、实施、检查、评审和改进"诸环节构成的动态循环过程的基础上。职业健康安全管理体系也完全按此模式建立。

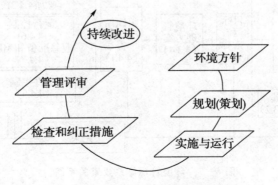

图6-6 环境管理体系运行模式

6.6.4 环境管理体系的内容及其相互关系

1) 环境管理体系的内容

环境管理体系的基本内容由5个一级要素和17个二级要素构成,如表6-10所示。

表6-10 环境管理体系一、二级要素表

要素名称	一级要素	二级要素
	(一) 环境方针(4.2)	1. 环境方针(4.2)
	(二) 规划(策划)(4.3)	2. 环境因素(4.3.1) 3. 法律和其他要求(4.3.2) 4. 目标和指标(4.3.3) 5. 环境管理方案(4.3.4)
	(三) 实施和运行(4.4)	6. 组织结构和职责(4.4.1) 7. 培训、意识和能力(4.4.2) 8. 信息交流(4.4.3) 9. 环境管理体系文件(4.4.4) 10. 文件控制(4.4.5) 11. 运行控制(4.4.6) 12. 应急准备和响应(4.4.7)
	(四) 检查和纠正措施(4.5)	13. 监测和测量(4.5.1) 14. 不符合、纠正与预防措施(4.5.2) 15. 记录(4.5.3) 16. 环境管理体系审核(4.5.4)
	(五) 管理评审(4.6)	17. 管理评审(4.6)

2) 各类要素之间的关系

从17个要素的内容及其内在关系来看,相互有一定的逻辑关系,如图6-7所示。

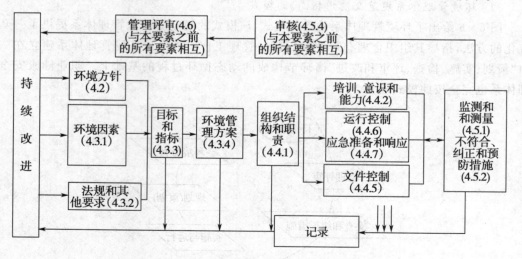

图6-7 环境管理体系要素关系图

3) 各要素的理解要点

(1) 环境方针(4.2)

① 制定环境方针是最高管理者的责任。

② 环境方针的内容必须包括对遵守法律及其他要求、持续改进和污染预防的承诺,并作为制定与评审环境目标和指标的框架。

③ 环境方针应适合组织的规模、行业特点,要有个性。

④ 环境方针在管理上要求形成文件,便于员工理解和相关方获取。

(2) 环境因素(4.3.1)

① 识别和评价环境因素,以确定组织的环境因素和重要环境因素。

② 识别环境因素时要考虑到"三种状态"(正常、异常、紧急)、"三种时态"(过去、现在、将来)、向大气排放、向水体排放、废弃物处理、土地污染、原材料和自然资源的利用、其他当地环境问题。

③ 应及时更新环境方面的信息,以确保环境因素识别的充分性和重要环境因素评价的科学性。

(3) 法律和其他要求(4.3.2)

① 组织应建立并保持程序以保证活动、产品或服务中环境因素遵守法律和其他要求。

② 组织还应建立获得相关法律和其他要求的渠道,包括对变动信息的跟踪。

(4) 目标和指标(4.3.3)

① 组织内部各管理层次、各有关部门和岗位在一定时期内均应有相应的目标和指标,并用文本表示。

② 组织在建立和评审目标时,应考虑的因素主要有环境影响因素、遵守法律法规和其他要求的承诺、相关方要求等。

③ 目标和指标应与环境方针中的承诺相呼应。

(5) 环境管理方案(4.3.4)

① 组织应制定一个或多个环境管理方案,其作用是保证环境目标和指标的实现。

② 方案的内容一般可以有:组织的目标、指标的分解落实情况,使各相关层次与职能在环境管理方案与其所承担的目标、指标相对应,并应规定实现目标、指标的职责、方法和时间表等。

③ 环境管理方案应随情况变化及时做相应修订。

(6) 组织结构和职责(4.4.1)

① 环境管理体系的有效实施要靠组织的所有部门承担相关的环境职责。

② 必须对每一层次的任务、职责、权限作出明确规定,形成文件并给予传达。

③ 最高管理者应指定管理者代表并明确其任务、职责、权限。

④ 管理者代表应做到:对环境管理体系建立、实施、保持负责,并向最高管理者报告环境管理体系运行情况。

⑤ 最高管理者应为环境管理体系的实施提供各种必要的资源。

(7) 培训、意识和能力(4.4.2)

① 组织应明确培训要求和需要特殊培训的工作岗位和人员。

② 建立培训程序,明确培训应达到的效果。

③ 对可能产生重大影响的工作,要有必要的教育、培训、工作经验、能力方面的要求,以保证他们能胜任所负担的工作。

(8) 信息交流(4.4.3)

① 组织应建立对内对外双向信息交流的程序,其功能是:能在组织的各层次和职能间交流有关环境因素和管理体系的信息,以及外部相关方信息的接收、成文、答复。

② 特别注意涉及重要环境因素的外部信息的处理并记录其决定。

(9) 环境管理体系文件(4.4.4)

① 环境管理体系文件应充分描述环境管理体系的核心要素及其相互作用。

② 应给出查询相关文件的途径,明确查找的方法,使相关人员易于获取有效版本。

(10) 文件控制(4.4.5)

① 组织应建立并保持有效的控制程序,保证所有文件的实施。

② 环境管理文件应注明日期(包括发布和修订日期),字迹清楚,标志明确,妥善保管并在规定期间予以保留,还应及时从发放和使用场所收回失效文件,防止误用。

③ 应建立并保持有关制定和修改各类文件的程序。

④ 环境管理体系重在运行和对环境因素的有效控制,应避免文件过于繁琐,以利于建立良好的控制系统。

(11) 运行控制(4.4.6)

① 运行控制是对组织环境管理体系实施控制的过程,其目的是实现组织方针和目标指标,其对象是与环境因素有关的运行与活动,其手段是编制控制程序。

② 组织的方针、目标和指标及重要环境因素有关的运行和活动,应确保它们在程序的控制下运行;当某些活动有关标准在第三层文件中已有具体规定时,程序可予以引用。

③ 对缺乏程序指导可能偏离方针、目标、指标的运行应建立运行控制程序,但并不要求所有的活动和过程都建立相应的运行控制程序。

④ 应识别组织使用的产品或服务中的重要环境因素,并建立和保持相应的文件程序,将有关程序与要求通报供方和承包方,以促使他们提供的产品或服务符合组织的要求。

(12) 应急准备和响应(4.4.7)

① 组织应建立并保持一套程序,使之能有效确定潜在的事故或紧急情况,并在其发生前予以预防,减少可能伴随的环境影响。一旦紧急情况发生时作出响应,尽可能地减少由此造成的环境影响。

② 组织应考虑可能会有的潜在事故和紧急情况(如组织在识别和评审重要环境因素时就应包括这方面的内容),采取预防和纠正的措施应针对潜在的和发生的原因。

③ 必要时特别是在事故或紧急情况发生后,应对程序予以评审和修订,确保其切实可行。

④ 可行时,按程序有关规定定期进行实验或演练。

(13) 监测和测量(4.5.1)

① 对环境管理体系进行例行监测和测量,既是对体系运行状况的监督手段,又是发现问题及时采取纠正措施,实施有效运行控制的首要环节。

② 组织应建立文件程序,其对象是:对可能具有重大环境影响的运行与活动的关键特性进行监测和测量,保证监测活动按规定进行。

③ 监测的内容,通常包括:组织的环境绩效(如组织采取污染预防措施收到的效果、节省资源和能源的效果、对重大环境因素控制的结果等),有关的运行控制(对运行加以控制,监测其执行程序及其运行结果是否偏离目标和指标)、目标、指标和环境管理方案的实现程度,为组织评价环境管理体系的有效性提供充分的客观依据。

④ 对监测活动,在程序中应明确规定:如何进行例行监测,如何使用、维护、保管监测设备,如何记录和如何保管记录,如何参照标准进行评价,什么时候向谁报告监测结果和发现的问题等。

⑤ 组织应建立评价程序,定期检查有关法律法规的持续遵循情况,以判断环境方针有关承诺的符合性。

(14) 不符合、纠正与预防措施(4.5.2)

① 组织应建立并保持文件程序,用来规定有关的职责和权限,对不符合进行处理与调查,采取措施减少由此产生的影响,采取纠正与预防措施并予以完成。

② 对于旨在消除已存在和潜在不符合所采取纠正或预防措施,应分析原因并与该问题的严重性和伴随的环境影响相适应。

③ 对于纠正与预防措施所引起的对程序文件的任何更改,组织均应遵照实施并予以记录。

(15) 记录(4.5.3)

① 组织应建立对记录进行管理的程序,明确对环境管理的标识、保存、处置的要求。

② 程序应规定记录的内容。

③ 对记录本身的质量要求是字迹清楚、标识清楚、可追溯。

(16) 环境管理体系审核(4.5.4)

① 本条款所讲的"审核"是指环境管理内部审核。

② 组织应制定、保持定期开展环境管理体系内部审核的程序、方案。

③ 审核程序和方案的目的,是判定其是否满足符合性(即环境管理体系是否符合对环境管理工作的预定安排和规范要求)和有效性(即环境管理体系是否得到正确实施和保持),向管理者报告管理结果。

④ 对审核方案的编制依据和内容要求,应立足于所涉及活动的环境的重要性和以前审核的结果。

⑤ 审核的具体内容,应规定审核的范围、频次、方法,对审核组的要求,审核报告的要求等。

(17) 管理评审(4.6)

① 管理评审是组织最高管理者的职责。

② 应按规定的时间间隔进行,评审过程要记录,结果要形成文件。

③ 评审的对象是环境管理体系,目的是保证环境管理体系的持续适用性、充分性、有效性。

④ 评审前要收集充分必要的信息,作为评审依据。

6.6.5 职业健康安全管理体系与环境管理体系的基本术语

1) 职业健康安全管理体系的术语和定义

事故(Accident):造成死亡、疾病、伤害、损坏或其他损失的意外情况。

审核(Audit):系统审核以确定活动及相关的结果是否符合计划安排,这些安排是否有效实施,是否适合于达到组织的方针与目标。

持续改进(Continual Improvement):为改进职业健康安全总体绩效,根据职业健康安全方针,组织强化职业健康安全管理体系的过程(该过程不必同时发生在活动的所有领域)。

危险源(Hazard):可能导致伤害或疾病、财产损失、工作环境破坏或这些情况组合的根源或状态。

危险源辨识(Hazard Identification):识别危险源的存在并确定其特征的过程。

事件(Incident):导致或可能导致事故的情况。

相关方(Interested Parties):与组织的职业健康安全绩效有关的或受其职业健康安全绩效影响的个人或团体。

不符合(Nonconformance):任何与工作标准、惯例、程序、法规、管理体系绩效等的偏离,其结果会直接导致伤害或疾病、财产损失、工作环境破坏或这些情况的组合。

目标(Objectives):组织在职业健康安全绩效方面所达到的目的。

职业健康安全(Occupational Health and Safety,OHS):影响工作场所内员工、临时工作人员、合同方人员、访问者和其他人员健康安全的条件和因素。

职业健康安全管理体系(Occupational Health and Safety Management System, OHSMS):是总的管理体系的一部分,便于组织对与其业务相关的职业健康风险的管理。它包括为制定、实施、实现、评审和保持职业健康安全方针所需的组织结构、策划活动、职责、惯例、程序、过程的资源。

组织(Organization):有自身职能和行政管理的独立或合股、公有的或私营的各类公司、集团、商行、企事业单位或社团,或是上述单位的部分或组合。

绩效(Performance):基于职业健康安全方针和目标,与组织的职业健康安全风险控制有关的,职业健康安全管理体系的可测量结果。

风险(Risk):某一特定危险情况发生的可能性和后果的组合。

风险评价(Risk Assessment):评估风险大小以及确定风险是否可容许的全过程。

安全(Safety):免除不可接受的损害风险的状态。

可容许风险(Tolerable Risk):根据组织的法律义务和职业健康安全方针,已降低组织可接受程度的风险。

2)环境管理体系的术语和定义

持续改进(Continual Improvement):强化环境管理体系的过程,目的是根据组织的环境方针,实现对整体环境表现(行为)的改进。

环境(Environment):组织运行活动的外部存在,包括空气、水、土地、自然资源、植物、动物、人,以及它们之间的相互关系。

环境因素(Environment Aspect):一个组织的活动、产品或服务中能与环境发生相互作用的要素。

环境影响(Environmental Impact):全部或部分由组织的活动、产品或服务给环境造成的任何有害或有益的变化。

环境管理体系(Environmental Management System):是整个管理体系的一个组成部分,包括为制定、实施、实现、评审和保持环境方针所需的组织的结构、计划活动、职责、惯例、程序、过程和资源。

环境管理体系审核(Environmental Management System Audit)：客观地获得审核证据并予以评价，以判断组织的环境管理体系是否符合规定的环境管理体系审核标准准则的一个以文件支持的系统化验证过程，包括将这一过程的结果呈报管理者。

环境目标(Environmental Objective)：组织依据其环境方针规定自己所要实现的总体环境目的，如可行应予以量化。

环境表现(行为)(Environment Performance)：组织基于其环境方针、目标和指标，对它的环境因素进行控制所取得的可测量的环境管理体系结果。

环境方针(Environmental Policy)：组织对其全部环境表现(行为)的意图与原则的声明，它为组织的行为及环境目标和指标的建立提供了一个框架。

环境指标(Environmental Target)：直接来自环境目标，或为实现环境目标所需规定并满足的具体的环境表现(行为)要求，它们可适用于组织或其局部，如可行应予量化。

相关方(Interested Party)：关注组织的环境表现(行为)或受其环境表现(行为)影响的个人或团体。

组织(Organization)：具有自身职能和行政管理的公司、集团公司、商行、企事业单位、政府机构或社团，或是上述单位的部分结合体，无论其是否是法人团体，公营或私营。

污染预防(Prevention of Pollution)：旨在避免、减少或控制污染而对各种过程、惯例、材料或产品的采用，可包括再循环、处理、过程更改、控制机制、资源的有效利用和材料替代等。

6.7 职业健康安全管理体系与环境管理体系的建立与运行

6.7.1 职业健康安全管理体系与环境管理体系的建立

1) 建立职业健康安全与环境管理体系的步骤

(1) 领导决策

建立职业健康安全与环境管理体系需要最高管理者亲自决策，以便获得各方面的支持和保证建立体系所需资源。

(2) 成立工作组

最高管理者或授权管理者代表成立工作小组负责建立职业健康安全与环境管理体系。工作小组的成员要覆盖组织的主要职能部门，组长最好由管理者代表担任，以保证小组对人力、资金、信息的获取。

(3) 人员培训

人员培训的目的是使组织内的有关人员了解建立职业健康与环境体系的重要性，了解标准的主要思想和内容。根据对不同人员的培训要求，可将参加培训的人员分为四个层次，即最高管理层、中层领导及技术负责人、具体负责建立体系的主要骨干人员、普通员工。

在开展工作之前，参与建立和实施管理体系的有关人员及内审员应接受职业健康安全与环境管理体系标准及相关知识的培训。

(4) 初始状态评审

初始状态评审是对组织过去和现在的职业健康安全与环境的信息、状态进行收集、调查分析、识别和获取现有的适用于组织的健康安全与环境的法律法规和其他要求,进行危险源辨识和风险评价、环境因素识别和重要环境因素评价。评审的结果将作为确定职业健康安全与环境方针、制定管理方案、编制体系文件和建立职业健康安全与环境管理体系的基础。

(5) 制定方针、目标、指标和管理方案

方针是组织对其健康安全与环境行为的原则和意图的声明,也是组织自觉承担其责任和义务的承诺。方针不仅为组织确定了总的指导方向和行动准则,而且是评价一切后续活动的依据,并为更加具体的目标和指标提供一个框架。目标和指标制定的依据和准则为:依据并符合方针;考虑法律、法规和其他要求;考虑自身潜在的危险和重要环境因素;考虑商业机会和竞争机遇;考虑可实施性;考虑监测考评的现实性;考虑相关方的观点。

管理方案是实现目标、指标的行动方案。

(6) 管理体系的策划与设计

体系策划与设计是依据制定的方针、目标和指标、管理方案,确定组织机构职责和筹划各种运行程序。建立组织机构应考虑的主要因素有:合理分工;加强协作;明确定位,落实岗位责任;赋予权限。

文件策划的主要工作有:确定文件结构;确定文件编写格式;确定各层文件名称及编号;制定文件编写计划;安排文件的审查、审批和发布工作等。

(7) 体系文件的编写

体系文件包括管理手册、程序文件、作业文件,在编写中要根据文件的特点考虑编写的原则和方法。

(8) 文件的审查审批和发布

文件编写完成后应进行审查,经审查、修改、汇总后进行审批,然后发布。

2) 初始健康安全与环境状态评审

(1) 初始状态评审的内容

① 辨识工作场所中的危险源和环境因素。

② 明确适用的有关职业健康安全与环境的法律、法规和其他要求。

③ 评审组织现有的管理制度,并与标准进行对比。

④ 评审过去的事故,进行分析评价,以及检查组织是否建立了处罚办法和预防措施。

⑤ 了解相关方对组织在职业健康安全与环境管理工作的看法和要求。

(2) 应遵循的法律法规及其他要求的评审

① 了解整个法律法规体系对本组织的要求。

② 收集法律法规的途径。

③ 建立适用于组织的具体《法律法规内容目录清单》。

④ 评审组织在相应法律法规要求上的遵循情况。

(3) 初始状态评审报告的主要内容

① 初始状态评审的目的、范围。

② 组织的基本情况。

③ 初始状态评审的程序和方法。

④ 危险源与环境因素辨识、安全风险与环境影响评价。

⑤ 组织现有管理制度评审状况和遵循的情况。

⑥ 职业健康安全与环境法规和其他要求遵循情况评价。
⑦ 以往的事故分析。
⑧ 建立管理体系具备的条件及存在的主要问题分析。
⑨ 提出组织制定方针和目标、指标框架的建议。
3) 职业健康安全与环境管理体系文件的编写
　　职业健康安全与环境管理体系是系统化、结构化、程序化的管理体系，是遵循 PDCA 管理模式并以文件支持的管理制度和管理办法。体系文件应遵循的原则是：标准要求的要写到，文件写到的要做到，做到的要有有效记录。
　　(1) 文件的特点
　　① 法律性。组织的文件是内部的法规，写到的就应做到，具有强制性，各级人员都应执行，从而实现有法可依、有章可循。
　　② 系统性。文件系统有明确的层次，有明确的目的、责任、范围、逻辑关系和接口，体现各活动的策划实施检查和处置的要求。
　　③ 证实性。文件规定了活动的要求和记录的方法，为管理体系提供了活动和结果的证据。
　　④ 可操作性。作为逻辑形成独立单元的文件能清楚表明对其使用者的要求和意图，不需要有过多的其他解释。
　　⑤ 不断完善性。文件的编制和使用是一个动态过程，即在使用过程中能不断地发现策划的不足，应随各种因素的变化提出新的策划和改进的要求，将好的思想规定下来，并形成文件，以利于保持。
　　⑥ 体现方式的多样性。文件除可以用文字表示外，还可以用表格流程图和其他图形表示。随着计算机在组织中的推广应用，电子媒体的文件形式被越来越多的应用。
　　⑦ 符合性。文件应符合标准的要求和组织的实际情况。
　　(2) 文件的编写原则
　　① 文件应便于执行，简明扼要，通俗易懂，做到内容与实际相结合，切忌生搬硬套。
　　② 要努力做到管理体系文件的一体化，使质量体系、环境管理体系和职业健康安全管理体系各类文件有机结合，可以降低组织的管理成本，大大改善管理绩效。
　　③ 文件的描述应能清楚地表示部门之间、活动之间的顺序与接口关系，避免文件之间内容重复和相互矛盾。
　　(3) 程序文件编写的内容和一般格式
　　① 程序文件要针对需要编制程序文件体系的管理要素。
　　② 程序文件的内容可按"5W1H"的顺序和内容来编写。
　　③ 程序文件的一般格式可以是：目的和适用范围，引用的标准及文件，术语和定义，职责，工作程序，报告和记录的格式以及保存期限，相关文件等等。
　　(4) 作业文件的编制
　　作业文件是指管理手册、程序文件之外的文件，一般包括作业指导书(操作规程)、管理规定、监测活动准则及程序文件引用的表格。其编写的内容和格式与程序文件的要求基本相同。在编写之前应对原有的作业文件进行清理，摘其有用的，删除无关的。

6.7.2 职业健康安全管理体系与环境管理体系的运行

1)管理体系运行的概念

体系运行是指按照已建立体系的要求实施,其实施的措施重点围绕培训意识和能力,信息交流,文件管理,执行控制程序,监测,不符合、纠正和预防措施,记录等活动推进体系的运行工作。上述运行活动简述如下:

(1)培训意识和能力

由主管培训的部门根据体系、体系文件(培训意识和能力程序文件)的要求,判定详细的培训计划,明确培训的组织部门、时间、内容、方法和考核要求。

(2)信息交流

信息交流是确保各要素构成一个完整、动态、持续改进的体系和基础,应关注信息交流的内容和方式。

(3)文件管理

① 对现有有效文件进行整理编号,方便查询索引。

② 对适用的规范、规程等行业标准应及时购买补充,对适用的表格要及时发放。

③ 对在内容上有抵触的文件和过期的文件要及时作废并妥善处理。

(4)执行控制程序文件的规定

体系的运行离不开程序文件的指导,程序文件及其相关的作业文件在组织内部都具有法定效力,必须严格执行,才能保证体系正确运行。

(5)监测

为保证体系正确有效地运行,必须严格监测体系的运行情况。监测中应明确监测的对象和监测的方法。

(6)不符合、纠正和预防措施

体系在运行过程中,不符合的出现是不可避免的,包括事故也难免要发生,关键是相应的纠正与预防措施是否及时有效。

(7)记录

在体系运行过程中及时按文件要求进行记录,如实反映体系运行情况。

2)管理体系的内部审核

内部审核是组织对其自身的管理体系进行的审核,是对体系是否正常进行以及是否达到了规定的目标所作的独立的检查和评价,是管理体系自我保证和自我监督的一种机制。内部审核要明确策划,提出审核的方式方法和步骤,形成审核日程计划,并发至相关部门。

3)管理评审

管理评审是由组织的最高管理者对管理体系的系统评价,判断组织的管理体系面对内部情况的变化和外部环境是否充分适应、有效,由此决定是否对管理体系作出调整,包括方针、目标、机构和程序等。

管理评审中应注意以下问题:

(1)信息输入的充分性和有效性。

(2)评审过程充分严谨,应明确评审的内容和对相关信息的收集、整理,并进行充分的讨论和分析。

（3）评审结论应该清楚明了、表述准确。
（4）评审中提出的问题应认真进行整改，不断持续改进。

复习思考题

1. 简述职业健康安全、环境管理的目的。
2. 安全管理的范围和基本原则是什么？
3. 试分析施工中的不安全因素。
4. 发生安全事故时应如何处理？
5. 环境分配制度的重点是什么？
6. 试分析我国质量管理、环境管理和职业健康安全管理三个体系标准的特点。

7 建设工程合同与合同管理

职业能力目标：通过本章的学习，学生应达到建设工程招标文件与投标文件的编制技能要求，具备对建设工程招投标及建设工程施工合同管理的能力。

学习任务：通过本章的学习，学生应掌握建设工程招标、投标相关法律法规；掌握建设工程招标文件与投标文件的编制方法；了解建设工程合同的概念、类型和作用；重点掌握建设工程施工合同的基本内容；了解国际建设工程承包合同的管理。

7.1 建设工程的招标与投标

7.1.1 我国招标投标的法律、法规框架

我国招标投标制度是伴随着改革开放而逐步建立并完善的。1984 年，国家计委、城乡建设环境保护部联合下发了《建设工程招标投标暂行规定》，倡导实行建设工程招投标，我国由此开始推行招投标制度。

1991 年 12 月 21 日，建设部、国家工商行政管理局联合下发《建筑市场管理规定》，明确提出加强发包管理和承包管理，其中发包管理主要是指工程报建制度与招标制度，在整顿建筑市场的同时，建设部还与国家工商行政管理局一起制订了《施工合同示范文本》及其管理办法，于 1991 年颁发。1992 年 12 月 30 日，建设部颁发了《工程建设施工招标投标管理办法》。

1994 年 12 月 16 日，建设部、国家体改委再次发出《全面深化建筑市场体制改革的意见》，强调了建筑市场管理环境的治理。文中明确提出大力推行招标投标，强化市场竞争机制。此后，各地也纷纷制订了各自的实施细则，使我国的工程招投标制度趋于完善。

1999 年，我国工程招标投标制度面临重大转折。首先是 1999 年 3 月 15 日全国人大通过了《中华人民共和国合同法》，并于同年 10 月 1 日生效实施。由于招标投标是合同订立过程中的两个阶段，因此，该法对招标投标制度产生了重要的影响。其次是 1999 年 8 月 30 日全国人大通过了《中华人民共和国招标投标法》，并于 2000 年 1 月 1 日起施行。这部法律基本上是针对建设工程发包活动而言的，其中大量采用了国际惯例或通用做法。

2000 年 5 月 1 日，国家计委发布了《工程建设项目招标范围的规模标准规定》；2000 年 7 月 1 日国家计委又颁布了《工程建设项目自行招标试行办法》和《招标公告发布暂行办法》。

2001 年 7 月 5 日，国家计委等七部委联合发布《评标委员会和评标办法暂行规定》。其中有三个重大突破：关于低于成本价的认定标准；关于中标人的确定条件；关于最低价中标。在这里第一次明确了最低价中标的原则，这与国际惯例是接轨的。这一评标定标原则必然给我国现行的定额管理带来冲击。在这一时期，建设部也连续颁布了第 79 号令《工程

建设项目招标代理机构资格认定办法》、第89号令《房屋建筑和市政基础设施工程施工招标投标管理办法》以及《房屋建筑和市政基础设施工程施工招标文件范本》(2003年1月1日施行)、第107号令《建筑工程施工发包与承包计价管理办法》(2001年11月)等,对招投标活动及其承发包中的计价工作作出进一步的规范。

7.1.2 建设项目招标的范围、种类与方式

1) 建设项目强制招标的范围

(1) 我国《招标投标法》指出,凡在中华人民共和国境内进行下列工程建设项目,包括项目的勘察、设计、施工、监理以及与工程建设有关的重要设备、材料等的采购,必须进行招标,一般包括:

① 大型基础设施、公用事业等关系社会公共利益、公共安全的项目。
② 全部或者部分使用国有资金投资或国家融资的项目。
③ 使用国际组织或者外国政府贷款、援助资金的项目。

(2) 国家计委对上述工程建设项目招标范围和规模标准又作出了具体规定:

① 关系社会公共利益、公众安全的基础设施项目的范围包括:
  A. 煤炭、石油、天然气、电力、新能源等能源项目。
  B. 铁路、公路、管道、水运、航空以及其他交通运输业等交通运输项目。
  C. 邮政、电信枢纽、通信、信息网络等邮电通讯项目。
  D. 防洪、灌溉、排涝、引(供)水、滩涂治理、水土保持、水利枢纽等水利项目。
  E. 道路、桥梁、地铁和轻轨交通、污水排放及处理、垃圾处理、地下管道、公共停车场等城市设施项目。
  F. 生态环境保护项目。
  G. 其他基础设施项目。

② 关系社会公共利益、公众安全的公用事业项目的范围包括:
  A. 供水、供电、供气、供热等市政工程项目。
  B. 科技、教育、文化项目。
  C. 体育、旅游项目。
  D. 卫生、社会福利项目。
  E. 商品住宅,包括经济适用住房。
  F. 其他公用事业项目。

③ 使用国有资金投资项目的范围包括:
  A. 使用各级财政预算资金项目。
  B. 使用纳入财政管理的各种政府性专项建设资金的项目。
  C. 使用国有企业事业单位自有资金,并且国有资产投资者实际拥有控制权的项目。

④ 国家融资项目的范围包括:
  A. 使用国家发行债券所筹资金的项目。
  B. 使用国家对外借款或者担保所筹资金的项目。
  C. 使用国家政策性贷款的项目。
  D. 国家授权投资主体融资的项目。

E. 国家特许的融资项目。

⑤ 使用国际组织或者外国政府资金的项目范围包括：

A. 使用世界银行、亚洲开发银行等国际组织贷款资金的项目。

B. 使用外国政府及其机构贷款资金的项目。

C. 使用国际组织或者外国政府援助资金的项目。

⑥ 以上第①条至第⑤条规定范围内的各类工程建设项目，包括项目的勘察、设计、施工、监理以及与工程建设有关的重要设备、材料等的采购，达到下列标准之一的，必须进行招标：

A. 施工单项合同估价在200万元人民币以上的。

B. 重要设备材料等货物的采购，单项合同估价在100万元人民币以上的。

C. 勘察、设计、监理等服务的采购，单项合同估算价在50万元人民币以上的。

D. 单项合同估算价低于以上规定的标准，但项目总投资额在3 000万元人民币以上的。

⑦ 建设项目的勘察、设计采用特定专利或者专有技术的，或者其建筑艺术有特殊要求的，经项目主管部门批准，可以不进行招标。

⑧ 依法必须进行招标的项目，全部使用国有资金投资或者国有资金投资占控股或者主导地位的，应当公开招标。

(3) 建设部第89号令《房屋建筑和市政基础设施工程施工招标投标管理办法》中的规定对于涉及国家安全、国家机密、抢险或者利用扶贫资金实行以工代赈、需要使用农民工等特殊情况，不适宜进行招标的项目，按照国家有关规定可以不进行招标。凡按照规定应该招标的工程不进行招标，应该公开招标的工程不公开招标的，招标单位所确定的承包单位一律无效。建设行政主管部门按照《建筑法》第八条的规定，不予颁发施工许可证；对于违反规定擅自施工的，依据《建筑法》第六十四条的规定，追究其法律责任。

2) 建设工程招标的种类

(1) 建设工程项目总承包招标。

(2) 建设工程勘察招标。

(3) 建设工程设计招标。

(4) 建设工程施工招标。

(5) 建设工程监理招标。

(6) 建设工程材料设备招标。

3) 建设工程招标的方式

建设工程招标的方式可以从不同角度分类：

(1) 从竞争程度进行分类，可以分为公开招标和邀请招标。一般国际上把公开招标称为无限竞争性招标，把邀请招标称为有限竞争性招标。

(2) 从招标的范围进行分类，可以分为国际招标和国内招标。国家经贸委将国际招标界定为"是指符合招标文件规定的国内、国外法人或其他组织，单独或联合其他法人或者其他组织参加投标，并按招标文件规定的币种结算的招标活动"；国内投标则"是指符合招标文件规定的国内法人或其他组织，单独或联合其他国内法人或其他组织参加投标，并用人民币结算的招标活动"。

7.1.3 建设项目招标程序

1) 招标活动的准备工作

项目招标前,招标人应当办理有关的审批手续、确定招标方式以及划分标段等工作。

(1) 确定招标方式

招标方式有公开招标或邀请招标。

(2) 标段的划分

招标项目需要划分标段的,招标人应当合理划分标段。一般情况下,一个项目应当作为一个整体进行招标。但是,对于大型项目,作为一个整体进行招标将大大降低招标的竞争性,因为符合招标条件的潜在投标人数量太少。这样就应当将招标项目划分成若干个标段分别进行招标。但也不能将标段划分得太小,太小的标段将失去对实力雄厚的潜在投标人的吸引力。如建设项目的施工招标,一般可以将一个项目分解为单位工程及特殊专业工程分别招标,但不允许将单位工程肢解为分部、分项工程进行招标。标段的划分是招标活动中较为复杂的一项工作,应当综合考虑以下因素:

① 招标项目的专业要求。如果招标项目的几部分内容专业要求接近,则该项目可以考虑作为一个整体进行招标。如果该项目的几部分内容专业要求相距甚远,则应当考虑划分为不同的标段分别招标。如对于一个项目中的土建和设备安装两部分内容就应当分别招标。

② 招标项目的管理要求。有时一个项目的各部分内容相互之间干扰不大,方便招标人进行统一管理,这时就可以考虑对各部分内容分别进行招标。反之,如果各个独立的承包商之间的协调管理是十分困难的,则应当考虑将整个项目发包给一个承包商,由该承包商进行分包后统一进行协调管理。

③ 对工程投资的影响。标段划分对工程投资也有一定的影响。这种影响是由多方面因素造成的,但直接影响是由管理费的变化引起的。一个项目作为一个整体招标,承包商需要进行分包,分包的价格在一般情况下不如直接发包的价格低;但一个项目作为一个整体招标,有利于承包商的统一管理,人工、机械设备、临时设施等可以统一使用,又有可能降低费用。因此,应当具体情况具体分析。

④ 工程各项工作的衔接。在划分标段时还应当考虑到项目在建设过程中的时间和空间的衔接。应当避免产生平面或者立面交接、工作责任的不清。如果建设项目各项工作的衔接、交叉和配合少,责任清楚,则可考虑分别发包;反之,则应考虑将项目作为一个整体发包给一个承包商,因为,此时由一个承包商进行协调管理容易做好衔接工作。

2) 招标公告和投标邀请书的编制与发布

招标公告必须通过一定的媒介进行传播。投标邀请书是指采用邀请招标方式的招标人,向三个以上具备承担招标项目的能力、资信良好的特定法人或者其他组织发出的参加投标的邀请。

(1) 招标公告和投标邀请书的内容

按照《招标投标法》的规定,招标公告与投标邀请书应当载明同样的事项,具体包括以下内容:

① 招标人的名称和地址。

② 招标项目的性质。
③ 招标项目的数量。
④ 招标项目实施地点。
⑤ 招标项目的实施时间。
⑥ 获取招标文件的办法。
(2) 公开招标项目招标公告的发布
① 对招标公告发布的监督。指定媒介的名单由国家发展计划委员会公告。
② 对招标人的要求。依法必须公开招标项目的招标公告必须在指定媒介发布。招标公告的发布应当充分公开，任何单位和个人不得非法限制招标公告的发布地点和发布范围。招标人或其委托的招标代理机构发布招标公告，应当向指定媒介提供营业执照（或法人证书）、项目批准文件的复印件等证明文件。招标人或其委托的招标代理机构在两个以上媒介发布的同一招标项目的招标公告的内容应当相同。
③ 对指定媒介的要求。招标人或其委托的招标代理机构应至少在一家指定的媒介发布招标公告。指定媒介依法必须公开发布招标项目的招标公告，不得收取费用，但发布国际招标公告的除外。

指定报纸在发布招标公告的同时，应将招标公告如实抄送指定网络。指定报纸和网络应当在收到招标公告文本之日起七日内发布招标公告。

指定媒介应与招标人或其委托的招标代理机构就招标公告的内容进行核实，经双方确认无误后在规定的时间内发布。指定媒介应当采取快捷的发行渠道，及时向订户或用户传递。

④ 拟发布的招标公告文本有下列情形之一，有关媒介可以要求招标人或其委托的招标代理机构及时予以改正、补充或调整：
　　A. 字迹潦草、模糊，无法辨认的。
　　B. 载明的事项不符合规定的。
　　C. 没有招标人或其委托的招标代理机构主要负责人签名并加盖公章的。
　　D. 在两家以上媒介发布的同一招标公告的内容不一致的。

指定媒介发布的招标公告的内容与招标人或其委托的招标代理机构提供的招标公告文本不一致，并造成不良影响的，应当及时纠正，重新发布。

3) 资格预审
(1) 发布资格预审通告。
(2) 发出资格预审文件。
(3) 对潜在投标人资格的审查和评定。
审查的重点是专业资格审查，内容包括：
① 施工经历，包括以往承担类似项目的业绩。
② 为承担本项目所配备的人员状况，包括管理人员和主要人员的名单和简历。
③ 为履行合同任务而配备的机械、设备及施工方案等情况。
④ 财务状况。

4) 编制和发售招标文件
(1) 招标文件的编制
① 按照国家建设部第89号令《房屋建筑和市政基础设施工程施工招标投标管理办

法》,工程施工招标应当具备下列条件:
  A. 按照国家有关规定需要履行项目审批手续的,已经履行审批手续。
  B. 工程资金或者资金来源已落实。
  C. 有满足施工招标需要的设计文件及其他技术资料。
  D. 法律、法规、规章规定的其他条件。
  ② 在建设部第 89 号令中指出,招标人应当根据招标工程的特点和需要,自行或者委托工程招标代理机构编制招标文件。招标文件应当包括下列内容:
  A. 投标须知,包括工程概况,招标范围,资格审查条件,工程资金来源或者落实情况(包括银行出具的资金证明),标段划分,工期要求,质量标准,现场踏勘和答疑安排,投标文件编制、提交、修改、撤回的要求,投标报价要求,投标有效期,开标的时间和地点,评标的方法和标准等。
  B. 招标工程的技术要求和设计文件。
  C. 采用工程量清单招标的,应当提供工程量清单。
  D. 投标函的格式及附录。
  E. 拟签订合同的主要条款。
  F. 要求投标人提交的其他材料。
  ③ 根据《招标投标法》和建设部有关规定,施工招标文件编制中还应遵循如下规定:
  A. 说明评标原则和评标办法。
  B. 投标价格中,一般结构不太复杂或工期在 12 个月的工程,可以采用固定价格,考虑一定的风险系数。结构较复杂或大型工程,工期在 12 个月以上的,应采用调整价格。价格的调整方法及调整范围应当在招标文件中明确。
  C. 在招标文件中应明确投标价格计算依据,主要有以下方面:工程计价类别;执行的定额;人工、材料、机械政策性调整文件,计价方法及采购运输保管的责任;工程量清单。
  D. 质量标准必须达到国家施工验收规范合格标准,对于要求质量达到优良标准时,应计取补偿费用。补偿费用的计算方法应按国家或地方有关文件规定执行,并在招标文件中明确。
  E. 招标文件中的建设工期应当参照国家或地方颁发的工期定额确定,如果要求的工期比工期定额缩短 20%以上(含 20%)的,应计算赶工措施费。赶工措施费如何计取应在招标文件中明确。
  F. 由于施工单位原因造成不能按合同工期竣工时,计取赶工措施费的应扣除,同时还应赔偿由于误工给建设单位带来的损失。其损失费用的计算方法或规定应在招标文件中明确。
  G. 如果建设单位要求按合同工期提前竣工交付使用,应考虑计取提前竣工奖,提前工期奖的计算方法应在招标文件中明确。
  H. 招标文件中应明确投标准备时间,即从开始发放招标文件之日起,至投标截止时间的期限最短不得少于 20 天。招标文件中还应载明投标有效期。
  I. 在招标文件中应明确投标保证金数额及支付方式。
  J. 中标单位应按规定向招标单位提交履约担保,履约担保可采用银行保函或履约担保书。

K. 材料或设备采购、运输、保管的责任应在招标文件中明确,如建设单位提供材料或设备,应列明材料或设备名称、品种或型号、数量,及提供日期和交货地点等;还应在招标文件中明确计价和结算的方法。

L. 关于工程量清单,招标单位按国家颁布的统一工程项目划分,统一计量单位和统一工程量计算规则,根据施工图纸计算工程量,提供给投标单位作为投标报价的基础。结算拨付工程款时以实际工程量为依据。

M. 合同协议条款的编写。招标单位在编制招标文件时,应根据《中华人民共和国合同法》、《建设工程施工合同管理办法》的规定和工程具体情况确定"招标文件合同协议条款"的内容。

N. 投标单位在收到招标文件后,若有问题需要澄清,应在收到招标文件后以书面形式向招标单位提出,招标单位以书面形式解答并发送给所有获得招标文件的投标单位。

(2) 招标文件的发售与修改

① 招标文件一般发售给通过资格预审、获得投标资格的投标人。投标人在收到招标文件后应认真核对,核对无误后应以书面形式予以确认。招标文件的价格一般等于编制、印刷这些招标文件的成本,招标活动中的其他费用(如发布招标公告等)不应打入该成本。投标人购买招标文件的费用,不论中标与否都不予退还。其中的设计文件,招标人可以酌收押金。对于开标后将设计文件退还的,招标人应当退还押金。

② 招标文件的修改。招标人对已发出的招标文件进行必要的澄清或者修改的,应当在招标文件要求提交投标文件截止时间至少15日前,以书面形式通知所有招标文件收受人。

5) 勘察现场,召开投标预备会

(1) 踏勘现场

招标人组织投标人踏勘现场的目的在于了解工程场地和周围环境状况,以获取投标人认为有必要的信息。

(2) 投标预备会

投标预备会的目的在于澄清招标文件中的疑问,解答投标人对招标文件和勘查现场中所提出的疑问和问题。

6) 投标

(1) 投标前的准备

(2) 投标文件的编制与递交

投标文件应当包括下列内容:投标函;施工组织设计或者施工方案;投标报价;招标文件要求提供的其他资料。

① 投标报价的编制

投标报价的编制主要是投标单位对承建招标工程所要发生的各种费用的计算。在进行投标计算时,必须首先根据招标文件进一步复核工程量。作为投标计算的必要条件,应预先确定施工方案和施工进度。此外,投标计算还必须与采用的合同形式相协调。报价是投标的关键性工作,报价是否合理直接关系到投标的成败。

A. 以招标文件中设定的发承包双方责任划分,作为考虑投标报价费用项目和费用计算的基础;根据工程发承包模式考虑投标报价的费用内容和计算深度。

B. 以施工方案、技术措施等作为投标报价计算的基本条件。

C. 以反映企业技术和管理水平的企业定额作为计算人工、材料和机械台班消耗量的基本依据。

D. 充分利用现场考察、调研成果、市场价格信息和行情资料编制基价，确定调价方法。

E. 报价计算方法要科学严谨、简明适用。

② 投标报价的计算依据

A. 招标单位提供的招标文件。

B. 招标单位提供的设计图纸、工程量清单及有关的技术说明书等。

C. 国家及地区颁发的现行建筑安装工程定额及其相关取费规定等。

D. 地方现行材料预算价格、采购地点及供应方式等。

E. 因招标文件及设计图纸等不明确经咨询后由招标单位书面答复的有关资料。

F. 企业内部制定的有关取费规定、标准。

G. 其他与报价计算有关的各项政策、规定及调整系数等。

在标价的计算过程中，对于不可预见费用的计算必须慎重考虑，不要遗漏。

③ 投标报价的编制方法

A. 以定额计价模式投标报价。一般是采用预算定额来编制，即按照定额规定的分部分项工程子目逐项计算工程量，套用定额基价或根据市场价格确定直接费，然后再按规定的费用定额计取各项费用，最后汇总形成标价。这种方法在我国大多数省市现行的报价编制中比较常用。

B. 以工程量清单计价模式投标报价。这是与市场经济相适应的投标报价方法，也是国际通用的竞争性招标方式所要求的。一般是由招标文件编制单位根据业主委托，将拟建招标工程全部项目和内容按相关的计算规则计算出工程量，列在清单上作为招标文件的组成部分，供投标人逐项填报单价，计算出总价，作为投标报价，然后通过评标竞争，最终确定合同价。工程量清单报价由招标人给出工程量清单，投标者填报单价，单价应完全依据企业技术、管理水平等企业实力而定，以满足市场竞争的需要。

采取工程量清单综合单价计算投标报价时，投标人填入工程量清单中的单价是综合单价，应包括人工费、材料费、机械费、其他直接费、间接费、利润、税金以及材料差价及风险金等全部费用。分部分项工程费、措施项目费和其他项目费用均采用综合单价计价。工程量清单计价的投标报价由分部分项工程费、措施项目费和其他项目费构成。

分部分项工程费是指完成"分部分项工程量清单"项目所需的费用。投标人负责填写分部分项工程量清单中的"金额"一项。金额按照综合单价填报。分部分项工程量清单中的合价等于工程数量和综合单价的乘积。

措施项目费是指分部分项工程费以外，为完成该工程项目施工必须采取的措施所需的费用。投标人负责填写措施项目清单中的金额。措施项目清单中的措施项目包括通用项目、建筑工程措施项目、安装工程措施项目和市政工程措施项目四类。措施项目清单中费用金额也是一个综合单价，包括人工费、材料费、机械费、管理费、利润、风险因素等项目。

其他项目费指的是分部分项工程费和措施项目费用以外，该工程项目施工中可能发生的其他费用。

表 7-1 投标报价的编制方法

现行报价模式		工程量清单报价模式		
单位估价法	实物量法	直接费单价法	全费用单价法	综合单价
① 计算工程量 ② 查套定额单价 ③ 计算直接费 ④ 计算取费 ⑤ 得到投标报价书	① 计算工程量 ② 查套定额消耗量 ③ 套用市场价格 ④ 计算直接费 ⑤ 计算取费 ⑥ 得到投标报价书	① 计算各分项工程资源消耗量 ② 套用市场价格 ③ 计算直接费 ④ 按实计算其他费用 ⑤ 得到投标报价书	① 计算各分项工程资源消耗量 ② 套用市场价格 ③ 计算直接费 ④ 按实计算分摊费用 ⑤ 分摊管理费和利润 ⑥ 得到分项综合单价 ⑦ 计算其他费用 ⑧ 得到投标报价书	① 计算各分项工程资源消耗量 ② 套用市场价格 ③ 计算直接费 ④ 核实计算所有分摊费用 ⑤ 分摊费用 ⑥ 得到投标报价书

按招标文件要求投标单位提交的投标保证金,应随投标文件一并提交招标单位。

投标文件编制完成后应仔细整理、核对,按招标文件的规定进行密封和标志,并提供足够份数的投标文件副本。

对于未能按要求提交投标保证金的投标,招标单位将视为不响应投标而予以拒绝。

未中标的投标单位的投标保证金应尽快退还(无息),最迟不超过规定的投标有效期期满后的 14 天。

中标单位的投标保证金,按要求提交履约保证金并签署合同协议后,予以退还(无息)。如投标单位有下列情况,将被没收投标保证金:投标单位在投标有效期内撤回其投标文件;中标单位未能在规定期内提交履约保证金或签署合同协议。

投标文件的递交。我国《招标投标法》规定,投标人应当在招标文件要求提交投标文件的截止时间前,将投标文件送达投标地点。招标人收到招标文件后,应当签收保存,不得开启。投标人少于三个的,招标人应当依照本法重新招标。在招标文件要求提交投标文件的截止时间后送达的投标文件,招标人应当拒收。投标人在招标文件要求提交投标文件的截止时间前,可以补充、修改或者撤回已提交的投标文件,并书面通知招标人。补充、修改的内容为投标文件的组成部分。

7) 开标、评标和定标

在建设项目招投标中,开标、评标和定标是招标程序中极为重要的环节。

(1) 开标

① 开标的时间和地点

我国《招标投标法》规定,开标应当在招标文件确定的提交投标文件截止时间的同一时间公开进行。这样的规定是为了避免投标中的舞弊行为。在有些情况下可以暂缓或者推迟开标时间:

A. 招标文件发售后对原招标文件作了变更或者补充。

B. 开标前发现有影响招标公正性的不正当行为。

C. 出现突发事件等。

开标地点应当为招标文件中预先确定的地点。招标人应当在招标文件中对开标地点作出明确、具体的规定,以便投标人及有关方面按照招标文件规定的开标时间到达开标地点。

② 出席开标会议的规定

开标由招标人或者招标代理人主持,邀请所有投标人参加。投标单位法定代表人或授权代表未参加开标会议的视为自动放弃。

③ 开标程序和唱标内容

A. 开标会议宣布开始后,应首先请各投标单位代表确认其投标文件的密封完整性并签字确认。当众宣读评标原则、评标办法。由招标单位依据招标文件的要求,核查投标单位提交的证件和资料,并审查投标文件的完整性、文件的签署、投标担保等,但提交合格"撤回通知"和逾期送达的投标文件不予启封。

B. 唱标顺序应按各投标单位报送投标文件时间的先后顺序进行。当众宣读有效标函的投标单位名称、投标价格、工期、质量、主要材料用量、修改或撤回通知、投标保证金、优惠条件,以及招标单位认为有必要的内容。

C. 开标过程应当记录,并存档备查。

④ 有关无效投标文件的规定

在开标时,投标文件出现下列情形之一的,应当作为无效投标文件:

A. 投标文件未按照招标文件的要求予以密封的。

B. 投标文件中的投标函未加盖投标人的企业法定代表人印章的,或者委托代理人没有合法、有效的委托书(原件)及委托代理人印章的。

C. 投标文件的关键内容字迹模糊、无法辨认的。

D. 投标人未按照招标文件的要求提供投标保函或者投标保证金的。

E. 组成联合体投标,投标文件未附联合体各方共同投标协议的。

(2) 评标

评标是招投标过程中的核心环节。我国《招标投标法》对评标作出了原则规定。为了更为细致地规范整个评标过程,2001年7月5日,国家计委、国家经贸委、建设部、铁道部、交通部、信息产业部、水利部联合发布了《评标委员会和评标方法暂行规定》。

① 评标的原则以及保密性和独立性

评标活动应遵循公平、公正、科学、择优的原则,招标人应当采取必要的措施,保证评标在严格保密的情况下进行。评标是招标投标活动中一个十分重要的阶段,如果对评标过程不进行保密,则影响公正评标的不正当行为有可能发生。

评标委员会成员名单一般应于开标前确定,而且该名单在中标结果确定前应当保密。评标委员会在评标过程中是独立的,任何单位和个人都不得非法干预、影响评标过程和结果。

② 评标委员会的组建与对评标委员会成员的要求

A. 评标委员会的组建。评标委员会由招标人负责组建,负责评标活动,向招标人推荐中标候选人或者根据招标人的授权直接确定中标人。

评标委员会由招标人或其委托的招标代理机构熟悉相关业务的代表,以及有关技术、经济等方面的专家组成,成员人数为五人以上的单数,其中技术、经济等方面的专家不得少于成员总数的三分之二。评标委员会设负责人的,负责人由评标委员会成员推举产生或者由招标人确定,评标委员会负责人与评标委员会的其他成员有同等表决权。

评标委员会的专家成员应当从省级以上人民政府有关部门提供的专家名册或者招标代理机构专家库确定。确定评标专家,可以采取随机抽取或者直接确定的方式。一般项目,可以采取随机抽取的方式;技术特别复杂、专业性要求特别高或者国家有特殊要求的招标项目,采取随机抽取方式确定的专家难以胜任的,可以由招标人直接确定。

B. 对评标委员会成员的要求。评标委员会中的专家成员应符合下列条件:

a. 从事相关专业领域工作满 8 年并具有高级职称或者同等专业水平。

b. 熟悉有关招标投标的法律、法规,并具有招标项目相关的实践经验。

c. 能够认真、公正、诚实、廉洁地履行职责。

有下列情形之一的,不得担任评标委员会成员:

a. 投标人或者投标人主要负责人的近亲属。

b. 项目主管部门或者行政监督部门的人员。

c. 与投标人有经济利益关系,可能影响对投标公正评审的。

d. 曾因在招标、评标以及其他与招标投标有关活动中从事违法行为而受过行政处罚或刑事处罚的。

评标委员会成员有上述情形之一的,应当主动提出回避。

C. 评标委员会成员的基本行为要求。评标委员会成员应当客观、公正地履行职责,遵守职业道德,对所提出的评审意见承担个人责任。

评标委员会成员不得与任何投标人或者与招标结果有利害关系的人进行私下接触,不得收受投标人、中介人、其他利害关系人的财物或者其他好处。

评标委员会成员、与评标活动有关的工作人员不得透露对投标文件的评审和比较、中标候选人的推荐情况以及与评标有关的其他情况。

③ 评标的准备与初步评审

A. 评标的准备。评标委员会成员应当编制供评标使用的相应表格,认真研究招标文件,至少应了解和熟悉以下内容:

a. 招标的目标。

b. 招标项目的范围和性质。

c. 招标文件中规定的主要技术要求、标准和商务条款。

d. 招标文件规定的评标标准、评标方法和在评标过程中考虑的相关因素。

招标人或者其委托的招标代理机构应当向评标委员会提供评标所需的重要信息和数据。招标人设有标底的,标底应当保密,并在评标时作为参考。

评标委员会应当根据招标文件规定的评标标准和方法,对投标文件系统地进行评审和比较。招标文件中没有规定的标准和方法不得作为评标的依据。因此,评标委员会成员还应当了解招标文件规定的评标标准和方法,这也是评标的重要准备工作。

B. 涉及外汇报价的处理。评标委员会应当按照投标报价的高低或者招标文件规定的其他方法对投标文件排序。以多种货币报价的,应当按照中国银行在开标日公布的汇率中间价换算成人民币。

招标文件应当对汇率标准和汇率风险作出规定。未作规定的汇率风险由投标人承担。

C. 初步评审的内容。初步评审的内容包括对投标文件的符合性评审、技术性评审和商务性评审。

a. 投标文件的符合性评审。投标文件的符合性评审包括商务符合性和技术符合性鉴定。投标文件应实质上响应招标文件的所有条款、条件,无显著的差异或保留。所谓显著的差异或保留包括以下情况:对工程的范围、质量及使用性能产生实质性影响;偏离了招标文件的要求,而对合同中规定的业主的权利或者投标人的义务造成实质性的限制;纠正这种差异或者保留将会对提交了实质性响应要求的投标书的其他投标人的竞争地位产生不公正影响。

b. 投标文件的技术性评审。投标文件的技术性评审包括:方案可行性评估和关键工序评估;劳务、材料、机械设备、质量控制措施评估以及对施工现场周围环境污染的保护措施评估。

c. 投标文件的商务性评审。投标文件的商务性评审包括:投标报价校核,审查全部报价数据计算的正确性,分析报价构成的合理性,并与标底价格进行对比分析。修正后的投标报价经投标人确认后对其起约束作用。

D. 投标文件的澄清和说明。评标委员会可以要求投标人对投标文件中含意不明确的内容作必要的澄清或者说明,但是澄清或者说明不得超出投标文件的范围或者改变投标文件的实质性内容。对招标文件的相关内容作出澄清和说明,有利于评标委员会对投标文件的审查、评审和比较。澄清和说明包括投标文件中含义不明确、对同类问题表述不一致或者有明显文字和计算错误的内容。

投标文件中的大写金额和小写金额不一致的,以大写金额为准;总价金额与单价金额不一致的,以单价金额为准,但单价金额小数点有明显错误的除外;对不同文字文本投标文件的解释发生异议的,以文字的中文文本为准。

E. 应当作为废标处理的情况。

a. 弄虚作假。在评标过程中,评标委员会发现投标人以他人的名义投标、串通投标、以行贿手段谋取中标或者以其他弄虚作假方式投标的,该投标人的投标应作废标处理。

b. 报价低于其个别成本。在评标过程中,评标委员会发现投标人的报价明显低于其他投标报价或者在设有标底时明显低于标底,使其投标报价可能低于其个别成本的,应当要求该投标人作出书面说明并提供相关证明材料。投标人不能合理说明或者不能提供相关证明材料的,由评标委员会认定该投标人以低于成本报价竞标,其投标应作废标处理。

c. 投标人不具备资格条件或者投标文件不符合形式要求。投标人不具备资格条件或者投标文件不符合形式要求,其投标也应当按照废标处理。包括:投标人资格条件不符合国家有关规定和招标文件要求的,或者拒不按照要求对投标文件进行澄清、说明或者补正的,评标委员会可以否决其投标。

d. 未能在实质上响应的投标。评标委员会应当审查每一个投标文件是否对招标文件提出的所有实质性要求和条件作出响应。未能在实质上响应的投标,应作废标处理。

F. 投标偏差。评标委员会应当根据招标文件,审查并逐项列出投标文件的全部投标偏差。投标偏差分为重大偏差和细微偏差。

a. 重大偏差。下列情况属于重大偏差:

没有按照招标文件要求提供投标担保或者所提供的投标担保有瑕疵;

投标文件没有投标人授权代表签字和加盖公章;

投标文件载明的招标项目完成期限超过招标文件规定的期限；

明显不符合技术规格、技术标准的要求；

投标文件载明的货物包装方式、检验标准和方法等不符合招标文件的要求；

投标文件附有招标人不能接受的条件；

不符合招标文件中规定的其他实质性要求。

b. 细微偏差。细微偏差是指投标文件在实质上响应招标文件要求，但在个别地方存有对其他投标人造成不公平的结果。细微偏差不影响投标文件的有效性。

评标委员会应当书面要求存在细微偏差的投标人在评标结束前予以补正。拒不补正的，在详细评审时可以对细微偏差作不利于该投标人的量化，量化标准应当在招标文件中明确规定。

G. 有效投标过少的处理。投标人数量是决定投标有竞争性的最主要的因素。但是，如果投标人数量很多，但有效投标很少，则仍然达不到增加竞争性的目的。因此，《评标委员会和评标方法暂行规定》中规定，如果否决不合格投标或者界定为废标后，因有效投标不足三个使得投标明显缺乏竞争的，评标委员会可以否决全部投标。投标人少于三个或者所有投标被否决的，招标人应当依法重新招标。

④ 详细评审及其方法

A. 经初步评审合格的投标文件，评标委员会应当根据招标文件确定的评标标准和方法，对其技术部分和商务部分作进一步评审、比较。

设有标底的招标项目，评标委员会在评标时应当参考标底。评标委员会完成评标后，应当向招标人提出书面评标报告，并推荐合格的中标候选人。招标人根据评标委员会提出的书面评标报告和推荐的中标候选人确定中标人，招标人也可以授权评标委员会直接确定中标人。评标只对有效投标进行评审。

评标方法包括经评审的最低投标价法、综合评估法或者法律、行政法规允许的其他评标方法。

B. 经评审的最低投标价法

a. 经评审的最低投标价法的含义。根据经评审的最低投标价法，能够满足招标文件的实质性要求，并且经评审的最低投标价的投标，应当推荐为中标候选人。这种评标方法是按照评审程序，经初审后，以合理低标价作为中标的主要条件。合理的低标价必须是经过终审，进行答辩，证明是实现低标价的措施有力可行的报价。但不保证最低的投标价中标，因为这种评标方法在比较价格时必须考虑一些修正因素，因此也有一个评标的过程。世界银行、亚洲开发银行等都是以这种方法作为主要的评标方法。因为在市场经济条件下，投标人的竞争主要是价格的竞争，而其他的一些条件如质量、工期等已经在招标文件中规定好了，投标人不得违反，否则将无法构成对招标文件的实质性响应。而信誉等因素则是资格预审中应当解决的因素，即信誉不好的应当在资格预审时淘汰。

b. 最低投标价法的适用范围。按照《评标委员会和评标方法暂行规定》的规定，经评审的最低投标价法一般适用于具有通用技术、性能标准或者招标人对其技术、性能没有特殊要求的招标项目。

c. 最低投标价法的评标要求。采用经评审的最低投标价法的，评标委员会应当根据招标文件中规定的评标价格调整方法，对所有投标人的投标报价以及投标文件的商务部分作必要的价格调整。在这种评标方法中,需要考虑的修正因素包括:一定条件下的优惠(如世界银行贷款项目对借款国国内投标人有7.5%的评标优惠)、工期提前的效益对报价的修正;同时投多个标段的评标修正。所有的这些修正因素都应当在招标文件中有明确的规定。同时投多个标段的评标修正,一般的做法是,如果投标人的某一个标段已被确定为中标,则在其他标段的评标中按照招标文件规定的百分比(通常为4%)乘以报价额后,在评标价中扣减此值。

采用经评审的最低投标价法的,中标人的投标应当符合招标文件规定的技术要求和标准,但评标委员会无需对投标文件的技术部分进行价格折算。

根据经评审的最低投标价法完成详细评审后,评标委员会应当拟定一份"标价比较表",连同书面评标报告提交招标人。"标价比较表"应当载明投标人的投标报价、对商务偏差的价格调整和说明以及已评审的最终投标价。

C. 综合评估法

a. 综合评估法的含义。不宜采用经评审的最低投标价法的招标项目,一般应当采取综合评估法进行评审。

根据综合评估法,最大限度地满足招标文件中规定的各项综合评价标准的投标,应当推荐为中标候选人。衡量投标文件是否最大限度地满足招标文件中规定的各项评价标准,可以采取折算为货币的方法、打分的方法或者其他方法。需量化的因素及其权重应当在招标文件中明确规定。

在综合评估法中,最为常用的方法是百分法。这种方法是将评审各指标分别在百分之内所占比例和评标标准在招标文件内规定。开标后按评标程序,根据评分标准,由评委对各投标人的标书进行评分,最后以总得分最高的投标人为中标人。这种评标方法一直是建设工程领域采用较多的方法。在实践中,百分法有许多不同的操作方法,其主要区别在于:这种评标方法价格因素的比较需要有一个基准价(或者被称为参考价),主要情况是以标底作为基准价。但是,为了更好地符合市场或者为了保密,基准价的确定有时加入投标人的报价。

b. 综合评估法的评标要求。评标委员会对各个评审因素进行量化时,应当将量化指标建立在同一基础或者同一标准上,使各投标文件具有可比性。

对技术部分和商务部分进行量化后,评标委员会应当对这两部分的量化结果进行加权,计算出每一投标的综合评估价或者综合评估分。

根据综合评估法完成评标后,评标委员会应当拟定一份"综合评估比较表",连同书面评标报告提交招标人。"综合评估比较表"应当载明投标人的投标报价、所做的任何修正、对商务偏差的调整、对技术偏差的调整、对各评审因素的评估以及对每一投标的最终评审结果。

D. 其他评标方法。在法律、行政法规允许的范围内,招标人也可以采用其他评标方法。

E. 评标中的其他要求

a. 关于投备选标的问题。如果招标项目中的技术问题尚不十分成熟或者某些要求尚不十分明确,则可以考虑允许投标人投备选标。但如果允许投备选标,必须在招标文件中作出规定。根据招标文件的规定,允许投标人投备选标的,评标委员会可以对排名中标人所投的备选标进行评审,以决定是否采纳备选标。不符合中标条件的投标人的备选标不予考虑。

b. 关于同时投多个单项合同(即多个标段)问题。对于划分有多个单项合同(即多个标段）的招标项目，招标文件允许投标人为获得整个项目合同而提出优惠的，评标委员会可以对投标人提出的优惠进行审查，以决定是否将招标项目作为一个整体合同授予中标人。将招标项目作为一个整体合同授予的，整体合同中标人的投标应当最有利于招标人。

评标的期限和延长投标有效期的处理。评标和定标应当在投标有效期结束日 30 个工作日前完成。不能在投标有效期结束日 30 个工作日前完成评标和定标的招标人应当通知所有投标人延长投标有效期。拒绝延长投标有效期的投标人有权收回投标保证金。同意延长投标有效期的投标人应当相应延长其投标担保的有效期，但不得修改投标文件的实质性内容。因延长投标有效期造成投标人损失的，招标人应当给予补偿，但因不可抗力需延长投标有效期的除外。

招标文件应当载明投标有效期。投标有效期从投标文件截止日起计算。

F. 否决所有投标。评标委员会经评审，认为所有投标都不符合招标文件要求，可以否决所有投标。当然，招标人不能轻易否决所有投标，这涉及招标人在社会公众（特别是投标人）中的信誉问题，也因为招标活动要有相当大的投入及时间消耗。如因下列原因之一将导致部分或全部完成了招标程序而无一投标人中标，造成招标人被迫宣告招标失败：

a. 无合格的投标人前来投标或投标单位数量不足法定数。

b. 标底在开标前泄密。

c. 各投标人的报价均成为不合理标。

d. 在定标前发现标底有严重漏误而无效。

e. 其他在招标前未预料到，但在招标过程中发生并足以影响招标成功的事由。

所有投标被否决的，招标人应当按照我国《招标投标法》的规定重新招标。在重新招标前一定要分析所有投标都不符合招标文件要求的原因，有时候导致所有投标都不符合招标文件要求的原因，往往是招标文件的要求过高（不符合实际），投标人无法达到要求。在这种情况下，一般需要修改招标文件后再进行重新招标。

⑤ 编制评标报告

评标委员会经过对投标人的投标文件进行初审和终审以后，评标委员会要编制书面评标报告。评标报告一般包括以下内容：

A. 基本情况和数据表。

B. 评标委员会成员名单。

C. 开标记录。

D. 符合要求的投标一览表。

E. 废标情况说明。

F. 评标标准、评标方法或者评标因素一览表。

G. 经评审的价格或者评分比较一览表。

H. 经评审的投标人排序。

I. 推荐的中标候选人名单与签订合同前要处理的事宜。

J. 澄清、说明、补正事项纪要。

评标报告由评标委员会全体成员签字。对评标结论持有异议的评标委员会成员可以以书面方式阐述其不同意见和理由。评标委员会成员拒绝在评标报告上签字且不陈述其不同意见和理由的，视为同意评标结论。评标委员会应当对此作出书面说明并记录在案。

(3) 定标

① 中标候选人的确定

经过评标后确定出中标候选人(或中标单位)。评标委员会推荐的中标候选人应当限定在 1~3 人,并标明排列顺序。

中标人的投标应当符合下列条件之一:

A. 能够最大限度地满足招标文件中规定的各项综合评价标准。

B. 能够满足招标文件的实质性要求,并且经评审的投标价格最低。但是投标价格低于成本的除外。

对使用国有资金或者国家融资的项目,招标人应当确定排名第一的中标候选人为中标人。排名第一的中标候选人放弃中标,因不可抗力提出不能履行合同,或者招标文件规定应当提交履约保证金而在规定的期限内未能提交的,招标人可以确定排名第二的中标候选人为中标人。

排名第二的中标候选人因前款规定的同样原因不能签订合同的,招标人可以确定排名第三的中标候选人为中标人。

招标人可以授权评标委员会直接确定中标人。

建设部还规定,有下列情形之一的,评标委员会可以要求投标人作出书面说明并提供相关材料:

a. 设有标底的,投标报价低于标底合理幅度的。

b. 不设标底的,投标报价明显低于其他投标报价,有可能低于其企业成本的。

经评标委员会论证,认定该投标人的报价低于其企业成本的,不能推荐为中标候选人或者中标人。

招标人应当在投标有效期截止时限 30 日前确定中标人。依法必须进行施工招标的工程,招标人应当自确定中标人之日起 15 日内,向工程所在地的县级以上地方人民政府建设行政主管部门提交施工招标投标情况的书面报告。建设行政主管部门自收到书面报告之日起 5 日内未通知招标人在招标投标活动中有违法行为的,招标人可以向中标人发出中标通知书,并将中标结果通知所有未中标的投标人。

② 发出中标通知书并订立书面合同

A. 中标人确定后,招标人应当向中标人发出中标通知书,并同时将中标结果通知所有未中标的投标人。中标通知书对招标人和中标人具有法律效力。中标通知书发出后,招标人改变中标结果,或者中标人放弃中标项目的,应当依法承担法律责任。

B. 招标人和中标人应当自中标通知书发出之日起 30 日内,按照招标文件和中标人的投标文件订立书面合同。招标人和中标人不得再行订立背离合同实质性内容的其他协议。建设部还规定,招标人无正当理由不与中标人签订合同,给中标人造成损失的,招标人应当给予赔偿。招标文件要求中标人提交履约保证金的,中标人应当提交。招标人应当同时向中标人提供工程款支付担保。中标人不与招标人订立合同的,投标保证金不予退还并取消其中标资格,给招标人造成的损失超过投标保证金数额的,应当对超过部分予以赔偿;没有提交投标保证金的,应当对招标人的损失承担赔偿责任。

订立书面合同后 7 日内,中标人应当将合同送县级以上工程所在地的建设行政主管部门备案。

C. 招标人与中标人签订合同后 5 个工作日内,应当向中标人和未中标的投标人退还投标保证金。

D. 中标人应当按照合同约定履行义务,完成中标项目。中标人不得向他人转让中标项目,也不得将中标项目肢解后分别向他人转让。中标人按照合同约定或者经招标人同意,可以将中标项目的部分非主体、非关键性工程分包给他人完成。接受分包的人应当具备相应的资格条件,并不能再次分包。中标人应当就分包项目向招标人负责,接受分包的人就分包项目承担连带责任。

7.2 建设工程合同的内容与计价方式

7.2.1 建设工程施工合同类型及选择

1) 建设工程施工合同的类型

建设工程施工合同的类型以付款方式进行划分,合同可分为以下几种:

(1) 总价合同

总价合同是指在合同中确定一个完成项目的总价,承包单位据此完成项目全部内容的合同。这种合同类型能够使建设单位在评标时易于确定报价最低的承包商,易于进行支付计算。但这类合同仅适用于工程量不太大且能精确计算、工期较短、技术不太复杂、风险不大的项目,要求有详细而全面的设计图纸和各项说明,使承包单位能准确计算工程量。

(2) 单价合同

单价合同是承包单位在投标时,按招标文件就分部分项工程所列出的工程量表确定各分部分项工程费用的合同类型。

这类合同的适用范围比较宽,其风险可以合理分摊,并且能鼓励承包人通过提高工效等手段从成本节约中提高利润。这类合同能够成立的关键在于双方对单价和工程量的计算方法的确认。需要注意的问题是双方对实际工程量计量的确认。

(3) 成本加酬金合同

成本加酬金合同,是由业主向承包单位支付工程项目的实际成本,并按事先约定的某一种方式支付酬金的合同类型。在这类合同中,业主需承担项目实际发生的一切费用,因此也就承担了项目的全部风险。而承包单位由于无风险,其报酬往往也较低。

这类合同的缺点是业主对工程总造价不易控制,承包人也不注意降低项目成本。这类合同主要适用于以下项目:

① 需要立即开展工作的项目,如震后的救灾工作。
② 新型工程项目,或对项目工程内容及技术经济指标未确定。
③ 风险很大的项目。

2) 建设工程施工合同类型的选择

合同类型的选择,这里仅指以付款方式划分的合同类型的选择,合同的内容视为不可选择。选择合同类型应考虑以下因素:

(1) 项目规模和工期长短

如果项目的规模较小、工期较短,则合同类型的选择余地较大,总价合同、单价合同及成本加酬金合同都可选择。由于选择总价合同业主可以不承担风险,业主较愿选用;对这类项目,承包商同意采用总价合同的可能性较大,因为这类项目风险小,不可预测因素少。

如果项目规模大、工期长,则项目的风险也大,合同履行中的不可预测因素也多。这类项目不宜采用总价合同。

(2) 项目的竞争情况

如果在某一时期和某一地点,愿意承包某一项目的承包商较多,业主拥有较多的主动权,可按照总价合同、单价合同、成本加酬金合同的顺序进行选择。如果愿意承包项目的承包商较少,则承包商拥有的主动权较多,可以尽量选择承包商愿意采用的合同类型。

(3) 项目的复杂程度

如果项目的复杂程度较高,则意味着:① 对承包商的技术水平要求高;② 项目的风险较大。因此,承包商对合同的选择有较大的主动权,总价合同被选用的可能性较小。如果项目的复杂程度低,则业主对合同类型的选择握有较大的主动权。

(4) 项目的单项工程明确程度

如果单项工程的类别和工程量都已十分明确,则可选用的合同类型较多,总价合同、单价合同、成本加酬金合同都可以选择。如果单项工程的分类已详细而明确,但实际工程量与预计的工程量可能有较大出入时,则应优先选择单价合同,此时单价合同为最合理的合同类型。如果单项工程的分类和工程量都不甚明确,则无法采用单价合同。

(5) 项目准备时间的长短

项目的准备包括业主的准备工作和承包商的准备工作。对于不同的合同类型,业主和承包商的准备时间都非常短,因此只能采用成本加酬金的合同形式;反之,则可采用单价或总价合同。

(6) 项目的外部环境因素

项目的外部环境因素包括:项目所在地区的政治局势是否稳定,经济局势因素(如通货膨胀、经济发展速度等),劳动力素质(当地),交通、生活条件等。如果项目的外部环境恶劣则意味着项目的成本高、风险大、不可预测的因素多,承包商很难接受总价合同方式,而较适合采用成本加酬金合同。

总之,在选择合同类型时,一般情况下是业主占有主动权。但业主不能单纯考虑己方利益,应当综合考虑项目的各种因素,考虑承包商的承受能力,确定双方都能认可的合同类型。

7.2.2 建设工程施工合同文本的主要条款

1) 概述

(1) 施工合同的概念

施工合同即建筑安装工程承包合同,是发包人和承包人为完成商定的建筑安装工程,明确相互权利、义务关系的合同。依照施工合同,承包人应完成一定的建筑、安装工程任务,发包人应提供必要的施工条件并支付工程价款。施工合同是建设工程合同的一种,它与其他建设工程合同一样是一种双务合同,在订立时也应遵守自愿、公平、诚实、信用等原则。

施工合同是工程建设的主要合同,是工程建设质量控制、进度控制、投资控制的主要依据。施工合同的当事人是发包人和承包人,双方是平等的民事主体。承发包双方签订施工合同，必须具备相应的资质条件和履行施工合同的能力。对合同范围内的工程实施建设时，发包人必须具备组织协调能力；承包人必须具备有关部门核定的资质等级并持有营业执照等证明文件。发包人既可以是建设单位，也可以是取得建设项目总承包资格的项目总承包单位。

在施工合同中，由工程师对工程施工进行管理。施工合同中的工程师是指监理单位委派的总监理工程师或发包人指定的履行合同的负责人，其具体身份和职责由双方在合同中约定。

(2)《建设工程施工合同(示范文本)》简介

根据有关工程建设施工的法律、法规，结合我国工程建设施工的实际情况，并借鉴了国际上广泛使用的土木工程施工合同(特别是 FIDIC 土木工程施工合同条件)，建设部、国家工商行政管理局于 1999 年 12 月 24 日发布了《建设工程施工合同(示范文本)》。《施工合同文本》由《协议书》、《通用条款》、《专用条款》三部分组成，并附有三个附件：附件一是《承包人承担工程项目一览表》，附件二是《发包人供应材料设备一览表》，附件三是《工程质量保修书》。

《协议书》是《施工合同文本》中总纲性的文件。虽然其文字量并不大，但它规定了合同当事人双方最主要的权利义务，规定了组成合同的文件及合同当事人对履行合同义务的承诺，并且合同当事人在这份文件上签字盖章，因此具有很高的法律效力。

《通用条款》是根据《合同法》、《建筑法》、《建设工程施工合同管理办法》等法律、法规对承发包双方的权利义务作出的规定，除双方协商一致对其中的某些条款作了修改、补充或取消外，双方都必须履行，它是将建设工程施工合同中共性的一些内容抽象出来编写的一份完整的合同文件。《通用条款》具有很强的通用性，基本适用于各类建设工程。《通用条款》共有 11 部分 47 条。

考虑到建设工程的内容各不相同，工期、造价也随之变动，承包人、发包人各自的能力、施工现场的环境和条件也各不相同，《通用条款》不能完全适用于各个具体工程，因此，配之以《专用条款》对其作必要的修改和补充，使《通用条款》和《专用条款》成为双方统一意愿的体现。《专用条款》的条款号与《通用条款》相一致，但主要是空格，由当事人根据工程的具体情况予以明确或者对《通用条款》进行修改、补充。

《施工合同文本》的附件则是对施工合同当事人的权利义务的进一步明确，使得施工合同当事人的有关工作一目了然，便于执行和管理。

(3) 施工合同文件的组成及解释顺序

组成建设工程施工合同的文件包括：

① 施工合同协议书。

② 中标通知书。

③ 投标书及附件。

④ 施工合同专用条款。

⑤ 施工合同通用条款。

⑥ 标准、规范及有关技术文件。

⑦ 图纸。

⑧ 工程量清单。

⑨ 工程报价单或预算书。

双方有关工程的洽商、变更等书面协议或文件视为协议书的组成部分。

上述合同文件应能够互相解释、互相说明。当合同文件中出现不一致时,上面的顺序就是合同的优先解释顺序。当合同文件出现含糊不清或者当事人有不同理解时,按照合同争议的解决方式处理。

2) 施工合同双方的一般权利和义务

(1) 发包人的工作

根据《专用条款》约定的内容和时间,发包人应分阶段或一次性完成以下工作:

① 办理土地征用、拆迁补偿、平整场地工作,使施工场地具备施工条件,并在开工后继续解决以上事项的遗留问题。

② 将施工所需水、电、电讯线路从施工场地外部接至专用条款约定地点,并保证施工期间需要。

③ 开通施工场地与城乡公共道路的通道,以及《专用条款》约定的主要交通干道。

④ 提供工程地质和地下管线资料,并对资料的真实准确性负责。

⑤ 办理施工许可证和临时用地、停电、停水、爆破、损坏道路、管线、电力等公共设施所需的证件。

⑥ 确定水准点与坐标控制点,以书面形式交给承包人,并进行现场交验。

⑦ 组织承包人和设计单位进行图纸会审和设计交底。

⑧ 协调处理施工现场与有关设施的保护工作,并承担有关费用。

⑨ 双方在《专用条款》中约定的其他工作。

(2) 承包人的工作

承包人按《专用条款》约定的内容和时间完成以下工作:

① 根据发包人的委托,在其设计资质允许的范围内,完成施工图设计或与工程配套的设计,经工程师确认后使用,发生的费用由发包人承担。

② 向工程师提供年、季、月工程进度计划及相应进度统计报表。

③ 按工程需要提供和维修非夜间施工使用的照明、围栏设施,并负责安全保卫。

④ 按《专用条款》约定的数量和要求,向发包人提供在施工现场办公和生活的房屋及设施,所发生的费用由发包人承担。

⑤ 遵守有关部门对施工场地交通、施工噪音以及环境保护和安全生产等的管理规定,按管理规定办理有关手续,并以书面形式通知发包人。发包人承担由此发生的费用,因承包人责任造成的罚款除外。

⑥ 已竣工程未交付发包人之前,承包人按《专用条款》约定负责已完工程的成品保护工作,保护期间发生损坏,承包人自费修复。要求承包人采取特殊措施保护的工程部位和相应的追加合同价款,在《专用条款》内约定。

⑦ 按《专用条款》的约定做好施工现场地下管线和邻近建筑物、构筑物(包括文物保护建筑)、古树名木的保护工作。

⑧ 保证施工场地清洁并符合环境卫生管理的有关规定。交工前清理现场达到《专用条款》约定的要求,承担因自身原因违反有关规定所造成的损失和罚款。

⑨ 承包人应做的其他工作,双方在《专用条款》内约定。

承包人不履行上述各项义务,造成发包人损失的,应对发包人的损失给予赔偿。

3)施工组织设计和工期

(1)进度计划

承包人应当按《专用条款》约定的日期,将施工组织设计和工程进度计划提交工程师。群体工程中采取分阶段进行施工的单项工程,承包人则应按照发包人提供的图纸及有关资料的时间,按单项工程编制进度计划,分别向工程师提交。工程师接到承包人提交的进度计划后,应当予以确认或者提出修改意见。如果工程师逾期不确认也不提出书面意见,则视为已经同意。但是,工程师对进度计划予以确认或者提出修改意见,并不免除承包人施工组织设计和工程进度计划本身的缺陷所应承担的责任。

承包人应当按协议书约定的开工日期开始施工。承包人不能按时开工,应在不迟于协议书约定的开工日期前7天,以书面形式向工程师提出延期开工的理由和要求。工程师在接到延期开工申请后的48小时内不答复,视为同意承包人的要求,工期相应顺延。因发包人的原因不能按照协议书约定的开工日期开工,工程师以书面形式通知承包人后可推迟开工日期。承包人对延期开工的通知没有否决权,但发包人应当赔偿承包人因此造成的损失,相应顺延工期。

(2)工期延误

承包人应当按照合同约定完成工程施工,如果由于其自身的原因造成工期延误,应当承担违约责任。但是,在有些情况下工期延误后,竣工日期可以相应顺延。因为以下原因造成工期延误,经工程师确认,工期相应顺延:

① 发包人不能按《专用条款》的约定提供开工条件。

② 发包人不能按约定日期支付工程预付款、进度款,致使工程不能正常进行。

③ 设计变更和工程量增加。

④ 一周内非承包人原因停水、停电、停气造成停工累计超过8小时。

⑤ 不可抗力事件。

⑥《专用条款》中约定或工程师同意工期顺延的其他情况。

承包人在工期可以顺延的情况发生后14天内,应将延误的工期向工程师提出书面报告。工程师在收到报告后14天内予以确认答复,逾期不予答复,视为报告要求已经被确认。

4)施工质量和检验

工程施工中的质量控制是合同履行中的重要环节。施工合同的质量控制涉及许多方面,发包人要求部分或者全部工程质量达到优良标准,应支付由此增加的追加合同价款,对工期有影响的应给予相应顺延。这是"优质优价"原则的具体体现。达不到约定标准的工程部分,工程师一经发现,可要求承包人返工。承包人应当按照工程师的要求返工,直到符合约定标准。因承包人的原因达不到约定标准,由承包人承担返工费用,工期不予顺延。因发包人的原因达不到约定标准,由发包人承担返工的追加合同价款,工期相应顺延。因双方原因达不到约定标准,责任由双方分别承担。按照《建设工程质量管理条例》的规定,施工单位对施工中出现质量问题的工程应当负责返修。

(1)施工过程中的检查和返工

在工程施工过程中,工程师及其委派人员对工程的检查检验,是他们的一项日常性工作和重要职能。承包人应按照标准、规范和设计要求以及工程师依据合同发出的指令认真施工,随时接受工程师及其委派人员的检查、检验,为检查、检验提供便利条件,并按工程师及其委派人员的要求返工、修改,承担由于自身原因导致返工、修改的费用。检查、检验合格后,又发现因承包人原因引起的质量问题,由承包人承担责任,赔偿发包人的直接损失,工期不予顺延。

检查、检验不应影响施工的正常进行,如影响施工正常进行,检查、检验不合格时,影响正常施工的费用由承包人承担。除此之外,影响正常施工的追加合同价款由发包人承担,相应顺延工期。

(2)隐蔽工程和中间验收

由于隐蔽工程在施工中一旦完成隐蔽就很难再对其进行质量检查(这种检查成本很大),因此,必须在隐蔽前进行检查验收。对于中间验收,合同双方应在《专用条款》中约定需要进行中间验收的单项工程和部位的名称、验收的时间和要求,以及发包人应提供的便利条件。

工程具备隐蔽条件和达到《专用条款》约定的中间验收部位,承包人进行自检,并在隐蔽和中间验收前 48 小时内以书面形式通知工程师验收。通知包括隐蔽和中间验收内容、验收时间和地点。承包人准备验收记录。验收合格,工程师在验收记录上签字后,承包人可进行隐蔽和继续施工。验收不合格,承包人在工程师限定的时间内修改后重新验收。

工程质量符合标准、规范和设计图纸等的要求,验收 24 小时后,工程师不在验收记录上签字,视为工程师已经批准,承包人可进行隐蔽或者继续施工。

(3)重新检验

工程师不能按时参加验收,须在开始验收前 24 小时内向承包人提出书面延期要求,延期不能超过 2 天。工程师未能按以上时间提出延期要求,不参加验收,承包人可自行验收,发包人应承认验收记录。

无论工程师是否参加验收,当其提出对已经隐蔽的工程重新检验的要求时,承包人应按要求进行剥露或者开孔,并在检验后重新覆盖或者修复。检验合格,发包人承担由此发生的全部追加合同价款,赔偿承包人损失,并相应顺延工期。检验不合格,承包人承担发生的全部费用,工期不予顺延。

(4)试车

对于设备安装工程,应当组织试车。试车内容应与承包人承包的安装范围相一致。

(5)材料设备供应

工程建设的材料设备供应的质量控制,是整个工程质量控制的基础。建筑材料、构配件生产及设备供应单位对其生产或者供应的产品质量负责。而材料设备的需方则应根据买卖合同的规定进行质量验收。

① 发包人供应材料设备的验收。发包人应当向承包人提供其供应材料设备的产品合格证明。发包人应在其所供应的材料设备到货前 24 小时内以书面形式通知承包人,由承包人派人与发包人共同验收。发包人供应的材料设备经双方共同验收后由承包人妥善保管,发包人支付相应的保管费用。发生损坏丢失,由承包人负责赔偿。发包人不按规定通知承包人验收,发生的损坏丢失由发包人负责。

发包人供应的材料设备进入施工现场后需要重新检验或者试验的,由承包人负责,费用由发包人承担。即使在承包人检验通过之后,如果又发现材料设备有质量问题的,发包人仍应承担重新采购及拆除重建的追加合同价款,并相应顺延由此延误的工期。

② 承包人采购材料设备的验收。承包人根据《专用条款》的约定及设计和有关标准要求采购工程所需的材料设备,并提供产品合格证明。承包人在材料设备到货前 24 小时内通知工程师验收。

承包人需要使用代用材料时,须经工程师认可后方可使用,由此增减的合同价款由双方以书面形式议定。

5) 合同价款与支付

(1) 施工合同价款及调整

施工合同价款,是按有关规定和协议条款约定的各种取费标准计算,用以支付承包人按照合同要求完成工程内容的价款总额。这是合同双方关心的核心问题之一,招投标等工作主要是围绕合同价款展开的。合同价款应依据中标通知书中的中标价格和非招标工程的工程预算书确定。合同价款在协议书内约定后,任何一方不得擅自改变。合同价款可以按照固定价格合同、可调整价格合同、成本加酬金合同三种方式约定。可调整价格合同中价款调整的范围包括:

① 国家法律、行政法规和国家政策变化影响合同价款。

② 工程造价管理部门公布的价格调整。

③ 一周内非承包人原因停水、停电、停气造成停工累计超过 8 小时。

④ 双方约定的其他调整或增减。

承包人应当在价款可以调整的情况发生后 14 天内,将调整原因、金额以书面形式通知工程师,工程师确认后作为追加合同价款,与工程款同期支付。工程师收到承包人通知之后 14 天内不作答复也不提出修改意见,视为该项调整已经同意。

(2) 工程预付款

工程预付款主要是用于采购建筑材料。预付额度:建筑工程一般不得超过当年建筑(包括水、电等)工程量的 30%,大量采用预制构件以及工期在 6 个月以内的工程,可以适当增加;安装工程一般不得超过当年安装工程量的 10%,安装材料用量较大的工程,可以适当增加。双方应当在《专用条款》内约定发包人向承包人预付工程款的时间和数额,开工后按约定的时间和比例逐次扣回。预付时应不迟于约定的开工日期前 7 天。发包人不按约定预付,承包人在约定预付时间 7 天后向发包人发出要求预付的通知,发包人收到通知后仍不能按要求预付,承包人可在发出通知 7 天后停止施工,发包人应从约定应付之日起向承包人支付应付款的贷款利息,并承担违约责任。

(3) 工程量的确认

对承包人已完成工程量的核实确认,是发包人支付工程款的前提,其具体的确认程序如下:首先,承包人向工程师提交已完工程量的报告。然后,工程师进行计量。工程师接到报告后 7 天内按设计图纸核实已完工程量(以下称计量),并在计量前 24 小时通知承包人,承包人为计量提供便利条件并派人参加。承包人不参加计量,发包人自行进行,计量结果有效,作为工程价款支付的依据。

(4) 工程款(进度款)的支付

发包人应在双方计量确认后 14 天内向承包人支付进度款。同期用于工程上的发包人供应材料设备的价款,以及按约定时间发包人应按比例扣回的预付款,与工程进度款同期调整支付。

6）竣工验收与结算

（1）竣工验收中承发包人双方的具体工作程序和责任

工程具备竣工验收条件，承包人按国家工程竣工验收有关规定，向发包人提供完整的竣工资料及竣工验收报告。双方约定由承包人提供竣工图，应当在《专用条款》内约定提供的日期和份数。

发包人收到竣工验收报告后28天内组织有关部门验收，并在验收后14天内给予认可或提出修改意见。承包人按要求修改。由于承包人原因，工程质量达不到约定的质量标准，承包人承担违约责任。因特殊原因，发包人要求部分单位工程或者工程部位须单项竣工时，双方另行签订单项竣工协议，明确双方责任和工程价款的支付办法。建设工程未经验收或验收不合格，不得交付使用。发包人强行使用的，由此发生的质量问题及其他问题，由发包人承担责任。

（2）竣工结算

工程竣工验收报告经发包人认可后28天内，承包人向发包人递交竣工结算报告及完整的结算资料。工程竣工验收报告经发包人认可后28天内，承包人未能向发包人递交竣工结算报告及完整的结算资料，造成工程竣工结算不能正常进行或工程竣工结算价款不能及时支付，发包人要求交付工程的，承包人应当交付，发包人不要求交付工程的，承包人承担保管责任。

发包人自收到竣工结算报告及结算资料后28天内进行核实，确认后支付工程竣工结算价款。承包人收到工程结算价款后14天内将竣工工程交付发包人。

（3）质量保修

建设工程办理交工验收手续后，在规定的期限内，因勘察、设计、施工、材料等原因造成的质量缺陷，应当由施工单位负责维修。所谓质量缺陷是指工程不符合国家或行业现行的有关技术标准、设计文件以及合同中对质量的要求。

为保证保修工程的完成，承包人应当支付保修金，也可由发包人从承包人工程款内预留。质量保修金的比例及金额由双方约定，但不应超过施工合同价的3%。工程的质量保证期满后，发包人应当及时结算和返还（如有剩余）质量保修金。发包人应当在质量保证期满14天内，将剩余保修金和按约定利率计算的利息返还承包人。

7）其他内容

（1）安全施工

承包人按工程质量、安全及消防管理有关规定组织施工，采取严格的安全防护措施，承担由于自身的安全措施不力造成事故的责任和因此发生的费用。非承包人责任造成安全事故，由责任方承担责任和发生的费用。

发生重大伤亡及其他安全事故，承包人应按有关规定立即上报有关部门并通知工程师，同时按政府有关部门要求处理，发生的费用由事故责任方承担。

承包人在动力设备、输电线路、地下管道、密封防震车间、易燃易爆地段以及临街交通要道附近施工时，施工开始前应向工程师提出安全保护措施，经工程师认可后实施，防护措施费用由发包人承担。

实施爆破作业，在放射、毒害性环境中施工（含存储、运输、使用）及使用毒害性、腐蚀性物品施工时,承包人应在施工前14天内以书面形式通知工程师,并提出相应的安全保护措施,经工程师认可后实施。安全保护措施费用由发包人承担。

(2) 专利技术及特殊工艺

发包人要求使用专利技术或特殊工艺,须负责办理相应的申报手续,承担申报、试验、使用等费用。承包人按发包人要求使用,使用专利技术侵犯他人专利权,责任者承担全部后果及所发生的费用。

(3) 文物和地下障碍物

在施工中发现古墓、古建筑遗址、钱币等文物及化石或其他有考古、地质研究等价值的物品时,承包人应立即保护好现场并于4小时内以书面形式通知工程师,工程师应于收到书面通知后24小时内报告当地文物管理部门,发包人、承包人按文物管理部门要求采取妥善保护措施。发包人承担由此发生的费用,延误的工期相应顺延。

施工中发现影响施工的地下障碍物时,承包人应于8小时内以书面形式通知工程师,同时提出处置方案,工程师收到处置方案后24小时内予以认可或提出修正方案。发包人承担由此发生的费用,延误的工期相应顺延。

(4) 不可抗力事件

不可抗力事件发生后,对施工合同的履行会造成较大的影响。在合同订立时应当明确不可抗力的范围。建设工程施工中的不可抗力包括因战争、动乱、空中飞行物坠落或其他非发包人责任造成的爆炸、火灾,以及《专用条款》约定程度的风、雨、雪、洪水、地震等自然灾害。

不可抗力事件发生后,承包人应立即通知工程师,并在力所能及的条件下迅速采取措施,尽量减少损失,不可抗力事件结束后48小时内向工程师通报受害情况和损失情况,及预计清理和修复的费用。发包人应协助承包人采取措施。不可抗力事件持续发生,承包人应每隔7天向工程师报告一次受害情况,并于不可抗力事件结束后14天内,向工程师提交清理和修复费用的正式报告及有关资料。

因不可抗力事件导致的费用及延误的工期由双方按以下方法分别承担:

① 工程本身的损害、第三方人员伤亡和财产损失以及运至施工场地用于施工的材料和待安装的设备的损害,由发包人承担。

② 承发包双方人员伤亡由其所在单位负责,并承担相应费用。

③ 承包人机械设备损坏及停工损失,由承包人承担。

④ 停工期间,承包人应工程师要求留在施工场地的必要的管理人员及保卫人员的费用由发包人承担。

⑤ 工程所需清理、修复费用,由发包人承担。

⑥ 延误的工期相应顺延。

因合同一方迟延履行合同后发生不可抗力的,不能免除相应责任。

虽然我国对工程保险(主要是施工过程中的保险)没有强制性的规定,但随着业主负责制的推行,以前存在着事实上由国家承担不可抗力风险的情况将会有很大改变。项目参加保险的情况会越来越多。

双方的保险义务分担如下:

① 工程开工前,发包人应当为建设工程和施工场地内发包方人员及第三方人员生命财

产和施工机械设备办理保险,支付保险费用(工程一切险及第三方责任险)。

② 承包人必须为自有人员生命财产及施工机具设备办理保险,支付保险费用。

③ 运至施工场地内用于工程的材料和待安装设备,不论由承发包双方任何一方保管,都应由发包人(或委托承包人)办理保险,并支付保险费用。

(5) 担保

承发包双方为了全面履行合同,应互相提供以下担保:

① 发包人向承包人提供履约担保,按合同约定支付工程价款及履行合同约定的其他义务。

② 承包人向发包人提供履约担保,按合同约定履行自己的各项义务。

(6) 工程分包

工程分包是指经合同约定和发包单位认可,从工程承包人承包的工程中承包部分工程的行为。承包人按照有关规定对承包的工程进行分包是允许的。

① 分包合同的签订。承包人必须自行完成建设项目(单项工程或单位工程)的主要部分,其非主要部分或专业性较强的工程可分包给营业条件符合该工程技术要求的建筑安装单位。非经发包人同意,承包人不得将承包工程的任何部分分包。分包合同签订后,发包人与分包单位之间不存在直接的合同关系。分包单位应对承包人负责,承包人对发包人负责。

② 分包合同的履行。工程分包不能解除承包人任何责任与义务。承包人应在分包场地派驻相应的监督管理人员,保证本合同的履行。分包单位的任何违约行为、安全事故或疏忽导致工程损害或给发包人造成其他损失,承包人承担连带责任。分包工程价款由承包人与分包单位结算。发包人未经承包人同意不得以任何名义向分包单位支付各种工程款项。

8) 合同解除

施工合同订立后,当事人应当按照合同的约定履行。但是,在一定的条件下,合同没有履行或者没有完全履行,当事人也可以解除合同。

出现下列情形之一的,施工合同可以解除:

(1) 合同的协商解除。施工合同当事人协商一致,可以解除。这是在合同成立以后、履行完毕以前,双方当事人通过协商而同意终止合同关系的解除。当事人的这项权利是合同中意思自治的具体体现。

(2) 发生不可抗力时合同的解除。因为不可抗力或者非合同当事人的原因,造成工程停建或缓建,致使合同无法履行,合同双方可以解除合同。

(3) 当事人违约时合同的解除。合同当事人出现以下违约时,可以解除合同:

① 当事人不按合同约定支付工程款(进度款),双方又未达成延期付款协议,导致施工无法进行,承包人停止施工超过56天,发包人仍不支付工程款(进度款),承包人有权解除合同。

② 承包人将其承包的全部工程转包给他人,发包人有权解除合同。

③ 合同当事人一方的其他违约致使合同无法履行,合同双方可以解除合同。

9) 施工合同的违约责任

(1) 发包人的违约责任

发包人不按合同约定支付各项价款或工程师不能及时给出必要的指令、确认等,致使合同无法履行,发包人承担违约责任,赔偿因其违约给承包人造成的直接损失,延误的工期相应顺延。

① 发包人不按时支付工程预付款的违约责任。实行工程预付款的,发包人不按约定预付,承包人有权在约定预付时间7天后向发包人发出要求预付的通知。发包人收到通知后仍不能按要求预付,承包人可以在发出通知7天后停止施工,发包人应当从约定应付之日起向承包人支付应付款的贷款利息,并承担违约责任。

② 发包人不按时支付工程款(进度款)的违约责任。发包人超过约定的支付时间不支付工程款(进度款),承包人可向发包人发出要求付款的通知,发包人在收到承包人通知后仍不能按要求支付,可与承包人协商签订延期付款协议,经承包人同意后可以延期支付。协议须明确延期支付时间和从发包人代表计量签字后第15天起计算应付款的贷款利息。发包人不按合同约定支付工程款(进度款),双方又未达成延期付款协议,导致施工无法进行,承包人可停止施工,由发包人承担违约责任。

③ 发包人不按时支付竣工结算价款的违约责任。发包人收到竣工结算报告及结算资料后28天内无正当理由不支付工程竣工结算价款,从第29天起按承包人同期向银行贷款利率支付拖欠工程价款的利息,并承担违约责任。发包人收到竣工决算报告及结算资料后28天内不支付工程竣工结算价款,承包人可以催告发包人支付结算价款。发包人在收到竣工结算报告及结算资料后56天内仍不支付的,承包人可以与发包人协议将该工程折价,也可以由承包人申请人民法院将该工程依法拍卖,承包人就该工程折价或者拍卖的价款优先受偿。

④ 发包人的其他违约责任。发包人不履行合同义务或者不按合同约定履行其他义务,发包人承担违约责任,赔偿因其违约给承包人造成的直接损失,延误的工期相应顺延。双方应当在《专用条款》内约定发包人赔偿承包人损失的计算方法或者发包人应当支付违约金的数额和计算方法。

(2) 承包人施工违约的违约责任

承包人不能按合同工期竣工,工程质量达不到约定的质量标准,或由于承包人原因致使合同无法履行,承包人承担违约责任,赔偿因其违约给发包人造成的损失。双方应当在《专用条款》内约定承包人赔偿发包人损失的计算方法或者承包人应当支付违约金的数额和计算方法。

10) 争议的解决

合同当事人在履行施工合同时发生争议,可以和解或者要求合同管理及其他有关主管部门调解。和解或调解不成的,双方可以在《专用条款》内约定按以下的其中一种方式解决争议:

第一种解决方式:双方达成仲裁协议,向约定的仲裁委员会申请仲裁。

第二种解决方式:向有管辖权的人民法院起诉。

发生争议后,在一般情况下,双方都应继续履行合同,保持施工连续,保护好已完工程。只有出现下列情况时,当事人方可停止履行施工合同:

(1) 单方违约导致合同确已无法履行,双方协议停止施工。

(2) 调解要求停止施工,且为双方接受。

(3) 仲裁机关要求停止施工。

(4) 法院要求停止施工。

7.3 建设工程合同的总包与分包管理

目前,我国建设工程项目的组织管理形成了以建设单位为主导、监理单位为管理核心、承包商为主要实施力量的结构体系。三者以合同为依据、经济为纽带形成了三位一体的组织管理模式。建设工程项目组织管理模式对建设工程的规划、控制、协调起着重要作用。组织管理模式不同,其合同体系和管理特点也不同。

1) 平行承发包模式

建设工程项目在发包时,发包方将建设工程的设计、施工以及材料设备采购的任务经过分解分别发包给若干个设计单位、施工单位和材料设备供应单位,并分别与各方签订承包合同,这种承发包形式就是平行承发包模式。如图7-1所示。各设计单位之间的关系是平行的,各施工单位之间的关系、各材料设备供应单位之间的关系也是平行的,没有主次之分。

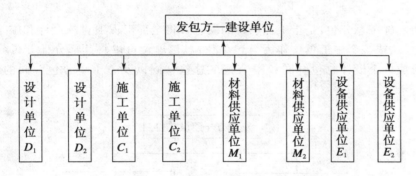

图 7-1 平行承发包模式图

(1) 进行任务分解,确定合同数量和内容

采用这种模式的关键是合理地分解工程建设任务,并进行分类综合,确定发包合同内容,选择适当的承建单位。进行任务分解,确定合同数量、内容时,应考虑以下因素:

① 工程情况。建设工程项目的性质、规模、结构等是决定合同数量和内容的重要因素,规模大、范围广、专业多的建设工程往往比规模小、范围窄、专业单一的建设工程合同数量要多。建设工程实施时间的长短、计划的安排也对合同数量有影响。例如,对分期建设的若干个单项工程,就可以考虑分成若干个合同分别发包。

② 市场情况。首先是市场构成。各类承建单位的专业性质、规模不同,市场的分布不同,建设工程项目的分解发包应与市场结构相适应。其次是合同任务和内容要有吸引力。中小合同对中小型承建单位有吸引力,又不妨碍大型承建单位参与竞争。

③ 市场惯例做法、市场范围和有关规定。

(2) 平行承发包模式的优缺点

① 平行承发包模式的优点

A. 有利于缩短工期。设计和施工任务经过分解分别发包,设计阶段与施工阶段可以形成搭接关系,缩短整个建设工程工期。

B. 有利于质量控制。整个工程经过分解分别发包给不同的承包商，可以在合同约束下形成相互制约的关系，使每一部分都能够较好的实现质量要求。如将主体工程与装修工程分别发包给两个施工单位承包，当主体工程不合格时，装修单位就不会同意在不合格的主体工程上进行装修。形成了后者对前者工程项目质量的制约，进而可以形成新的质量监督环节。

C. 有利于发包方选择承包商。在我国的建筑市场中，专业性强、规模小的承包商占很大比例。这种模式的合同内容比较单一，合同价值小，风险小，使大、中、小型承包商都能够参与竞争。发包方可以在很大的范围内选择承包商，为提高择优性创造了条件。

② 平行承发包模式的缺点

A. 合同管理困难。在平行承发包模式下，合同数量多，合同关系复杂，造成建设工程系统内结合部位数量增加，组织协调工作量大。合同管理和各承包商之间的横向协调工作，成为该模式应用的关键。

B. 投资控制难度大。主要表现在：一是合同总价不易确定，影响投资控制的实施；二是工程招标次数多、任务量大，需控制多项合同价格，增加了投资控制难度；三是在施工过程中设计的变更和修改较多，导致投资增加。

2) 设计、施工总分包模式

所谓设计、施工总分包，是指工程项目的发包方将全部工程项目的设计和施工任务发包给一个设计单位或一个施工单位作为总包单位，总包单位可以将其部分任务再分包给其他承包单位，形成一个设计总包合同和一个施工总包合同以及若干个分包合同的结构模式。如图 7-2 所示。

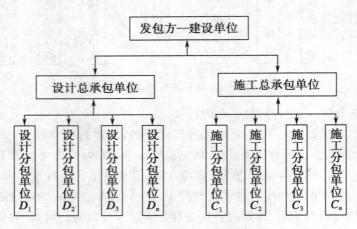

图 7-2 设计、施工总分包模式图

(1) 设计、施工总分包模式的特点

① 将工程项目分为设计和施工两个阶段。

② 分别总承包给一个设计单位和一个施工单位，即一个设计总包单位和一个施工总包单位。

③ 允许总包单位进一步分包。

(2) 设计、施工总分包模式的优点

① 有利于建设工程项目的组织管理。一是这种承发包模式签订的合同少，合同管理比较容易；二是工程项目中的关系比较简单，容易沟通和协调，大大降低了沟通和协调的工作

量;三是易于分清责任,调动各方主体的积极性。

② 有利于投资控制。由于只有两个总承包单位,确定承包价格的工作量比较少,比较容易控制。

③ 有利于质量控制。在质量方面,一是设计质量易于控制;二是施工质量易于控制。具有多重控制的特点,既有分包单位的自控,又有总包单位的监督,同时又有工程监理单位的检查认可,对质量控制有利。

④ 有利于工期控制。总包单位具有控制的积极性,分包单位之间也有相互制约的作用。有利于总体进度的协调控制,也有利于监理工程师控制进度。

(3) 设计、施工总分包模式的缺点

① 建设周期较长。一是工程设计和施工没有搭接,即施工设计全部完成后才能进行施工;二是招投标次数多,工作量大,时间较长。

② 总包报价较高,对总承包单位的要求也较高。一是对于规模较大的建设工程来说,通常只有大型建筑单位才具有总包的资格和能力,竞争相对不太激烈;二是对分包出去的工程项目,总包单位都要在分包报价的基础上加收管理费后向发包方报价。

3) 项目总承包模式

所谓项目总承包模式是指发包方将工程设计、施工、材料和设备采购等工程全部发包给一家公司承包,由其进行设计、施工和采购工作,最后向发包方交出一个已达到使用条件的建筑产品。按这种模式发包的工程也称为"交钥匙工程"。如图7-3所示。

(1) 项目总承包模式的优点

① 合同关系简单,组织协调工作量少。发包方只与项目总承包单位签订一份合同,合同关系单一。

② 协调工作简单,许多协调工作量转移到项目总承包单位。

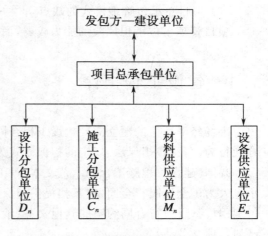

图 7-3 项目总承包模式

③ 建设周期短,易于控制。由于设计和施工由总承包单位统筹安排,使设计和施工两个阶段能够有机地融合在一起,能够做到设计阶段与施工阶段相互搭接,因此对进度目标控制有利。

④ 有利于投资控制。通过设计与施工的统筹考虑,可以提高项目的经济性,从价值工程或寿命周期的角度可以取得明显的经济效果,但这并不意味着项目总承包的价格低。

(2) 项目总承包模式的缺点

① 发包工作难度大。一是总包合同的内容复杂,合同的条款很难准确确定;二是虽然合同只有一个,但很难控制;三是容易产生合同争议。

② 择优选择承包方的范围小。项目总承包的承包范围广,内容涉及的专业面宽,而且要承担较大的风险,要求承包商具有很高的资质和雄厚的经济技术实力。具有这种能力的承包单位数量相对较少,发包方选择承包商的范围有限,这往往会导致竞争弱,合同价格较高。

③ 质量控制难度大。其原因一是质量标准难以掌控,加大了外部控制的难度;二是质

量的制约机制薄弱,缺少相互制约机制。

4) 项目管理总承包模式

所谓项目管理总承包是指发包方将工程项目发包给一个专门从事项目组织管理的单位,再由其分包给若干个设计、施工和材料设备供应单位,并在实施中进行项目管理的承包模式。如图7-4所示。其主要特点是该承包单位只承担工程项目的管理工作,而不直接进行设计、施工和材料设备供应工作。设计、施工工作由其发包给设计、施工和材料设备供应商完成。

(1) 项目总承包管理模式的优点

① 项目管理专业化程度高。

② 合同关系简单。

③ 有利于工程投资、工程质量和工程进度控制。

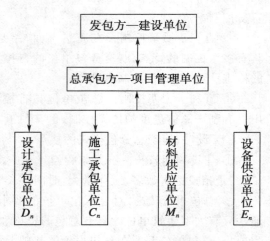

图7-4 项目管理总承包模式

(2) 项目总承包管理模式的缺点

项目管理单位承担风险的能力较弱,而承担的风险很高,发包方的工程项目风险增大。

7.4 建设工程担保

市场经济秩序的建立需要建设工程合同履约双方提供相应的担保,以规范、约束双方的合同行为。我国《担保法》规定的担保方式为保证、抵押、质押、留置和定金。

我国《建设工程施工合同示范文本》(GF—1999—0201)第41款第1条要求:"发包人和承包人为了全面履行合同,应互相提供担保:发包人向承包人提供履约担保,按合同约定支付工程价款及履行合同约定的其他义务;承包人向发包人提供履约担保,按合同约定履行自己的各项义务。"

7.4.1 履约担保

1) 履约担保的概念

所谓履约担保,是指发包人在招标文件中规定的要求承包人提交的保证履行合同义务的担保。

2) 履约担保的形式

履约担保一般有三种形式:银行履约保函、履约担保书和保留金。

(1) 银行履约保函

银行履约保函是由商业银行开具的担保证明,通常为合同金额的10%左右。保函分为有条件的银行保函和无条件的银行保函。

有条件的保函是指下述情形:在承包人没有实施合同或者未履行合同义务时,由发包人或监理工程师出具证明说明情况,并由担保人对已执行合同部分和未执行部分加以鉴定,确认后才能收兑银行保函,由招标人得到保函中的款项。建筑行业通常倾向于采用这种形式的保函。

无条件的保函是指下述情形:在承包人没有实施合同或者未履行合同义务时,发包人不需要出具任何证明和理由。只要看到承包人违约,就可对银行保函进行收兑。

(2) 履约担保书

履约担保书的担保方式是:当承包人在履行合同中违约时,开出担保书的担保公司或者保险公司用该项担保金去完成施工任务或者向发包人支付该项保证金。工程采购项目保证金提供担保形式的,其金额一般为合同价的30%～50%。

承包人违约时,由工程担保人代为完成工程建设的担保方式,有利于工程建设的顺利进行,因此是我国工程担保制度探索和实践的重点内容。

(3) 保留金

保留金是指在发包人根据合同的约定,每次支付工程进度款时扣除一定数目的款项,作为承包人完成其修补缺陷义务的保证。保留金一般为每次工程进度款的10%,但总额一般应限制在合同总价款的3%～5%(通常最高不得超过10%)。一般在工程移交时,发包人将保留金的一半支付给承包人;质量保修期满1年(一般最高不超过2年)后14天内,将剩下的一半支付给承包人。

履约保证金额的大小取决于招标项目的类型与规模,但必须保证承包人违约时发包人不受损失。在投标须知中,发包人要规定使用哪一种形式的履约担保。发包人应当按照招标文件中的规定提交履约担保。没有按照上述要求提交履约担保的发包人将把合同授予次低标者,并没收投标保证金。

7.4.2 工程预付款担保

1) 预付款担保的概念

工程预付款是建设工程施工合同订立后由发包人按照合同约定,在正式开工前预先支付给承包人的工程款。它是施工准备和所需要材料、构件等流动资金的主要来源,国内习惯上又称为预付备料款。

预付款的性质是预支。随着工程进度的推进,拨付的工程进度款数额不断增加,工程所需的主要材料、构件的用量逐渐减少,原已支付的预付款应以抵扣的方式予以陆续扣回。扣回方法由发包人和承包人通过洽商用合同的形式予以确定,一般采用等比率或等额扣款的方式,工期较短、造价较低的工程则无需分期扣还。

预付款担保是指承包人与发包人签订合同后,承包人正确、合理地使用发包人支付的预付款的担保。建设工程合同签订以后,发包人应按《专用条款》中规定的时间和数额向承包人支付工程预付款,同时应由承包人的开户银行向发包人出具预付款担保。

2) 预付款担保的作用

预付款担保的主要作用在于保证承包人能够按合同规定进行施工,偿还发包人已支付的全部预付金额。如果承包人中途毁约,中止工程,使发包人不能在规定期限内从应付工程款中扣除全部预付款,则发包人作为保函的受益人有权凭预付款担保向银行索赔该保函的担保金额作为补偿。

3）预付款担保的形式

（1）银行保函

银行保函是预付款担保的主要形式。担保金额通常与发包人的预付款等值。预付款一般逐月从工程预付款中扣除，预付款担保的担保金额也相应逐月减少。承包人在施工期间，应当定期从发包人处取得同意此保函减值的文件，并送交银行确认。承包人还清全部预付款后，发包人应退还预付款担保，承包人将其退回银行注销，解除担保。

（2）其他形式

经发包人与承包人约定，预付款担保可由保证担保公司担保，也可采取抵押等担保形式。

7.4.3 工程款支付担保

1）工程款支付担保的概念

工程款支付担保是指应承包人的要求，发包人提交的保证履行合同中约定的工程款支付义务的担保。

《建设工程合同（示范文本）》第41条规定了关于发包人工程款支付担保的内容。一方违约后，另一方可要求提供担保的第三人承担相应责任。提供担保的内容、方式和相关责任，发包人、承包人除在《专用条款》中约定外，被担保方与担保方还应签订担保合同，作为本合同附件。

2）工程款支付担保的作用

支付担保的主要作用是通过对发包人资信状况进行严格审查并落实各项反担保措施，确保工程费用及时支付到位；一旦发包人违约，付款担保人将代为履约。上述对工程款支付担保的规定，对解决我国建筑市场上工程款拖欠现象具有特别重要的意义。

3）工程款支付担保的形式

（1）银行保函。

（2）履约保证金。

（3）担保公司担保。

（4）抵押或者质押。

发包人支付担保应是金额担保。实行履约金分段滚动担保。担保额度为工程合同总额的20%～25%。本段清算后进入下段。已完成担保额度，发包人未能按时支付，承包人可依据担保合同暂停施工，并要求担保人承担支付责任和相应的经济损失。

7.5 建设工程施工合同实施

7.5.1 建设工程施工合同管理概述

1）建设工程施工合同管理的概念

建设工程施工合同管理是指各级工商行政管理机关、建设行政主管机关，以及发包单位、监理单位、承包单位依据法律法规，采取法律的、行政的手段，对施工合同关系进行组织、指导、协调及监督,保护施工合同当事人的合法权益,处理施工合同纠纷,防止和制裁违法行为,保证施工合同贯彻实施的一系列活动。

施工合同管理划分为两个层次:第一个层次是国家行政机关对施工合同的监督管理;第二个层次则是建设工程施工合同当事人及监理单位对施工合同的管理。各级工商行政管理机关、建设行政主管机关对施工合同属于宏观管理,建设单位(业主或监理单位)、承包单位对施工合同进行具体的微观管理。

2) 建设工程施工合同管理的特点

(1) 施工合同管理周期长

这是由工程项目本身的特点决定的。现代工程体积大、结构复杂、技术和质量标准高、周期长,施工合同管理不仅包括施工阶段,而且包括招标投标阶段和保修期。所以,合同管理是一项长期的、循序渐进的工作。

(2) 施工合同管理与效益、风险密切相关

在工程实际中,由于工程价值量大,合同价格高,合同实施时间长,涉及面广,受政治、经济、社会、法律和自然条件等的影响较大,合同管理水平的高低直接影响双方当事人的经济效益。同时,合同本身常常隐藏着许多难以预测的风险。

(3) 施工合同的管理变量多

在工程实施过程中内外干扰事件多,且具有不可预见性,使合同变更非常频繁。

(4) 施工合同管理是综合性的、全面的、高层次的管理工作

施工合同管理是业主(监理工程师)、承包商项目管理的核心,在建设工程项目管理中成为与项目的进度控制、质量控制、投资控制和信息管理并列的一大管理职能,并有总控制和协调作用,是一项综合性的、全面的、高层次的管理活动。

目前我国建设工程合同管理的现状是:

(1) 合同意识淡薄。大多数项目管理机构都未设立合同管理部门,缺乏行之有效的合同管理体系和具体的操作流程,不能对工程进行及时的跟踪和有效的动态合同管理,难以适应工程建设的需要。

(2) 专业的合同管理人才匮乏。合同管理是高智力型的、涉及全局的,又是专业性、技术性强的极为复杂的管理工作,对合同管理人员的素质要求很高。管理人才的匮乏,极大地影响了施工合同管理水平的提高。

(3) 法制不健全。有法不依,市场不规范,合同约束力不强。

(4) 不重视合同文本分析。包括总包合同和分包合同,在合同订立时缺乏预见性,缺少对合同文本的分析。在工程实施过程中常常因为缺少某些重要的条款、缺陷和漏洞多、双方对条款的理解有差异以及合同风险预估不足等问题而发生争执。这严重影响了我国工程项目管理水平的提高,更对工程经济效益和工程质量产生严重的损害。

3) 施工合同管理的工作内容

(1) 施工合同的行政监管工作内容

行政主管部门要宣传贯彻国家有关经济合同方面的法律、法规和方针政策;组织培训合同管理人员,指导合同管理工作,总结交流工作经验;对建设工程施工合同签订进行审查,监督检查施工合同的签订、履行,依法处理存在的问题,查处违法行为。主要应做好下列各方面的监管工作:

① 加强合同主体资格认证工作。
② 加强招标投标的监督管理工作。
③ 规范合同当事人的签约行为。
④ 做好合同的登记、备案和鉴证工作。
⑤ 加强合同履行的跟踪检查。
⑥ 加强合同履行后的审查。

(2) 业主(监理工程师)施工合同管理的主要工作内容

业主的主要工作是对合同进行总体策划和总体控制,对授标及合同的签订进行决策,为承包商的合同实施提供必要的条件,委托监理工程师负责监督承包商履行合同。

对实行监理的工程项目,监理工程师的主要工作由建设单位(业主)与监理单位通过监理合同约定,监理工程师必须站在公正的第三者的立场上对施工合同进行管理。其工作内容包括建筑工程施工合同实施全过程的进度管理、质量管理、投资管理和组织协调的全部或部分。

① 协助业主起草合同文件和各种相关文件,参加合同谈判。
② 解释合同,监督合同的执行,协调业主、承包商、供应商之间的合同关系。
③ 站在公正的立场上正确处理索赔与合同争议。
④ 在业主的授权范围内,处理工程变更,对工程项目进行进度控制、质量控制、费用控制。

(3) 承包商施工合同管理的主要工作内容

① 合同订立前的管理。投标方向的选择、合同风险的总评价、合作方式的选择等。
② 合同订立中的管理。合同审查、合同文本分析、合同谈判等。
③ 合同履行中的管理。合同分析、合同交底、合同实施控制、合同档案资料管理等。
④ 合同发生纠纷时的管理。

7.5.2 建设工程合同的签约管理

1) 建设工程施工合同签订前的审查分析

建设工程施工合同签订的目的是为了履行,签订合同是履行合同的前提和基础,签订一个有效、条款完备的合同,将有利于合同的履行和目的的实现。因此无论是发包人还是承包人都极为重视合同的措辞和最终合同条款的制定,力争在合同条款上通过谈判全力维护自己的合法利益。

承包人在合同签订前对合同的审查分析主要有:澄清标书中某些含糊不清的条款,充分解释自己在投标文件中的某些建议或保留意见;争取改善合同条件,谋求公正和合理的权益,使承包人的权利与义务达到平衡;利用发包人的某些修改变更进行讨价还价,争取更为有利的合同价格。

承包商建设工程施工合同审查的内容包括:

(1) 审查发包方有无签订合同的主体资格及资信状况

审查发包方有无法人资格、资质,是否为该工程项目的合法主体,是否具备工程项目建设所需要的各种批准文件,工程项目是否已经列入年度建设计划,以及建设资金与主要建筑材料和设备来源是否已经落实。审查发包方是否有足够的履约能力,资金来源是如何组成的,是自有资金还是银行贷款或其他来源,是否会出现垫资和拖欠工程款的严重情形,风险到底有多大。

(2) 审查合同的效力

合同必须在合同依据的法律基础的范围内签订和实施,否则会导致合同全部或部分无效,从而给合同当事人带来不必要的损失。对建设工程施工合同的效力进行审查,包括合同主体的合法性审查、工程项目合法性审查、订立过程的合法性审查以及合同内容的合法性审查,无效合同不受法律的保护,权利难以实现。除我国《合同法》第52条规定的合同无效的五种情形外,无效的建设工程施工合同还包括以下几种类型:超越资质等级订立的施工合同;违法招标投标订立的施工合同;未订立书面形式的施工合同;违反国际计划、法律、法规的施工合同;违法分包、转包的施工合同。

(3) 审查合同的组成文件及主要条款是否完备

由于建设工程的工程活动多,涉及面广,合同履行中不确定性因素多,从而给合同履行带来很大风险。如果合同不够完备,就可能会给当事人造成重大损失。因此,必须对合同的完备性进行审查。

① 合同文件的完备性审查。即审查属于该合同的各种文件是否齐全。

② 合同条款完备性审查。合同对工程涉及的各方面问题都有规定,合同完备性审查的重点是审查合同条款是否齐全、合同条款是否存在漏项等。如果合同采用的是标准示范文本,应重点审查专用合同条款是否与通用合同条款相符,是否有遗漏等;如果采用非标准合同文本,应尽可能多地收集实际工程中的同类合同文本,并进行对比分析,以确定该类合同的范围和合同文本结构形式。再将被审查的合同按结构拆分开,并结合工程的实际情况,从中寻找合同漏洞;如果未采用合同示范文本,在审查时应当以标准示范文本为样板,将拟签订的合同与示范文本的对应条款一一对照,从中寻找合同漏洞。

③ 合同条款的公正性审查。在建设工程施工合同实际订立过程中,合同的起草权威往往掌握在发包人手中,承包人只能处于被动应付的地位,因此业主所提供的合同条款实际上很难达到公平公正的程度。所以,承包人应逐条审查合同条款是否公平公正,对明显缺乏公平公正的条款,在合同谈判时,通过寻找合同漏洞,向发包人提出自己的合理化建议,利用发包人澄清合同条款的机会,力争使发包人对合同条款作出有利于自己的修改。

此外,在合同审查时,还必须注意合同中关于保险、担保、工程保修、变更、索赔、争议的解决及合同的解除等条款的约定是否完备、是否公平合理。

2) 建设工程施工合同的谈判

施工合同的标的物特殊、履行周期长、条款内容多、涉及面广、风险大,合同双方都希望签订一个有利的、风险较少的合同,合同的谈判就成为影响工程项目成败的重要因素。谈判成功,可以为合同的实施创造有利的条件,给工程项目带来可观的经济效益;谈判失误或失败,可能失去合同,或给合同的实施带来无穷的隐患,导致工程项目的严重亏损或失败。

(1) 施工合同谈判的准备工作

合同谈判是业主与承包商面对面的直接较量,谈判的结果直接关系到合同条款的订立是否与己有利。谈判的成功与否,通常取决于谈判准备工作的充分程度和谈判过程中策略与技巧的使用。

① 谈判资料准备。谈判准备工作的首要任务就是要收集整理有关合同双方及工程项

目的各种基础资料和背景资料。这些资料包括对方的资信状况、履约能力、发展阶段、项目由来及资金来源、土地获得情况、项目目前进展情况等，以及在前期接触过程中已经达成的意向书、会议纪要、备忘录等。

②谈判背景分析。承包人在接到中标函后，应当详细分析项目的合法性与有效性，项目的自然条件和施工条件，己方承包该项目有哪些优势，存在哪些不足，以确立己方在谈判中的地位。同时，必须熟悉合同审查表中的内容，以确立己方的谈判原则和立场。对业主基本情况的分析，首先，要分析对方主体的合法性，资信情况如何，必须确认对方是履约能力强、资信情况好的合法主体，否则，就要慎重考虑是否与对方签订合同。其次，要摸清谈判对手的真实意图。只有在充分了解对手的谈判诚意和谈判动机，并对此做好充分的思想准备，才能在谈判中始终掌握主动权。再者，要分析对方谈判人员的基本情况。包括对方谈判人员的组成，谈判人员的身份、年龄、健康状况、性格、资历、专业水平、谈判风格等，以便己方有针对性地安排谈判人员并做好思想上和技术上的准备。另外，必须了解对方各谈判人员对谈判所持的态度、意见，从而尽量分析并确定谈判的关键问题和关键人物的意见和倾向。

③谈判目标分析。分析自身设置的谈判目标是否正确合理、是否切合实际、是否能为对方所接受，以及对方设置的谈判目标是否正确合理。如果自身设置的目标错误，或者盲目接受对方的不合理目标，同样会造成合同实施过程中的无穷后患。如接受业主带资垫资、工期极短等不合理要求，将会造成回收资金、获取工程款、工期索赔等方面的困难。

④谈判方案拟订。在上述确立己方的谈判目标及认真分析己方和对手情况的基础上，拟定谈判提纲。根据谈判目标，准备几个不同的谈判方案，还要研究和考虑其中哪个方案较好以及对方可能倾向于哪个方案。这样，当对方不易接受某一方案时，就可以改换另一种方案，通过协商就可以选择一个为双方都能够接受的最佳方案。谈判中切忌只有一个方案，当对方拒不接受时，易使谈判陷入僵局。

(2) 合同谈判的策略与技巧

合同谈判是一门综合性的艺术，需要经验，讲求技巧。在合同谈判中投标人往往处于防守的下风位，因此除了做好谈判的准备外，更需要在谈判过程中确定和掌握自己一方的谈判策略和技巧，抓住重点问题，适时地控制谈判气氛，掌握谈判局势，以便最终实现谈判目标。

①掌握谈判议程，合理分配议题。工程合同谈判涉及诸多需要讨论的事项，各事项的重要性不同，谈判的各方对同一事项的关注程度也不相同。成功的谈判者善于掌控谈判进程，在充满合作气氛的阶段，展开自己所关注的议题的商讨，从而抓住时机，达成有利于己方的协议；而在气氛紧张时，则引导谈判进入双方具有共识的议题，一方面缓和气氛，另一方面缩小双方差距，推进谈判进程。同时，谈判者应懂得合理分配谈判时间。对于各议题的商讨时间把握得当，不要过多拘泥于细节问题，达到缩短交易时间、降低交易成本的目的。

②创造良好的谈判氛围。承包商承包工程是将承包工程作为盈利手段，目标是为了获取利润；而业主则恰好相反，是期望支付最少的工程价款，获得所希望的工程。因此，谈判双方的立场、观点和方法必然存在较大的差异，要想轻易取得谈判的成功并不容易。但有经验的谈判者在会谈各方分歧严重、谈判气氛激烈的时候采取润滑措施，舒缓压力，进而在和谐的氛围中重新回到议题。

③高起点战略。谈判的过程是各方妥协的过程，通过谈判，各方都或多或少会放弃部

分利益以求得项目的进展。有经验的谈判者则会在谈判之初有意识地向对方提出苛刻的谈判条件,使得对方高估本方的谈判底线,从而在谈判中过多让步。

④ 避实就虚。谈判各方都有自己的优势和弱点。谈判者应在充分分析形势的情况下作出正确判断,利用对方的弱点迫其就范,作出妥协。而对于己方的弱点,则要尽量注意回避。

⑤ 调和折中。这是最终确定价格时常用到的一种方法。谈判中,当双方就价格问题谈到一定程度以后,虽然各方都做了让步,但并没有达成一致的协议,这时只要各方再做一点让步,就很有可能拍板成交,在这种情况下往往要采用折中的办法,即在双方所提的价格之间,取一大约的平均数。

⑥ 先成交后抬价。这是某些有经验的谈判者常采用的手法,即先作出某种许诺,或采取让对方能够接受的合作行动。一旦对方接受并作出相应的行动而无退路时再以种种理由抬价,迫使对方接受自己更高的条件。因此,在谈判中,不要轻易接受对方的许诺,要看到许诺背后的真实意图,以防被诱进其圈套而上当。

⑦ 拖延和休会。当谈判遇到障碍、陷入僵局时,拖延和休会可以使明智的谈判方有时间冷静思考,在客观分析形势后提出替代性方案。在一段时间冷处理后,各方都可以进一步考虑整个项目的意义,进而弥合分歧,将谈判引出低谷。

⑧ 充分利用专家作用。现代科技发展使个人不可能成为各方面的专家,而工程项目谈判又涉及广泛的学科领域。充分发挥各领域专家的作用,既可以在专业问题上获得技术支持,又可以利用专家的权威性给对方以心理压力。

(3) 施工合同谈判程序

① 一般讨论。谈判开始阶段通常都是先广泛交换意见,各方提出自己的设想方案,探讨各种可能性,经过商讨逐步将双方意见综合并统一起来,形成共同的问题和目标,为下一步详细谈判做好准备。

② 技术谈判。主要是对原合同中技术方面的条款进行讨论,包括工程范围、技术规范、标准、施工条件、施工方案、施工进度、质量检查、竣工验收等。

③ 商务谈判。主要是对原合同中商务方面的条款进行讨论,包括工程合同价款、支付条件、支付方式、预付款、履约保证、保留金、货币风险的防范、合同价格的调整等。需要注意的是,技术条款与商务条款往往是密不可分的,因此,在进行技术谈判和商务谈判时,不能将两者分割开来。

④ 合同拟订。谈判进行到一定阶段后,在双方都已表明了观点,对原则性问题双方意见基本一致的情况下,相互之间就可以交换书面意见或合同稿。然后以书面意见或合同稿为基础,逐条逐项审查讨论合同条款。先审查一致性问题,后审查讨论不一致的问题,对双方不能确定、达不成一致意见的问题,留待下次谈判解决,直至双方对新形成的合同条款一致同意并形成合同草案为止。

3) 建设工程施工合同的签订

经过合同谈判,双方对新形成的合同条款一致同意并形成合同草案后,即进入合同签订阶段。这是确立承发包双方权利义务关系的最后一步工作,一个符合法律规定的合同一经签订,即对合同当事人双方产生法律约束力。

由于建筑市场属于买方市场,竞争非常激烈,承包商在合同签订的整个阶段往往处于被动地位。但"利益原则"是合同谈判和签订的基本原则，承包商应从企业的整体经营出发，即使丧失工程承包资格，失去合同，也不能接受责权利不平衡、明显导致亏损的合同。

承包商在签订施工承包合同中常常会犯以下错误：
(1) 由于长期承接不到工程而急于求成，急于使工程成交而盲目签订合同。
(2) 初到一个地方，急于打开局面、承接工程而草率签订合同。
(3) 由于竞争激烈，怕丧失承包资格而接受条件苛刻的合同。
(4) 由于许多企业盲目追求高的合同额，而忽视对工程利润的考察，所以希望并要求多承接工程，而忽视承接到工程的后果。

若出现上述情况，承包商要冒很大的风险，也很少有不失败的。

7.5.3 建设工程施工合同履约管理

合同的签订，只是履行合同的前提和基础。合同的最终实现，还需要当事人双方严格按照合同约定，认真全面地履行各自的合同义务。建设工程施工合同的履行是指工程建设项目的发包方和承包方根据合同规定的时间、地点、方式、内容及标准等要求，各自完成合同义务的行为。

1) 建设工程施工合同的履行原则

(1) 实际履行原则

当事人订立合同的目的是为了满足一定的经济利益，满足特定的生产经营活动的需要。因此，当事人一定要按合同约定履行义务，不能用违约金或赔偿金来代替合同的标的。任何一方违约时，不能以支付违约金或赔偿损失的方式来代替合同的履行，守约一方要求继续履行的，应当继续履行。这是建筑工程的特点所决定的。

(2) 全面履行原则

当事人应当严格按合同约定的数量、质量、标准、价格、方式、地点、期限等完成合同义务。全面履行原则对合同的履行具有重要意义，它是判断合同各方是否违约以及违约应当承担何种违约责任的根据和尺度。

(3) 协作履行原则

即合同当事人各方在履行合同过程中应当互谅、互助，尽可能地为对方履行合同义务提供相应的便利条件。施工合同的履行过程是一个经历时间长、涉及面广、影响因素多的过程，一方履行合同义务的行为往往就是另一方履行合同义务的必要条件，只有贯彻协作履行原则，才能达到双方预期的合同目的。

(4) 诚实信用原则

诚实信用原则是《合同法》的基本原则，是指当事人在签订和执行合同时，应讲究诚实，恪守信用，实事求是，以善意的方式行使权力并履行义务，不得回避法律和合同，以使双方所期待的正当利益得以实现。

(5) 情事变更原则

情事变更原则是指在合同订立后，如果发生了订立合同时当事人不能预见并且不能克服的情况，改变了订立合同时的基础，使合同的履行失去意义或者履行合同将使当事人之间的利益发生重大失衡，应当允许受不利影响的当事人变更合同或者解除合同。

2）建设工程施工合同条款分析

建设工程施工合同条款分析是指从执行的角度分析、补充、解释施工合同，将合同目标和合同约定落实到合同实施的具体问题上，用于指导具体工作，使得合同能够符合日常工程管理的需要。

(1) 建设工程施工合同条款分析的必要性

进行详细的建设工程施工合同条款分析基于以下原因：

① 合同条文繁杂，内涵意义深刻，法律语言不容易理解。

② 同在一个工程中，往往几份、十几份甚至几十份合同交织在一起，形成十分复杂的关系。

③ 合同文件和工程活动的具体要求（如工期、质量、费用等）的衔接处理。

④ 工程小组、项目管理职能人员等所涉及的活动和问题不是合同文件的全部而仅为合同的部分内容，如何全面理解合同对合同的实施将会产生重大影响。

⑤ 合同中存在的问题和风险，包括合同审查时已经发现的风险和可能隐藏着的尚未发现的风险。

⑥ 合同条款尚待具体落实。

⑦ 在合同实施过程中，合同双方将可能产生争议。

(2) 建设工程施工合同条款分析的具体内容

① 合同的法律基础。分析订立合同所依据的法律、法规，通过分析，承包人了解适用于合同的法律的基本情况（范围、特点等），用以指导整个合同实施和索赔工作。对合同中明示的法律应重点分析。

② 承包人的主要任务。

A. 明确承包人的总任务，即合同标的。承包人在设计、采购、生产、试验、运输、土建、安装、验收、试生产、缺陷责任期维修等方面的主要责任，施工现场的管理，给发包人的管理人员提供生活和工作条件等责任。

B. 明确合同中的工程量清单、图纸、工程说明、技术规范的定义。工程范围的界限应很清楚，否则会影响工程变更和索赔，特别是对固定总价合同。在合同实施中，如果工程师指令的工程变更属于合同规定的工程范围，则承包人必须无条件执行；如果工程变更超过承包人应承担的风险范围，则可向发包人提出工程变更的补偿要求。

C. 明确工程变更的补偿范围，通常以合同金额一定的百分比表示。这个百分比越大，承包人的风险就越大。

D. 明确工程变更的索赔有效期，由合同具体规定，一般为28天，也有14天的。时间越短，对承包人管理水平的要求越高，对承包人越不利。

③ 发包人的责任。

A. 发包人雇用工程师并委托其全权履行发包人的合同责任。

B. 发包人和工程师有责任对平行的各承包人和供应商之间的责任界限作出划分，对这方面的争执作出裁决，对他们的工作进行协调，并承担管理和协调失误造成的损失。

C. 及时作出承包人履行合同所必需的决策，如下达指令、履行各种批准手续、答复请示、完成各种检查和验收手续等。

D. 提供施工条件，如及时提供设计资料、图纸、施工场地、道路等。

E. 按合同规定及时支付工程款,及时接收已完工程等。

④ 合同价格分析。

A. 合同所采用的计价方法及合同价格所包括的范围。

B. 工程计量程序,工程款结算(包括进度付款、竣工结算、最终结算)方法和程序。

C. 合同价格的调整,即费用索赔的条件、价格调整方法,计价依据,索赔有效期规定。

D. 拖欠工程款的合同责任。

⑤ 施工工期分析。在实际工程中工期拖延极为常见和频繁,而且对合同实施和索赔的影响很大,所以要特别重视。

⑥ 违约责任。如果合同一方未遵守合同规定,给对方造成损失,应受到相应的合同处罚。主要分析如下:

A. 承包人不能按合同规定工期完成工程的违约金或承担发包人损失的条款。

B. 由于管理上的疏忽造成对方人员和财产损失的赔偿条款。

C. 由于预谋或故意行为造成对方损失的处罚和赔偿条款等。

D. 由于承包人不履行或不能正确地履行合同责任,或出现严重违约时的处理规定。

E. 由于发包人不履行或不能正确地履行合同责任,或出现严重违约时的处理规定,特别是对发包人不及时支付工程款的处理规定。

⑦ 验收、移交和保修条款分析。

⑧ 索赔程序和争执的解决。这里要分析:索赔的程序;争执的解决方式和程序;仲裁条款,包括仲裁所依据的法律、仲裁地点、方式和程序,仲裁结果的约束力等。

3)建设工程施工合同交底

合同分析后,由合同管理人员向各层次管理者作"合同交底",把合同责任具体落实到各责任人和合同实施的具体工作上。

(1)合同管理人员向项目管理人员和企业各部门相关人员进行合同交底,组织学习合同和合同总体分析结果,对合同的主要内容作出解释和说明。

(2)将各种合同事件的责任分解落实到各工程小组或分包人。

(3)在合同实施前与其他相关的各方面,如发包人、监理工程师、承包人沟通,召开协调会议,落实各种安排。

(4)在合同实施过程中还必须进行经常性的检查、监督,对合同进行解释。

(5)合同责任的完成必须通过其他经济手段来保证。

4)建设工程施工合同实施控制

工程项目施工过程即施工承包合同的实施过程。要使合同顺利实施,合同双方必须共同完成各自的合同责任。合同签订后,承包商首先是要委派施工项目经理,组建项目管理机构,成立包括合同管理人员在内的项目管理小组,全面负责施工合同履行工作。

(1)建设工程施工合同实施的主要工作

项目管理人员在施工阶段的主要工作有如下几个方面:

① 建立合同实施的保证体系,以保证合同实施过程中的一切日常事务性工作有秩序地进行,使工程项目的全部合同事件处于控制中,保证合同目标的实现。

② 监督承包商的工程小组和分包商按合同施工,并做好各分合同的协调和管理工作。承包商应以积极合作的态度完成自己的合同责任,努力做好自我监督。同时,也应督促并协

助业主和工程师完成他们的合同责任,以保证工程顺利进行。

③ 对合同实施情况进行跟踪。收集合同实施的信息,收集各种工程资料,并作出相应的信息处理;将合同实施情况与合同分析资料进行对比分析,找出其中的偏离,对合同履行情况作出诊断;向项目经理及时通报合同实施情况及问题,提出合同实施方面的意见、建议,甚至警告。

④ 进行合同变更管理。主要包括参与变更谈判,对合同变更进行事务性处理,落实变更措施,修改与变更相关的资料,检查变更措施落实情况。

⑤ 日常的索赔和反索赔。

(2) 建设工程施工合同实施控制

合同控制指承包商的合同管理组织为保证合同所约定的各项义务的全面完成及各项权利的实现,以合同分析的成果为基准,对整个合同实施过程进行全面监督、检查、对比和纠正的管理活动。合同控制的作用就是通过合同实施情况分析,找出偏离,以便及时采取措施,调整合同实施过程,达到合同总目标。

① 合同跟踪。在工程实施过程中,由于实际情况千变万化,导致合同实施与预定目标(计划和设计)的偏离,如果不及时采取措施,这种偏差常常会由小到大。这就需要对合同实施情况进行跟踪,以便及时发现偏差,不断调整合同实施,使之与总目标一致。

合同跟踪包括对具体合同事件的跟踪、工程小组或分包商的工程和工作的跟踪、业主和工程师的工作的跟踪、工程总的实施状况的跟踪等方面。通过对合同实施情况追踪,收集、整理能反映工程实施状况的各种工程资料和实际数据,如各种质量报告、各种实际进度报表、各种成本和费用收支报表及其分析报告。将这些信息与工程目标(如合同文件、合同分析的资料、各种计划、设计等)进行对比分析,可以发现两者的差异。根据差异的大小确定工程实施偏离目标的程度。如果没有差异或差异较小,则可以按原计划继续实施。

② 合同诊断。合同实施情况偏差表明工程实施偏离了工程目标,应加以分析调整,否则这种差异会逐渐积累,越来越大,最终导致工程实施远离目标,使承包商或合同双方受到很大的损失,甚至可能导致工程的失败。

合同诊断即合同实施情况偏差分析,是指在合同实施情况追踪的基础上,评价合同实施情况及其偏差,预测偏差的影响及其发展趋势,并分析偏差产生的原因,以便对该偏差采取调整措施。

合同实施情况偏差分析的内容包括:

A. 合同执行差异的原因分析。通过对不同监督跟踪对象的计划和实际的对比分析,不仅可以得到合同执行的差异,而且要分析引起这个差异的原因。原因分析可以采用因果关系分析图(表)、成本量差、价差、效率差分析等方法定性或定量地进行。

B. 合同差异责任分析。合同差异责任分析即针对上述偏差,分析其原因和责任,这常常是争议的焦点,尤其是合同事件重叠、责任交错时更是如此。一般只要原因分析有根据,则责任分析自然清楚。责任分析必须以合同为依据,按合同规定落实双方的责任。

C. 合同实施趋向预测。分别考虑不采取调控措施和采取调控措施以及采取不同的调控措施情况下合同的最终执行结果。

③ 合同纠偏。根据合同实施情况偏差分析的结果,承包商应采取相应的调整措施。调整措施可分为组织措施、技术措施、经济措施和合同措施。组织措施有增加人员投入、重新

进行计划或调整计划、派遣得力的管理人员；技术措施有变更技术方案、采用新的更高效率的施工方案；经济措施有增加投入、对工作人员进行经济激励等；合同措施有进行合同变更、签订新的附加协议、备忘录，通过索赔解决费用超支问题等。

如果通过合同诊断，承包商已经发现业主有恶意不支付工程款或自己已经陷入到合同陷阱中，或已经发现合同亏损，而且估计亏损会越来越大，则要及早确定合同执行战略。如及早解除合同，降低损失；采用以守为攻的办法拖延工程进度，消极怠工。因为在这种情况下，承包商投入的资金越多，工程完成得越多，承包商就越被动，损失会越大。等到工程完成交付使用，承包商的主动权就没有了。

7.5.4 建设工程施工合同档案管理

1）合同资料种类

在实际工程中与合同相关的资料面广、量大，形式多样，主要有：

（1）合同资料，如各种合同文本、招标文件、投标文件、图纸、技术规范等。

（2）合同分析资料，如合同总体分析、网络图、横道图等。

（3）工程实施中产生的各种资料。如发包人的各种工作指令、签证、信函、会谈纪要和其他协议，各种变更指令、申请、变更记录，各种检查验收报告、鉴定报告。

（4）工程实施中的各种记录、施工日记等，官方的各种文件、批件，反映工程实施情况的各种报表、报告、图片等。

2）合同资料文档管理的内容

（1）合同资料的收集

合同包括许多资料、文件，合同分析又产生许多分析文件，在合同实施中每天又产生许多资料，如记工单、领料单、图纸、报告、指令、信件等。

（2）合同资料整理

原始资料必须经过信息加工才能成为可供决策的信息，成为工程报表或报告文件。

（3）资料的归档

所有合同管理中涉及的资料不仅目前使用，而且必须保存，直到合同结束。为了查找和使用方便，必须建立资料的文档系统。

（4）资料的使用

合同管理人员有责任向项目经理、发包人作工程实施情况报告；向各职能人员和各工程小组、分包商提供资料；为工程的各种验收、索赔和反索赔提供资料和证据。

7.6 建设工程索赔

7.6.1 建设工程施工索赔概述

1）施工索赔的含义及其分类

（1）施工索赔含义

施工索赔，是指施工合同当事人在合同实施过程中，根据法律、合同规定及惯例，对并非由于自己的过错,而是由于应由合同对方承担责任的情况造成的实际损失向对方提出给予补偿的要求。对施工合同双方来说,施工索赔是维护双方合法权益的权利,承包人可以向发包人提出索赔,发包人也可以向承包人提出索赔。索赔要求可以是费用补偿或时间延长。

土木工程项目由于工期长、规模大、技术含量高且复杂,加上地质水文条件的不确定性和随机性、气候条件影响及市场经济波动影响等,再加上任何程序的工程设计都会有考虑不周以及与实际不符之处,都可能导致追加额外工作项目及工期变化,使承包商实际成本超支,遭受经济损失。

索赔有较广泛的含义,它是索要、索付的意思,可以概括为以下三个方面:

① 一方违约使另一方蒙受损失,受损方向对方提出赔偿损失的要求。

② 发生应由业主承担责任的特殊风险或遇到不利自然条件等情况,使承包商蒙受较大损失而向业主提出补偿损失要求。

③ 承包商本人应当获得的正当利益,由于没能及时得到监理工程师的确认和业主应给予的支付,而以正式函件向业主索赔。

索赔是一种正当的权利要求,同守约并不矛盾。恪守合同是业主和承包商的共同义务,只有坚持守约才能保证合同的正常执行。承包商提出索赔要求有其必然性。因为在每项工程承包过程中采取哪种形式的合同是由业主决定的,每个合同的具体条文是站在业主立场上编写的,承包商即使在决标前的谈判中也只能是在个别条款上使业主作出某种让步。再加上承包商在激烈的投标竞争中以较低价格得标,实施过程中稍有条件变化就会处于亏损的威胁之下,其必然要寻找一切可能的索赔机会来减少自己的风险。因此,也可以说索赔是承包商和业主之间承担风险比例的合理再分配。

(2) 施工索赔的分类

工程索赔依据不同的标准可以进行不同的分类。

① 按索赔的合同依据分类

按索赔的合同依据可以将工程索赔分为合同中明示的索赔和合同中默示的索赔。

A. 合同内索赔。合同内索赔即合同中明示的索赔。指承包人所提出的索赔要求,在该工程项目的合同文件中有文字依据,承包人可以据此提出索赔要求,并取得经济补偿。这些在合同文件中有文字规定的合同条款,称为明示条款。

B. 合同外索赔。合同外索赔即合同中默示的索赔。指承包人的该项索赔要求,虽然在工程项目的合同条款中没有专门的文字叙述,但可以根据该合同的某些条款的含义,推论出承包人有索赔权。这种索赔要求同样具有法律效力,有权得到相应的经济补偿。这种有经济补偿含义的条款,在合同管理工作中被称为"默示条款"或称为"隐含条款"。默示条款是一个广泛的合同概念,它包含合同明示条款中没有写入但符合双方签订合同时设想的愿望和当时环境条件的一切条款。这些默示条款,或者从明示条款所表述的设想、愿望中引申出来,或者从合同双方在法律上的合同关系中引申出来,经合同双方协商一致,或被法律和法规所指明,都成为合同文件的有效条款,要求合同双方遵照执行。

C. 道义索赔。这种索赔无合同和法律依据,因而没有提出索赔的条件和理由,但承包商认为自己在施工中确实遭到很大损失,因此向业主寻求优惠性质的额外付款。道义索赔的主动权在业主手中。业主一般在下列情形下会同意和接受道义索赔:

a. 业主如更换其他承包人,支付费用会更大。

b. 业主为树立自己的形象。
c. 出于对承包人的同情和信任。
d. 业主谋求和承包人增进理解和更加长久的合作。

② 按索赔目的分类

按索赔目的可以将工程索赔分为工期索赔和费用索赔。

A. 工期索赔。由于非承包人责任的原因而导致施工进程延误,要求批准顺延合同工期的索赔,称为工期索赔。工期索赔形式上是对权利的要求,以避免在原定合同竣工日不能完工时,被发包人追究拖期违约责任。一旦获得批准合同工期顺延后,承包人不仅免除了承担拖期违约赔偿费的严重风险,而且可能提前工期得到奖励,最终仍反映在经济收益上。

B. 费用索赔。费用索赔的目的是要求经济补偿。当施工的客观条件改变导致承包人增加开支,要求对超出计划成本的附加开支给予补偿,以挽回不应由承包人承担的经济损失。

③ 按索赔事件的性质分类

按索赔事件的性质可以将工程索赔分为工程延误索赔、工程变更索赔、合同被迫终止索赔、工程加速索赔、意外风险和不可预见因素索赔和其他索赔。

A. 工程延误索赔。因发包人未按合同要求提供施工条件,如未及时交付设计图纸、施工现场、道路等,或因发包人指令工程暂停或不可抗力事件等原因造成工期拖延的,承包人对此提出索赔。这是工程中常见的一类索赔。

B. 工程变更索赔。由于发包人或监理工程师指令增加或减少工程量或增加附加工程、修改设计、变更工程顺序等,造成工期延长和费用增加,承包人对此提出索赔。

C. 合同被迫终止索赔。由于发包人或承包人违约以及不可抗力事件等原因造成合同非正常终止,无责任的受害方因其蒙受经济损失而向对方提出索赔。

D. 工程加速索赔。由于发包人或工程师指令承包人加快施工速度,缩短工期,引起承包人人力、财力、物力的额外开支而提出的索赔。

E. 意外风险和不可预见因素索赔。在工程实施过程中,因人力不可抗拒的自然灾害、特殊风险以及一个有经验的承包人通常不能合理预见的不利施工条件或外界障碍,如地下水、地质断层、溶洞、地下障碍物等引起的索赔。

F. 其他索赔。如因货币贬值、汇率变化、物价、工资上涨、政策法令变化等原因引起的索赔。

④ 按索赔的处理方式分类

A. 单项索赔。指在工程实施过程中,出现了干扰合同的索赔事件,承包商为此单一事件提出的索赔。如工程师发出变更指令,造成承包商成本增加,工期延长,承包商为该事件提出索赔要求,就可能是单项索赔。单项索赔往往涉及的合同事件比较简单,责任分析和索赔值计算不太复杂,金额也不会太大,双方容易达成协议,获得成功。但要注意的是,单项索赔往往规定必须在索赔有效期内完成。比如我国的《建设工程施工合同(示范文本)》中规定,索赔事件发生 28 天内,要向工程师发出索赔意向通知。超过规定的索赔有效期,则该索赔无效。

B. 综合索赔。也称为一揽子索赔,即对整个工程中发生的多起索赔事项,综合在一起进行索赔。一般是在工程竣工或工程移交前,承包人将工程实施过程中因各种原因未能及时解决的单项索赔集中起来进行综合考虑,向业主提出一份综合索赔报告,以求以一揽子方案解决索赔问题。

在处理一揽子索赔时,因许多干扰事件交织在一起,影响因素比较复杂,证据搜集困难,无法正确地进行责任分析和索赔值的计算,使得索赔处理和谈判非常艰难,加上一揽子索赔金额一般较大,往往需要承包商作出较大的让步才能解决。

因此,承包商在进行施工索赔时,一定要把握有利时机,力争单项索赔。对于实在不能单项解决,需要一揽子索赔的,也应当在施工建成移交之前完成主要的谈判和付款,这是比较理想的解决索赔的方案。否则拖到工程移交后,失去了合同约束,承包商将在索赔中处于非常不利的地位。

2) 索赔管理的特点及索赔管理的原则

索赔管理是指通过一系列计划、组织、协调与控制活动,采取预防、谈判等手段,利用合同条款对已发生的损失按合同条款向对方追索,预防索赔事件的发生及向对方提出索赔的反驳等一系列管理活动的总称。预防索赔,是指为防止对方提出索赔,采取一系列预防措施来预防索赔事件的发生,如严格履行合同中规定的责任和义务,防止自己违约,从而可以避免由于违约而引起对方的索赔,防止和减少索赔损失的发生。反驳索赔,是指通过索赔管理,来反驳对方提出的索赔要求,从而减少或消除对方的索赔。在工程项目的施工过程中,业主和承包人之间不可避免地会发生相互索赔的事件,承包人向业主提出索赔或业主向承包人提出索赔都是正常现象。因此,除了抓住索赔机会向对方索赔以维护自己的权益外,如何减少对方索赔的机会或降低对方的索赔要求也是业主或承包人必须重视的索赔管理问题。

(1) 索赔管理的特点

① 索赔工作贯穿于工程项目始终。
② 索赔是一门融工程技术和法律于一体的综合学问和艺术。
③ 影响索赔成功的相关因素多。

(2) 索赔管理的原则

① 客观性原则。
② 合法性原则。
③ 合理性原则。

(3) 如何做好索赔管理工作

① 正确理解索赔的性质,把握索赔的尺度。《中华人民共和国民法通则》第 111 条规定,当事人一方不履行合同义务或履行合同义务不符合约定条件的,另一方有权要求履行或者采取补救措施,并有权要求赔偿损失。索赔的性质属于经济补偿行为,而不是惩罚。索赔的损失结果与被索赔人的行为并不一定存在法律上的因果关系,索赔工作应采取承、发包双方合作的方式,而不是对立的方式。索赔工作的健康开展对于培养和发展建设市场,促进建筑业的发展,提高建设效益,起着非常重要的作用。

② 索赔必须以合同为依据。合同是规定承、发包双方享有权利、承担义务的依据。因此,遇到索赔事件时,必须对合同条件、协议条款等详细了解,以合同为依据来处理双方的利益纠纷。

③ 必须注意资料的积累,及时收集索赔证据。积累一切可能涉及索赔论证的资料,各

种有关的会议应当做好文字记录,并争取会议参加者签字,作为正式文档资料。同时,应当建立严密的工程日志,对工程师指令的执行情况、抽查试验记录、工序验收记录、计量记录、日进度记录及每天发生的可能影响到合同协议事件的具体情况都要做详细记录,还应建立业务往来的文件编号档案等业务记录制度,做到处理索赔时以事实和数据为依据。

④ 遵守程序和时限,及时、合理地处理索赔。索赔发生后,必须依据合同的准则及时地对索赔进行处理。我国《建设工程施工合同(示范文本)》有关规定中对索赔的程序和时间要求有明确而严格的限定,不按该程序和时限规定的索赔将会自动失去法律效力。

⑤ 处理索赔还必须注意索赔计算的合理性。做好索赔工作需具备三方面的知识。一是熟悉有关法律法规,如《建筑法》《合同法》及省、市有关文件、政策等,掌握合同管理方面的知识;二是熟练掌握并灵活运用国家有关计价政策,及时收集、掌握省、市有关工程造价方面的政策及文件;三是要有一定的施工经验,熟悉工程施工的实际情况和施工规范。在进行索赔时,必须做到"理由充分,证据确凿"。如果没有有关法律、政策规定作依据,索赔理由就很难成立;如果没有充足的证据,索赔就不能成功。如存在分歧较大,应及时请有关方面进行调解或仲裁,必要时可通过诉讼方式来维护自己的权益。

3) 施工索赔的处理程序

(1)《建设工程施工合同(示范文本)》规定的工程索赔程序

当合同当事人一方向另一方提出索赔时,要有正当的索赔理由,且有索赔事件发生时的有效证据。发包人未能按合同约定履行自己的各项义务或发生错误以及第三方原因,给承包人造成延期支付合同价款、延误工期或其他经济损失,包括不可抗力延误的工期,承包人可按下列程序向发包人提出索赔:

① 承包人提出索赔申请。索赔事件发生 28 天内,向工程师发出索赔意向通知。合同实施过程中,凡不属于承包人责任导致项目拖期和成本增加事件发生后的 28 天内,必须以正式函件通知工程师,声明对此事项要求索赔,同时仍须遵照工程师的指令继续施工。逾期申报时,工程师有权拒绝承包人的索赔要求。

② 发出索赔意向通知后 28 天内,向工程师提出补偿经济损失和(或)延长工期的索赔报告及有关资料;正式提出索赔申请后,承包人应抓紧准备索赔的证据资料,包括事件的原因、对其权益影响的证据资料、索赔的依据,以及其他计算出的该事件影响所要求的索赔额和申请展延工期天数,并在索赔申请发出的 28 天内报出。

③ 工程师审核承包人的索赔申请。工程师在收到承包人送交的索赔报告和有关资料后,于 28 天内给予答复,或要求承包人进一步补充索赔理由和证据。接到承包人的索赔信件后,工程师应该立即研究承包人的索赔资料,在不确认责任属谁的情况下,依据自己的同期记录资料客观分析事故发生的原因,依据有关合同条款,研究承包人提出的索赔证据。必要时还可以要求承包人进一步提交补充资料,包括索赔的更详细说明材料或索赔计算的依据。工程师在 28 天内未予答复或未对承包人作进一步要求,视为该项索赔已经认可。

④ 当该索赔事件持续进行时,承包人应当阶段性地向工程师发出索赔意向,在索赔事件终了后 28 天内,向工程师提供索赔的有关资料和最终索赔报告。

⑤ 工程师与承包人谈判。双方各自依据对这一事件的处理方案进行友好协商,若能通过谈判达成一致意见,则该事件较容易解决。如果双方对该事件的责任、索赔款额或工期展延天数分歧较大,通过谈判达不成共识的话,按照条款规定工程师有权确定一个他认为合理

的单价或价格作为最终的处理意见报送业主并通知承包人。

⑥ 发包人审批工程师的索赔处理证明。发包人首先根据事件发生的原因、责任范围、合同条款审核承包人的索赔申请和工程师的处理报告,再根据项目的目的、投资控制、竣工验收要求,以及针对承包人在实施合同过程中的缺陷或不符合合同要求的地方提出反索赔方面的考虑,决定是否批准工程师的索赔报告。

⑦ 承包人是否接受最终的索赔决定。承包人同意了最终的索赔决定,这一索赔事件即告结束。若承包人不接受工程师的单方面决定或业主删减的索赔额或工期展延天数,就会导致合同纠纷。通过谈判和协调,双方达成互让的解决方案是处理纠纷的理想方式。如果双方不能达成谅解,就只能诉诸仲裁或者诉讼。

承包人未能按合同约定履行自己的各项义务和发生错误给发包人造成损失的,发包人也可按上述时限向承包人提出索赔。

（2）FIDIC 合同条件规定的工程索赔程序

FIDIC 合同条件只对承包商的索赔作出了规定。

① 承包商发出索赔通知。如果承包商认为有权得到竣工时间的任何延长期和（或）任何追加付款,承包商应当向工程师发出通知,说明索赔的事件或情况。该通知应当尽快在承包商察觉或者应当察觉该事件或情况后 28 天内发出。

② 承包商未及时发出索赔通知的后果。如果承包商未能在上述 28 天期限内发出索赔通知,则竣工时间不得延长,承包商无权获得追加付款,而业主应免除有关该索赔的全部责任。

③ 承包商递交详细的索赔报告。在承包商察觉或者应当察觉该事件或情况后 42 天内,或在承包商可能建议并经工程师认可的其他期限内,承包商应当向工程师递交一份充分详细的索赔报告,包括索赔的依据、要求延长的时间和（或）追加付款的全部详细资料。如果引起索赔的事件或者情况具有连续影响,则:

A. 上述充分详细索赔报告应被视为中间的。

B. 承包商应当按月递交进一步的中间索赔报告,说明累计索赔延误时间和（或）金额,以及所有可能的合理要求的详细资料。

C. 承包商应当在索赔事件或者情况产生影响结束后 28 天内,或在承包商可能建议并经工程师认可的其他期限内,递交一份最终索赔报告。

④ 工程师的答复。工程师在收到索赔报告或对过去索赔的任何进一步证明资料后 42 天内,或在工程师可能建议并经承包商认可的其他期限内,作出回应,表示批准,或不批准,或不批准并附具体意见。工程师应当商定或者确定应给予竣工时间的延长期及承包商有权得到的追加付款。

7.6.2 施工索赔报告

1）施工索赔报告编写的要求

所有施工索赔都必须以文字形式提出报告,而且经过有关方面核实和审定,最后报业主认可,方能有效。

索赔报告编制的要求:

（1）索赔的计算方法和要求索赔的款项应当实事求是、合情合理。

(2) 索赔的依据和基础资料以及计算数据应当准确无误。
(3) 文字简练，条理清晰，资料齐全，具有说服力。

2) 施工索赔报告的格式和内容

索赔报告的具体内容，随该索赔事件的性质和特点而有所不同。但从报告的必要内容与文字结构方面而论，一个完整的索赔报告应包括以下四个部分。

(1) 总论部分

总论部分一般包括序言、索赔事项概述、具体索赔要求、索赔报告编写及审核人员名单。

总论部分首先应概要地论述索赔事件的发生日期与过程；施工单位为该索赔事件所付出的努力和附加开支；施工单位的具体索赔要求。在总论部分最后，附上索赔报告编写组主要人员及审核人员的名单，注明有关人员的职称、职务及施工经验，以表示该索赔报告的严肃性和权威性。总论部分的阐述要简明扼要，能说明问题。

(2) 根据部分

本部分主要是说明自己具有的索赔权利，这是索赔能否成立的关键。根据部分的内容主要来自该工程项目的合同文件，并参照有关法律规定。该部分中施工单位应引用合同中的具体条款，说明自己理应获得经济补偿或工期延长。

根据部分的篇幅可能很大，其具体内容随各个索赔事件的特点而不同。一般来说，根据部分应包括以下内容：

① 索赔事件的发生情况。
② 已递交索赔意向书的情况。
③ 索赔事件的处理过程。
④ 索赔要求的合同根据。
⑤ 所附的证据资料。

在写法结构上，按照索赔事件发生、发展、处理和最终解决的过程编写，并明确文中引用有关的合同条款，使建设单位和监理工程师能历史地、逻辑地了解索赔事件的始末，并充分认识该项索赔的合理性和合法性。

(3) 计算部分

索赔计算的目的，是以具体的计算方法和计算过程，说明自己应得经济补偿的款额或延长时间。如果说根据部分的任务是确定索赔能否成立，那么计算部分的任务就是决定应得到多少索赔款额和工期。前者是定性的，后者是定量的。

在索赔款额计算部分，施工单位必须阐明下列问题：索赔款的要求总额；各项索赔款的计算，如额外开支的人工费、材料费、管理费和所失利润；指明各项开支的计算依据及证据资料，施工单位应注意采用合适的计价方法。至于采用哪一种计价法，首先，应根据索赔事件的特点及自己所掌握的证据资料等因素来确定；其次，应注意每项开支款的合理性，并指出相应的证据资料的名称及编号。切忌采用笼统的计价方法和不实的开支款额。

(4) 证据部分

证据部分包括该索赔事件所涉及的一切证据资料，以及对这些证据的说明。证据是索赔报告的重要组成部分，没有翔实可靠的证据，索赔是不会成功的。在引用证据时，要注意该证据的效力或可信程度。为此，对重要的证据资料最好附以文字证明或确认件。例如，对一个重要的电话内容,仅附上自己的记录本是不够的,最好附上经过双方签字确认的电话记录;或附上发给对方要求确认该电话记录的函件,即使对方未给复函,亦可说明责任在对方,因为对方未复函确认或修改,按惯例应理解为他已默认。

7.6.3 索赔的计算

1) 工期索赔的计算

在工程施工中,常常会发生一些未能预见的干扰事件使预定的施工不能顺利进行,使预定的施工计划受到干扰,造成工期延长,这样,对合同双方都会造成损失。施工单位提出工期索赔的目的通常有两个:一是免去或推卸自己对已产生的工期延长的合同责任,使自己不支付或尽可能不支付工期延长的罚款;二是进行因工期延长而造成的费用损失的索赔。对已经产生的工期延长,建设单位一般采用两种解决办法:一是不采取加速措施,工程仍按原方案和计划实施,但将合同期顺延;二是施工单位采取加速措施,以全部或部分弥补已经损失的工期。如果工期延缓责任不是由施工单位造成的,而建设单位已认可施工单位工期索赔,则施工单位还可以提出因采取加速措施而增加的费用索赔。

工期索赔的计算主要有网络图分析法和比例计算法两种。

(1) 网络分析法是利用进度计划的网络图,分析其关键线路。如果延误的工作为关键工作,则总延误的时间为批准顺延的工期;如果延误的工作为非关键工作,当该工作由于延误超过时差限制而成为关键工作时,可以批准延误时间与时差的差值;若该工作延误后仍为非关键工作,则不存在工期索赔问题。

① 由于非承包商自身的原因造成关键线路上的工序暂停施工:

工期索赔天数＝关键线路上的工序暂停施工的日历天数

② 由于非承包商自身的原因造成非关键线路上的工序暂停施工:

工期索赔天数＝工序暂停施工的日历天数－该工序的总时差天数

(2) 比例计算法公式为:

对于已知部分工程的延期的时间:

工期索赔值＝受干扰部分工程的合同价/原合同总价×该受干扰部分工期拖延时间

对于已知额外增加工程量的价格:

工期索赔值＝额外增加的工程量的价格/原合同总价×原合同总工期

2) 索赔费用的计算

(1) 索赔费用的组成

计算施工索赔和如何计算施工索赔是挽回因发生索赔事件经济损失的重要步骤。由于工程项目建设施工的复杂性和长期性,使索赔内容复杂多样,如人为障碍、不利的自然条件、不可预见因素、设计遗漏、工程价款支付、人工、材料、机械、银行利息等方面的索赔,计算较为复杂。主要费用有:

① 人工费。因施工索赔事件发生而增加的完成合同以外工作所花费的人工费。也就是额外劳务人员的雇用和加班工作以及索赔事件发生引起的工时工效降低所消耗的费用。

② 材料费。因索赔事件发生,使材料实际用量超过合同内的计划用量而增加的材料费和材料因市场价格浮动(合同中规定)需调整的材料费以及索赔事件发生导致材料价格浮动(超过合同规定)、超期储备、二次运输等增加的费用。

③ 机械费。因索赔事件发生,额外工作增加的机械使用费,工效降低以及机械停工、窝工的费用(包括设备租赁费和折旧费)。

④ 管理费。因索赔事件发生,额外增加的现场管理和公司(总部)管理费。

⑤ 利息。因索赔事件而发生的延期付款利息、增加投资利息、索赔款利息。

⑥ 分包费。指分包商的索赔费,一般也包括人工、材料、机械使用费的索赔。分包商的索赔应如数列入总承包商的索赔款总额内。

⑦ 利润。一般来说,由于工程范围的变更、文件有缺陷或技术性错误、业主未能提供现场等引起的索赔,承包商可以列入利润。但对于工程暂停的索赔,由于利润通常是包括在每项实施的工程内容的价格之内的,而延误工期并未削减某些项目的实施而导致利润减少,因此不应将利润列入索赔额。

(2) 索赔费用计算

① 总费用法。计算出索赔工程的总费用,减去原合同报价,即得索赔金额。

$$索赔费用 = 工程结算造价 - 工程预算造价(或合同价)$$

这种计算方法简单但不尽合理,因为实际完成工程的总费用中,可能包括由于施工单位的原因(如管理不善、材料浪费、效率太低等)所增加的费用,而这些费用是不该索赔的;另一方面,原合同价也可能因工程变更或单价合同中工程量变化等原因而不能代表真正的工程成本。凡此种种原因,使得采用此法往往会引起争议,遇到障碍,故一般不采用。

但是在某些特定条件下,当具体计算索赔金额很困难,甚至不可能时,也有采用此法的,这种情况下应具体核实已开支的实际费用,取消其不合理部分,以求接近实际情况。

② 修正的总费用法。原则上与总费用法相同,计算对某些方面作出相应的修正,以使结果更趋合理。修正的内容主要有:一是计算索赔金额的时期仅限于受事件影响的时段,而不是整个工期;二是只计算在该时期内受影响项目的费用,而不是全部工作项目的费用;三是不采用原合同报价,而是采用在该时期内未受事件影响而完成该项目的合理费用。根据上述修正,可比较合理地计算出索赔事件影响而实际增加的费用。

③ 实际费用法。实际费用法即根据索赔事件所造成的损失或成本增加,按费用项目逐项进行分析、计算索赔金额的方法。

$$索赔费用 = 每个或每类索赔事件的索赔费用之和 = \sum 索赔费用 \, a、b、c \cdots$$

这种方法比较复杂,但能客观地反映施工单位的实际损失,比较合理,易于被当事人接受,在国际工程中被广泛采用。实际费用法是按每个索赔事件所引起损失的费用项目分别分析计算索赔值的一种方法,通常分三步:第一步分析每个或每类索赔事件所影响的费用项目,不得有遗漏。这些费用项目通常应与合同报价中的费用项目一致。第二步计算每个费用项目受索赔事件影响的数值,通过与合同价中的费用价值进行比较即可得到该项费用的索赔值。第三步将各费用项目的索赔值汇总,得到总费用索赔值。

把握索赔机会,找准索赔事实和充分的索赔依据,是施工索赔成功的关键。如在基础工程施工开挖土方时,出现了地下水,需增加抽水台班和人工进行处理。但在工程招标时,业主或设计未向承包商说明基础开挖可能出现地下水,要求承包商在投标报价时考虑因开挖土方可能出现地下水需采取施工措施的费用。在中标后的图纸会审或签订施工合同时又忽视了此项措施费。但在实际施工时确实因开挖土方时出现了地下水,而且发包人(业主)或业主委托的工地代理人已签字确认。承包商有权向发包人(业主)提出索赔,因此而增加的抽水台班和人工措施处理费应给予补偿,引起的工期延误应予顺延。此索赔事件的依据是双方签订的施工合同和招标文件以及图纸会审和业主或代理人的签证单。只要站在公平公正的立场,有理有据地索赔是可以成功的。

7.7 国际建设工程承包合同

7.7.1 国际建设工程承包合同

国际建设工程承包合同包括公共工程、房屋工程和私营建设工程等承包合同。公共工程承包合同必须由行政机构或公共团体与承包商缔结,而且合同中必须包括有超越普通法的条款。若是私营合同,双方必须同时表示同意、同时签字;但若是公共工程合同,则双方不会同时表示同意、同时签字。因为根据行政法,公共工程承包合同总是先由承包商签字,业主后签字。在业主签字之前,合同只不过是一纸草案,即使承包商已经签字;公共工程承包合同只有经业主方面负责人签字后方成为正式合同,在法律上才算手续完备,但尚不能生效,必须经业主方面的主管部门(中央合同委员会或省级合同委员会)批准后方能正式生效。

凡属公共工程承包合同,承包商签字后,业主依然有权拒绝签字;即使业主签字后,主管部门依然有权拒绝批准。

房屋工程包括公营和私营两种情况。

如果工程所有人或业主是国家或政府机构、国有公司或团体,则属公营房屋工程,其承包合同的法律依据及缔约要求同公共工程一样;如果工程所有人或业主是私人或私营公司,则属私营房屋工程,其承包合同的适用法律为私法。

1) 合同的形成条件和主要内容

(1) 工程承包合同必须符合以下条件方可具有法律效力:

① 双方同意。合同双方必须在不存在暴力胁迫、不存在欺诈勒索、亦不存在实质性错误的前提下表示"同意"。否则"同意"不能成立,合同因而无效。暴力胁迫系指有形的和无形的两种形式。合同价格方面的错误不能视为实质性错误,因此合同双方均不得以价格错误为由而对合同的有效性提出质疑。

② 缔约人必须具有合法权利。一个公司只能通过其合法代表行使缔约权;未成年人不得出面缔约;受委托人在其权力范围内可以代表其授权人缔约。但如果超出其被授予的权力范围,则由其自己负责。

③ 具有合法的动因。任何工程承包合同都必须具有合法的动因。合同的任何条款都不得超出法律许可范围。

④ 合同报价必须有效。一般情况下,业主在招标通知中都明确指出,在规定的期限(即

报价的有效期)内,承包商必须对其报价负责。超过规定后,报价无效。但承包商必须等到通知其撤回报价之后方可解除责任。报价只有在规定的有效期内被接受方才有效。若以非有效期内接纳的报价作为合同价,则合同无效。

⑤ 明确的合同标的。工程承包合同必须有明确的合同标的。不管是新建工程还是修缮或保养工程,也不管是房屋工程还是土木工程,都不例外。

⑥ 具有符合法律规定的合同凭据。工程承包合同的凭据必须符合法律规定,持有不变总价合同的承包商不得以在施工中增加了劳动力和材料为由要求加价。施工过程中,如未经工程师书面许可而改变图纸或工程量,同样不能加价。承包商必须取得开工令后方可开工;承包商对工程的任何举止都必须事先取得业主的工作命令。在整个履约过程中,书面材料始终是第一凭据。口头许诺不能视为合同凭据。

(2) 工程承包合同至少包括以下内容:

① 缔约双方的情况。尤其是承包商的公司名称,经营性质,总部地址,负责人的姓名、职务等有关情况及业主方面缔约人的资格等。任何工程承包合同如果忽略这条内容,均可导致合同无效。

② 合同标的。指在特定的期限内,按商定的价格实施特定的任务。这项内容系实质性条款,忽略这项内容同样可导致合同无效。

③ 合同缔结的前提及方式。合同中必须写明是按竞争性招标方式还是按协商性议标方式缔约。

④ 合同的组成文件。

⑤ 合同的计价方式。

总价合同:必须写明是不变总价还是可变总价(绝大多数情况下为不变总价)。另外,还必须写明可否调值。总价合同包括:

A. 不可调值不变总价合同。即合同价格一次定死,不受任何外界因素影响。任何情况下总价均不发生变化(工程量增减情况例外)。

B. 可调值不变总价合同。即合同中确定的总价不变,但可根据合同中规定的价格调值公式及发包国官方公布的工资及物价调整指数调整价值。这种合同必须明确规定调值的前提条件和具体调值公式。

C. 可变总价合同。即合同的总价不是一次定死,可根据合同中规定的情况予以改变。这种合同必须写明合同中规定的价格适用至何时,在什么条件下可以改变原定价格。可变总价合同还包括临时总价合同。特殊情况下,如果工程的承发包双方都同意,可按临时总价缔结合同。临时总价合同中必须写明将通过附加条款以确定最后总价,或者规定合同的最后总价的确立条件。这个附加条款必须在施工期的前1/3期限内缔结。

单价合同:应规定根据实际完成的工程的体量和性质计算总价的方式。

⑥ 合同工期或竣工日期。合同工期直接影响合同的最后总价(可调值合同),因为工期越长,价格调值数目就越大。但如果合同中漏写工期,业主就无权对承包商执行误期罚款。

⑦ 缔约双方的义务、权利和责任及奖惩办法,尤其是承包商的义务。

⑧ 工程的验收条件。要写明是采取一次验收还是两次验收,即临时验收和最后验收。

⑨ 合同的支付及结算条件,尤其是有关预付款、工程进度款的支付条件和办法,废约条件及相应措施。

⑩ 合同的缔结日期。合同的缔结日期的确认因合同的适用法律不同而异：私法合同以双方签字日为缔约日期；行政法合同则视缔约业主的地位等级而定；国家级合同以业主方面负责人签字日期为准；若是省市及地方政府级合同，则以上级主管部门批准合同之日为缔约日。合同的缔结日通常指合同的生效日。

2) 合同的人员及任务

工程承包合同涉及三方面人员：业主、监理工程师或建筑师（习惯上统称为工程师）、承包商。

(1) 业主

业主系指对所实施工程拥有所有权的自然人或法人。业主分为政府部门、地方政府、国有企业、股份公司、私营机构或个人。

业主委托实施工程通常有以下几种情况：

① 在不属于自己的场地上委托实施工程。

② 在属于自己的场地上委托实施工程。

③ 按交钥匙方式委托实施工程。

④ 按包工不包料的办法委托实施工程。

但是，委托分包商实施其已经承揽的工程的总承包商不能视为业主，因为总承包商对其分包的工程没有所有权。如果业主是政府部门、地方政府、国有公司，则所签的承包合同为公共合同（亦称国家合同）；若业主是股份公司、私人组织或个人，则该合同为私法合同。业主可以委托代表同承包商签约，被委托人必须以委托书为凭。

(2) 监理工程师或建筑师

① 监理工程师概念

监理工程师系指受业主聘任或雇用的充当其首席专业顾问并为业主行使对承包工程的监督和管理工作的工程技术人员。

在土木工程中，监理工程师的职责不仅是制订工程开展计划，进行工程设计和技术指导，编制技术明细书、工程量表、其他合同文件以及负责进行材料和施工检查，而且还包括各种行政事务工作，例如对已完工程的检测和估价，确定追加工程费用，以及根据合同条款规定的所有其他属于其职权范围内的事项。工程师必须在不受任何干扰的条件下作出决定。

② 工程师的任务

A. 召开现场会议。

B. 保管承包商递交的各种证书。

C. 监理或认可承包商提交的关于工程进行的步骤、次序和方法的方案。

D. 视察、检查和监督工事。

E. 试验施工用材料并检查施工质量。

F. 监督各种计划和各种技术措施的执行。

G. 审批或认可承包商提出的有关工程实施的各种建议。

H. 发出工程变更命令并确定由此引起的费用和费率。

I. 测量已完成工程并发给工程质量证书。

J. 审核各种报表及施工日志或备忘录。

K. 发出支付证书。

L. 发出工程暂停命令或其他工作命令。
M. 按合同规定对承包商作出"失职"事项的证明。
N. 签发验收证书。
O. 履行合同中明文规定的其他职责。

根据合同规定,监理工程师可以随时把其拥有的权力以书面方式授予其代理人即工程师代表。

工程师代表在委托权力范围内给予承包商的任何书面指示或认可,应被视同监理工程师所作出的一样,对承包商具有同样的约束力。如果承包商对其决定有异议,可提交监理工程师裁决。监理工程师应随时对该决定予以确认、撤销或更改。

在房屋工程承包中,业主通常聘用建筑设计师为其行使监理职权。因此,房屋工程合同的监理工程师通常是负责工程设计的建筑师。如果项目设计由承包商承担,则工程监理任务可以是业主聘请的建筑师,也可以是业主雇佣的工程技术人员。

建筑师是自由职业者,受业主雇佣,负责工程的设计任务。建筑师在任何时候都不得作为业主的法定委托人。建筑师一旦承担业主委托的设计任务后,不得再与实施该项目的承包商签订子项工程的设计合同(例如为承包商制作钢筋混凝土设计图纸等)。

(3) 承包商

承包商一般指从事专门工程项目施工(有时包括设计)的个人、事务所或公司,或者他们的联合体。

建筑工程承包商主要有以下几种:

① 总承包商。业主通过合同将一项工程整体委托给某一承包商,而该承包商将不属于其专业范围的工程部分转包或分包给第三者,但对业主负全面履约责任(包括分包商的任务在内),这样的承包商称为总承包商。

② 分包商(亦称专业承包商)。通常指活动范围仅限于特定几项工程的承包商。他们一般是从总承包商那里分包一部分或某一项或几项特定工程,对总承包商负责。

③ 个体承包商。业主将工程施工所必需的辅助工程部分委托给各不同专业的承包商,这样的承包商称为个体承包商。例如,住宅区建筑工程的外围供电供气网、外围供水管及道路工程等的承包商。这些承包商直接同业主发生关系。

④ 牵头或协调的承包商。业主可以委托一家承包公司(一般是负责主体工程任务的承包公司)负责牵头或协调承担子项工程任务,这样的承包公司称为牵头或协调承包商。该牵头或协调的承包公司可在监理工程师的领导下行使牵头或协调作用。

协调合同的广度、标的及其作用可以是多种多样的。首先涉及委托的协调任务,其次涉及协调任务的委托条件。

负责协调任务的承包公司有时可以是不承担任何工程,而专门负责协调工作(这种情况很少见)的,但多数情况下是承担主体工程任务兼管协调工作。

委托协调任务常见于承包公司联合体情况。

⑤ 加入联合体的承包商或承包公司联合体。所谓加入联合体的承包商,系指根据其各自特长承担同一项工程中的各不同子项工程且各自签有合同的承包商,投标时共同选定一名代表,统一投标,投标书或报价材料中注明各家公司所投标的工程部分,如果中标,则各自按报价完成任务和领取报酬。各家公司对各自的工程部分直接负责,材料各自供应,盈亏

自负。

联合承包的各家公司选定的代表作为共同委托人，同时起协调作用，共同委托人对其代表的各缔约公司的履约不力负完全责任。

承包公司联合体系指两家以上的公司为承揽并实施某项工程而自愿结合成统一的联合体形式。联合体只能由一家公司充当负责人，行使合同赋予的权利和承担履约责任。

⑥ 连带责任承包公司。一个合同可以同时由多家公司共同持有。对于业主来说，持有合同的各家公司都是其债务人，对其义务共同承担责任。若有某一家或某几家公司履约不力，其他负有连带责任的公司均得受牵连。

连带责任合同的方式多种多样，但绝大多数情况下都必须正式指定一家作为连带责任承包公司的委托人，负责各公司之间及其与业主、与监理工程师（或建筑师）之间的联系。

连带责任承包公司之间的关系应通过一种特殊的协议来解决。这种协议的性质、方式可以是多种多样的。

A. 连带责任承包公司可以共同实施全部工程，根据预先确定的比例共同承担工程亏损或分享利润。

B. 连带责任承包公司也可以商定分摊工程和酬金，各自独立实施工程，独自承担费用、风险、亏损和分配的工程任务，领取各自应得的酬金。但这种做法将使连带责任承包公司名存实亡。

连带责任工程承包合同即联合承包工程合同。这种合同在实际工作中或在法律方面有助于克服一些困难，尤其是当连带责任承包公司联合体中的某些成员在财政上遇到困难，无力支付借贷或不能支付与其直接缔约的分包商、工人、供应商的费用时，联合体可以帮助解决。但是，在履约过程中，这种连带责任工程承包合同给参与实施工程的各家承包商所带来的不便远远超过其有利的一面。

首先，采取这种方式承包往往是迫于工程发包国的保护政策。大多数工程发包国制定有优先授合同予由外国承包公司与本国公司组成的承包联合体或负连带责任的外国公司和本国公司的法规，以此达到借外国公司之力保本国公司之利的目的。外国公司若想夺标，就必须承担为当地公司承担责任的风险。因此，该负有连带责任的两家或多家公司必须签署措辞严谨的投标前协议，双方明确各自责任及在为对方承担责任时的条件等。但这种投标前的协议不可能完全预料在履约过程中将会发生的所有事宜，也就是说不可能避免将来发生纠纷。

其次，这种合同中必须规定有一项特殊条款，即在一家公司不能完成自己所担负的那部分工程时，另一家公司要把这部分工程作为自己的任务承担起来并负责完成，它相应地获得原合同规定的这部分工程的费用。在这种情况下，无论出于什么原因，业主对承包公司因此而增加的任何费用均不进行补偿。这一特殊条款对连带责任承包公司无疑非常不利。因为，当一家承包公司不能完成其承担的部分工程时，另一家公司必须另外筹集人力、物力等资源，这必然增加工程开支。而业主却不承担这笔费用。那么未尽其责的承包公司必然受到指责并被要求赔偿。能否赔偿，赔偿到何种程度？这些问题都是纠纷的根源。

南斯拉夫萨格勒布水电公司（HIDKPOELEKTRA）同阿尔及利亚国家公路工程公司（SONATRO）曾按照这种方式承担了阿尔及利亚的一项公路工程。虽然合同从投标到签约都进行得颇为顺利，而且，业主分别同两个承包公司单独签约，但两个合同中都明确写有连带责任条款,从而把这两家公司牢牢地拴在一起。在履约过程中,双方没完没了地争吵,互相指责,致使合作异常艰难,且均受到重大损失。

因此,在缔结连带责任工程承包合同时须倍加谨慎,通常情况下以不签为佳。

3)合同的种类

施工承包合同由于施工承包的方式多种多样,其合同种类颇为复杂,合同种类的不同划分方法决定了合同的归类。

施工承包方式指的是承发包双方之间的经济关系的形式,受承包内容和具体环境的影响,承包方式因而多种多样。

(1) 按承包范围或内容划分

通常分为统包合同、阶段承包合同和专业承包合同。

① 统包合同

统包亦称"一揽子承包",即通常所说的"交钥匙"。采取这种方式,建设单位只要提出使用要求或产品要求和竣工期限,承包商即可对项目建议书、可行性研究、勘察设计、设备询价与选购、安装、材料订货、工程施工、职工培训直到竣工投产实行全面的总承包,并负责对各项分包任务进行综合管理、协调和监督工作。这种承包方式适用于各种大中型建设项目。

统包合同涉及面广,内容繁多,方方面面无所不及,且持续时间长,对于承包商来说风险较大。国际上通常将其分为两部分,即设计和施工。

② 阶段承包合同

顾名思义,阶段承包即将一项工程分成若干阶段,分别进行承发包。

凡国际上的大型工程,多数采用分阶段进行,有时分为一期工程、二期工程……同一家承包商可以同时投标承包全部工程或其中的若干阶段或若干期工程,但合同通常按阶段工程缔结。这样的划分常常有助于工程的管理,质量保证系数较大。但如果由不同的公司分别实施的话,则有可能加大投资。

③ 专项承包合同

专项承包合同指承发包工程项目中的某一专项工程。这种方式常见于专业性强的公司所从事的承包工程,如可行性研究中的辅助研究项目,勘察设计阶段的工程地质勘察、供水水源勘察、基础或结构工程设计、工艺设计、供电系统、空调系统及防灾系统的设计、设备选购,施工阶段的深基础施工、金属结构制作和安装、通风设备安装和电梯安装等。

专项承包合同也称为专业分包合同。这种分包合同常常是由专业承包公司直接同建设单位缔约的。在这种情况下,专业承包商多数属于业主指定的分包商。后一种情况下,专业分包合同则由专业承包商与总承包商签订。业主在批准总包商的分包要求后,一般不与专业分包商直接发生关系。

(2) 按承包商所处的地位划分

承包商在国际承包工程中所处的地位常常各不相同,有时是总承包商,有时是分包商,有时是联合体中的一员。由于承包商所处地位不同,故承包合同亦分为总包合同、分包合同、独立承包合同、联合承包合同和直接承包合同五种。

① 总包合同。由一家承包商负责组织实施某项工程或某阶段工程的全部任务,对业主承担全部责任,履行承包商所拥有的全部权利。确保这种经济与法律关系的契约称为总包合同。根据总包合同赋予的权力,总包商在征得工程师同意的前提下可以将若干专业性工

作交给不同的专业承包单位去完成,总包商负统一协调和监督责任。根据总包合同的原则,业主或工程师仅同总包商发生直接关系,而不与各专业承包商或分包商发生直接关系。承担总包任务的通常有咨询公司、勘察设计机构、一般土建公司及设计施工一体化的大建筑公司。总包合同内容复杂,涉及面广,包罗各种任务,总包商责任重大,工作难度较大,尤其是在多家公司参与同一工程情况下的统一协调工作。

② 分包合同。分包是相对总包而言的,即承包者不与业主发生直接关系(但业主指定分包商除外)。分包商从总包商处分包一项或若干项工程,如土方、模板、钢筋等,或某种专业工程,如钢结构制作和安装、卫生设备安装、电梯安装等,在现场上由总包商统筹安排其活动,分包商直接对总包商负责。分包单位通常为专业工程公司,如炉窑公司、设备安装公司、装修工程公司等。分包方式分为包工包料和包工不包料两种。分包商分业主指定分包商和总承包商自选分包商两种。业主指定分包商也必须接受总包商的统一协调和监督,所不同的是在许多情况下,他可以直接同业主发生某种关系,特别是当其与总包商发生矛盾且总包商理亏的情况下。分包合同较总包合同简单,其内容视具体情况而定,责权利条款类似总包合同,其缔约程序亦与总包合同相仿,只是无须通过公开竞争性招标。

③ 独立承包合同。独立承包是指承包商依靠自身的力量完成承包任务,不实行分包。这种形式通常适用于规模较小、技术要求比较简单的工程以及修缮工程。独立承包合同可以是综合性的,包括各个环节,各环节任务虽小,但包括事项却颇为繁多;也可以是比较单一的,就某一项任务而规定相应条款。

④ 联合承包合同。联合承包是相对于独立承包而言的承包方式,即由两个以上承包单位联合起来承包一项工程任务,由参加联合的各单位推选代表统一与业主签订合同,共同对业主负责,并彼此协调关系。但参加联合的各单位仍是各自独立经营的企业,只是在共同承包的工程项目上,根据预先达成的协议,承担各自的义务和分享各自的利益。内容包括投入资金数额、工人和管理人员的派遣、机械设备和临时设施的费用分摊、利润的分享以及风险的分担等等。这种承包方式由于多家联合,资金雄厚,技术和管理上可以取长补短,发挥各自的优势,有能力承包更大的工程任务;同时,由于多家共同作价,在报价及投标策略上互相交流经验,也有助于提高竞争力,较易得标;尤其是与当地公司联合竞标,可以享受当地政府的优惠政策,得益更大。联合承包合同系业主与承包商联合体之间的契约,由联合体代表直接对业主负合同责任。它与总包合同的区别在于联合体代表与联合体成员之间的关系。总包合同的签约人总包商对参与实施工程的诸家公司起领导作用;而联合承包合同的缔约人对参与联合体的成员仅起统一协调作用,他们之间是协作关系而不是领导与被领导的关系。

联合承包合同要求各联营代表在联合承包合同缔结前达成协议,明确各自的义务及彼此相关联的责任。业主强调的是连带责任,即在联合体中的某一成员履约不力时,其他成员必须承担连带责任。总承包公司合同则不同,业主不直接与分包公司发生联系,直接同总包公司缔约和履约,总承包公司要负完全责任。

⑤ 直接承包合同。直接承包就是在同一工程项目上,不同的承包单位分别与业主签订承包合同,各自直接对业主负责。承包商之间不存在总分包关系,也不存在联营协作关系,没有连带责任。现场上的协调工作可由业主自己去做,或委托一家承包商牵头去做,也可聘请专门的项目经理来管理。

直接承包合同视承包内容而定,大多属项目单纯、独立性强的任务。这样的合同好处在于没有节外生枝现象,不用承担连带责任。不过,承包这类合同工程的多数是专业性强的公司。

(3) 按计价方式分类

按合同规定的计价方式分类,国际工程承包合同有总价合同、单价合同、成本加酬金合同(亦称监督开支合同)、临时价合同、极限值合同。

① 总价合同

总价合同的主要特征是:

A. 价格根据中标的承包商在投标报价中提出的总价确定。

B. 待实施的工程性质和体量事先明确商定。

承包商提出的正式总价必须与业主决定委托实施的准确的工程任务一致,或者与由承包商在业主提出的工程任务的基础上提出的书面建议且经业主正式认可的工程量一致。

总价合同有四种不同形式:

A. 不可调值不变总价合同。这种合同的价格计算是以图纸及有关规定、规范为基础,合同总价不能变化。承包商在报价时对一切费用的上升因素都已做了估计并已包含在合同价格之中。采用这种合同时,在图纸和规定、规范中应对工程作出详尽的描述。合同总价只有在设计和工程范围发生变化时才能更改。

这种合同适用于工期较短(一般不超过半年)的工程项目。签订这种合同,承包商必须承担一切风险。

B. 可调值不变总价合同。在合同执行过程中,由于通货膨胀而使所用的工料成本增加,因而对合同总价进行相应的调值,但总价依然不变,只是增加调值金额。这种合同称为可调值不变总价合同。

调值工作必须按合同专用条款中有关调值的特定条款进行。

缔结可调值不变总价合同,业主通常要承担因通货膨胀而导致的工资、物价上涨所增加费用的主要部分(通常占上涨数额的90%以上)。

这种形式的合同适用于工程内容和技术经济指标规定得很明确具体,而且工期较长(一般在6个月以上)的工程项目。

国际承包工程大多数采用这种合同。

C. 固定工程量总价合同。是指由发包人或其咨询单位将发包工程按图纸和规定、规范分解成若干分项工程,由承包人据此标出分项工程单价,然后将分项工程单价与分项工程量相乘,得出分项工程总价,再将各个分项工程总价相加,即构成合同总价。实施这种合同标的工程时,承包商无需测算工程量,只需计算在实际施工中工程量的变更。

D. 管理费总价合同。管理费总价合同是指发包单位雇用某一承包公司(或服务公司)的管理专家对发包工程项目的施工进行管理和协调,由发包单位付给负责管理的承包商一笔总的管理费用。

上述诸种形式的总价合同文件中,施工说明书尤为重要。但一般情况下,在确定工程的性质和体量时,仅有施工说明书还不够,还必须附上总体图和必要的施工图。这些图纸必须清晰、准确、完整,与施工说明书中的要求完全一致,并标出全部必需的尺寸数字。

施工说明书的条款只有在承包商和业主双方一致同意的情况下方可修改。

总价合同一般在能够完全详细确定工程任务的情况下采用。但在实践中,承包工程往往包括可定性质与体量的部分(地面上工程)和不可定性质与体量的部分(地下基础工程),因此承包工程中往往出现工程量变更问题,且常常因此导致分歧。

一般情况下,缔结总价合同时都写进机动条款,即规定工程量变化导致总价变更的极限(占合同价的5%～20%),超过这个极限,就必须缔结附加条款或另行缔结合同。

总价合同的标的可以是单一的工程部分,也可以是组成一项工程总体的多个工程部分。

总价合同的缔结方式一般有两种:招标和议标。议标通常是在特殊情况下采用。

② 单价合同

结算按照预先确定的单位造价乘以实际完成的工程量。这种合同的单价可以根据具体合同专门确定,也可以基于已有的价目表进行协商。在协商过程中,承包商可以降低或要求增加一定百分比的价格。因此,单价合同在缔约时只写估算总价,而确切的工程总造价只能是在施工完毕后方可确定。

单价合同包括以下几种:

A. 单价表合同。这种合同取同业价目表中同性质、同规格要求的同类工程单价作为合同的基础价,减少或增加一定百分比,再乘以实际完成的并经过确认的工程量。

承包商的投标书(报价书和建议书)中必须写明一律套用同业价目表中的单价时须减少或增加的百分比,结算时以此为准。必要时应考虑合同的专用条款中明确规定的调值条款。

这种合同一般用于在任务不能详细准确确定情况下的工程,如设计及施工合同。因为只要设计没有完成,任何任务都无法具体确定。这类合同常见于房屋工程和保养维修工程。实施这种合同要求施工过程中必须建立施工日志、施工测量记录和月份明细账目。

单价表合同按正常的缔约方式(招标或议标)缔结。

B. 工程量表合同。工程量表合同与单价表合同颇为类似。这种合同的基础价不是不变总价,而是承包商正式确认的实际完成的工程量乘以工程量表中规定的单价。必要时应考虑合同专用条款中明确规定的调值条款。

一般情况下,承包商的投标书(投价书或建议书)中均指出可能变更的百分比,但也有规定不增不减。

这种合同一般适用于工程性质比较清楚,但任务及其要求标准不能完全确定且无类似工程参考单价的情况,因为这种情况下无法签订总价合同。例如尚无设计的房屋工程及公共工程。实施这种合同标的工程,要求施工时建立施工日志、施工过程中及时测量并建立月份明细账目。

工程量表合同可按正常程序即招标和议标签约。

③ 成本加酬金合同

成本加酬金合同的总价是根据实际成本再加上一笔付给承包商作为酬金和利润的附加费用定出的。酬金是指事先已商妥的承包商的经营管理费,一般为人力与物力的耗费。可接受的工程成本酬金就是业主应支付的全部费用。

成本加酬金合同包括以下几种形式:

A. 成本加百分比酬金合同。酬金按可接受的工程成本的一定百分比计算。

B. 成本加固定酬金合同。酬金通常是以双方协议的估算成本为依据计算出来的一笔固定金额。

C. 成本加浮动酬金合同。酬金以可接受的工程成本为基础,参照某些浮动比率进行调整。

D. 最高限额成本加固定数目的酬金合同,即规定工程造价的最高限额,再加上一笔固定的酬金。这种合同通常都规定最高限额的部分造价由承包商负担,但如果有结余,业主可根据合同分享其中的一部分。

④ 临时价合同

有些复杂的且涉及某项新技术的工程,因其紧迫性或特殊的技术原因要求紧急施工,而条件尚不能完全确定,在这种情况下,可以先同承包商缔结临时价承包合同,而后在实施过程中由业主进行特别的监督。

缔结临时价承包合同必须具备以下条件:

A. 紧迫性或特殊技术原因。特殊技术原因系指超出承包商正常施工时可能碰到的情况,如地质情况不明、可能碰到岩石、需要爆破等无法预测的情况,致使在工程实施之前无法确定正式价格。

B. 承包公司必须接受业主的特殊监督。在合同文件中必须明确规定监督的性质,这种特殊监督既包括对任务实施监督,也包括对财务进行监督。

C. 合同中必须明确规定为临时价合同所有的有关财会方面的义务,缔约承包公司必须完全履行。

D. 合同中必须指出作为确定正式酬金的基本要素和规则。

当然,临时价合同还必须规定施工期和开工日期。不过在承包实践中,工期和正式价格往往是在附加条款中确认。

临时价合同必须有附加条款,以确定最基本的条件:工程造价、工期及外汇转移等。附加条款必须在合同的预定工期(自正式开工之日起算)的前1/3期限内缔结。

临时价合同缔约前可进行换文。业主在换文中明确指出任务的性质和在工程造价及工期方面可承担许诺的范围。这种合同并不要求承包商方面的担保银行出具保函,业主方面也不支付预付款和分期付款。

任何情况下,如果超过预定的工期,必须立即以报告形式通知财务监督人。

⑤ 极限值合同

这种合同既涉及不变总价合同,也涉及按同业价目表计价的单价合同,其工程付款虽然根据事先商定的单价或同业价目表,但规定任何情况下均不得超过极限值,超出部分由承包商自负。

(4) 按法律性质划分

按法律性质通常分为行政法合同(亦称公法合同)和私法合同。

行政法合同依据行政法规定,特点是突出公共机构的利益。其主管法庭为行政法庭,合同的管理细则中含有超越普通法条款,如经济担保、工地监督、劳动条件、合同修改、工作命令、无仲裁或无司法强制措施、有展期或解除契约的决定权等。

私法合同依据民法规定,具有非行政特征,裁决须通过法院进行。

行政法合同必须具备两个条件:国家或公共机构参加;列有超越普通法条款。

但是,行政部门签订的合同不一定都是行政法合同,非行政部门签订的合同也不一定都是私法合同。具体区分如下:

① 行政法合同

符合下列条件之一的工程承包合同为行政法合同:

A. 为行政机构实施的派于一般用场的不动产工程,如房屋及土木工程。
B. 缔约业主必须是:
a. 行政管理部门(国家或地方政府),即工程为公私合用,如森林公路。
b. 私人个体,但必须是为行政机构服务或受其委托。
c. 国有机构(或公营机构),即具有工商业特征,如法国的电气公司、原子公司等。
d. 工会机构、公共事业机构。
e. 为行政部门工作或被其授权的混合公司。
C. 适用法律为行政法或公法。
② 私法合同
凡属于下述情况的工程承包合同均视为私法合同:
A. 用于私营企业或私人个体的不动产工程,如房屋及土木工程。
B. 缔约业主是:
a. 私营部门或私人个体。
b. 特许公司。
c. 持有公法合同(行政法合同)的总承包商(分包合同)。
d. 乡镇行政机构(工程仅用于乡镇经营的企业)。

(5) 按承发包方式划分

鉴于国际工程的承发包方式有多种,因此在合同划分时也常有按承发包方式分类。通常情况下,习惯分为招标合同和议标合同。

① 招标合同

所谓招标合同,即通过招标方式授予工程。根据招标文件规定的内容和承包商的投标文件和报价资料而签订的契约。目前国际上大多数国家都采用招标方式对工程实行承发包,这种合同是国际公认的最为严密、合理的契约,它是以目前国际通用的 FIDIC 合同条件为基础结合本国具体要求而制定的。

招标合同分为:

A. 国际公开招标合同。即通过国际公开招标方式授予工程。世界银行、联合国机构及国际多边援助机构提供资金的项目多数都采用这种合同。

B. 国际有限招标合同。同国际公开招标合同基本上没有什么区别,只是招标范围及开标程序不尽一样。英联邦地区基本上都习惯于采用这种方式授予工程。

② 议标合同

议标实质上是一种通过谈判形式进行招标。其合同内容与招标合同没有什么区别,所不同的是实现承发包的手段不一样。由于是议标,许多手续如资格预审、寄标、开标等程序都省略了,但投标报价材料还是需要的,不过通常为报价建议书。这种建议书常常作为合同谈判的基础,业主和承包商反复谈判最终达成一致意见,签订承包合同。

议标合同在国际工程承包实践中经常被采用,尤其是私营工程和以政府援款为工程资金来源的项目。

7.7.2 国际建设工程合同文件与合同条件

1) 合同文件

国际土木建设施工承包的合同文件一般包括:
(1) 投标书,又称总标单,通常由投标书和以下附件组成:
附件一 主要投标数据;
附件二 外币要求及确定标价的汇率;
附件三 投标人资历;
附件四 投标人参加本合同工程的主要人员名单及其履历;
附件五 投标及履约保证金证书。
其他必要的附件。
(2) 协议书。
(3) 合同条件,包括一般条件和专用条件。
(4) 接受投标函。
(5) 设计图纸,工程说明书,技术规范和有关标准。
(6) 工程量清单和单价表。
(7) 合同执行过程中一切往来信函、设计变更、电传、电报等文件。

与国内情况相类似,国际土木建筑工程承包合同不仅包括施工合同,还包括设计咨询合同、设计合同、材料与设备的采购合同、运输合同、技术转让合同、劳务合同以及培训合同等。

2) 合同条件

合同条件(Conditions of Contract)是招标文件中的一个主要组成部分,它是工程业主(发包方)提出的供投标者中标后与业主谈判签订合同的依据。投标者在准备投标期间应仔细分析业主发出的合同条件,有不同意见时可致函业主申明或在中标后谈判合同时提出商榷,但不得私自在投标前更改或不遵守合同条件的规定,否则业主可取消其投标资格。合同条件习惯上也称为合同条款。

国际上,基于工程承包的多年实践,已编制若干标准的"国际通用合同条件"。在国际通用合同条件的基础上,并结合国家或地区的国情,许多国家和地区制定有自己的合同条件。有时,业主也为其工程项目本身制定特定的合同条件。

(1) 国际通用标准合同条件

此合同条件是由国际咨询工程师联合会(FIDIC)和欧洲建筑工程国际联合会(FIEC)负责编订,经这两个组织以及美国总承包商协会(AGCA)、泛美建筑业联合会(FIIC)和美洲及西太平洋承包商协会国际联合会(IFAWPCA)核准,并由上述各组织推荐,供该类工程的国际性承包合同使用。此合同条件主要用于土木工程,包括一般条件(第一部分)和专用条件(第二部分),还包括有专门适用于疏浚和填筑工程的合同条件。它是目前应用最广泛的国际性合同条件,国际上简称为 FIDIC 合同条件。

FIDIC 合同条件是在英国土木工程师学会合同(以下简称 ICE 合同)基础上编制的,词句经过多年推敲,严谨准确,许多国家根据它制订本国的标准合同条件。采用此合同条件时,应注意以下几个问题:

① ICE 合同是依据英国法律制订的,而 FIDIC 合同条件又以 ICE 合同为编制依据,所

以 FIDIC 合同条件一般适合于传统采用英国法律体制和做法的国家,或至少是对此比较熟悉的国家。在 FIDIC 合同条件第二部分,即在专用条件中合同双方可选用工程所在国的法律作为合同的适用法律,但条款解释方面会遇到因两国法律体制不同所造成的困难。

② FIDIC 合同条件文字严谨,但也正如英国法律,有时过于冗长繁琐。国际上曾有法语和西班牙语等文本,但恐文字翻译不能忠实表达英文原本词句,因此很少应用。

③ 由于以上原因,不少国家吸取 FIDIC 合同条件的实质,结合本国法律体制,制定了本国的标准合同条件或具有同等效力的条例。例如,在沙特阿拉伯,政府招标条例就可用作合同条件。

④ ICE 合同中,由业主授权对承包商施工进行监督的工程师,权限很大。在 FIDIC 合同条件中对此已做了改进。

⑤ FIDIC 合同条件适用于桥梁、道路、水利等大型土木工程的施工。对于房屋建筑过程,虽也可采用此合同条件,但不少国家,针对房屋建筑编制了另外的通用合同条件,如英国由"房屋建筑合同标准格式制订联合会(简称 JCT,由英国皇家估算师学会等十一个机构联合组成)"编制了"房屋建筑标准合同条件"。我国香港地区对房屋建筑工程也专门颁布了《香港房屋署建筑工程协议书及合同条件》。

⑥ 采用 FIDIC 合同条件时,在签订合同以前一般需要图纸、技术规范和工程量清单等均已齐全的条件。而对钻探等某些土木工程项目,或对于考虑通货膨胀迅速而希望在上述文件并不齐全的条件下签订合同的情况,则应对 FIDIC 合同条件做一些变更。此外,对"统包(交钥匙)合同"等新出现的合同,目前尚无合适的标准合同条件。

(2) 土木工程标准合同条件

由英国土木工程师学会(ICE)制订,故又称 ICE 合同条件。此合同条件主要适用于道路、桥梁、水利工程和大型土木工程构筑物。它是 FIDIC 合同条件的编制依据,主要用于英国和英联邦以及历史上与英国关系密切的国家。它的内容与 FIDIC 合同类同,使用中应注意的问题也与前文中所述相似。英国麦克斯·W·阿布莱汉森所著的《工程法律与 ICE 合同》一书,对此合同条件逐条逐句从英国现行法律角度进行了注释,并列举了众多案例,可供参考。

(3) EDF 合同条件

EDF 合同条件(EDF 为 European Development Fund 欧洲发展基金会的缩写),其原始版本和最新版本主要是依据法国行政管理传统编写的。欧洲发展基金会大多向政府或政府的代理机构提供贷款,因而此合同条件也是针对这一情况制订的。

EDF 合同条件的一个特点是,设在接受 EDF 贷款的国家中的 EDF 驻当地代表,往往会介入来解决 EDF 贷款工程项目的业主(发包方)与承包方之间发生的争执或问题。这样,EDF 的非正式调解纠纷的作用事实上已成为这类合同的一个内容。结果,对不属于 EDF 贷款范围的工程项目,难以使用 EDF 合同条件。在英国加入欧洲共同体后,如何处理好英、法两国对施工承包合同的不同做法,也是一个难题。这些情况都限制了 EDF 合同条件的应用。

(4) 我国香港和德国的合同条件

① 香港特别行政区标准合同条件

香港特别行政区现行的许多法律规章类似于英国。

香港建筑招标投标体制与一般国际承包类似,即发包方(业主或房屋发展方)邀请建筑师事务所(建筑师)做好设计,计算出标底,然后进行招标。承包商中标后,与发包方签订合同,进行施工。发包方则授权建筑师事务所的建筑师作为其代表监造该工程。

建筑公司承包到一项工程后,可以做总包。总包一般只做土建工程,工人则通过"判头"招募。判头又分三等,层层分包。判头包工不包料,总包公司仍要出人给予技术指导。水电、内外装修、空调等则往往由总包分包给专业公司,总包不过问分包的技术问题,而监督他们履行分包合同。材料均从市场购买。

工程施工过程中,在款项支付和技术上最有权威者为建筑师,其次是工程师,此外还有估算师(Quantity Surveyor,在香港又称"核算师"或"测量师")。估算师是英国建筑业体制中的一个重要行业,有自己的学会,并开设估算公司。这种公司由各行业的专家组成,承揽产业价值估算、查清经济情况、计算确认工程量及价格等估价工作。每个建筑公司均应拥有几名经验丰富的估算师,以便准确核实已完成的工程量及应支付的款额。当工程出现变更时,他们迅速准确地计算出变更涉及的工程量和款额,以便开列索款单或提出索赔通知书。因此,聘用富有经验、有才干的估算师,对建筑公司的经营是至为重要的。

香港特别行政区采用的合同条件主要有:

A.《建筑工程合同标准格式》,包括协议书及合同条件,共36条,其主要内容适用于土木和房屋建筑工程。

B.《香港房屋署建筑工程协议书及合同条件》,包括协议书和合同条件117条,适用于房屋建筑工程。

以上两种合同条件大体是按照FIDIC合同条件编制的,但考虑了香港地区的具体条件。

② 德国建筑招标承包条例简介

德国的民法中有合同法,内容是针对一般民事问题,对建筑合同未作具体详细的规定。因此,从1921年到1926年期间编制了适用于建筑工程的招标承包条例,简称VOB。此招标承包条例不是建筑法,不属于正式法律,只是一种条例或规定。但招标承包条例规定,一切国家投资的工程项目必须严格遵照此条例。至于私人兴建的房屋或工厂则不一定按此条例,可由私人商定。

建筑招标承包条例于1947年修订,现行版本是1978年10月编订颁行的,由三个部分组成:VOB第A部分《建筑工程招标一般规定,DIN1960》;VOB第B部分《建筑工程施工一般合同条件,DIN1961》;VOB第C部分《建筑工程一般技术规范,DIN1962》,包括各分项工程的技术规范。

VOB—A部分不是合同组成部分,VOB—B和VOB—C两部分是合同的组成部分。由于VOB一般只适用于原联邦德国国内,故扼要地介绍其内容。

7.7.3 缔结工程承包合同应注意的事项

投标阶段中承包人虽已在投标中表明愿意遵守招标文件对合同条件的规定,但从投标到合同签订以前的谈判中,业主往往希望进一步压低工程的合同价格,承包商也可利用议标阶段来澄清修订招标文件中,包括合同条件中的某些不够确切或过于苛刻的条款,进行讨价还价的谈判。工程量清单和单价表也是谈判修改的内容。对所有合同文件的补充、修改和更正,均作为合同文件的"补遗"或附录,他们与其他合同文件具有同等效力,并应书面说明,如有矛盾之处,以"补遗"(或"附录")为准。

与业主协商签订承包合同时,应依据工程所在国的法律、金融和税务等规定,工程项目的性质和内容,业主的要求以及原投标文件中的合同条件,注意措辞严谨,范围及责任义务

应明确,不能有模棱两可的词句,尤其应注意以下问题:

1) 工程范围

(1) 合同范围必须明确。避免条款中有"除另有规定外的一切工程"、"承包商可以合理推知需要提供的为本工程服务所需的一切辅助工程"等语意含糊的词句,而应尽可能把不属于本合同范围内的工程内容列出,并力争合同内写明"未列入工程量及其价格清单中的工程内容不包括在合同总价内"。

(2) 对属于合同范围内,但在签订合同时方案尚未定下来的"可供选择的项目",应力争在签订合同以前确定下来。如做不到,则应规定何时以前应予确定,以免方案确定得太晚而影响材料的订货及工期。

对现场工程师(又称监理工程师)的办公用房、家具设备、车辆及各项服务,应明确用房面积和各项用具等的标准和具体内容要求。此项费用称为监理工程费。这项费用的内容和标准必须在合同内写得非常详尽具体,以免监理工程师挑剔。监理工程师作为业主的代表,根据合同,他被授予极大的权力,与他搞好关系,友好合作,是承包商应注意的问题。

如与业主共同分担此项费用,则应划清各自应负责的范围。某些承包商宁愿从合同总价中减去这项费用,交由业主自行负责或由业主委托监理工程师的顾问公司负责。

此项费用必须考虑仔细,否则超支部分由承包人支付,而节余部分仍归业主所有。

2) 合同文件

(1) 应使业主同意将谈判中双方一致同意的修改和补充意见整理为正式的"补遗或附录",并经双方签字,承认其为合同文件的组成部分。"补遗或附录"中写明原投标文件中哪些条款或规定应由相应的"补遗或附录"中条款所替代,以免由于误解而造成争执。

(2) 投标前业主对各投标人质疑的书面答复也应作为合同文件的组成部分,这些答复是报价和以后索赔的依据。

(3) 对于图纸,不能笼统地规定"业主提交的图纸属于合同文件",只能承认"同时由合同协议双方签字确认的图纸属于合同文件",以防业主借补充图纸的机会增添工程内容。

(4) 工程量清单和价格清单是付款和结算的依据,因此应当根据谈判时所做的修正重新整理并经业主审定。其中哪些按实际完成工程量付款,哪些按总价付款,都应予以标明。

(5) 无论是采用标准合同条件和格式,还是重新拟定的合同,在签字前均应核对。其中的数字应反复核对,绝不能有误差。最好将全部合同文本请律师审阅并提出咨询意见。

3) 合同的一般义务部分

(1) 合同关于"工作应使工程师满意"的条款,应防止写上类似"严格遵守工程师对本工程任何事项(不论本合同是否提到)所作的指示和指导"。应当限制工程师的不合理权限,明确"使工程师满意"只能是在施工技术规范和合同条件范围内的满意。

(2) 对于履约保证书,应争取业主同意接受我国中国银行直接开出的履约保证书(保函)。由于业主一般不接受外国银行的履约保证书,因此在合同签署以前,应与业主协商选定一家既与中国银行有来往关系,又能被双方接受的当地银行开具保函,为我方担保,并事先与该银行和中国银行协商同意。

(3) 关于工程保险。由于中国人民保险公司在国际保险业中很有信誉,有些保险项目应力争在国内投保。所以,在合同中对工程保险最好不作国别限制。

(4) 关于不可预见的自然和人为障碍方面,合同条件中如有"可取得费用"的含义不清的词句，则会在施工中造成争执。因此，如果招标文件中提供的气象、水文和地质资料明显不全，那么应争取列入非正常气象、水文和地质情况下业主应提供额外费用的条款。或者在合同价格中写明对以上条件的估计（如地耐力不小于若干 kg/cm^2、土壤开挖难易程度、地下水位标高、地基埋深不超过若干米等），如超过估计，则应增加额外费用。

4）劳务方面

（1）中东某些国家为了维护本国工人的利益，对外籍工人入境都有限制。海湾国家对非阿拉伯籍工人入境限制更严。因此，合同中应对工程所需人员取得入境、临时居留和工作许可手续作出明确详细的规定，以保证人员按期入境。

（2）中东北非各国多规定，外国承包商承包当地工程时，至少必须雇用一定百分比的当地工人。通过登报或当地劳动人事部门雇用当地工人时，必须按照当地的劳动法和有关规定，签订雇用合同，详细规定雇用期限、工资待遇和解雇条件，以免工程竣工后解雇当地工人时发生纠纷。此外，合同中应有允许外籍工人享受其本国节假日的规定。

（3）应要求业主允许加班，至少对于非隐蔽工程允许加班。

（4）应拒绝侮辱和歧视性的条款，但可接受遵守当地法律、尊重当地风俗习惯、禁酒、禁止出售和使用麻醉毒品、武器弹药以及不得扰乱治安的条款。

5）关于材料和操作质量

操作质量又称"做工"。材料和操作质量应注意以下问题：

（1）报送材料样品给工程师或业主，取得其认可时，应规定答复的期限。如在规定期限内不予答复，则规定属于"默认"。在"默认"后业主或工程师再提出更换指示，则应由业主承担工期拖期和原用材料已经订货所造成的损失。

（2）合同中应列明承包商应向工程师提供的现场测量和试验用仪器的清单。以后如超出此清单内容，超出部分的费用应由业主承担。

（3）议标阶段讨论过的材料代用、型号和标准的改变等应写入"补遗或附录"中。当业主在谈判阶段试图压低标价时，可趁机提出用对自己有利的材料或物品去代替原规定采用但难以采购到且操作技术标准难以掌握的材料或物品。

（4）关于工程师对工程质量的检查方法与标准，在投标过程中应了解清楚，以采取措施。例如中东某些国家规定用灯光照射来检查抹灰表面是否平整，而不用靠尺。如何达到这项质量检查要求呢？有些工地就采用在灯光照射下进行抹灰的办法，结果证明是有效的。因此对合同中的一词一句，必须做到"心中有底"。

此外，合同中工程师对工程操作质量的检查，一般有"不得无故拒绝"、"不得无故拖延"等词句，如能措辞提得更具体些，则对承包人较为有利。

6）关于工程开工和工期

（1）合同中应争取适当延长施工准备期，因为我国公司的动员准备期一般较长，工期应规定为自正式开工之日算起。

（2）业主向承包人提供的施工现场，应包括施工所需的临时工程用地，并写明临时工程占用土地的一切补偿费用（如居民搬迁、土地、青苗和树木补偿等）均应由业主负担。

业主将施工现场移交给承包人时，应同时移交有关该现场的一切图纸、文件和控制桩的坐标和标高等。

（3）单项工程较多的工程，应力争分批分栋竣工，业主应予以验收并发给竣工证明。当完全具备验收条件而业主无故拖延验收时,应规定业主向承包人支付工程照看管理费用。凡已竣工验收的单项工程,其维修期应从出具竣工证书之日算起。

(4) 应规定承包人有由于工程变更、恶劣气候条件或其他由于业主的原因而要求延长工期的正当权利。

(5) 应规定工程竣工误期罚款的最高限额。如有一部分工程已取得竣工证书,则罚款应按比例减少。

7) 工程的变更和增减

(1) 工程的变更和增减的总额应有一个适当的限额(一般为合同总价的15%~20%)。超过此限额时,应规定承包人有权修改单价。

(2) 工程范围较大幅度的变更,如单项工程的增添或削减等,应在工程施工初期提出并确定,不能在施工后期提出。

8) 关于施工机具设备和材料的进口

(1) 许多国家允许承包商从国外运入其施工机具设备为工程专用,以银行保函保证工程完工后再运出工程所在国时免除税收。如何取得此项优惠待遇,应写入合同补遗中。对于政府的工程,即使招标文件中未对此作出规定,也可争取享受这种优惠。

(2) 应要求业主协助承包商取得海关对施工机具设备和材料进口的放行。

9) 关于特殊风险问题

可以接受国际咨询工程师联合会(FIDIC)的土建工程施工(国际通用)合同条件65条中的有关条款,这些条款对承包商有较公正的保护。

10) 关于工程价款的支付

(1) 应争取获得较多的预付款,因为预付款实际上是业主向承包人提供的一笔无息贷款,可使承包人减少自己垫付的周转资金。预付款一般占合同总价的10%~15%,由世界银行贷款的工程项目,预付款较高,但也不超过合同总价的20%。近几年来,中东各国都在压低预付款的数额。削减预付款的趋势近年有所增长,有些国家甚至不支付预付款。

承包人在议标阶段可要求支付预付款,甚至可以适当降低合同总价,以换取得到一部分预付款。

(2) 预付款支付办法一般是在合同签署后,由承包人从自己的开户银行中开具与预付款数额相等的保函,并提交给业主,以后就可领取该项预付款。业主从以后每月支付给承包人的工程款内按预付款占合同总价的同一百分比将预付款扣除。此外还应规定,预付款保函的保证金额随着被扣还的金额而相应地减少。

(3) 当没有现金支付预付款时,可与业主协商,要求业主按工程初期的准备工作(如暂设工程、设备机具运达现场、施工勘测与设计等)视具体情况支付一定款项,并从按工程量支付的价款部分扣除此项费用。

(4) 材料和机电设备的款项支付办法,通常在"特殊条件"中规定。如未对此作具体规定,应在议标过程中取得一致意见,写入"补遗或附录"中。其支付办法一般有两种,即:

① 运到现场的材料和机电设备,经检验认可后,按发票支付一定的百分比款额(如60%~80%)。

② 材料可按上述办法办理;机电设备则划分阶段(如根据订货时的付款单据、装船单、港口到货通知单、现场到货验收单、安装合格证明等阶段)各按一定比例支付。

上述付款的余额在施工过程中按已完工程量在每月付款额中支付。

(5) 中期付款应按每月完成的工程量,根据监理工程师检验并签署的索款单支付。有关中期付款的规定主要如下:

① 业主一般要求在每次中期付款中,扣除一定比例的预付款,此外还要扣除保留金,其金额一般为付款金额的10%。但应规定保留金的限额(一般为合同总价的5%),当所扣保留金达到此限额时,即不再扣。

② 关于中期付款的最低金额。如招标文件中没有规定中期付款的最低金额,则不必提出此问题。

③ 应规定中期付款的支付期限。一般规定,业主收到工程师签署的已完工程索款单后一个月内支付。此外还应规定,业主如未在此限期内付款,则业主应向承包商支付利息,其利率应写入合同内。

(6) 关于支付所用货币的规定。必须注意,各个国家都有自己一套外汇管理制度,如有的国家规定,外国人的收入必须在当地用去一定比例,所余部分才能汇往国外。业主一般希望用当地货币支付,因此在商定支付条款时,必须规定付款中有一定比例的外汇,以便承包人进口工程所必需的设备和材料,支付非该国工人的工资,并将所得利润汇回本国。如果所承包的不是政府工程,承包人必须坚持请业主报请该国政府批准,否则即使合同文件中做了规定也归无效。

在确定以何种货币支付时,必须考虑货币兑换率可能变化的因素。因为在工程项目施工期间,由于国际经济形势的变化,货币兑换率会受到影响。当招标书中规定业主不承担当地货币贬值造成的风险时,则承包人在投标时应将此项风险计入报价。通常,业主只对政府正式宣告货币贬值时造成的差价进行补偿,而不承认市场兑换率浮动的损益。此外,不少国家在当地货币贬值很多时,也不正式宣告本国货币贬值。还有一些国家在合同中要求以当地货币计价。在上述三种情况下,均应在报价时考虑货币贬值风险,或要求业主同意订立保值条款,或规定一部分存款按一定公式进行保值付款。

11) 关于争端、法律依据及其他事项

(1) 应力争规定双方均可接受的国际仲裁机构和仲裁法解决争端。

(2) 投标前应对当地税收及海关规定进行详细调查,报价中不可遗漏任何一项税金。

(3) 许多发展中国家经常变更税收法和增加各种税收,因而合同中应规定,在合同价格确定以后,由于当局的法令变动而导致的费用,应由业主按发票进行补偿。

12) 议标和商签合同时应注意的问题

以上是有关合同内容的注意事项,在议标和商签合同时,承包人一方还应注意以下的问题:

(1) 谈判前要仔细分析研究标书中的合同条件和技术规范要求,准备好谈判提纲,对拟提出的建议应事先论证充分。对业主可能提出的问题要准备好回答的意见。

(2) 投标时应将合同条件中存在的问题以投标致函形式向业主提出,作为以后议标时的依据。

(3) 要由熟悉业务和外事谈判的领导干部和技术干部组成议标和谈判合同的班子,并配备能力强的外语翻译。最好是技术干部中有通晓外语者。

(4) 谈判中既要争取对自己有利的合同条款,又要善于把握时机,机动灵活,这种方案谈不成,再变通另一种方案。即使业主条件过于苛刻,不能与之达成协议,也要使业主感到签不了合同的原因在于业主,使他不至于扣留投标一方的银行保函,又可在今后继续在其他项目投标上打交道。万不可以标投不上,又得罪了业主。

(5) 承包企业要印刷精美的企业情况介绍,介绍过去承建工程的照片、合格证明文件、国内外报纸和杂志报道及其他资料,投标时送给业主。并注意我国承包政策、成绩、经验、企业能力、资金与信誉。总之要使业主相信承包企业能够胜任该项工程。

由于有发展中国家的经济立法标准(ASTM)、德国工程标准(DIN)或俄罗斯标准等,这些国家对国际承包商往往不太信任,同时由于竞争激烈,致使谈判非常艰难。但只要坚持前述"守约、保质、薄利、重义"的方针,只求公平合理,不苛求业主,一般还是能达到协议的。

7.7.4 国际建设工程承包商的合同管理

国际工程承包合同管理是指合同管理部门,根据合同的内容对工程项目的实施过程进行有效管理,按合同的规定顺利完成项目。

1) 承包商合同管理的组织机构

由于工程项目本身的复杂性和施工周期性较长的特点,承包商在项目实施过程中,会涉及多种类型的合同,如施工承包合同、施工分包合同、物资采购合同、运输合同、保险合同等,只要有争端发生,就会涉及规定双方权利和义务的合同。因此,合同管理在施工项目管理中具有举足轻重的地位,无论是在工程承包公司总部,还是在工程施工现场,都应建立一个合同管理组织机构,并认真培养合同管理方面的人才。

一般工程项目应配备专门合同管理人员,大型工程项目应设立合同管理组或合同管理部。

(1) 承包公司总部的组织机构

公司总经理下设立工程部、合同管理部、财务部、采购部、经营部、行政管理部等职能部门。合同管理部主要负责公司所有工程合同的管理工作,主要内容包括:

① 参与投标报价,对招标文件进行审查和分析。
② 收集市场和工程信息。
③ 参与合同谈判与合同签订,为报价、合同谈判和签约提出意见、建议甚至警告。
④ 向工程项目派遣合同管理人员。
⑤ 对工程项目的合同履行情况进行汇总、分析,对工程项目的进度、成本和质量进行总体计划和控制,协调各个项目合同的实施。
⑥ 处理与业主、与其他方面的重大合同关系。
⑦ 具体地组织重大索赔。
⑧ 对合同实施进行总的指导、分析和诊断。

(2) 项目现场的组织机构

项目经理下设立合同部、财务部、行政管理部等部门,选择经验丰富人员任各部门负责人及项目工程师、施工队长等。

对小型项目,合同部可并入财务部,或设合同管理员,直接受项目经理的领导。

对一些特大型项目,承包商可聘请合同管理专家或将整个工程的合同管理工作委托给咨询公司。

2）施工承包合同签订前的管理

施工项目管理是从投标签约阶段开始，经过合同实施，到项目试行运行和移交投产使用。合同管理伴随承包商的整个经营过程。

承包商在通过业主的资格预审后，即可购买招标文件，着手编制投标文件。在投标签约阶段，涉及承包商的合同管理文件可分为两部分：一是招标文件中的投标者须知，二是将在施工中采用的合同条件、规范和图纸等。前者对承包商的投标行为产生影响，后者则是对承包商在中标后实施合同项目的履约行为产生影响。

（1）投标者须知

投标者须知是约束招标和投标者在招标过程中的权利与义务关系的主要文件。因此，承包商在投标过程中应做好以下工作：

① 严格遵守招标文件中规定的各种时间

A．招标文件澄清的日期。

B．确定外汇汇率的日期。

C．投标有效期的起、止时间。

D．现场考察和标前会议的日期、时间和地点。

E．投标文件提交的截止日期。

F．开标的日期、时间和地点。

G．签订协议和提交履约保证的时间。

上述各种时间在招标文件中都作出具体规定，承包商均应遵守，以避免失去机会和造成违约。如递交投标书截止时间，承包商在递交投标文件时必须注意招标方的法定节假日和上下班时间，以免因迟到而遭拒绝，为安全起见，可提前1~2天提交标书。

② 满足投标文件实质性响应要求。

③ 了解投标文件的修改和撤销规定。

④ 深入分析研究招标文件，包括招标文件质询；在投标过程中可能遇到的风险等。

⑤ 签订合理的承包合同。

在签订承包合同之前，业主可能选择少数几个承包商进行有条件的谈判，承包商在开标后，如意识到自己有可能中标，则应制定一套谈判对策，做到知己知彼。在满足投标策略的前提下，确保签订一个公平合理的施工承包合同。为此，在签订合同前应考虑以下几方面：

A．符合企业的经营战略。

B．积极合理地争取自己的正当权益。

C．双方达成的一致意见，要形成书面文件。

D．认真审查合同和进行风险分析。

E．尽可能采用标准的合同范本。

有些国际工程项目，由于某些原因，业主可能先发给中标的承包商一个签订合同的意向函，作为签订正式合同的序曲。但承包商应审查意向函中的内容，并严格按意向函规定的具体内容进行施工准备工作，不可超越其范围，以免因最终未能签订合同而招致损失。意向函一般应包括如下内容：

A．接受投标文件的意向说明。

B. 指示进行哪些施工准备工作。
C. 在正式接受投标文件前,对已授权进行的各项工作进行支付的依据及所负财务责任的限度。
D. 如果未能签订合同,业主应支付承包商由此产生的合理费用的说明。
E. 签订正式合同后,意向书将作废。
F. 承包商收到意向函后需签署回执。

在收到业主的中标函和合同协议书时,应按招标文件规定的期限,提交履约保证和派出全权代表与业主协商签订合同。

(2) 施工承包合同条件、规范和图纸等合同文件

合同条件、规范和图纸是承包商施工的主要依据,同样也是承包商投标合同价的计算依据,因此,在填写工程量表和计算投标合同价格时,认真透彻地分析合同条件、规范和图纸,不仅关系到能否中标,而且关系到中标后,履行合同义务时能否盈利。为此,承包商应在投标阶段做好下列工作:

① 确定工程项目的实施范围和合同工期。根据合同文件,确定工程项目的实施范围,确保全部完成合同规定的工作,而且也仅限于完成合同规定的工作。

② 全面分析所得到的各种合同文件,并将全部疑问列成表,以便提交业主要求给予澄清。

③ 分析合同中哪些条款的内容,需要在报价中进行考虑。如承包商的预付款保函手续费用、办理各种保险的费用、施工现场采取安全保护措施和环境保护措施的费用,合同中规定的试验、检验等。

④ 根据招标文件中的工程量表,列出一份详细、可行的工程分项清单。内容包括自己承包实施的分项工程、拟分包出去的分项工程(并确定相应分包商)、暂定金额项目。最后一项业主可能在其招标文件中已作出规定,要把它与主要分项工程区别对待。注意分析合同采用的计价和计量方法、合同价格所包括的范围和价格调整的方法、支付方式等。

⑤ 详细分析合同中潜在的各种风险,并提出具体的应对措施。如通过与业主的谈判,设法降低或转移合同中的风险。

3) 施工阶段合同管理的内容

在项目实施阶段,需要进行管理的合同包括工程项目承包合同、施工分包合同、物资采购合同、租赁合同、保险合同、技术服务合同及货物运输合同等,因此,合同管理的内容也比较广,但重点应放在承包商和业主签订的工程项目施工承包合同上,它是合同管理的核心,该合同一般由下列几种文件组成:合同协议书、中标函、投标书、合同条件(专用部分)、合同条件(通用部分)、规范、图纸、标价的工程量表等。施工阶段合同管理的内容如下:

(1) 确定工程范围

监督各专业施工队,确保其在合同规定的工作范围内施工,对超出合同施工范围的工作,及时提出补偿要求。

(2) 进度控制

① 按照工程师已批准的进度计划组织好施工,保证按合同规定的日期完成工程。尤其注意控制各工种的衔接和各分包商的进、出场时间。

② 合理要求工期延长,更新进度计划。

(3) 质量控制

应按照合同规定进行施工,严格进行质量检验和进行工序控制,保证工程质量符合设计标准。

(4) 成本控制

施工中,要采取切实可靠的方法,严格控制施工成本,避免浪费,将施工成本控制在施工预算内。

(5) 工程变更管理

严格执行咨询工程师下达的工程变更指示,完成变更的工作并取得相应补偿(工期和费用),作出合同的变更管理。主要包括咨询工程师口头变更指示的书面确认、变更谈判(包括变更内容与变更估价)、修改与变更内容有关的资料、检查变更工作的落实情况。

(6) 工程索赔管理

在索赔事件发生后(如不利的外界障碍和条件、特殊风险等),应及时向工程师发出索赔通知,编写和提交索赔报告,收集各种类型的证据资料,如文字资料、图片、录像、实物证据等。在具有索赔权的情况下,保障自己的权利不受损失。

索赔管理应包括以下三方面:

① 承包商与业主之间的索赔和反索赔。

② 承包商与分包商之间的索赔和反索赔。

③ 承包商与其他方面的索赔和反索赔。

(7) 计量与支付管理

根据合同规定的时间,按时向工程师提交月支付报告,并按合同程序进行催款,以适时得到工程款。

(8) 价格调整

及时收集国际市场的物价浮动资料,按照合同规定的价格调整方法,适时提出调整工程合同价款的要求。

(9) 工程分包管理

监督各分包商按分包合同规定实施和完成分包工作。

(10) 合同文档管理

包括合同文件及来往信函的保管,现场记录、照相、录像的保管,并建立施工档案管理体系。

(11) 解释合同文件

向咨询工程师澄清合同的有关内容,并负责向承包商内部工作人员解释合同的有关内容。

(12) 业主和咨询工程师的责任和义务

业主授予工程师的权力和权力范围;业主应按合同规定提供的施工条件和其他服务;业主的风险等。在实施项目过程中,应督促、协助业主和工程师完成其合同责任,履行合同义务。

(13) 工程竣工验收

按合同规定准备竣工验收资料,及时提出验收申请,组织好工程的初步验收和正式竣工验收,保证工程按时移交。

（14）履约保证和工程保险

按合同规定的金额及时提交业主认可的履约保证。承包商应确保投保的险种、金额、保单的有效期符合合同的规定。

复习思考题

1. 建设工程招标有哪几种方式？公开招标与邀请招标的优缺点各是什么？
2. 建设工程施工招标程序如何？
3. 现场踏勘的目的有哪些？
4. 联合体投标要注意哪些问题？
5. 在建设工程合同计价方式的不同分类中，他们的适用范围各是什么？
6. 合同一般包括哪些条款？
7. 合同变更的条件有哪些？
8. 隐蔽工程如何组织验收？
9. 工程保修有哪些具体规定？建筑工程保修期限如何？
10. 工程设计变更、价款变更程序如何？
11. 什么情况下施工合同可以解除？解除程序如何？
12. 建设工程施工合同中涉及的担保有哪几种？采用何种形式？
13. 什么是索赔？它的法律依据是什么？
14. 索赔申请的程序与批准的原则是什么？
15. 在工程主体建设中，施工单位没有按施工组织设计对门窗进行围栏防护，在业主授权下，参观的学生进入施工现场不慎从二楼摔下受伤，由此发生的医疗费用应由谁来承担，为什么？
16. 为什么工程的承包商要多与工程师、业主谈判索赔问题，而不是轻易使用司法程序解决问题？

8 建设工程项目信息管理

职业能力目标：通过本章的学习，学生应达到工程项目施工信息管理的要求，具备对建设工程进行施工信息管理的能力。

学习任务：通过本章的学习，学生应了解建设工程施工信息的内容；掌握施工项目信息系统的意义和功能；重点掌握工程施工项目信息处理的方法、手段。

8.1 建设工程项目信息管理的含义、目的和任务

8.1.1 建设工程项目信息管理的含义和目的

（1）我国从工业发达国家引进项目管理的概念、理论、组织、方法和手段，历时 20 年左右，取得了不少成绩。但是，应该认识到，在项目管理中最薄弱的工作环节是信息管理。至今多数业主方和施工方的信息管理还相当落后，其落后表现在对信息管理的理解，以及信息管理的组织、方法和手段基本上还停留在传统的方式和模式上。

（2）信息指的是用口头的方式、书面的方式或电子的方式传输（传达、传递）的知识、新闻，或可靠的或不可靠的情报。声音、文字、数字和图像等都是信息表达的形式。建设工程项目的实施需要人力资源和物质资源，应认识到信息也是项目实施的重要资源之一。

（3）信息管理指的是信息传输的合理的组织和控制。

（4）项目的信息管理是通过对各个系统、各项工作和各种数据的管理，使项目的信息能方便和有效地获取、存储、存档、处理和交流。项目信息管理的目的旨在通过有效的项目信息传输的组织和控制（信息管理）为项目建设的增值服务。

（5）建设工程项目的信息包括在项目决策过程、实施过程（设计准备、设计、施工和物资采购过程等）和运行过程中产生的信息，以及其他与项目建设有关的信息，它包括项目的组织类信息、管理类信息、经济类信息、技术类信息和法规类信息。

（6）据国际有关文献资料介绍，建设工程项目实施过程中存在的诸多问题，其中三分之二与信息交流（信息沟通）的问题有关；建设工程项目 10%～33% 的费用增加与信息交流存在的问题有关；在大型建设工程项目中，信息交流的问题导致工程变更和工程实施的错误约占工程总成本的 3%～5%。由此可见信息管理的重要性。

8.1.2 建设工程项目信息管理的任务

（1）业主方和项目参与各方都有各自的信息管理任务，为充分利用和发挥信息资源的价值，提高信息管理的效率，以及实现有序的和科学的信息管理，各方都应编制各自的信息

管理手册,以规范信息管理工作。信息管理手册描述和定义信息管理做什么、谁做、什么时候做及其工作成果是什么等,它的主要内容包括:信息管理的任务(信息管理任务目录);信息管理的任务分工表和管理职能分工表;信息的分类;信息的编码体系和编码;信息输入输出模型;各项信息管理工作的工作流程图;信息流程图;信息处理的工作平台及其使用规定;各种报表和报告的格式,以及报告周期;项目进展的月度报告、季度报告、年度报告和工程总报告的内容及其编制;工程档案管理制度;信息管理的保密制度等制度。

(2) 项目管理班子中各个工作部门的管理工作都与信息处理有关,而信息管理部门的主要工作任务是:负责编制信息管理手册,在项目实施过程中进行信息管理手册必要的修改和补充,并检查和督促其执行;负责协调和组织项目管理班子中各个工作部门的信息处理工作;负责信息处理工作平台的建立和运行维护;与其他工作部门协同组织收集信息、处理信息,形成各种反映项目进展和项目目标控制的报表和报告;负责工程档案管理等。

(3) 各项信息管理任务的工作流程,如:信息管理手册编制和修订的工作流程;为形成各类报表和报告,收集信息、录入信息、审核信息、加工信息、信息传输和发布的工作流程;工程档案管理的工作流程等。

(4) 由于建设工程项目大量数据处理的需要,在当今的时代应重视利用信息技术手段进行信息管理,其核心手段是基于网络的信息处理平台。

(5) 在国际上,许多建设工程项目都专门设立信息管理部门(或称信息中心),以确保信息管理工作的顺利进行;也有一些大型建设工程项目专门委托咨询公司从事项目信息动态跟踪和分析,以信息流指导物质流,从宏观上对项目的实施进行控制。

8.2 建设工程项目信息的分类、信息编码的方法和信息处理的方法

1) 建设工程项目信息的分类

(1) 业主方和项目参与各方可根据各自的项目管理的需求确定信息管理的分类,但为了信息交流的方便和实现部分信息共享,应尽可能作一些统一分类的规定,如项目的分解结构应统一。

(2) 可以从不同的角度对建设工程项目的信息进行分类,如:
按项目管理工作的对象,即按项目的分解结构进行信息分类,如子项目1、子项目2等;
按项目实施的工作过程进行信息分类,如设计准备、设计、招投标和施工过程等;
按项目管理工作的任务进行信息分类,如投资控制、进度控制、质量控制等;
按信息的内容属性分,有组织类信息、管理类信息、经济类信息、技术类信息和法规类信息。

(3) 为满足项目管理工作的要求,往往需要对建设工程项目信息进行综合分类,即按多维进行分类,如:
第一维:按项目的分解结构;
第二维:按项目实施的工作过程;
第三维:按项目管理工作的任务。

2) 建设工程项目信息编码的方法

(1) 编码由一系列符号(如文字)和数字组成,编码是信息处理的一项重要的基础工作。

(2) 一个建设工程项目有不同类型和不同用途的信息,为了有组织地存储信息,方便信息的检索和信息的加工整理,必须对项目的信息进行编码,如:项目的结构编码;项目管理组织结构编码;项目的政府主管部门和各参与单位编码(组织编码);项目实施的工作项编码(项目实施的工作过程的编码);项目的投资项编码(业主方)/成本项编码(施工方);项目的进度项(进度计划的工作项)编码;项目进展报告和各类报表编码;合同编码;函件编码;工程档案编码等。

以上这些编码是因不同的用途而编制的,如投资项编码(业主方)/成本项编码(施工方)服务于投资控制工作/成本控制工作;进度项编码服务于进度控制工作。但是有些编码并不是针对某一项管理工作而编制的,如投资控制/成本控制、进度控制、质量控制、合同管理、编制项目进展报告等都要使用项目的结构编码,因此就需要进行编码的组合。

(3) 项目的结构编码依据项目结构图,对项目结构每一层的每一个组成部分进行编码。

(4) 项目管理组织结构编码依据项目管理的组织结构图,对每一个工作部门进行编码。

(5) 项目的政府主管部门和各参与单位的编码,包括政府主管部门、业主方的上级单位或部门、金融机构、工程咨询单位、设计单位、施工单位、物资供应单位、物业管理单位等。

(6) 项目实施的工作项编码应覆盖项目实施的工作任务目录的全部内容,它包括设计准备阶段的工作项、设计阶段的工作项、招投标工作项、施工和设备安装工作项、项目动工前的准备工作项等。

(7) 项目的投资项编码并不是概预算定额确定的分部分项工程的编码,它应综合考虑概算、预算、标底、合同价和工程款的支付等因素,建立统一的编码,以服务于项目投资目标的动态控制。

(8) 项目成本项编码并不是预算定额确定的分部分项工程的编码,它应综合考虑预算、投标价估算、合同价、施工成本分析和工程款的支付等因素,建立统一的编码,以服务于项目成本目标的动态控制。

(9) 项目的进度项编码应综合考虑不同层次、不同深度和不同用途的进度计划工作项的需要,建立统一的编码,服务于项目进度目标的动态控制。

(10) 项目进展报告和各类报表编码应包括项目管理形成的各种报告和报表的编码。

(11) 合同编码应参考项目的合同结构和合同的分类,应反映合同的类型、相应的项目结构和合同签订的时间等特征。

(12) 函件编码应反映发函者、收函者、函件内容所涉及的分类和时间等,以便函件的查询和整理。

(13) 工程档案编码应根据有关工程档案的规定、项目的特点和项目实施单位的需求而建立。

3) 建设工程项目信息处理的方法

(1) 在当今时代,信息处理已逐步向电子化和数字化方向发展,但建筑业和基本建设领域的信息化已明显落后于其他许多行业,建设工程项目信息处理基本上还沿用传统的方法和模式。应采取措施,使信息处理由传统的方式向基于网络的信息处理平台方向发展,以充分发挥信息资源的价值,以及信息对项目目标控制的作用。

（2）基于网络的信息处理平台由一系列硬件和软件构成：数据处理设备（包括计算机、打印机、扫描仪、绘图仪等）；数据通信网络（包括形成网络的有关硬件设备和相应的软件）；软件系统（包括操作系统和服务于信息处理的应用软件）等。

（3）数据通信网络主要有以下三种类型：

局域网（LAN）——由与各网点连接的网线构成网络，各网点对应于装备有实际网络接口的用户工作站；

城域网（MAN）——在大城市范围内两个或多个网络的互联；

广域网（WAN）——在数据通信中，用来连接分散在广阔地域内的大量终端和计算机的一种多态网络。

（4）互联网是目前最大的全球性的网络，它连接了覆盖100多个国家的各种网络，如商业性的网络（.com或.co）、大学网络（.ac或.edu）、研究网络（.org或.net）和军事网络（.mil）等，并通过网络连接数以千万台的计算机，以实现连接互联网的计算机之间的数据通信。互联网由若干个学会、委员会和集团负责维护和运行管理。

（5）建设工程项目的业主方和项目参与各方往往分散在不同的地点，或不同的城市，或不同的国家，因此其信息处理应考虑充分利用远程数据通信的方式，如：通过电子邮件收集信息和发布信息；通过基于互联网的项目专用网站（Project Specific. Web. Site, PSWS）实现业主方内部、业主方和项目参与各方以及项目参与各方之间的信息交流、协同工作和文档管理；通过基于互联网的项目信息门户（Project Information Portal, PIP）为众多项目服务的公用信息平台实现业主方内部、业主方和项目参与各方，以及项目参与各方之间的信息交流、协同工作和文档管理；召开网络会议；基于互联网的远程教育与培训等。

（6）基于互联网的项目信息门户（PIP）属于电子商务（E-Business）两大分支中的电子协同工作（E-Collaboration）。项目信息门户在国际学术界有明确的内涵，即在对项目实施全过程中项目参与各方产生的信息和知识进行集中式管理的基础上，为项目的参与各方在互联网平台上提供一个获取个性化项目信息的单一入口，从而为项目的参与各方提供一个高效的信息交流（Project—Communication）和协同工作（Collaboration）的环境。它的核心功能是在互动式文档管理的基础上，通过互联网促进项目参与各方之间的信息交流和促进项目参与各方的协同工作，从而达到为项目建设增值的目的。

（7）基于互联网的项目专用网站（PSWS）是基于互联网的项目信息门户的一种方式，是为某一个项目的信息处理专门建立的网站。但是基于互联网的项目信息门户也可以服务于多个项目，即成为为众多项目服务的公用信息平台。

（8）基于互联网的项目信息门户，如美国的Buzzsaw.com（于1999年开始运行）和德国的PKM.com（于1997年开始运行），都有大量用户在其上进行项目信息处理。由此可见，建设工程项目的信息处理方式已起了根本性的变化。

8.3 项目管理信息系统的意义和功能

1）项目管理信息系统的意义

（1）项目管理信息系统（Project Management Information System, PMIS）是基于计算机

的项目管理的信息系统，主要用于项目的目标控制。管理信息系统（Management Information System，MIS）是基于计算机的管理的信息系统，主要用于企业的人、财、物、产、供、销的管理。项目管理信息系统与管理信息系统服务的对象和功能是不同的。

（2）项目管理信息系统的应用，主要是用计算机的手段，进行项目管理有关数据的收集、记录、存储、过滤，并把数据处理的结果提供给项目管理班子的成员。它是项目进展的跟踪和控制系统，也是信息流的跟踪系统。

（3）20世纪70年代末和80年代初国际上已有项目管理信息系统的商品软件，项目管理信息系统现已广泛用于业主方和施工方的项目管理。应用项目管理信息系统的主要意义是：实现项目管理数据的集中存储；有利于项目管理数据的检索和查询；提高项目管理数据处理的效率；确保项目管理数据处理的准确性；可方便地形成各种项目管理需要的报表。

（4）项目管理信息系统可以在局域网上或基于互联网的信息平台上运行。

2）项目管理信息系统的功能

（1）项目管理信息系统的功能是投资控制（业主方）或成本控制（施工方）、进度控制、合同管理。有些项目管理信息系统还包括质量控制和一些办公自动化的功能。

（2）投资控制的功能包括：项目的估算、概算、预算、标底、合同价、投资使用计划和实际投资的数据计算和分析；进行项目的估算、概算、预算、标底、合同价、投资使用计划和实际投资的动态比较（如概算与预算的比较、概算与标底的比较、概算与合同价的比较、预算与合同价的比较等），并形成各种比较报表；计划资金的投入和实际资金的投入的比较分析；根据工程的进展情况进行投资预测等。

（3）成本控制的功能包括：投标估算的数据计算和分析、计划施工成本、计算实际成本、计划成本与实际成本的比较分析、根据工程的进展情况进行施工成本预测等。

（4）进度控制的功能包括计算工程网络计划的时间参数，并确定关键工作和关键路线；绘制网络图和计划横道图；编制资源需求量计划；进度计划执行情况的比较分析；根据工程的进展情况进行工程进度预测。

（5）合同管理的功能包括合同基本数据查询、合同执行情况的查询和统计分析、标准合同文本查询和合同辅助起草等。

8.4 工程管理信息化的内涵和意义

1）工程管理信息化的内涵

信息化指的是信息资源的开发和利用，以及信息技术的开发和应用。信息化是继人类社会农业革命、城镇化和工业化的又一个新的发展时期的重要标志。

我国实施国家信息化的总体思路是：以信息技术应用为导向；以信息资源开发和利用为中心；以制度创新和技术创新为动力；以信息化带动工业化；加快经济结构的战略性调整；全面推动领域信息化、区域信息化、企业信息化和社会信息化进程。

工程管理信息化属于领域信息化的范畴，它和企业信息化也有联系。

我国建筑业和基本建设领域应用信息技术与工业发达国家相比尚有较大的差距，反映在信息技术在工程管理中应用的观念上，也反映在有关的知识管理上，还反映在有关技术的应用方面。

在数字经济与数字生态2000中国高层年会上提出"认知数字经济、改善数字生态、弥合数字鸿沟、消除数字冲突、把握数字机遇"是当前推动信息化的重要战略任务。

工程管理信息化是指工程管理信息资源的开发和利用,以及信息技术在工程管理中的开发和应用。

工程管理的信息资源包括:组织类工程信息,如建筑业的组织信息、项目参与方的组织信息、与建筑业有关的组织信息和专家信息等;管理类工程信息,如与投资控制、进度控制、质量控制、合同管理和信息管理有关的信息等;经济类工程信息,如建设物资的市场信息、项目融资的信息等;技术类工程信息,如与设计、施工和物资有关的技术信息等;法规类信息等。

在建设一个新的工程项目时,应重视开发和充分利用国内和国外同类或类似工程项目的有关信息资源。

信息技术在工程管理中的开发和应用,包括在项目决策阶段的开发管理、实施阶段的项目管理和使用阶段的设施管理中开发和应用信息技术。

自20世纪70年代开始,信息技术经历了一个迅速发展的过程,信息技术在建设工程管理中的应用也有一个相应的发展过程:

20世纪70年代,单项程序的应用,如工程网络计划的时间参数的计算程序,施工图预算程序等;

20世纪80年代,程序系统的应用,如项目管理信息系统、设施管理信息系统(FMIS——Facility Management Information System)等;

20世纪90年代,程序系统的集成,它是随着工程管理的集成而发展的;

20世纪90年代末至今,基于网络平台的工程管理。

2) 工程管理信息化的意义

工程管理信息资源的开发和信息资源的充分利用,可吸取类似项目正反两个方面的经验和教训,许多有价值的组织信息、管理信息、经济信息、技术信息和法规信息将有助于项目决策期多种可能方案的选择,有利于项目实施期的项目目标控制,也有利于项目建成后的运行。

通过信息技术在工程管理中的开发和应用能实现信息存储数字化和存储相对集中(图8-1),信息处理和变换的程序化,信息传输的数字化和电子化,信息获取便捷,信息透明度提

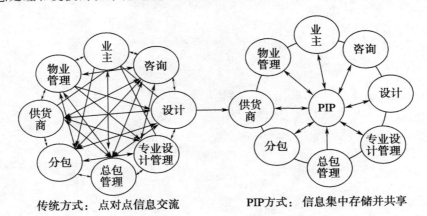

图 8-1

高,信息流扁平化。

信息技术在工程管理中的开发和应用的意义在于:

(1) 信息存储数字化和存储相对集中有利于项目信息的检索和查询,有利于数据和文件版本的统一,并有利于项目的文档管理。

(2) 信息处理和变换的程序化有利于提高数据处理的准确性,并可提高数据处理的效率。

(3) 信息传输的数字化和电子化可提高数据传输的抗干扰能力,使数据传输不受距离限制并可提高数据传输的保真度和保密性。

信息获取便捷、信息透明度提高以及信息流扁平化有利于项目参与方之间的信息交流和协同工作。

工程管理信息化有利于提高建设工程项目的经济效益和社会效益,以达到为项目建设增值的目的。

复习思考题

1. 建设工程信息管理的含义是什么?
2. 建设工程信息管理有哪些任务?
3. 建设工程项目信息处理的方法有哪些?
4. 简述工程管理信息化的内涵。

参 考 文 献

1. 毛小玲,郭晓霞. 建筑工程项目管理技术问答. 北京：中国电力出版社,2004
2. 卜振华,吴之昕主编. 建设工程项目管理. 北京：中国建筑工业出版社,2006
3. 王卓甫,杨高升. 工程项目管理原理与案例. 北京：中国水利水电出版社,2005
4. 孙重. 建筑企业经营管理. 北京：中国环境科学出版社,1995
5. 李绪豪. 现代企业管理基础. 北京：高等教育出版社,2001
6. 余平. 企业人力资源开发与管理. 武汉：湖北科学技术出版社,1997
7. (美)琼·努特森,艾拉·比茨著;黄志强,张小眉译. 怎样当好项目经理. 上海：上海人民出版社,1995
8. 任强,陈乃新. 施工项目资源管理. 北京：中国建筑工业出版社,2004
9. 成虎,陈群. 工程项目管理. 北京：中国建筑工业出版社,2009
10. 汪龙滕,陆孝勤. 水电施工经营管理. 南京：河海大学出版社,1992
11. 吴涛,丛培经主编;《建设工程项目管理规范》编写委员会编写. 建设工程项目管理规范实施手册. 北京：中国建筑工业出版社,2006
12. 危道军,刘志强. 工程项目管理. 武汉：武汉理工大学出版社,2009
13. 武长玉. 水利工程施工组织设计与施工项目管理实务全书. 北京：当代中国出版社,2004
14. 钟汉华,赵旭升. 工程建设监理. 郑州：黄河水利出版社,2009
15. 韦志立,聂相田. 建设监理概念. 北京：中国水利水电出版社,2001
16. 钟汉华,李志. 建筑工程项目管理. 北京：人民交通出版社,2007
17. 于惠中. 建设工程监理概论. 北京：机械工业出版社,2008